Der Praxisanleiter
Lehrbuch für Ausbilder im Rettungsdienst

Der Praxisanleiter
Lehrbuch für Ausbilder im Rettungsdienst

Herausgeber:
Hans-Peter Hündorf
Roland Lipp

Mit Beiträgen von:

Kersten Enke
Andreas Fromm
Michael Grönheim
Martina Verena Hadasch
Michaela Herbertz-Floßdorf
Hans-Peter Hündorf
Alexander Huwe
Harald Karutz
Jochen Kircheis

Kai-Kristian Kupfernagel
Axel Ladner
Sascha Langewand
Roland Lipp
Inka Neumann
Ralf Nickut
Johannes Veith
Jörg A. Wendorff

Verlagsgesellschaft Stumpf + Kossendey mbH, Edewecht 2016

Anmerkungen des Verlags

Die Herausgeber bzw. Autoren und der Verlag haben höchste Sorgfalt hinsichtlich der Angaben von Richtlinien, Verordnungen und Empfehlungen aufgewendet. Für versehentliche falsche Angaben übernehmen sie keine Haftung. Da die gesetzlichen Bestimmungen und wissenschaftlich begründeten Empfehlungen einer ständigen Veränderung unterworfen sind, ist der Benutzer aufgefordert, die aktuell gültigen Richtlinien anhand der Literatur zu überprüfen und sich entsprechend zu verhalten.

Die Angaben von Handelsnamen, Warenbezeichnungen etc. ohne die besondere Kennzeichnung ®/™/© bedeuten keinesfalls, dass diese im Sinne des Gesetzgebers als frei anzusehen wären und entsprechend benutzt werden könnten. Der Text und/oder das Literaturverzeichnis enthalten Links zu externen Webseiten Dritter, auf deren Inhalt der Verlag keinen Einfluss hat. Deshalb kann er für diese fremden Inhalte auch keine Gewähr übernehmen. Für die Inhalte der verlinkten Seiten ist stets der jeweilige Anbieter oder Betreiber der Seite verantwortlich.

Aus Gründen der Lesbarkeit ist in diesem Buch meist die männliche Sprachform gewählt worden. Alle personenbezogenen Aussagen gelten jedoch stets für Personen beliebigen Geschlechts gleichermaßen.

Bibliografische Information der Deutschen Nationalbibliothek
Die Deutsche Nationalbibliothek verzeichnet diese Publikation in der Deutschen Nationalbibliografie; detaillierte bibliografische Daten sind im Internet über http://dnb.dnb.de abrufbar.

Alle Rechte, insbesondere die der Übersetzung, des Nachdrucks, der Entnahme von Abbildungen oder Textteilen, vorbehalten. Einspeicherung in elektronische Systeme, Funksendung, Vervielfältigung in jeder Form bedürfen der schriftlichen Zustimmung der Autoren und des Verlags. Auch Wiedergabe in Auszügen nur mit ausdrücklicher Genehmigung.

© Copyright by Verlagsgesellschaft Stumpf + Kossendey mbH, Edewecht 2016
(korrigierter Nachdruck)
Satz: Bürger Verlag GmbH & Co. KG, Edewecht
Umschlagbild: Hans-Peter Hündorf, Weißenborn
Druck: Print Group Sp. z o.o., ul. Cukrowa 22, 71-004 Szczecin (Polen)

ISBN 978-3-943174-48-9

Inhalt

ABKÜRZUNGEN — 11

VORWORT — 14

1 Umsetzung der Ausbildung des Notfallsanitäters in die Praxis — 15

2 Qualifikationen in der Lehre — 33

3 Rechtliche Grundlagen — 47

3.1 DIE AUSBILDUNG ZUM NOTFALLSANITÄTER — 48
3.1.1 Rechtliche Grundlagen — 48
3.1.2 Ausbildungsbezogene rechtliche Fragestellungen — 50

3.2 DIE AUSBILDUNG ZUM RETTUNGSSANITÄTER — 59
3.2.1 Rechtsgrundlagen für die Ausbildung? — 59
3.2.2 Grundsätze zur Ausbildung des Personals im Rettungsdienst — 59
3.2.3 Empfehlungen für die Ausbildung von Rettungssanitäterinnen und Rettungssanitätern — 60

3.3 DIE PRAXISANLEITUNG — 61
3.3.1 Definition und Abgrenzung — 61
3.3.2 Qualifikationsanforderungen an den Praxisanleiter — 61
3.3.3 Aufgaben des Praxisanleiters — 62
3.3.4 Prüfungsausschuss — 63

3.4 HAFTUNGSRECHTLICHE FRAGESTELLUNGEN — 64
3.4.1 Organisationsform des Rettungsdienstes — 64
3.4.2 Haftung bei öffentlich-rechtlicher Tätigkeit — 64
3.4.3 Haftung bei privatrechtlicher Tätigkeit — 66
3.4.4 Arbeitsrechtliche Haftung — 69
3.4.5 Strafrechtliche Betrachtung — 71

4 Sozialwissenschaften — 75

4.1	ERWARTUNGEN UND ROLLENVERSTÄNDNIS DES PRAXISANLEITERS SOWIE ALLER AN DER AUSBILDUNG BETEILIGTEN	76
4.2	KOMMUNIKATIONSMODELLE, SPRACHE UND KÖRPERSPRACHE	78
4.3	GESPRÄCHSFÜHRUNG IN VERSCHIEDENEN SITUATIONEN WÄHREND DER AUSBILDUNG	81
4.3.1	Formelle und informelle Gespräche	81
4.3.2	Konflikte	83
4.3.3	Konflikt- und Kritikgespräch	85
4.3.4	Aktives Zuhören	86
4.3.5	Feedback	87
4.4	PSYCHOSOZIALE ASPEKTE	89
4.4.1	Personenwahrnehmung	89
4.4.2	Arbeiten in Gruppen	91

5 Betriebliche Bildung — 95

5.1	BETRIEBLICHER BILDUNGSBEDARF	96
5.2	PLANUNGSPROZESSE IN DER BERUFLICHEN BILDUNG	98
5.3	EVALUATION VON BETRIEBLICHEN BILDUNGSPROZESSEN	101
5.4	KONFLIKTMANAGEMENT IN AUSBILDUNGSSITUATIONEN	102

6 Methodik und Didaktik — 105

6.1	GRUNDLAGEN DES LERNENS UND LEHRENS	106
6.1.1	Physiologische Grundlagen des Lernens	107
6.1.2	Gedächtnis	110
6.1.3	Arten und Typen des Lernens (abhängig von Lebensalter und -situation)	118
6.1.4	Motivation und Erwartung	126
6.1.5	Lernprozess	129

6.2	**Kompetenzen**	**135**
6.2.1	Das kompetenztheoretische Modell für die Ausbildung im Rettungsdienst	136
6.2.2	Die Verknüpfung von Handeln und Lernen im Verlauf der dreijährigen Ausbildung	138
6.2.3	Handlungsorientiertes Lehren und Lernen	141
6.2.4	Die Lernanforderungen an den angehenden Notfallsanitäter	144
6.2.5	Die Lehranforderungen an den Praxisanleiter	145
6.3	**Lernmodelle**	**147**
6.3.1	Die Limitierung der Vier-Stufen-Methode	147
6.3.2	Erkenntnisse der Hirnforschung für das betriebliche Lernen	148
6.3.3	Das Modell der vollständigen Handlung	149
6.3.4	Lernen erwachsener Menschen	154
6.4	**Lernfelddidaktik**	**156**
6.5	**Lern- und Lehrmethoden**	**164**
6.5.1	Der Vortrag	164
6.5.2	Das Unterrichtsgespräch	169
6.5.3	Die Gruppenarbeit	172
6.5.4	Die praktische Unterweisung	175
6.5.5	Das Rollenspiel	178
6.5.6	Das Fallbeispiel	180
6.5.7	Die Moderation	187
6.6	**Ergänzende Lehr- und Lernmethoden für die Praxisausbildung**	**189**
6.6.1	Skill-Trainings als Grundlage für praktisches Teamtraining und Simulation	189
6.6.2	Teamtraining	190
6.6.3	Lernen mit Planspielen	197
6.7	**Moderne Medien als Lernhilfen**	**200**
6.7.1	Begriffserklärung und Nutzen des Medieneinsatzes	200
6.7.2	Die gebräuchlichsten Lehrmedien	202
6.7.3	Die Benutzung des interaktiven Whiteboards	206
6.7.4	E-Learning zur Ergänzung des Unterrichts	211
6.8	**Vernetzung von Ausbildungsschritten**	**213**
6.8.1	Lernortkooperation	213
6.8.2	Handlungsketten zum Erwerb von Fertigkeiten	220

7	Strukturierung der Praxisanleitung	225
7.1	**Planung**	227
7.1.1	Vor dem Praxiseinsatz	227
7.1.2	Erstgespräch mit dem Auszubildenden	228
7.1.3	Vorbereiten einer Anleitung(ssituation)	230
7.2	**Durchführung**	231
7.3	**Reflexion**	234
7.3.1	Bestandteile der Reflexion	234
7.3.2	Lerntagebuch	235
7.4	**Erstellen und Begleiten von Lernaufgaben**	236
7.5	**Einarbeitung(sworkshops)**	238

8	Gesundheitswissenschaften	241
8.1	**Grundlagen wissenschaftlichen Arbeitens**	242
8.1.1	Themen- und Literaturrecherche	242
8.1.2	Das Schreiben wissenschaftlicher Texte	244
8.2	**Das Gesundheitswesen in Deutschland**	249
8.2.1	Struktur des Gesundheitssystems	250
8.2.2	Die Finanzierung der medizinischen Versorgung	253
8.2.3	Weitere Akteure im Gesundheitswesen	254
8.2.4	Weitere Vertreter des Gesundheitswesens	255
8.2.5	Die Versorgungsstruktur des deutschen Gesundheitswesens – ambulant, stationär und präklinisch	257
8.3	**Salutogenese und Pathogenese**	259
8.4	**Betriebliches Gesundheitsmanagement**	262

9	Die Rolle des Praxisanleiters im Qualitätsmanagementsystem	265

10 Beurteilen und Bewerten — 275

10.1	ALLGEMEINE ANFORDERUNGEN AN BEURTEILUNGSVERFAHREN	277
10.1.1	Verständnis und Ziele von Beurteilungsverfahren	277
10.1.2	Differenzierung Arbeits- / Dienstzeugnis und Beurteilung	278
10.2	DER BEURTEILUNGSPROZESS	279
10.3	BEURTEILUNGSKRITERIEN	281
10.4	BEURTEILUNGSLAYOUT	283
10.4.1	Anforderungen an das Beurteilungslayout	283
10.4.2	Gestalterische Formen der Beurteilung	285
10.5	FEHLERQUELLEN UND GEFAHREN IN DER BEURTEILUNG	288
10.5.1	Beobachtungsfehler	288
10.5.2	Beurteilungsfehler	289
10.5.3	Schutz vor Beurteilungsfehlern	290
10.6	DAS BEURTEILUNGSGESPRÄCH	292
10.7	SELBSTREFLEXION ALS KOMPETENZ	294
10.8	DER PRAXISANLEITER IN DER PRÜFUNG	295

11 Hinweise zum Umgang mit Prüfungsangst — 297

11.1	URSACHEN VON PRÜFUNGSANGST	299
11.2	AUSWIRKUNGEN VON PRÜFUNGSANGST	301
11.3	WAS MAN ALS PRÜFLING GEGEN PRÜFUNGSANGST TUN KANN	303
11.3.1	Handlungsmöglichkeiten im Vorfeld einer Prüfung	303
11.3.2	Handlungsmöglichkeiten direkt vor und in einer Prüfung	306
11.3.3	Handlungsmöglichkeiten nach einer Prüfung	309
11.4	WAS MAN ALS PRÜFER GEGEN PRÜFUNGSANGST TUN KANN	310

12 Prüfung zum Praxisanleiter für den Rettungsdienst gemäß NotSanG — 313

12.1	PRÜFUNGSSTRUKTUR	315
12.1.1	Prüfung von Praxisanleitern für die praktische Ausbildung an Lehrrettungswachen am Beispiel von Nordrhein-Westfalen	315
12.1.2	Prüfung von Praxisanleitern für die praktische Ausbildung an Lehrrettungswachen am Beispiel von Hessen	317
12.2	IN DER PRÜFUNG NACHZUWEISENDE KOMPETENZEN	318
12.3	PLANUNG UND DURCHFÜHRUNG EINER ANLEITUNGSSITUATION ALS PFLICHTAUFGABE ZUR ABSCHLUSSPRÜFUNG	321
12.3.1	Formale Kriterien für die schriftliche Hausarbeit	321
12.3.2	Muster für eine schriftliche Projektarbeit (Praxisanleitung)	322
12.3.3	Hinweise zur Durchführung der Anleitungssituation (praktische Prüfung)	324
12.3.4	Mögliche Fragestellungen für das Kolloquium (mündliche Prüfung)	325

ANHANG — 329

Abbildungsnachweis	330
Herausgeber und Autoren	332
Index	335

Abkürzungen

Abb.	Abbildung
Abs.	Absatz
ÄLRD	Ärztlicher Leiter Rettungsdienst
AOK	Allgemeine Ortskrankenkasse
ASB	Arbeiter-Samariter-Bund
Az.	Aktenzeichen
BAG	Bundesarbeitsgericht
BÄK	Bundesärztekammer
BB	Betriebs-Berater [Fachzeitschrift]
BBiG	Berufsbildungsgesetz
BetrVG	Betriebsverfassungsgesetz
BGB	Bürgerliches Gesetzbuch
BGBl.	Bundesgesetzblatt
BGH	Bundesgerichtshof
Bit	Binary Digit
BKK	Betriebskrankenkasse
BMBF	Bundesministerium für Bildung und Forschung
BMG	Bundesministerium für Gesundheit
BR	Bundesrat
BR-Drs.	Bundesrat Drucksache
BT-Drs.	Deutscher Bundestag Drucksache
BZ	Blutzucker
CPR	kardiopulmonale Reanimation
CRM	Crew Resource Management
DB	DER BETRIEB [Fachzeitschrift]
DGUV	Deutsche Gesetzliche Unfallversicherung
DIMDI	Deutsches Institut für Medizinische Dokumentation und Information
DIN EN	Deutsches Institut für Normung – Europäische Norm
DKG	Deutsche Krankenhausgesellschaft e.V.
DMS	Datenmanagementsystem
DOI®	Digital Object Identifier
DQR	Deutscher Qualifikationsrahmen für lebenslanges Lernen
DRG	Diagnosis Related Groups (diagnosebezogene Fallgruppen)
DRK	Deutsches Rotes Kreuz
Drs.	Drucksache
EDV	Elektronische Datenverarbeitung
EGA	extraglottischer Atemweg(-stubus/-shilfe)
EPSP	Exzitatorisches postsynaptisches Potenzial
evtl.	eventuell
G-BA	Gemeinsamer Bundesausschuss
GBV	Gemeinsamer Bibliotheksverbund
GG	Grundgesetz

▶ Abkürzungen

GKV	Gesetzliche Krankenversicherung
HeilBZustV	Verordnung über die zuständigen Behörden zum Vollzug des Rechts der Heilberufe
ICD-10	International Statistical Classification of Diseases and Related Health Problems (Internationale statistische Klassifikation der Krankheiten und verwandter Gesundheitsprobleme)
I.E.	Internationale Einheit
IKK	Innungskrankenkassen
INQA	Initiative Neue Qualität der Arbeit
IQWiG	Institut für Qualität und Wirtschaftlichkeit im Gesundheitswesen
i.S.d.	im Sinne des
i.v.	intravenös
i.V.m.	in Verbindung mit
KBV	Kassenärztliche Bundesvereinigung
KMK	Kultusministerkonferenz
KTW	Krankentransportwagen, Krankenwagen
KV	Kassenärztliche Vereinigung
KVP	kontinuierlicher Verbesserungsprozess
KZBV	Kassenzahnärztliche Bundesvereinigung
KZG	Kurzzeitgedächtnis
KZV	Kassenzahnärztliche Vertretung
LMS	Learning Management System
LNA	Leitender Notarzt
LRA	Lehrrettungsassistent/-in
LRW	Lehrrettungswache
LZG	Langzeitgedächtnis
MBl.	Ministerialblatt
MDK	Medizinischer Dienst der Krankenkassen
MeSH	Medical Subject Headings
MGEPA NRW	Ministerium für Gesundheit, Emanzipation, Pflege und Alter des Landes Nordrhein-Westfalen
MPG	Medizinproduktegesetz
m.w.N.	mit weiteren Nachweisen
MZF	Mehrzweckfahrzeug
NA	Notarzt/Notärztin
Nds. MBl.	Niedersächsisches Ministerialblatt
NEF	Notarzteinsatzfahrzeug
NotSan	Notfallsanitäter/-in
NotSan-APrV	Ausbildungs- und Prüfungsverordnung für Notfallsanitäterinnen und Notfallsanitäter
NotSanG	Notfallsanitätergesetz
NRettDG	Niedersächsisches Rettungsdienstgesetz
NZA	Neue Zeitschrift für Arbeitsrecht

o.J.	ohne Jahr
ÖPP	Öffentlich-private Partnerschaft
PDCA	Plan – Do – Check – Act (Planen – Durchführen – Prüfen – Handeln)
PKV	Private Krankenversicherung
PPP	Public-Private-Partnership
PSA	Persönliche Schutzausrüstung
QM	Qualitätsmanagement
RA	Rettungsassistent/-in
RdErl. d. MK	Runderlass des Kultusministeriums
RDG	Gesetz über die Notfallrettung und den Krankentransport (Rettungsdienstgesetz [in Schleswig-Holstein])
RettAss	Rettungsassistent/-in
RettAssG	Rettungsassistentengesetz
RettG NRW	Gesetz über den Rettungsdienst sowie die Notfallrettung und den Krankentransport durch Unternehmer Nordrhein-Westfalen (Rettungsgesetz NRW)
RettSan	Rettungssanitäter/-in
Rn.	Randnummer
RS	Rettungssanitäter/-in
RTW	Rettungswagen
SGB	Sozialgesetzbuch
SOP	Standard Operating Procedure
StGB	Strafgesetzbuch
STK	Sicherheitstechnische Kontrolle
SQ3R	Survey, Question, Read/Recite/Review (Überblick, Frage, lese/zitiere/bewerte) [-Methode]
SWOT	Strength, Weakness, Opportunities, Threads (Stärken, Schwächen, Möglichkeiten, Bedrohungen) [-Methode]
TRM	Team Resource Management
UE	Unterrichtseinheit
UKZG	Ultrakurzzeitgedächtnis
URL	Uniform Resource Locator
u.U.	unter Umständen
VORIS	Vorschrifteninformationssystem
WAH	Wahrnehmen, Aneignen, Handhaben [-Modell]
WHO	World Health Organization (Weltgesundheitsorganisation)
ZE	Zentrale Exekutive
ZNS	Zentrales Nervensystem
ZuStVO HB	Zuständigkeitsverordnung für Heilberufe

Vorwort

Das Gesetz über den Beruf der Notfallsanitäterin und des Notfallsanitäters verlangt mit der dazugehörigen Ausbildungs- und Prüfungsverordnung eine qualifizierte Praxisanleitung der Auszubildenden durch geeignete Fachkräfte. Dieser Personenkreis trägt die Bezeichnung „Praxisanleiter für Notfallsanitäter". Das vorliegende Buch beinhaltet alle Themen, die die berufspädagogische Zusatzqualifikation im Umfang von mindestens 300 Stunden umfasst. Selbstredend gelten die Themen dieses Buches sowohl für die Weiterbildung vom Notfallsanitäter als auch vom Lehrrettungsassistenten zum Praxisanleiter für Notfallsanitäter und für alle Lehrkräfte im Rettungsdienst.

Die Herausgeber haben bei der Auswahl der Autorinnen und Autoren sehr viel Wert darauf gelegt, dass diese sowohl mit der Thematik der Qualifizierung von Mitarbeitenden im Rettungsdienst für die Lehre als auch mit deren Grundlagen vertraut sind. Der Sprung vom Rettungsassistenten zum Notfallsanitäter bedingt nun auch eine höhere Qualifikation der Lehrenden bei rettungsdienstlichen Bildungsmaßnahmen. Spätestens in einigen Jahren müssen alle, die in diesem Bereich tätig werden wollen, über die Qualifikation zum Notfallsanitäter und zum Praxisanleiter für Notfallsanitäter verfügen. Damit findet ein langer Prozess, der 1977 mit der Richtlinie für die Ausbildung von Rettungssanitäterinnen und Rettungssanitätern begann, zunächst einen Abschluss.

Lehren im Rettungsdienst ist aber nicht nur das Transportieren von theoretischem Wissen und praktischen Fertigkeiten, sondern auch die Vorbildfunktion, die Lehrkräfte innehaben. Dies zwingt zum Vorleben der sozialen und fachlichen Kompetenzen, die nicht nur durch die rechtlichen Grundlagen gefordert sind, sondern auch ethisch bedingt in diesem Berufsfeld unabdingbar sind. Während der Ausbildung werden auch Fachleute, wie z.B. Ärzte, Biologen, Juristen und andere, die möglichst auch über eine pädagogische Eignung verfügen sollten, die zukünftigen Notfallsanitäter unterrichten. Dennoch handelt es sich bei dem Hauptteil der Ausbildenden um die Kolleginnen und Kollegen, die aus dem Berufsfeld kommen, es verkörpern und die Auszubildenden am längsten begleiten, anleiten und unterrichten.

Wir als Herausgeber danken besonders den Autorinnen und Autoren, die alle mit sehr viel Sachverstand und Sorgfalt ihre Beiträge erstellt haben. Ein besonderer Dank gilt auch den Mitarbeitenden des Verlags, die uns geduldig bei der Erstellung des Buches unterstützt haben, aber auch all denjenigen, die nicht genannt sind, und uns dennoch an irgendeiner Stelle mit Rat und Tat zur Seite standen.

DIE HERAUSGEBER

1 Umsetzung der Ausbildung des Notfallsanitäters in die Praxis

Roland Lipp

Zum 1. Januar 2014 traten das *Gesetz über den Beruf der Notfallsanitäterin und des Notfallsanitäters (NotSanG)* und die dazugehörige Ausbildungs- und Prüfungsverordnung (NotSan-APrV) in Kraft. Aus diesem Gesetz ergeben sich drei wesentliche Aufgabenstellungen:
- Schaffen von Möglichkeiten, sich vom Rettungsassistenten zum Notfallsanitäter zu qualifizieren
- Etablierung von Aufbaulehrgängen und Weiterbildungen zum Praxisanleiter von Notfallsanitätern
- Anbieten von Notfallsanitäter-Ausbildungsgängen in Kooperation zwischen Arbeitgebern, Schulen und Kliniken.

Zum Ausbildungsziel sind in § 4 NotSanG im Gegensatz zum § 3 RettAssG eine Fülle an Aufgaben, Kompetenzen und Befugnissen formuliert, die dem angehenden Notfallsanitäter während der Ausbildung vermittelt werden sollen. Neben dem allgemeinen Ausbildungsziel, wonach dem zukünftigen Notfallsanitäter sowohl das grundlegende Handwerkszeug in Form von entsprechend anerkanntem Know-how, fachlicher, sozialer und methodischer Kompetenz als auch Teamfähigkeit bei der Versorgung von Patienten unter gänzlicher Einbeziehung der situativen Einsatzbedingungen mit an die Hand gegeben wird, sollen noch weitere Aufgabenstellungen dem Schüler während seiner Ausbildung vermittelt werden.

Allgemeines Ausbildungsziel (§ 4)

Know-how
Allgemein anerkannter Wissensstand
- rettungsdienstlicher
- medizinischer
- wissenschaftlicher Erkenntnisse

Menschliche Kompetenz
- fachliche
- personale
- soziale
- methodische

Teamfähigkeit
- notfallmedizinische Versorgung
- Patiententransport

Vermittlung / Einbeziehung einsatzbedingter Faktoren für das Handeln
- unterschiedliche situative Einsatzbedingungen
- Lebenssituation und Lebensphase des Patienten und weiterer Beteiligter
- Selbstständigkeit und Selbstbestimmung des Patienten und weiterer Beteiligter

Abb. 1 ▶ Grundlegende Ausbildungsinhalte, die dem zukünftigen Notfallsanitäter mit an die Hand gegeben werden sollen (Quelle: Schrems, Schneider und Knospe 2013)

> **MERKE**
>
> Insgesamt soll somit der zukünftige Notfallsanitäter dazu befähigt werden, eigenverantwortlich die per Gesetz definierten Aufgaben, aber auch definierte Aufgaben im Rahmen der Mitwirkung – sprich: der Zusammenarbeit mit Notärzten – sowie durch den Ärztlichen Leiter Rettungsdienst oder durch einen entsprechend verantwortlichen Arzt vorgegebene eigenständige heilkundliche Maßnahmen auszuführen.

Augenmerk wird in diesem Gesetzesabschnitt ebenfalls auf die Kooperation mit weiteren Einsatzkräften gelegt. Aus diesen für das Rettungsfachpersonal erstmals in einem Bundesausbildungsgesetz detailliert niedergeschriebenen Aufgabenfelder/Tätigkeiten resultiert eine Garantenstellung. Sie verpflichtet den Notfallsanitäter mit den §§ 2a und 4 Abs. 2 Nr. 1c NotSanG, auch invasive Maßnahmen eigenständig durchzuführen. Der Bundesgesetzgeber möchte durch das beschriebene Ausbildungsziel eine Handlungsmöglichkeit für die Patientenversorgung schaffen, die gerade im ländlichen Bereich aufgrund verlängerter Eintreffzeiten eines arztbesetzten Rettungsmittels sinnvoll erscheint. Des Weiteren soll hierdurch die oftmals geschilderte rechtliche Grauzone beseitigt werden.

▶ Gliederung der Ausbildung

Entsprechend der *Ausbildungs- und Prüfungsverordnung für Notfallsanitäterinnen und Notfallsanitäter (NotSan-APrV)* umfasst die Ausbildung mindestens 1920 Stunden theoretischen und praktischen Unterricht an staatlich anerkannten Schulen entsprechend den in TABELLE 1 definierten Inhalten.

TAB. 1 ▶ Anlage 1 aus NotSan-APrV (zu § 1 Absatz 1 Nummer 1)

Theoretischer und praktischer Unterricht

Der theoretische und praktische Unterricht umfasst folgende Themenbereiche:

	Stunden
1. Notfallsituationen bei Menschen aller Altersgruppen sowie Gefahrensituationen erkennen, erfassen und bewerten	360
Die Schülerinnen und Schüler sind zu befähigen,	
a) auf der Grundlage notfallmedizinischer Erkenntnisse und notfallrelevanter Kenntnisse der Bezugswissenschaften, wie Naturwissenschaften, Anatomie, Physiologie, allgemeine und spezielle Krankheitslehre und medizinische Mikrobiologie sowie Sozialwissenschaften, Notfallsituationen wahrzunehmen und zu reflektieren sowie Veränderungen der Notfallsituationen zu erkennen und adäquat zu handeln,	
b) eine Eigen- und Fremdanamnese unter Anwendung der notwendigen diagnostischen Maßnahmen entsprechend dem aktuellen Stand von Wissenschaft und Technik sowie unter Berücksichtigung des Zustandes der Patientin oder des Patienten insbesondere im Hinblick auf ihre oder seine vitale Gefährdung zielgerichtet zu erheben,	
c) die erhobenen Befunde zu beurteilen und eine Arbeitsdiagnose zu erstellen,	
d) unter Beachtung der Lage vor Ort und möglicher Gefahren Maßnahmen zur Erkundung einer Einsatzstelle durchzuführen,	
e) die gewonnenen Erkenntnisse zu beurteilen sowie der Situation entsprechend zu reagieren,	
f) die eigenen Grenzen insbesondere im Hinblick auf die Gefährdungslage, die Zahl der betroffenen Personen oder die berufsrechtlichen Rahmenbedingungen zu beachten und unter Berücksichtigung sachlicher, personenbezogener und situativer Erfordernisse Maßnahmen zum Anfordern entsprechender Unterstützung einzuleiten.	

2. Rettungsdienstliche Maßnahmen und Maßnahmen der Gefahrenabwehr auswählen, durchführen und auswerten	360
Die Schülerinnen und Schüler sind zu befähigen,	
a) Maßnahmen zur Rettung der Patientinnen und Patienten sowie medizinische Maßnahmen der Erstversorgung entsprechend dem aktuellen Stand von Wissenschaft und Technik in ihrer Zielsetzung, Art und ihrem Umfang an der Arbeitsdiagnose auszurichten und danach zu handeln,	
b) Maßnahmen zur Überprüfung und Sicherung der Vitalfunktionen situationsgerecht durchzuführen,	
c) geeignete Hilfsmittel zur fachgerechten Lagerung und zum Transport von unterschiedlichen Patientengruppen unter Beachtung der Patienten- und Eigenschonung einzusetzen,	
d) Maßnahmen zur fachgerechten Lagerung, Betreuung und Überwachung von unterschiedlichen Patientengruppen unter Einbeziehung der Grundregeln der Hygiene während des Transports durchzuführen,	
e) Maßnahmen zur fachgerechten Betreuung und Überwachung unter Einbeziehung der Grundregeln der Hygiene von unterschiedlichen Patientengruppen während eines ärztlich begleiteten Sekundärtransports durchzuführen,	
f) Transporte von Intensivpatientinnen und -patienten mit den notwendigen Pflegemaßnahmen unter Einbeziehung der Grundregeln der Hygiene zu begleiten,	
g) das eigene Handeln an Maßnahmen zur Gefahrenabwehr und zum Eigenschutz einschließlich der Grundregeln des Infektionsschutzes auszurichten und einfache Maßnahmen sicher anzuwenden,	
h) die durchgeführten berufsfeldspezifischen Maßnahmen zu evaluieren und zielgerichtetes Handeln kontinuierlich an sich verändernde Anforderungen anzupassen.	
3. Kommunikation und Interaktion mit sowie Beratung von hilfesuchenden und hilfebedürftigen Menschen unter Berücksichtigung des jeweiligen Alters sowie soziologischer und psychologischer Aspekte	120
Die Schülerinnen und Schüler sind zu befähigen,	
a) Kommunikation und Interaktion im Rettungsdienst an Grundlagen aus Psychologie und Soziologie auszurichten,	
b) mit kranken und verunfallten Patientinnen und Patienten sowie ihren Angehörigen unter Berücksichtigung personenbezogener und situativer Erfordernisse zu kommunizieren,	
c) die besonderen Bedürfnisse von sterbenden Patientinnen und Patienten sowie ihrer Angehörigen zu beachten,	
d) das eigene Kommunikationsverhalten, auch unter Nutzung nonverbaler Möglichkeiten, an den spezifischen Bedürfnissen und Anforderungen in der Kommunikation und Betreuung von speziellen Patientengruppen wie Kindern, Jugendlichen, älteren Menschen, pflegebedürftigen Menschen, gesellschaftlichen Randgruppen, übergewichtigen Menschen oder hör- und sehbehinderten Menschen sowie von deren Angehörigen und von unbeteiligten Dritten auszurichten,	
e) das eigene Kommunikationsverhalten an Auswirkungen wesentlicher psychischer Erkrankungen auf die Patientenkommunikation und Patientenbetreuung auszurichten.	
4. Abläufe im Rettungsdienst strukturieren und Maßnahmen in Algorithmen und Einsatzkonzepte integrieren und anwenden	100
Die Schülerinnen und Schüler sind zu befähigen,	
a) Versorgungsalgorithmen entsprechend dem aktuellen Stand von Wissenschaft und Technik unter Berücksichtigung sachlicher, personenbezogener und situativer Erfordernisse anzuwenden,	
b) das eigene Handeln bei besonderen Lagen an aktuellen Einsatzkonzepten auszurichten,	
c) auf einer Rettungswache nach Verfahrensanweisungen zur Strukturierung und Organisation von Arbeitsabläufen zu handeln.	

1 Umsetzung der Ausbildung des Notfallsanitäters in die Praxis

5. Das Arbeiten im Rettungsdienst intern und interdisziplinär innerhalb vorhandener Strukturen organisieren Die Schülerinnen und Schüler sind zu befähigen, a) ihre Einsatzbereitschaft und die Einsatzbereitschaft der Einsatzmittel des Rettungsdienstes einschließlich Luft-, Berg- und Wasserrettungsdienst durch tägliche Kontrolle des Materials und der Geräte anhand von Vorschriften und Checklisten sicherzustellen, b) mit Funk- und Kommunikationsmitteln zu arbeiten, c) bei Transportentscheidungen die Krankenhausorganisation in Deutschland zu berücksichtigen, d) die technischen und organisatorischen Erfordernisse bei Intensivtransporten zu berücksichtigen, e) bis zum Eintreffen von Leitungspersonal unter Beachtung der dann zu erwartenden Strukturen und Maßnahmen der Einsatzleitung bei außergewöhnlichen Einsatzlagen wie insbesondere Großschadensfällen, CBNR-Gefahren, terroristischen Gefahren und Katastrophen zu handeln.	100
6. Handeln im Rettungsdienst an Qualitätskriterien ausrichten, die an rechtlichen, wirtschaftlichen und ökologischen Rahmenbedingungen orientiert sind Die Schülerinnen und Schüler sind zu befähigen, a) das eigene Handeln an den rechtlichen Rahmenbedingungen des Rettungsdienstes einschließlich der für seine Organisation und Durchführung relevanten Vorschriften der Landesrettungsdienstgesetze sowie des Katastrophenschutzes auszurichten, b) bei der medizinischen Behandlung die rechtlichen Rahmenbedingungen zu berücksichtigen, c) das eigene Handeln an relevanten Rechtsvorschriften aus dem Straf- und Zivilrecht, aus dem Straßenverkehrsrecht sowie aus anderen einschlägigen Rechtsgebieten, insbesondere dem Arbeits- und Arbeitsschutzrecht, auszurichten, d) das eigene Handeln an Qualitätsmanagements- und Dokumentationssystemen im Rettungsdienst auszurichten.	100
7. Bei der medizinischen Diagnostik und Therapie mitwirken, lebenserhaltende Maßnahmen und Maßnahmen zur Abwendung schwerer gesundheitlicher Schäden bis zum Eintreffen der Notärztin oder des Notarztes oder dem Beginn einer weiteren ärztlichen Versorgung durchführen Die Schülerinnen und Schüler sind zu befähigen, a) apparative Hilfsmittel zur Diagnose und Überwachung von Notfallpatientinnen und -patienten situationsbezogen einzusetzen, b) bei der Durchführung von Maßnahmen zur Sicherung der Atemwege und Beatmung wie insbesondere endotracheale Intubation, supraglottische Atemwegshilfen, erweiterte Beatmungsformen, medikamentöse Therapien oder Narkoseeinleitungen entsprechend dem aktuellen Stand von Wissenschaft und Technik mitzuwirken, c) bei der Durchführung von Maßnahmen zur Stabilisierung des Kreislaufs wie insbesondere medikamentöse Therapien oder Infusionstherapien entsprechend dem aktuellen Stand von Wissenschaft und Technik mitzuwirken, d) bei der Durchführung von Maßnahmen im Rahmen der Reanimation wie insbesondere medikamentöse Therapien entsprechend dem aktuellen Stand von Wissenschaft und Technik mitzuwirken, e) bei der Durchführung von Maßnahmen im Rahmen der chirurgischen Versorgung von Notfallpatientinnen und -patienten wie insbesondere Thoraxdrainage, Tracheotomie, Koniotomie oder Reposition entsprechend dem aktuellen Stand von Wissenschaft und Technik mitzuwirken, f) ärztlich veranlasste Maßnahmen zur Sicherung der Atemwege und Beatmung, zur Stabilisierung des Kreislaufs, im Rahmen der Reanimation und im Rahmen der chirurgischen Versorgung im Einsatzkontext eigenständig durchzuführen und die dabei relevanten rechtlichen Aspekte zu berücksichtigen,	500

g) Maßnahmen zur Sicherung der Atemwege und Beatmung, zur Stabilisierung des Kreislaufs, im Rahmen der Reanimation und im Rahmen der chirurgischen Versorgung, die zur Lebenserhaltung oder zur Abwendung schwerer gesundheitlicher Schäden im Einsatzkontext erforderlich sind, bis zum Eintreffen der Notärztin oder des Notarztes oder dem Beginn einer weiteren ärztlichen Versorgung eigenständig durchzuführen und die dabei relevanten rechtlichen Aspekte zu berücksichtigen, h) bei Maßnahmen der erweiterten notärztlichen Therapie, die über die Maßnahmen zur Sicherung der Atemwege und Beatmung, zur Stabilisierung des Kreislaufs, im Rahmen der Reanimation und im Rahmen der chirurgischen Versorgung hinausgehen, bei notfallmedizinisch relevanten Krankheitsbildern zu assistieren, i) Maßnahmen der erweiterten notärztlichen Therapie, die zur Lebenserhaltung oder zur Abwendung schwerer gesundheitlicher Schäden im Einsatzkontext bis zum Eintreffen der Notärztin oder des Notarztes oder dem Beginn einer weiteren ärztlichen Versorgung erforderlich sind, eigenständig durchzuführen und die dabei relevanten rechtlichen Aspekte, insbesondere die Verhältnismäßigkeit bei der Auswahl der Maßnahmen, zu berücksichtigen.	
8. Berufliches Selbstverständnis entwickeln und lernen, berufliche Anforderungen zu bewältigen Die Schülerinnen und Schüler sind zu befähigen, a) den Notfallsanitäterberuf im Kontext der Gesundheitsfachberufe zu positionieren, b) sich kritisch mit dem Beruf auseinanderzusetzen, c) zur eigenen Gesundheitsvorsorge beizutragen, d) mit Krisen- und Konfliktsituationen konstruktiv umzugehen und Deeskalationsstrategien anzuwenden.	100
9. Auf die Entwicklung des Notfallsanitäterberufs im gesellschaftlichen Kontext Einfluss nehmen Die Schülerinnen und Schüler sind zu befähigen, a) das Gesundheitssystem in Deutschland in seinen wesentlichen Strukturen zu kennen und Entwicklungen im Gesundheitswesen wahrzunehmen, deren Folgen für den Notfallsanitäterberuf einzuschätzen und sich in die Diskussion einzubringen, b) den Notfallsanitäterberuf in seiner Eigenständigkeit und im Zusammenwirken mit unterschiedlichen Akteuren zu verstehen, danach zu handeln und ihn weiterzuentwickeln, c) die eigene Ausbildung kritisch zu betrachten sowie Eigeninitiative und Verantwortung für das eigene lebenslange Lernen zu übernehmen, d) mit Grundkenntnissen der englischen Fachsprache fachbezogen zu kommunizieren, e) Unterschiede von Rettungsdienstsystemen innerhalb der Bundesrepublik Deutschland sowie in den verschiedenen europäischen Ländern mit Blick auf die Stellung der Notfallsanitäterin oder des Notfallsanitäters zu bewerten.	60
10. In Gruppen und Teams zusammenarbeiten Die Schülerinnen und Schüler sind zu befähigen, a) Übergabe- und Übernahmegespräche zielgerichtet zu führen, b) mit Behörden und Organisationen mit Sicherheitsaufgaben sowie mit sonstigen beteiligten Behörden und Organisationen situationsbezogen zusammenzuarbeiten, c) mit den Angehörigen anderer Berufsgruppen im Gesundheitswesen unter Beachtung von deren Zuständigkeiten und Kompetenzen zusammenzuarbeiten, d) mit den Angehörigen anderer Berufsgruppen im Bereich von Sicherheit und Ordnung sowie Gefahrenabwehr und Katastrophenschutz unter Beachtung von Zuständigkeiten und Kompetenzen zusammenzuarbeiten.	120
Stundenzahl insgesamt	1920

Weiterhin fordert die Ausbildungs- und Prüfungsverordnung 1960 Stunden praktische Ausbildung an einer *genehmigten Lehrrettungswache*. Die praktische Ausbildung in der Rettungswache umfasst die in Tabelle 2 beschriebenen Inhalte.

Daneben muss eine praktische Ausbildung in *geeigneten Krankenhäusern* mit einem Umfang von 720 Stunden erfolgen. Die Inhalte sind in Anlage 3 zur Ausbildungs- und Prüfungsverordnung definiert (Tab. 3).

Tab. 2 ▶ Anlage 2 aus NotSan-APrV (zu § 1 Absatz 1 Nummer 2)

Praktische Ausbildung in genehmigten Lehrrettungswachen

Die praktische Ausbildung an der Rettungswache umfasst folgende Aufgabenbereiche:

	Stunden
1. Dienst an einer Rettungswache	40
2. Durchführung und Organisation von Einsätzen in der Notfallrettung	1600
Die Schülerinnen und Schüler sind dabei zu befähigen, bei realen Einsätzen unter Aufsicht und Anleitung Verantwortung zu entwickeln und zu übernehmen. Hierzu haben sie an mindestens 175 realen Einsätzen (darin enthalten sein können bis zu 25 reale Einsätze im Krankentransport), von denen mindestens 50 unter Beteiligung einer Notärztin oder eines Notarztes erfolgen müssen, teilzunehmen. Ferner ist darauf hinzuwirken, dass die Schülerinnen und Schüler Handlungskompetenz im Rahmen der Zusammenarbeit mit Feuerwehr und Polizei entwickeln.	
Zur freien Verteilung auf die Einsatzbereiche 1 und 2 sowie zur Hospitation an einer Rettungsleitstelle oder integrierten Leitstelle	320
Stundenzahl insgesamt	1960
Während der praktischen Ausbildung sind die Themenbereiche 1 bis 10 des theoretischen und praktischen Unterrichts der Anlage 1 einzuüben und zu vertiefen. Hierzu sind einsatzfreie Zeiten, aber auch praktische Einsätze zu nutzen.	

Tab. 3 ▶ Anlage 3 aus NotSan-APrV (zu § 1 Absatz 1 Nummer 3)

Praktische Ausbildung in geeigneten Krankenhäusern

Die praktische Ausbildung in geeigneten Krankenhäusern umfasst folgende Funktionsbereiche:

	Stunden
1. Pflegeabteilung	80
Die Schülerinnen und Schüler sind zu befähigen, a) bei der Grund- und Behandlungspflege mitzuwirken, b) bei der Pflege spezieller Patientengruppen mitzuwirken.	
2. Interdisziplinäre Notfallaufnahme	120
Die Schülerinnen und Schüler sind zu befähigen, a) Maßnahmen der klinischen Erstuntersuchung unter Berücksichtigung patientenbezogener und situativer Besonderheiten unter Anleitung durchzuführen, b) diagnostische Maßnahmen selbständig oder unter Anleitung durchzuführen, c) Maßnahmen zur Vorbereitung der Erstversorgung durchzuführen, d) bei der Durchführung der Erstversorgung mitzuwirken.	
Wenn die Ausbildung nicht vollständig in einer interdisziplinären Notfallaufnahme absolviert werden kann, sind 80 Stunden in einer internistischen Notfallaufnahme und 40 Stunden in einer chirurgischen Notfallaufnahme zu absolvieren.	

3. Anästhesie- und OP-Abteilung Die Schülerinnen und Schüler sind zu befähigen, a) mit sterilen Materialien umzugehen, b) Maßnahmen der Narkoseeinleitung unter Anleitung durchzuführen, c) einen periphervenösen Zugang zu legen, d) beim Anlegen zentralvenöser Zugänge und arterieller Messsysteme mitzuwirken, e) einen freien Atemweg bei narkotisierten Patientinnen und Patienten zu schaffen, f) Maßnahmen zum oralen und nasalen Absaugen durchzuführen. (...)	280
4. Intensivmedizinische Abteilung Die Schülerinnen und Schüler sind zu befähigen, a) Spritzenpumpen anwenden zu können, b) Kontrolle und den Wechsel von Drainagen, Sonden und Verbänden durchzuführen, c) einen periphervenösen Zugang zu legen, d) beim Anlegen zentralvenöser Zugänge und arterieller Messsysteme mitzuwirken, e) Maßnahmen zur Anwendung von Beatmungsformen selbständig oder unter Anleitung durchzuführen, f) Maßnahmen zum oralen und nasalen Absaugen selbständig oder unter Anleitung durchzuführen. (...)	120
5. Geburtshilfliche, pädiatrische oder kinderchirurgische Fachabteilung/ Intensivstation oder Station mit entsprechenden Patientinnen und Patienten Die Schülerinnen und Schüler sind zu befähigen, a) bei der Versorgung bei fachspezifischen Krankheitsbildern mitzuwirken, b) unter Anleitung die Pflege von Neugeborenen, Säuglingen und Kindern durchzuführen, c) bei der Kontrolle und dem Wechsel von Drainagen, Sonden und Verbänden mitzuwirken. Kann der Einsatz in einer entsprechenden klinischen Einrichtung nicht sichergestellt werden, hat die Schule ein simulatorgestütztes Training anzubieten, das den unter 5. genannten Anforderungen genügt.	40
6. Psychiatrische, gerontopsychiatrische oder gerontologische Fachabteilung Die Schülerinnen und Schüler sind zu befähigen, a) bei der Versorgung bei fachspezifischen Krankheitsbildern mitzuwirken, b) unter Anleitung die Pflege von Patientinnen und Patienten der Fachabteilung durchzuführen, c) bei der Kontrolle und dem Wechsel von Drainagen, Sonden und Verbänden mitzuwirken.	80
Stundenzahl insgesamt	720
Die praktische Ausbildung beinhaltet in allen Funktionsbereichen die Grundregeln der Hygiene und des Infektionsschutzes, Maßnahmen der Krankenbeobachtung und Patientenüberwachung inklusive der dazu notwendigen Geräte, den Umgang mit Medikamenten sowie Maßnahmen zu ihrer Vorbereitung und Applikation, den Ablauf einer allgemeinen Patientenaufnahme sowie der Patientenübergabe, die Dokumentation, den Dienstablauf und die räumlichen Besonderheiten. Die Schülerinnen und Schüler sind in allen Funktionsbereichen zu befähigen, in dem für den Notfallsanitäterberuf erforderlichen Umfang die hierzu notwendigen Maßnahmen zu kennen und selbständig oder unter Anleitung durchzuführen.	

In § 1 Absatz 2 der Ausbildungs- und Prüfungsverordnung wird eine Ausbildungsstruktur vorgeschlagen, die vorsieht, dass im ersten Halbjahr der Ausbildung eine „Mindestqualifikation für den Einsatz im Rettungsdienst, die sich auf die Grundlagen des Rettungsdienstes erstreckt", erworben wird. Im zweiten Halbjahr erwerben die Auszubildenden die „für die Durchführung und Organisation von Krankentransporten notwendigen Kenntnisse und Fertigkeiten sowie [eine] erste Einführung in die Notfallrettung". Im zweiten Jahr der Ausbildung werden „die für die Durchführung und Organisation von Einsätzen in der Notfallrettung erforderlichen Kenntnisse und Fertigkeiten" erworben. Im dritten Jahr wird eine „fachübergreifende Qualifikation, die der Vertiefung der Kenntnisse und Fertigkeiten im Rettungsdienst, besonders der Notfallrettung, mit dem Ziel der verantwortlichen Übernahme des Notfalleinsatzes dient", erlangt. Darüber hinaus lernen die Auszubildenden besondere Einsatzbereiche kennen.

Für eine weitere Präzisierung der Ausbildung sind die Bundesländer verantwortlich, sodass sich jeder Praxisanleiter über die Vorgaben des Bundeslandes, in dem er unterrichtlich tätig ist, informieren muss. Grundsätzlich sind jedoch die nachfolgenden Eckpfeiler durch das Notfallsanitätergesetz vorgegeben:

– Die Ausbildung von Notfallsanitäterinnen und Notfallsanitätern dauert, unabhängig vom Zeitpunkt der staatlichen Prüfung, in Vollzeitform drei Jahre, in Teilzeitform höchstens fünf Jahre. Sie besteht aus theore-

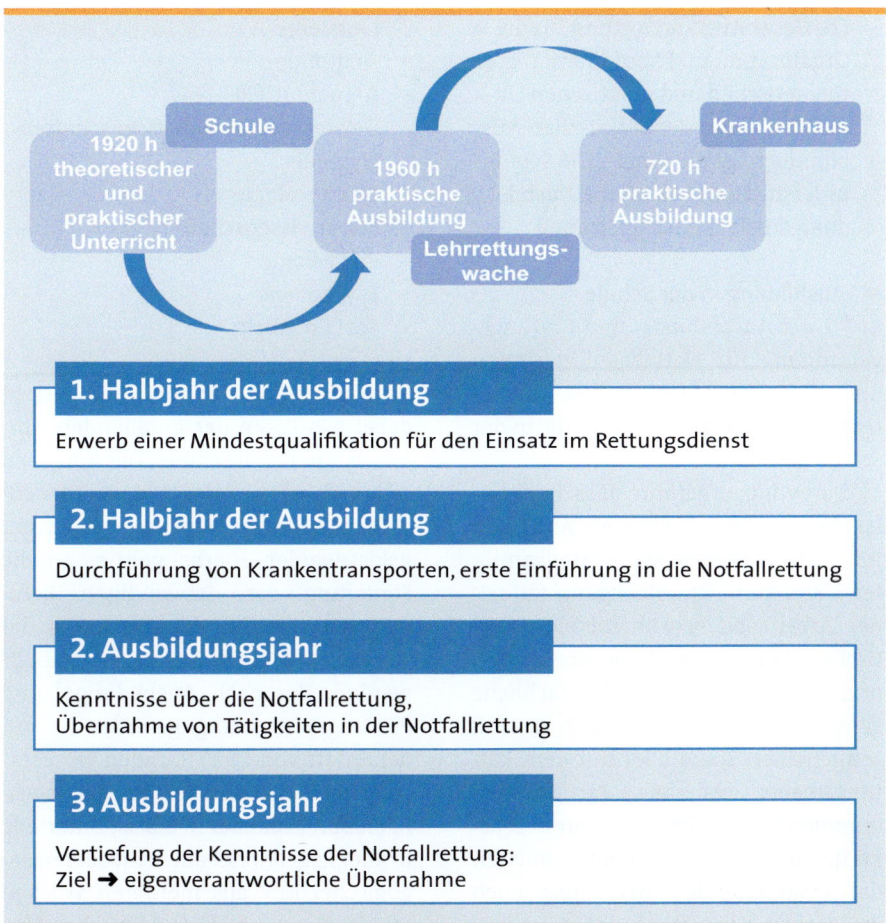

ABB. 2 ▶ Mögliche Gliederung der Ausbildung nach § 1 NotSan-APrV

tischem und praktischem Unterricht. Die Stundenansätze wurden vorstehend beschrieben. Die praktische Ausbildung in Lehrrettungswache und dem Krankenhaus ist entsprechend den vorgenannten Stundensätzen durchzuführen.
- Der theoretische und praktische Unterricht wird in staatlich anerkannten Schulen durchgeführt.
- Die praktische Ausbildung wird an einer genehmigten Lehrrettungswache und in geeigneten Krankenhäusern durchgeführt.
- Die Gesamtverantwortung für die Organisation und Koordination des theoretischen und praktischen Unterrichts sowie der praktischen Ausbildung trägt die Schule. Die Schule unterstützt die praktische Ausbildung durch Praxisbegleitung.

▶ **Ausbildung in der Schule**

In § 2 der Ausbildungs- und Prüfungsverordnung für Notfallsanitäterinnen und Notfallsanitäter ist der theoretische und praktische Unterricht in der Schule definiert.

Dort wird aufgeführt, dass der Schüler die für ihn anfallenden Aufgaben im Rettungsdienst als Notfallsanitäter lösen kann. Im Nachgang zu seiner Arbeit soll er anhand einer kritischen Denkweise diese überprüfen und beurteilen können. Das fachliche Wissen und Können muss sich an dem zeitgemäßen Stand aller mit dem Rettungsdienst befassten Fachgruppen orientieren. Die Schulen, deren Lehrkräfte und die Praxisanleiter müssen dazu während der Ausbildung auch die soziale Kompetenz des Auszubildenden fördern. Aber nicht nur theoretische Kenntnisse sind für die Ausübung des Berufs erforderlich, ebenso sind die praktischen Fertigkeiten zu erlernen und zu trainieren. Dass dies alles gemäß dem aktuellen Stand der medizinischen Erkenntnisse und der Lernthemen, die damit im Bezug stehen, erfolgt, ist selbstredend.

Den Erläuterungen zur Verabschiedung der NotSan-APrV sind die folgenden Einzelbereiche des theoretischen und praktischen Unterrichts zu entnehmen:
- allgemeine und spezielle Krankheitslehre
- Anatomie
- Arzneimittellehre
- Geistes- und Sozialwissenschaften
- Hygiene
- Mikrobiologie
- Naturwissenschaften
- Physiologie
- Psychologie
- Sozialmedizin.

Im Mittelpunkt der Ausbildung steht dabei das Lösen der anfallenden Aufgaben durch den Schüler. Die Aufgaben sollen dabei zielorientiert, methodengeleitet, selbstständig und sachgerecht gelöst werden. Hierbei geht es um die Förderung der notwendigen Kompetenzen, die für die Ausübung der Tätigkeit als Notfallsanitäter benötigt werden. Der nach Ausbildungs- und Prüfungsverordnung geforderte Stundenansatz von 1 920 Stunden wird entsprechend den Lehrplänen der jeweiligen Bundesländer in Blöcke unterteilt. In aller Regel findet ein sinnvoller pädagogischer Mix aus mehreren Wochen schulischer Ausbildung, klinischer Ausbildung und Ausbildung in der Rettungswache statt. Die jeweiligen Lehrpläne und Unterrichtsunterlagen der staatlich anerkannten Schulen geben Auskunft über die jeweiligen Lehrinhalte.

▶ **Ausbildung in geeigneten Krankenhäusern**

§ 5 des Notfallsanitätergesetzes sieht vor, dass die Schule, die den angehenden Notfallsanitäter ausbildet, die praktische Ausbildung begleitet; dies insbesondere, um den Transfer von der Theorie in die Praxis umzusetzen. Dies bedeutet, dass die zuständigen Kursleiter der Rettungsdienstschulen sich mit den entsprechenden Lehrkrankenhäusern und den dortigen verantwortlichen Personen und Praxisanleitern in Verbindung setzen, die Lehrinhalte besprechen und während der Ausbildung die Auszubildenden und die Verantwortlichen bzw. Praxisanleiter der Klinik besuchen müssen. Die ausbildende Klinik verpflichtet sich dazu sinnvollerweise in einem Vertrag, in dem auch festgeschrieben ist, dass die in Anlage 3 der Ausbildungs- und Prüfungsverordnung geforderten Ausbildungsinhalte vermittelt werden. Dazu werden qualifizierte Ärzte und in der Krankenpflege vorgehaltene Praxisanleiter den Auszubildenden anleiten, damit er seine Lernziele erreichen kann. Ein enger Dialog zwischen Klinik, Auszubildendem und Schule ist nötig. Hierzu können moderne digitale Kommunikationswege, wie z.B. E-Mail, Telefon- und Videokonferenzen, Verwendung finden. Auch ein digitales Berichtsheft ist zeitgemäß.

Zur Ausbildung in der Klinik heißt es: *„Die praktische Ausbildung beinhaltet in allen Funktionsbereichen die Grundregeln der Hygiene und des Infektionsschutzes, Maßnahmen der Kran-*

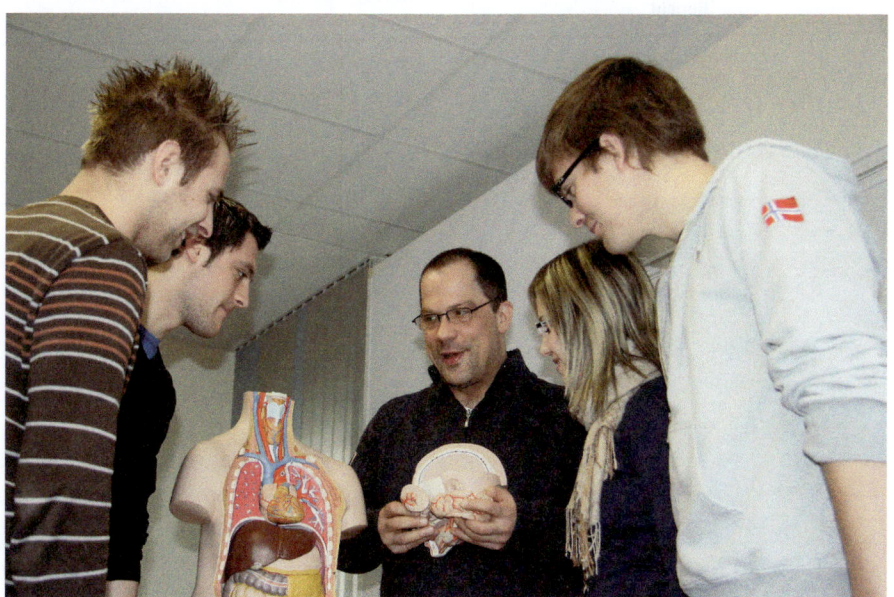

ABB. 3 ▶ Die Gesamtverantwortung für die Ausbildung liegt bei der Schule.

kenbeobachtung und Patientenüberwachung inklusive der dazu notwendigen Geräte, den Umgang mit Medikamenten sowie Maßnahmen zu ihrer Vorbereitung und Applikation, den Ablauf einer allgemeinen Patientenaufnahme sowie der Patientenübergabe, die Dokumentation, den Dienstablauf und die räumlichen Besonderheiten. Die Schülerinnen und Schüler sind in allen Funktionsbereichen zu befähigen, in dem für den Notfallsanitäterberuf erforderlichen Umfang die hierzu notwendigen Maßnahmen zu kennen und selbstständig oder unter Anleitung durchzuführen." (Anlage 3 zu § 1 Abs. 1 Nr. 3 NotSan-APrV)

Eine entsprechende Dokumentation in Form eines Testatheftes ist dabei erforderlich. Hierzu werden die staatlich anerkannten Schulen entsprechende Unterlagen zur Verfügung stellen. Ein Muster für einen Wochenbericht ist in ABBILDUNG 4 abgedruckt.

▶ **Ausbildung in genehmigten Lehrrettungswachen**

Der Transfer von der theoretischen Ausbildung zur praktischen Arbeit kann nur an einer geeigneten und staatlich genehmigten *Lehrrettungswache* umgesetzt werden. Neu in diesem Zusammenhang ist, dass die Gesamtverantwortung für die Ausbildung zum Notfallsanitäter die jeweilige Rettungsschule trägt. Dies ist in § 5 des Notfallsanitätergesetzes festgelegt. Dies wiederum zwingt die Schule, nicht nur eng mit der Klinik, sondern auch mit der entsprechenden Lehrrettungswache zusammenzuarbeiten. Die staatliche Anerkennung der Lehrrettungswache erfolgt wie bisher auch durch die zuständige Behörde. Um der Verantwortung der Schule gerecht zu werden, bedarf es auch hier Präsenzzeiten der Kursleiter in den Lehrrettungswachen und einer engen Kommunikation zwischen Praxisanleitern, Auszubildenden und Kursleitern. Auch dies kann wieder vorzugsweise mit modernen digitalen Kommunikationsmöglichkeiten umgesetzt werden.

Bisher wurden für die Genehmigung von Lehrrettungswachen gemeinsame Grundsätze der Hilfsorganisationen zugrunde gelegt. Diese werden für die Ausbildung zum Notfallsanitäter im Wesentlichen übernommen und angepasst werden können. In diesen wird u.a. ausgeführt, dass die Rettungswache, an der die Ausbildung stattfindet, ein Teil eines Rettungsdienstbereiches ist, in dem ein Notarztdienst eingerichtet ist oder in dem ein Notarztdienst ange-

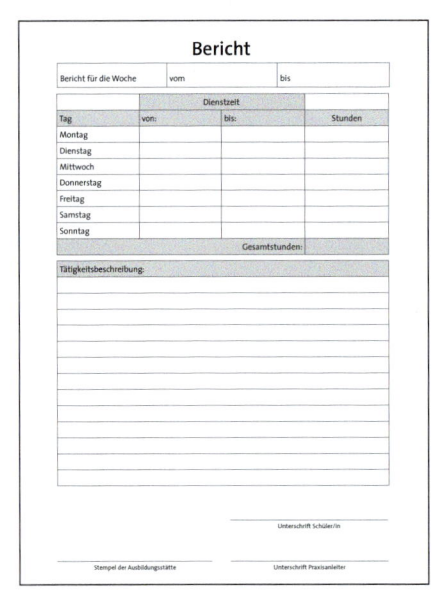

ABB. 4 ▶ Testatheft: Muster für einen Wochenbericht in der klinischen Ausbildung

boten wird. Die Rettungswache muss ganzjährig im Dienst sein, und sie stellt sicher, dass die Praktikanten in allen für die spätere Tätigkeit wesentlichen Kenntnissen und Fertigkeiten unterwiesen werden und ihnen ausreichend Möglichkeiten gegeben werden, das in den schulischen Ausbildungsabschnitten gelernte Wissen praktisch anzuwenden. Darüber hinaus muss sie über einen geeigneten Aufenthaltsraum verfügen, in dem Lehrgespräche abgehalten werden können. Sie benötigt geeignete Desinfektionsmöglichkeiten für die Rettungsfahrzeuge und für deren Ausstattung, damit die Auszubildenden hierin unterwiesen werden können. Sie muss ebenfalls über entsprechende Reanimationspuppen (Erwachsene und Säuglinge) und über weitere erforderliche Trainingsgeräte verfügen. Jede Lehrrettungswache muss über einen im Rettungsdienst erfahrenen Arzt verfügen, der die medizinische Aufsicht wahrnimmt und die Einheitlichkeit der Ausbildung auf der Grundlage der gemeinsamen Ausbildungsvorschriften sicherstellt. Für jede Lehrrettungswache muss zudem ein verantwortlicher Praxisanleiter für Notfallsanitäter benannt werden. Die Verantwortlichen müssen in enger Zusammenarbeit mit der Schule, die für die Ausbildung zuständig ist, stehen. Für die Anerkennung als Lehrrettungswache sollte mindestens eine Einsatzfrequenz von 40 Transporten wöchentlich absolviert werden. Diese müssen mindestens zehn Notfallversorgungen unter oder ohne Aufsicht eines Arztes beinhalten. Als Beispiel ist in Tabelle 4 die Checkliste des Landesamtes für Soziales, Jugend und Versorgung Rheinland-Pfalz abgedruckt. Nach diesen Kriterien überprüfen und genehmigen die zuständigen Behörden Lehrrettungswachen in ihrem Bundesland.

Tab. 4 ▶ Checkliste für die Überprüfung von Lehrrettungswachen

	Bemerkungen
I. Einsatzbereich der Lehrrettungswache	
1. Darlegung des räumlichen Geltungsbereiches des Einsatzgebietes anhand einer Karte	
2. Struktur des Einsatzbereiches 　a) ländlich 　b) städtisch 　c) gemischt	
3. Bevölkerungszahl des Einsatzbereiches	
4. Anzahl der Einsätze pro Jahr 　a) auf KTW 　b) auf RTW mit Notarzt 　c) auf RTW ohne Notarzt 　d) auf NEF	
5. Verbindung mit dem Notarztsystem 　a) Direkte Assoziation 　b) Verbundsystem 　c) Rendezvous-System	

II. Personelle Besetzung der Lehrrettungswache

1. Lehrrettungsassistenten
   (Nachweise vorlegen – Originale oder amtl. beglaubigte Fotokopien)
   – Erlaubnisurkunde „Rettungsassistent"
   – Ausbilderqualifikation „Lehrrettungsassistent"
   – Berufserfahrung
   – Personalunion an mehreren Standorten (Angabe der an mehreren Lehrrettungswachen tätigen Lehrrettungsassistenten)

2. Aufsichtsführender Arzt
   (Nachweise vorlegen – Originale oder amtl. beglaubigte Fotokopien)
   – Approbationsurkunde
   – Fachkundenachweis Rettungsdienst
   – Berufserfahrung
   – Personalunion an mehreren Standorten (Angabe der an mehreren Lehrrettungswachen tätigen Ärzte)

3. Praxisanleitende Rettungsassistenten
   (Nachweise siehe Nr. 1)

4. Desinfektor (staatlich geprüfter Desinfektor)

III. Betreuung des Praktikanten während der Ausbildung an der Lehrrettungswache

1. Einsatzbedingungen für den Praktikanten
   (z. B. Besetzung der Rettungswagen, Betreuung während der Einsätze)

2. Einsatzzeiten des Praktikanten
   a) im Schichtdienst
   b) im Nachtdienst
   c) Gewährleistung von Ruhezeiten
      (Dauer u. Regelungen)

3. Aufsicht und Anleitung des Praktikanten
   a) durch den verantwortlichen Lehrrettungsassistenten
      (Umfang und Intensität schildern)
   b) durch den verantwortlichen Arzt (insbesondere zeitliche Präsenz des verantwortlichen Arztes an der Lehrrettungswache, Gewährleistung der Einheitlichkeit der Ausbildung)

4. Durchführung der vorgeschriebenen 50 anwendungsorientierten Unterrichtsstunden (Themenauswahl, Sicherstellung der Anwendungsorientierung)

5. Ausbildungskapazität von gleichzeitig auszubildenden Praktikanten (Abstimmung der Ausbildungspläne)

IV. Ausstattung der Lehrrettungswache (in technischer und räumlicher Hinsicht)

1. Rettungswagen ausgestattet entspr. den Vorgaben

2. eigene Fahrzeughalle (für praktische Übungen)

5. angemessene Unterrichtsräume (für anwendungsorientierte Unterrichtung des Praktikanten)
6. angemessene Desinfektionseinrichtungen (zum Säubern des Übungs- und Einsatzmaterials)
7. Mindestausstattung an Unterrichtsmitteln
    a) Tafel / Flipchart
    b) Overheadprojektor
    c) Fernseh- und Videoanlage
    d) Diaprojektor
    e) HLW-Trainer Erwachsene und Baby
    f) Intubationstrainer Erwachsene und Baby
    g) Infusionstrainer
    h) Videofilme / Dias
    i) aktuelle Literatur (notfallmedizinische Bücher, Reanimationsfibel, Buch über Vergiftungen, Hygiene, Zeitschriftenabonnements zum Thema Notfallmedizin)

Wer in der Lehrrettungswache als Praxisanleiter tätig werden möchte, muss die in § 3 Abs. 1 der NotSan-APrV genannten Voraussetzungen erfüllen. Das heißt, ein Notfallsanitäter, der mindestens zwei Jahre Berufserfahrung hat, muss eine berufspädagogische Zusatzqualifikation erwerben. Diese Weiterbildung zum Praxisanleiter umfasst mindestens 300 Stunden. Bis 1. Januar 2021 waren es nur 200 Stunden; zur Vereinheitlichung der Prüfungsverordnungen der Gesundheitsfachberufe wurde der Stundenumfang erhöht, es gilt Bestandsschutz für zum 31. Dezember 2020 bereits qualifizierte Praxisanleiter. Die zuständige Behörde kann zudem zunächst noch bis 2024 Ausnahmen vom Umfang der berufspädagogischen Zusatzqualifikation zulassen. Bis 2021 war anstatt der zweijährigen Berufserfahrung als Notfallsanitäter auch eine zweijährige Berufserfahrung als Rettungsassistent ausreichend.

Die Praxisanleiter in der Lehrrettungswache führen die Auszubildenden an die täglichen Aufgaben im Rettungsdienst heran und schaffen einen Wissenstransfer von der Theorie zur Praxis. Dies geschieht in enger Kooperation mit der zuständigen Schule. Die Schüler sollen die in der Rettungsdienstschule erworbenen Kenntnisse und Fähigkeiten nun in der Lehrrettungswache trainieren und vertiefen. Der Praxisanleiter soll darüber hinaus Notfallsanitäter im Dienstplansystem vorschlagen, die den Auszubildenden betreuen, anleiten und mit ihm die entsprechenden Krankentransport- und Rettungseinsätze durchführen. Die Ausbildungs- und Prüfungsverordnung sah vor, dass die praktischen Einsätze bis 2019 auch noch von Rettungsassistenten betreut werden durften.

Für das jeweilige Einsatzgebiet ist ein angemessenes Verhältnis zwischen der Zahl der Schüler und der Zahl der praxisanleitenden Personen sicherzustellen. Dieses wird in aller Regel durch die zuständige Behörde definiert. Der verantwortliche Praxisanleiter überwacht die ordentliche Führung des Ausbildungsnachweises (Testatheft) und führt mit dem Schüler regelmäßige Beurteilungsgespräche. Der Praxis-

1 Umsetzung der Ausbildung des Notfallsanitäters in die Praxis

Abb. 5 ▶ Bescheinigungen über die Durchführung praktischer Ausbildungsschritte

anleiter muss in enger Verbindung mit der Schule stehen, die die angehenden Notfallsanitäter ausbildet.

Während der praktischen Ausbildung sind die Themenbereiche 1–10 des theoretischen und praktischen Schulunterrichts der Anlage 1 einzuüben und zu vertiefen. Hierzu sind einsatzfreie Zeiten, aber auch praktische Einsätze zu nutzen. Dies bedeutet, dass Unterricht auch in einsatzfreien Zeiten auf der Rettungswache zu erfolgen hat.

Die regelmäßige und erfolgreiche Teilnahme an Ausbildungsveranstaltungen ist auch für die praktische Ausbildung über eine Bescheinigung nachzuweisen. Für die praktische Ausbildung an der Lehrrettungswache wird es notwendig sein, die geforderten Ausbildungszeiten gesondert zu dokumentieren und zu bescheinigen. Erst im Rückgriff auf diese Unterlagen wird die Schule die oben genannte Bescheinigung ausstellen können. Entsprechend sinnvoll werden Testathefte sein, in denen die Absolvierung der einzelnen Ausbildungsschritte attestiert wird. Der Praxisanleiter für Notfallsanitäter ist verantwortlich für die Ausstellung von drei Bescheinigungen über die praktische Ausbildung in genehmigten Lehrrettungswachen gemäß Anlage 2 (zu § 1 Abs. 1) NotSan-APrV. Die drei Bescheinigungen sind in Abbildung 5 als Muster abgedruckt.

▶ **Zusammenfassung und Ausblick**

Die Ausbildung in der Lehrrettungswache und in der Klinik durch einen gut qualifizierten Praxisanleiter ist ein wesentlicher Bestandteil einer hochwertigen Qualifizierung von Notfallsanitätern. Die Ausbildung in der Schule kann nur bedingt praktische Fertigkeiten vermitteln. Die Vermittlung der erforderlichen Kompetenzen erfolgt zu einem wesentlichen Anteil in der Lehrrettungswache. Der Ausbildung dort muss viel Energie gewidmet werden, damit das spätere Rettungsdienstpersonal nicht nur über theoretische Kenntnisse, sondern auch über tatsächliche Fertigkeiten für die Arbeit als Notfallsanitäter verfügt. Auch die Ausbildung zum Notfallsanitäter wird sich in den nächsten Jahren weiterentwickeln. Schwachstellen werden Korrekturen erforderlich machen, aber allen in der Ausbildung Tätigen muss klar sein, dass es sich bei dieser Ausbildung im europaweiten, aber auch im weltweiten Vergleich um eine „Premiumausbildung" für die rettungsdienstliche Tätigkeit handelt. Praxisanleiter sind Vorbilder, und Vorbilder prägen die Auszubildenden.

Literatur:

Ausbildungs- und Prüfungsverordnung für Notfallsanitäterinnen und Notfallsanitäter (NotSan-APrV). Vom 16. Dezember 2013. In: BGBl. 2013 I (74): 4280–4304.

Bens D, Lipp R (Hrsg.) (2014) Notfallsanitätergesetz. Herausforderungen und Chancen. Edewecht: Stumpf + Kossendey.

Gesetz über den Beruf der Notfallsanitäterin und des Notfallsanitäters sowie zur Änderung weiterer Vorschriften [Notfallsanitätergesetz, NotSanG]. Vom 22. Mai 2013. In: BGBl. 2013 I (25): 1348–1357.

Hündorf H-P, Lipp R (Hrsg.) (2003) Der Lehrrettungsassistent. Lehrbuch für Ausbilder im Rettungsdienst. Edewecht, Wien: Stumpf + Kossendey.

Lipp R (2014) Umsetzung des NotSanG: Rheinland-Pfalz steht in den Startlöchern. In: Rettungsdienst 37 (5): 414–416.

Schrems M, Schneider D, Knospe F (2013) Der Notfallsanitäter: Die neue Ausbildung im Rettungsdienst. In: Rettungsdienst 36 (4): 314–318.

2 Qualifikationen in der Lehre

HANS-PETER HÜNDORF

Lehre bedeutet Vermittlung von Wissen, Unterweisung und/oder Erziehung. Die Wissenschaft von der Erziehung nennt man *Pädagogik*. Das Wort „Pädagogik" stammt wiederum aus dem altgriechischen Sprachgebrauch und steht hier für „Knabenerziehung". Ein Pädagoge ist also im ursprünglichen Sinne ein Erzieher bzw. ein Erziehungswissenschaftler. Bei den Griechen und Römern waren Pädagogen (griech., dt. *Knabenführer/Knabenerzieher*), die zum Haus gehörenden Lehrer. Meist handelte es sich um gebildete Sklaven, die den Kindern der „hohen Herrschaften" Rechnen, Schreiben und Lesen beibrachten. Schrifttum und Mathematik hatten bereits damals einen hohen Stellenwert in der Gesellschaft.

Erziehung und Bildung wurden lange Zeit ausschließlich als notwendiger Prozess der Integration Heranwachsender aus der „Besseren Gesellschaft" in die gesellschaftlichen Strukturen definiert und verstanden.

Unter Pädagogik im heutigen Sinne versteht man die Erziehungswissenschaft als handlungsorientierte Sozialwissenschaft; beide sind in Theorie und Praxis eng miteinander verknüpft. Die Pädagogik beschäftigt sich mit den Zielen und Inhalten, den Interaktions- und Vermittlungsformen sowie den sozialen und institutionellen Rahmenbedingungen des Erziehungsprozesses.

Die *Andragogik* ist ein spezieller Teilbereich der Pädagogik und beschäftigt sich ausschließlich mit der Erwachsenenbildung (Andragoge = Lehrer in der Erwachsenenbildung). Da die Pädagogik die Andragogik einschließt, werden in den folgenden Ausführungen auch weiterhin die Bezeichnungen *Pädagoge* und *pädagogische Qualifikation* verwendet.

In den zurückliegenden einhundert Jahren haben sich explosionsartig neue Fachrichtungen in allen Bereichen von Wirtschaft, Handel, Politik, Forschung und Wissenschaft entwickelt. Eine rasante Subspezialisierung, d.h. eine weitere Aufgliederung der verschiedenen Fachbereiche in immer kleinere Bereiche, schloss sich an. Noch vor nicht allzu langer Zeit war beispielsweise der Bereich Medizin durchaus überschaubar. Es gab keine Fachärzte – ein Arzt war ein Arzt und deckte i.d.R. den ganzen medizinischen Fachbereich ab. Das ist heute unvorstellbar. Die Palette der medizinischen Subspezialisierungen von Fachärzten für Chirurgie, Traumatologie, Urologie, Innere Medizin, Onkologie usw. ist unüberschaubar geworden, und fast täglich entstehen neue Fachrichtungen. Die Medizin ist allerdings nur ein Beispiel hierfür. Subspezialisierung findet in allen nur denkbaren Bereichen des Lebens und natürlich auch in der Pädagogik statt. Ein guter Lehrer kann deshalb nur der sein, der selbst immer Schüler bleibt.

Lehre und Erziehung beginnen bei jedem Menschen unmittelbar nach der Geburt. In diesem ersten Lebensabschnitt übernehmen Eltern und Verwandte die pädagogische Betreuung und bringen dem Kind bestimmte Verhaltensweisen sowie die ersten Wörter der Muttersprache bei. Ab ca. dem dritten Lebensjahr wird die pädagogische Begleitung des Kindes mehr und mehr von fremden Personen, z.B. im Kindergarten und anschließend in der Schule, übernommen. Nach dem Abschluss der Schule folgt die Berufsausbildung oder ein Studium. Im ersten Lebensabschnitt werden an die Eltern und nahen Verwandten des Kindes noch keine expliziten pädagogischen Qualifikationsanforderungen gestellt. Es ist hier allein Sache der Eltern, ob und wie sie dem Kind Wissen und Fertigkeiten vermitteln. In allen danach folgenden Stufen der Bildung und Erziehung des Kindes bzw. Heranwachsenden werden durch den Gesetzgeber oder andere reglementierende Institutionen dem Tätigkeitsfeld entsprechende pädagogische Mindestqualifikationen vom jeweils Verantwortlichen verlangt. In der Ausbildung von Erziehern und Lehrern liegt der Schwerpunkt auf pädagogischen und speziellen fachlichen Inhalten. Bei Lehrern an Berufsschulen und Professoren bzw. Dozenten an Universitäten stellen wir eine Verschiebung des Schwerpunkts in Richtung der rein fachlichen Inhalte fest. Pädagogik, Methodik und Didaktik treten dabei oftmals in den Hintergrund.

Es würde den Umfang dieses Buches sprengen, alle infrage kommenden pädagogischen Qualifikationen zu nennen und zu erläutern; für unser Thema von Interesse sind letztendlich die für die rettungsdienstliche Ausbildung im weitesten Sinne relevanten Formen, auf die im Weiteren eingegangen werden soll.

▶ **Ausbildung zum Praxisanleiter**
An den Rettungsdienstschulen hat sich mit der Einführung des Berufsbildes Notfallsanitäter ein drastischer Wandel vollzogen, zumindest für die Schulleiter und die hauptamtlichen Mitarbeiter der Rettungsdienstschulen. Im NotSanG heißt es:

> **RECHTSGRUNDLAGE**
>
> **§ 6 Staatliche Anerkennung von Schulen; Genehmigung von Lehrrettungswachen**
>
> (1) Die staatliche Anerkennung der Schulen nach § 5 Absatz 2 Satz 1 und die Genehmigung von Lehrrettungswachen nach § 5 Absatz 2 Satz 3 erfolgt durch die zuständige Behörde.
> (2) Schulen werden anerkannt, wenn sie folgende Mindestanforderungen erfüllen:
> 1. hauptberufliche Leitung der Schule durch eine entsprechend qualifizierte Fachkraft mit einer abgeschlossenen Hochschulausbildung,
> 2. Nachweis einer im Verhältnis zur Zahl der Ausbildungsplätze ausreichenden Zahl fachlich und pädagogisch qualifizierter Lehrkräfte mit entsprechender, abgeschlossener Hochschulausbildung für die Durchführung des theoretischen und praktischen Unterrichts,
> [...]
>
> Über Satz 1 hinausgehende landesrechtliche Regelungen bleiben unberührt. Die Länder können durch Landesrecht das Nähere zu den Mindestanforderungen nach Satz 1 bestimmen.
> (3) Die Landesregierungen können durch Rechtsverordnung Regelungen zur Beschränkung der Hochschulausbildung nach Absatz 2 Satz 1 Nummer 1 und 2 auf bestimmte Hochschularten und Studiengänge treffen.

Konkret bedeutet dies, dass nunmehr alle Lehrkräfte an Rettungsdienstschulen, die eine staatliche Anerkennung erhalten wollen, über einen pädagogischen Hochschulabschluss verfügen müssen. Dieser, nicht näher definierte, Hochschulabschluss kann nun von den Landesregierungen durch Rechtsverordnungen spezifiziert werden. Hierbei gibt es durchaus unterschiedliche Ansätze. So wird beispielsweise nicht zwangsläufig ein abgeschlossenes akademisches Studium im Sinne des Hochschulrahmengesetzes vorausgesetzt. In vielen Fällen kann es ausreichen, einen sogenannten Zertifikatslehrgang an einer Hochschule zu absolvieren. Dieser stellt keinen akademischen oder universitären Abschluss, sondern lediglich einen inhaltlich sowie methodisch/didaktisch auf Hochschulniveau aufbereiteten, meist zeitlich eingeschränkten Lehrgang dar. Bei diesen Zertifikatslehrgängen gibt es erhebliche Unterschiede im Hinblick auf das Ausmaß der Präsenz- und Selbstlernzeiten (Workload) und auch hinsichtlich der Vergabe bzw. Anrechnung von Credit Points.

Im Moment reichen die Vorgaben der Länder für die pädagogische Hochschulqualifikation von Lehrkräften für die Notfallsanitäterausbildung an Rettungsdienstschulen von 200 Stunden (Zertifikatslehrgang) bis hin zu einem vollständig abgeschlossenen pädagogischen Hochschulstudium bzw. bestandenem Staatsexamen.

Weiter ist im § 31 NotSanG die Anerkennung bereits bestehender Rettungsdienstschulen geregelt, und damit einhergehend der Bestandsschutz für Lehrkräfte und Schulleitungen bzw. die *Übergangsfrist* festgelegt, innerhalb derer diese eine bereits begonnene Hochschulqualifikation noch beenden konnten.

> **RECHTSGRUNDLAGE**
>
> **§ 31 Weitergeltung staatlicher Anerkennungen von Schulen**
>
> (1) Schulen entsprechend § 5 Absatz 2 Satz 1, die vor Inkrafttreten dieses Gesetzes auf Grund des Rettungsassistentengesetzes staatlich anerkannt worden sind, gelten weiterhin als staatlich anerkannt nach § 6, wenn die Anerkennung nicht zurückgenommen wird.
>
> (2) Die Anerkennung ist zurückzunehmen, falls das Vorliegen der Voraussetzungen nach § 6 Absatz 2 Satz 1 Nummer 1 nicht innerhalb von fünf und nach § 6 Absatz 2 Satz 1 Nummer 2 nicht innerhalb von zehn Jahren nach dem Inkrafttreten dieses Gesetzes nachgewiesen wird. Sie ist ferner zurückzunehmen, wenn zum Zeitpunkt des Beginns des ersten nach Inkrafttreten dieses Gesetzes anfangenden Ausbildungsjahres die Voraussetzung des § 6 Absatz 2 Satz 1 Nummer 4 nicht sichergestellt ist.
>
> (3) Die Voraussetzungen des § 6 Absatz 2 Satz 1 Nummer 1 und 2 gelten als erfüllt, wenn als Schulleitung oder Lehrkräfte Personen eingesetzt werden, die bei Inkrafttreten dieses Gesetzes
> 1. eine staatlich anerkannte Rettungsassistentenschule leiten,
> 2. als Lehrkräfte an einer staatlich anerkannten Rettungsassistentenschule unterrichten,
> 3. über die Qualifikation zur Leitung oder zur Tätigkeit als Lehrkraft an einer staatlich anerkannten Rettungsassistentenschule verfügen oder
> 4. an einer Weiterbildung zur Leitung einer staatlich anerkannten Rettungsassistentenschule oder Lehrkraft teilnehmen und diese innerhalb eines Jahres nach

Inkrafttreten dieses Gesetzes abschließen.

Neben den Lehrkräften der Rettungsdienstschulen werden für die praktische Ausbildung von Notfallsanitätern auch Lehrkräfte für die Ausbildungsabschnitte „Klinik" und „Lehrrettungswache" benötigt. Hierzu heißt es in der Ausbildungs- und Prüfungsverordnung für Notfallsanitäter:

> **RECHTSGRUNDLAGE**
>
> **§ 3 Praxisanleitung; Praxisbegleitung**
>
> (1) Die Einrichtungen der praktischen Ausbildung stellen die Praxisanleitung der Schülerinnen und Schüler nach § 5 Absatz 3 Satz 3 des Notfallsanitätergesetzes durch geeignete Fachkräfte gemäß Satz 2 sicher. Zur Praxisanleitung geeignet sind Personen, die
> 1. im Falle der praktischen Ausbildung nach Anlage 2
>   a) eine Erlaubnis nach § 1 des Notfallsanitätergesetzes besitzen oder nach § 30 des Notfallsanitätergesetzes zur Weiterführung der Berufsbezeichnung „Rettungsassistentin" oder „Rettungsassistent" berechtigt sind,
>   b) über eine Berufserfahrung als Notfallsanitäterin oder Notfallsanitäter von mindestens zwei Jahren verfügen sowie
>   c) über eine berufspädagogische Zusatzqualifikation im Umfang von mindestens 300 Stunden verfügen und kontinuierlich berufspädagogische Fortbildungen im Umfang von 24 Stunden jährlich absolvieren,
> 2. im Falle der praktischen Ausbildung nach Anlage 3 gemäß § 4 Absatz 3 der Pflegeberufe-Ausbildungs- und Prüfungsverordnung als zur Praxisanleitung geeignet anerkannt sind, soweit die Inhalte der praktischen Ausbildung nicht eine ärztliche Anleitung erfordern; in diesen Fällen erfolgt die Praxisanleitung durch qualifizierte Ärztinnen und Ärzte.
>
> Die Voraussetzungen von Satz 2 Nummer 1 Buchstabe c gelten als erfüllt, wenn als Praxisanleitung Personen eingesetzt werden, die zum 31. Dezember 2020 über die Qualifikation zur Praxisanleitung verfügen und kontinuierlich berufspädagogische Fortbildungen im Umfang von 24 Stunden jährlich absolvieren. Die zuständige Behörde kann bis zu zehn Jahre nach Inkrafttreten dieser Verordnung Ausnahmen vom Umfang der berufspädagogischen Zusatzqualifikation nach Satz 2 Nummer 1 Buchstabe c zulassen.
> [...]
>
> (4) Die Schulen stellen die Praxisbegleitung der Schülerinnen und Schüler in den Einrichtungen der praktischen Ausbildung nach § 5 Absatz 2 Satz 3 des Notfallsanitätergesetzes durch Lehrkräfte der Schulen sicher. Hierzu ist eine regelmäßige persönliche Anwesenheit der praxisbegleitenden Personen in den Einrichtungen zu gewährleisten. Aufgabe der Praxisbegleitung ist es,
> 1. die Schülerinnen und Schüler in den Einrichtungen der praktischen Ausbildung zu betreuen und
> 2. die praxisanleitenden Personen zu beraten sowie sie bei der Erfüllung ihrer Aufgaben nach Absatz 2 Satz 1 und 2 zu unterstützen.

Mit dieser Regelung wurden die bisher geltenden Maßstäbe für die Eignung und Ausbildung von Lehrpersonen in der praktischen Ausbildung von Rettungsdienstpersonal insofern korrigiert, als die Ausbildung zum Lehrrettungsassistenten (LRA), die sich zu 100 % am Inhalt und Umfang der Ausbildereignungsverordnung (120 Stunden) orientiert hat, und die Zusatzqualifikation

Planen von Praxisanleitungen
- Ausbildungskonzepte und -pläne entwickeln
- Lehrmethoden und -medien
- Lernen in Lernfeldern
- Lernziele und ihre Operationalisierung
- Planung, Durchführung und Bewertung der praktischen Anleitung und deren Dokumentation

Pädagogische und psychologische Grundlagen des Lehrens und Lernens
- Lerntheorien und -psychologie
- Wahrnehmungspsychologie
- Motivation
- Organisation des eigenen Lernens / Arbeitstechniken
- Lernen im Jugend- und Erwachsenenalter
- Vergessen und Behalten

Praxisanleiter (300 Stunden)

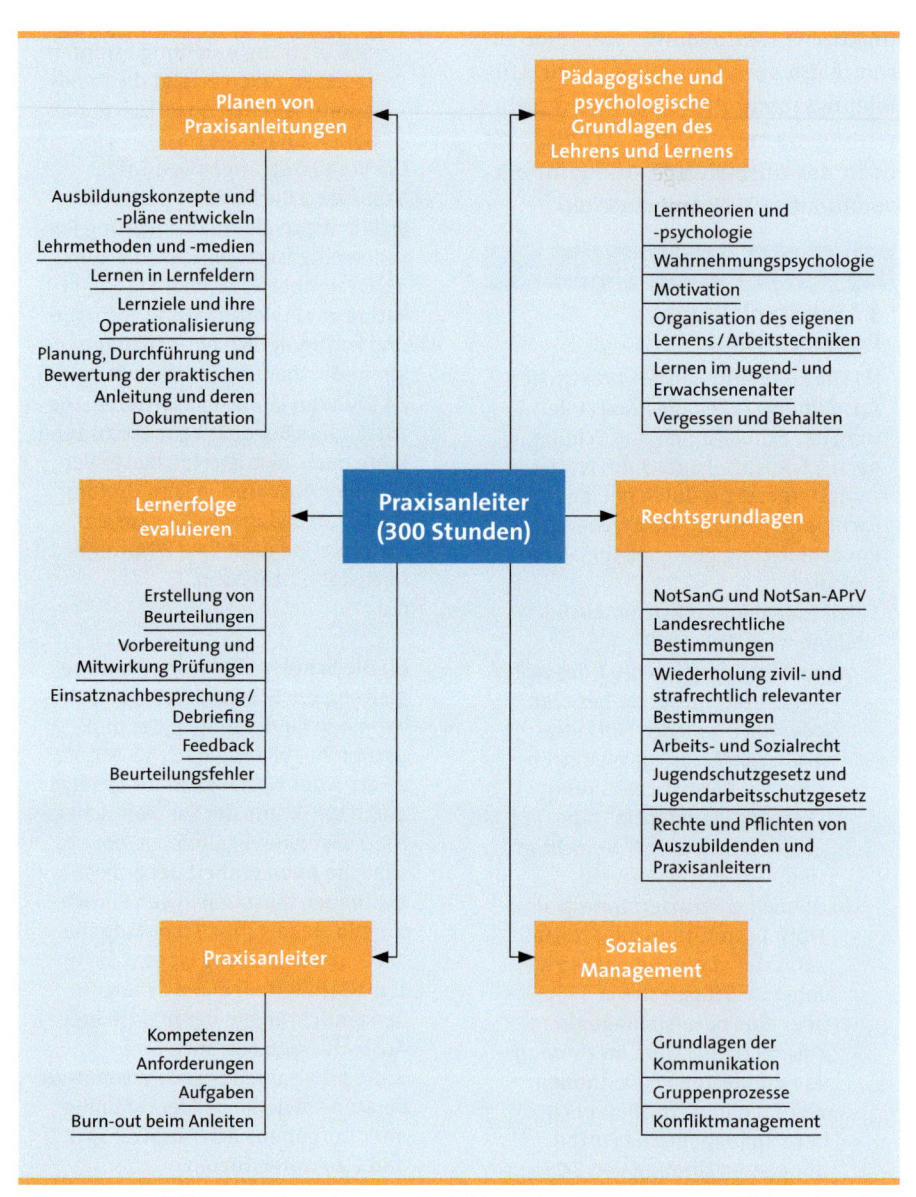

Lernerfolge evaluieren
- Erstellung von Beurteilungen
- Vorbereitung und Mitwirkung Prüfungen
- Einsatznachbesprechung / Debriefing
- Feedback
- Beurteilungsfehler

Rechtsgrundlagen
- NotSanG und NotSan-APrV
- Landesrechtliche Bestimmungen
- Wiederholung zivil- und strafrechtlich relevanter Bestimmungen
- Arbeits- und Sozialrecht
- Jugendschutzgesetz und Jugendarbeitsschutzgesetz
- Rechte und Pflichten von Auszubildenden und Praxisanleitern

Praxisanleiter
- Kompetenzen
- Anforderungen
- Aufgaben
- Burn-out beim Anleiten

Soziales Management
- Grundlagen der Kommunikation
- Gruppenprozesse
- Konfliktmanagement

ABB. 1 ▶ Mögliche Inhalte eines Weiterbildungskurses zum Praxisanleiter (Quelle: Pluntke 2015: 32)

„Dozent im Rettungsdienst" (80–200 Stunden) zu einem nun 300 Stunden umfassenden Lehrgang zum Praxisanleiter zusammengefasst wurden. Obwohl die Ausbildung zum LRA + Dozent im Rettungsdienst zumindest in ihrem zeitlichen Umfang offensichtlich mit der nun geforderten Qualifikation von Praxisanleitern übereinstimmt, ist eine Anerkennung der ersten Qualifikation nicht länger vorgesehen. Dennoch können LRA – zumindest innerhalb eines definierten Übergangszeitraums, der von Bundesland zu Bundesland unterschiedlich gehandhabt wird – sich die LRA-Qualifikation anerkennen lassen und müssen nur noch einen ergänzenden Lehrgang für die Qualifikation „Praxisanleiter" absolvieren.

Obwohl die Qualifikation „Dozent im Rettungsdienst" bzw. „Dozent in der Erwachsenenbildung" inhaltlich und in ihrem Umfang mit dem Ergänzungslehrgang zur Erlangung der Qualifikation „Praxisanleiter" nahezu identisch ist, wird diese nicht mehr anerkannt. Das erscheint zunächst relativ unverständlich, lässt sich jedoch insofern hinlänglich begründen, als der neue Ergänzungslehrgang vorrangig auf die gesetzlichen Grundlagen des Notfallsanitätergesetzes sowie die Ausbildungs- und Prüfungsverordnung für Notfallsanitäter abzielt und durch einige pädagogische Anteile ergänzt werden soll. Bestünde der Ergänzungslehrgang nur aus pädagogischen Inhalten, so wäre dies nicht zielführend und würde auch die Nichtanerkennung der pädagogischen Qualifikation „Dozent im Rettungsdienst" nicht rechtfertigen.

Neben der ergänzenden Qualifikation von LRA zum Praxisanleiter gilt es nun, die neue Vollausbildung von Praxisanleitern zu definieren. Hier gibt es, neben der reinen Umfangsvorgabe von mindestens 300 Stunden, weiterhin keine konkreten inhaltlichen Vorgaben. Der Lehrgang wird also auch zukünftig weiterentwickelt und mit Inhalten gefüllt werden. Dieser Prozess findet auf der Ebene der Länder statt.

Bei der Konzeption von Weiterbildungskursen zum Praxisanleiter im Rettungsdienst orientiert man sich i.d.R. an den Inhalten der Kurse für angehende Praxisanleiter im klinischen Bereich bzw. der Pflegeberufe. Gab es vor einigen Jahren noch große Unterschiede, was den Umfang und Inhalt solcher Kurse im Pflegebereich angeht, so haben sich heute, nahezu flächendeckend, Kurssysteme durchgesetzt, die 300 Stunden umfassen und mit einer Prüfung zum „Geprüften Praxisanleiter" (Mentor) abschließen. Beispielhaft kann hier die Hessische Weiterbildungs- und Prüfungsordnung für die Pflege und Entbindungspflege (WPO-Pflege) vom 6. Dezember 2010, erschienen im Gesetz- und Verordnungsblatt für das Land Hessen Nr. 24 (Teil I – 28. Dezember 2010, S. 654), angeführt werden. Aus eben jener Ordnung wurden in Hessen auch die Regularien und Rahmenbedingungen für die Ausbildung und Ergänzungsausbildung von Praxisanleitern für die Notfallsanitäterausbildung mit unten stehenden Modulen und Inhalten abgeleitet.

Die folgenden Inhalte sind dem „Rahmenlehrplan des Landes Hessen Notfallsanitäterin/Notfallsanitäter" (Anlage 1: Praxisanleiter) vom 24. Februar 2014 entnommen:

Weiterbildung Praxisanleiter nach dem NotSanG in Hessen

Zugang: Notfallsanitäter mit mindestens 2 Jahren Berufserfahrung

1. Übersicht der erforderlichen Module und berufspraktischen Anteile

Grundmodule	Fachmodule	Berufspraktische Anteile	Abschluss
Grundmodul nach Anlage 1, 60 Unterrichtseinheiten	Fachmodul nach Anlage 2, 140 Unterrichtseinheiten	160 Stunden, wovon 10 % unter Anleitung eines erfahrenen Praxisanleiters zu absolvieren sind	Praxisanleiterin / Praxisanleiter nach NotSanG (Hessen)

Grundmodul:	**Kommunikation; Anleitung und Beratung**
Umfang:	60 Unterrichtsstunden
Inhalt:	**Beziehungen gestalten, Kommunikation und Konfliktbewältigung:**
	• Kommunikationsmodelle und -formen
	• Sensibilisierung für Kommunikationseinschränkungen
	• Gestalten von Beziehungen
	• Gestalten von Gesprächen in unterschiedlichen Situationen
	• Rollen und Rollenkonflikte
	• Konfliktmanagement
	• „Burn-out" beim Anleitenden
	Information, Anleitung, Schulung und Beratung:
	• Konzepte, Methoden
	• Motivation und Erwartung
	• Lernen in verschiedenen Lebensaltern und -situationen
	• Präsentations- und Moderationstechniken
	• Beratung unterschiedlicher Zielgruppen
Kompetenz:	Der Teilnehmer kann auf professioneller Basis Beziehungen gestalten, kommunizieren, kooperieren sowie Konflikte bewältigen.
	Er ist in der Lage, Auszubildende, Mitarbeiter sowie andere an der Ausbildung Beteiligte professionell zu informieren, anzuleiten und zu schulen.
	Er ist befähigt, Anleitungen und Beratungen professionell anzubahnen und in den praktischen Bereichen durchzuführen.
Fachmodul:	**Praxisanleitung:**
Umfang:	140 Unterrichtsstunden
Inhalt:	**Pädagogische Grundlagen:**
	• Pädagogik und Didaktik
	• Entwicklung der Rolle als Praxisanleiter im beruflichen Alltag
	• Mit den berufspolitischen Entwicklungen auseinandersetzen und sich positionieren
	• Kompetenzbildung
	• Schlüsselqualifikationen
	Theorie / Praxistransfer sowie Lernortkooperationen gestalten
	Beurteilen und Benoten:
	• Kriterien zur Beurteilung und Benotung in unterschiedlichen Praxisphasen
	• Selbst- und Fremdreflexion als Kompetenz und Methode
	• Praktische Prüfung
	• Beurteilung erstellen
	• Mitwirken bei dem Bewerbungsverfahren
	Rechtliche Rahmenbedingungen / Berufspolitik:
	• Berufsgesetze
	• Arbeitsrecht
	• Haftungsrecht
	• Freiraum für aktuelle berufliche Fragestellungen und Entwicklungen
	• QM in der Anleitung

Kompetenz:	Der Teilnehmer entwickelt ein beruflich-pädagogisches Selbstverständnis als Praxisanleiter und bewältigt Anforderungen fach- und situationsgerecht.
	Er ist befähigt, Auszubildende qualifiziert einzuschätzen, zu beurteilen und zu benoten, sowie ihr Handeln zu reflektieren.
	Er ist in der Lage, rechtliche Rahmenbestimmungen und berufliche Entwicklungen zu reflektieren und diese bei seinem Handeln zu berücksichtigen und sein Handeln daran auszurichten.
	Er ist befähigt, Praxiseinsätze fach- und situationsgerecht zu gestalten und konzeptionell bei der Sicherstellung des Theorie-/Praxistransfers mitzuwirken.
	Er ist in der Lage, eine Anleitung zu planen, zu dokumentieren und durchzuführen.

Jedes Modul schließt mit einer Prüfungsleistung ab. Die Weiterbildungseinrichtung bestimmt die Prüfungsform aus folgenden:
- Schriftliche Prüfung als Aufsichtsarbeit von 90 Minuten Dauer
- Schriftliche Hausarbeit von mindestens 10 Seiten und maximal 20 Seiten
- Praktische Prüfung in Form einer Praxissituation mit einem anschließenden Reflexionsgespräch von mindestens 60 Minuten Dauer
- Mündliche Prüfung von mindestens 20 Minuten Dauer

Die Prüfungsleistungen werden wie folgt benotet:
- „sehr gut" (1), wenn die Leistung den Anforderungen im besonderen Maße entspricht,
- „gut" (2), wenn die Leistung den Anforderungen voll entspricht,
- „befriedigend" (3), wenn die Leistung im Allgemeinen den Anforderungen entspricht,
- „ausreichend" (4), wenn die Leistung zwar Mängel aufweist, aber im Ganzen den Anforderungen noch entspricht,
- „mangelhaft" (5), wenn die Leistung den Anforderungen nicht entspricht, jedoch erkennen lässt, dass die notwendigen Grundkenntnisse vorhanden sind und die Mängel in absehbarer Zeit behoben werden können,
- „ungenügend" (6), wenn die Leistung den Anforderungen nicht entspricht und selbst die Grundkenntnisse so lückenhaft sind, dass die Mängel in absehbarer Zeit nicht behoben werden können.

Berufspraktische Anteile (kann in zwei Anteilen absolviert werden):

Umfang:	160 Stunden
Inhalt:	Während der berufspraktischen Anteile wirkt der angehende Praxisanleiter unter Aufsicht eines Praxisanleiters an der Ausbildung mit. Er beteiligt sich an der Anleitung der Auszubildenden, ebenso wie im Umfang von mindestens 10 % des berufspraktischen Anteiles an der Vorbereitung, Durchführung und Beurteilung von Prüfungen und Lernstandsbeurteilungen. Der Umfang der Tätigkeit unter Aufsicht eines Praxisanleiters beträgt 10 % (16 Stunden) des berufspraktischen Anteils.

Die gesamte Weiterbildung schließt mit einer Abschlussprüfung ab.

Abschlussprüfung:	Die Abschlussprüfung besteht aus einer mündlichen Prüfung. Es können bis zu drei Personen zusammen geprüft werden. Die Prüfungsdauer für einen Prüfling soll maximal 30 Minuten betragen. Der Prüfling erhält 60 Minuten vor Beginn der Prüfung die Prüfungsaufgabe zur Vorbereitung. Die Prüfungsaufgaben werden von der Weiterbildungseinrichtung aus den Themenbereichen der ausgebildeten Module erarbeitet und einschließlich der zu benutzenden Hilfsmittel bestimmt. Bewertung: s. o.
Gesamtnote:	Die Gesamtnote berechnet sich aus den Modulnoten und der Note der Abschlussprüfung.

Die Prüfung eines nicht bestandenen Moduls oder die Abschlussprüfung kann einmal wiederholt werden.
Die Gesamtzeit der Weiterbildung soll zwei Jahre nicht überschreiten.
Übergangsregelung: Bis zum Ablauf der Möglichkeit eine Ergänzungsprüfung abzulegen, kann auch ein RettAss mit mindestens 2 Jahren Berufserfahrung bei Inkrafttreten des NotSanG an der Weiterbildung zum Praxisanleiter teilnehmen.

> **Anerkennung vom LRA auf Praxisanleiter NotSan**
> Verkürzung der o. g. Ausbildung auf:
> Grundmodul: 40 Unterrichtsstunden
> Fachmodul: 60 Unterrichtsstunden
> Die Themen der Module sind einzuhalten, die Inhalte der einzelnen Themen werden angepasst.
> Prüfungsbestimmungen: s. o.
> Nachweis eines berufspraktischen Anteils in Form einer Bestätigung der LRW über die Anleitung der Auszubildenden zum RettAss und RettSan oder Teilnahme am Unterricht von RettAss innerhalb der letzten 2 Jahre.
> Beim Nachweis einer qualifizierten 16-stündigen pädagogischen Qualifikation, pro Kalenderjahr, für die beiden zurückliegenden Jahre, ist eine weitere Verkürzung der o. g. Ausbildung um 20 Stunden auf 80 Stunden für das Grund- und Fachmodul möglich.
> Ergänzung: In dem Jahr der Absolvierung der Weiterbildung zum Praxisanleiter nach dem NotSanG entfällt die Verpflichtung zur 16-stündigen pädagogisch-didaktischen Fortbildung für LRA.
> Die Weiterbildung zum „Praxisanleiter nach dem NotSanG in Hessen" darf nur an geeigneten, staatlich anerkannten Ausbildungsstätten für Notfallsanitäter durchgeführt werden.

ABB. 2 ▶ Weiterbildung Praxisanleiter nach dem NotSanG in Hessen (Rahmenlehrplan des Landes Hessen Notfallsanitäterin/Notfallsanitäter. Anlage 1: Praxisanleiter)

Das o. g. Beispiel aus dem Bundesland Hessen stellt eine möglichen Umsetzung und Auslegung des NotSanG im Hinblick auf die Ausbildung bzw. Ergänzungsausbildung von Praxisanleitern dar, in der die Rahmenbedingungen zur Erlangung der Qualifikation klar und nachvollziehbar geregelt sind. In diesem Beispiel sind sowohl die inhaltlichen und zeitlichen Rahmenbedingungen definiert als auch ergänzende Regelungen wie z. B. zu den berufspraktischen Anteilen getroffen worden.

Die 160 Stunden berufspraktischer Anteile wurden für das Bundesland Hessen zusätzlich zu den in der NotSan-APrV vormals geforderten 200 theoretischen Ausbildungsstunden in den Rahmenlehrplan aufgenommen. Damit sollte sichergestellt werden, dass die angehenden Praxisanleiter nicht allein über das nötige theoretische Wissen verfügen, sondern zusätzliche praktische Erfahrungen in konkreten Anleitungssituationen, z. T. unter Aufsicht und Anleitung eines erfahrenen Ausbilders, sammeln können, bevor sie diese Aufgabe eigenverantwortlich übernehmen. Diese zusätzliche Regelung stellt m. E. eine sehr gute Ergänzung zur theoretischen Ausbildung der Praxisanleiter dar.

Zum Zeitpunkt der Drucklegung dieses Buches gibt es jedoch keinen bundeseinheitlichen Stand zu Umfang, Inhalt und Struktur der Ausbildung bzw. Ergänzungsausbildung von Praxisanleitern nach dem NotSanG. Der angehende Praxisanleiter muss sich also in seinem jeweiligen Bundesland darüber informieren, welche konkreten Rahmenbedingungen durch die Aufsichtsbehörden festgelegt wurden.

▶ **Aufgaben des Praxisanleiters**
Die konkreten Aufgaben des Praxisanleiters unterscheiden sich sowohl inhaltlich als auch in ihrem Umfang deutlich von denen eines Lehrrettungsassistenten. So ist beispielsweise der Umfang der geforderten Dokumentation deutlich gestiegen. Die Hauptlast der Dokumentation (Anfertigung von

Einsatzberichten, Aufzeichnung der Dienste und durchgeführten Maßnahmen usw.) lag bei der Ausbildung von Rettungsassistenten bei den Auszubildenden selbst. Der LRA war i.d.R. allein für die Kontrolle der Aufzeichnungen zuständig und bestätigte am Ende die Vollständigkeit der Einsatzberichte, die Ableistung der geforderten Praktikums-, Dienst- und Unterrichtsstunden sowie die Durchführung der Zwischen- und Abschlussgespräche.

Im Rahmen der Ausbildung von Notfallsanitätern muss der Praxisanleiter, neben den bereits genannten Dokumentationen, jede einzelne Anleitungssequenz dokumentieren und zusätzlich die Beherrschung bzw. Nichtbeherrschung der jeweiligen Maßnahme bescheinigen. Die dokumentierte Anleitung pro Auszubildenden muss mindestens 10 % der Gesamtstundenzahl von dessen Ausbildung auf der Lehrrettungswache betragen (= 196 von 1 960 Stunden).

Darüber hinaus wird sich das Aufgabenspektrum von Praxisanleitern dahingehend erweitern, als sie sich an der Ausbildung angehender Notfallsanitäter an der Schule beteiligen sollen. Der genaue Umfang der Beteiligung von Praxisanleitern am Unterricht an der Schule ist durch den Gesetzgeber nicht näher eingegrenzt worden. Vorrangig soll dies wohl im Rahmen des Praxisunterrichts geschehen. Selbstverständlich ist auch die Beteiligung von Praxisanleitern am theoretischen Unterricht vorstellbar, hier v.a. in den praxis- und handlungsorientierten Anteilen. Zudem sollen Praxisanleiter auch in den praktischen Anteilen der Notfallsanitäterprüfung eingesetzt werden.

Um eine engere Vernetzung und Verzahnung von Schule und praktischen Ausbildungsanteilen zu ermöglichen, sollen Praxisanleiter auch an Besprechungen und Schulkonferenzen teilnehmen.

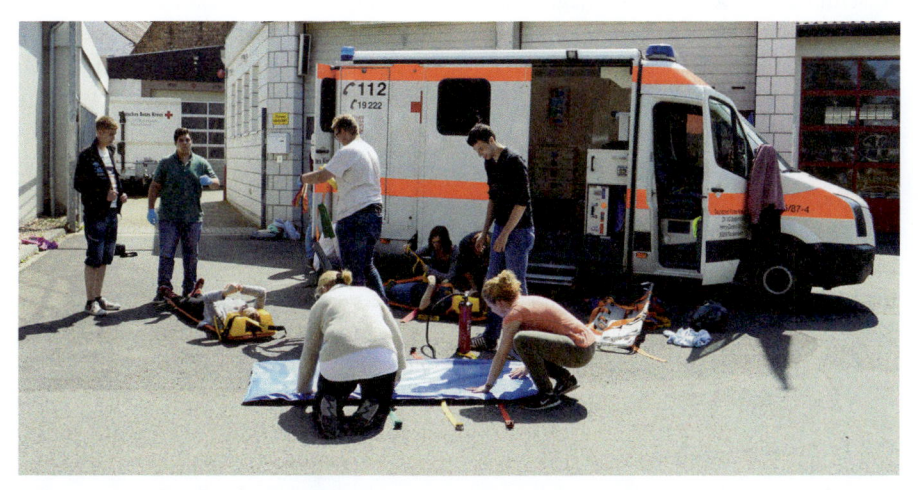

ABB. 3 ▶ Gute praktische Anleitung von qualifizierten Ausbildern ist der Garant für eine zielorientierte Berufsvorbereitung.

Um dies überhaupt leisten zu können, ist in einigen Bundesländern bereits eine 50-prozentige Freistellung der Praxisanleiter vom regulären Einsatzdienst durchgesetzt und z.T. auch von den Kostenträgern anerkannt worden. Weiterhin gibt es bereits vielerorts Quotenregelungen nach § 3 Absatz 3 NotSan-APrV, die das Verhältnis von Auszubildenden und Praxisanleitern festschreiben. In Hessen darf ein Praxisanleiter maximal drei Auszubildende pro Ausbildungsjahr betreuen. Dies bedeutet allerdings auch, dass ein Praxisanleiter im dritten Jahr bereits bis zu neun Auszubildende gleichzeitig zu betreuen hat. Gleichzeitig bedeutet dies natürlich nicht, dass sich alle neun Auszubildenden auch gleichzeitig zur Ausbildung auf der Lehrrettungswache befinden.

▶ Der Unterschied zwischen Praxisanleitung und -begleitung

Auf die Aufgaben von Praxisanleitern wurde in den vorangegangenen Abschnitten bereits eingegangen. Die Praxisbegleitung kann nun aus zwei unterschiedlichen Perspektiven betrachtet werden. Die NotSan-APrV meint mit Praxisbegleitung
a) die *Betreuung* der Schülerinnen und Schüler während der praktischen Ausbildung (in Klinik und Lehrrettungswache) sowie
b) die *Beratung* und *Unterstützung* der praxisanleitenden Personen bei der Erfüllung ihrer Aufgaben nach § 3 Absatz 2 Satz 1 und 2 NotSan-APrV

durch die hauptamtlichen Lehrkräfte der Schulen. Ziel dabei ist es – genau wie bei der Integration der Praxisanleiter in Unterricht und Prüfungen an der Schule (s.o.) –, eine engere Verzahnung von theoretischer und praktischer Ausbildung zu ermöglichen. Im Vergleich zur Ausbildung von Rettungsassistenten und deren praktischen Umsetzung ist die enge Verknüpfung der drei Ausbildungskompartimente ein deutlicher Gewinn, der sich entscheidend auf die Qualität der Ausbildung sowie auf das Zusammenwirken der Ausbildungseinrichtungen Schule, Klinik und Lehrrettungswache sehr positiv auswirken wird. Es gilt jedoch, die noch bestehenden anfänglichen organisatorischen, inhaltlichen und logistischen Probleme der neuen Berufsausbildung gemeinsam zu meistern und mit Leben zu füllen.

▶ Ausblick und Fazit

Dieses Buch beschäftigt sich in den einzelnen Kapiteln mit den Inhalten der Aus- bzw. Weiterbildung zum Praxisanleiter für Notfallsanitäter. Hierbei werden sowohl die Vorgaben des Notfallsanitätergesetzes (NotSanG) als auch der Ausbildungs- und Prüfungsverordnung für Notfallsanitäterinnen und Notfallsanitäter (NotSan-APrV) sowie die neuesten wissenschaftlichen Erkenntnisse der Pädagogik und betrieblichen Bildung berücksichtigt.

Es bleibt jedoch festzuhalten, dass es sich beim Praxisanleiter um lediglich eine pädagogische Qualifikation in der rettungsdienstlichen Ausbildung handelt, deren Aufgaben- und Wirkungsbereich vorrangig – jedoch nicht ausschließlich – auf die Lehrrettungswache abgestellt ist. Neu hinzugekommene Aufgaben für Praxisanleiter sind die Verpflichtung zur regelmäßigen

Unterrichtung an den Rettungsdienstschulen und die Tätigkeit als Prüfer bei den praktischen Prüfungen von Notfallsanitätern. Sowohl die gestiegene Qualität der Ausbildung von Notfallsanitätern als auch die zusätzlichen Aufgaben von Praxisanleitern verlangen eine neue und bessere pädagogische Qualifikation aller an der Ausbildung Beteiligten.

LITERATUR:

Arbeitsgemeinschaft NotSan, Rettungsdienstschulen der Hilfsorganisationen in Rheinland-Pfalz (ASB, DRK, Malteser) (Hrsg.) (2013) Gemeinsame Grundsätze für die Weiterbildung zur Praxisanleiterin/zum Praxisanleiter nach dem NotSanG in Rheinland-Pfalz.

Averhoff C et al. (2007) Pädagogisches Handeln professionalisieren: sozialpädagogische Theorie und Praxis für die Erzieherausbildung. Für Erzieherinnen und Erzieher. Hamburg: Handwerk und Technik.

Brater M et al. (1988) Berufsbildung und Persönlichkeitsentwicklung. Stuttgart: Freies Geistesleben.

Bundesministerium für Familie, Senioren, Frauen und Jugend [BMFSFJ] (2006) Erfolgreiche Praxisanleitung in der Altenpflegeausbildung – Eine Investition in die Zukunft. Empfehlungen für Ausbildungsstätten in der Altenpflege. Unter: https://www.bmfsfj.de/RedaktionBMFSFJ/Abteilung3/Pdf-Anlagen/handlungsempfehlung-altenpflegeausbildung, property=pdf,bereich=bmfsfj,sprache=de,rwb=true.pdf, 16.10.2015.

Bundesrat (2013) Drucksache 728/13. Verordnung des Bundesministeriums für Gesundheit. Ausbildungs- und Prüfungsverordnung für Notfallsanitäterinnen und Notfallsanitäter (NotSan-APrV).

Ester M (2012) Medien-(pädagogische)Kompetenz: Schlüsselqualifikation für PädagogInnen? Saarbrücken: Akademikerverlag.

Gesetz über den Beruf der Notfallsanitäterin und des Notfallsanitäters sowie zur Änderung weiterer Vorschriften [Notfallsanitätergesetz, NotSanG]. Vom 22. Mai 2013. In: BGBl. 2013 I (25): 1348–1357.

Giesecke H (2013) Pädagogik als Beruf. Grundformen pädagogischen Handelns. 11. Aufl., Weinheim, Basel: Beltz Juventa.

Hündorf H-P, Lipp R (Hrsg.) (2003) Der Lehrrettungsassistent. Lehrbuch für Ausbilder im Rettungsdienst. Edewecht, Wien: Stumpf + Kossendey.

Jäggle G (2012) Wissensmanagement an der Pädagogischen Hochschule: Entwicklung eines didaktischen Designs. Saarbrücken: Akademikerverlag.

Land Hessen – Hessisches Ministerium für Soziales und Integration, Regierungspräsidium Darmstadt (Hrsg.) (2014) Rahmenlehrplan des Landes Hessen Notfallsanitäterin/Notfallsanitäter. Anlage 1: Praxisanleiter. Darmstadt.

Pahl J-P (2012) Berufsbildung und Berufsbildungssystem: Darstellung und Untersuchung nichtakademischer und akademischer Lernbereiche. Bielefeld: wbv.

Pluntke S (2015) Praxisanleiter im Rettungsdienst: Eine berufspädagogische Zusatzqualifizierung. In: Rettungsdienst 38 (1): 30–37.

Schuller A (1978) Qualifikation und Institution. Versuch einer Bestimmung professioneller Handlungsmuster in Institutionen medizinischer und sozialer Dienstleistungen. Stuttgart: Klett-Cotta.

Stender J (2006) Berufsbildung in der Bundesrepublik Deutschland. Teil 2: Reformansätze in der beruflichen Bildung. Stuttgart: Hirzel.

3   Rechtliche Grundlagen

MARTINA VERENA HADASCH

Im Rahmen dieses Beitrags werden zunächst die rechtlichen Grundlagen der Ausbildung zum Notfallsanitäter – unter Berücksichtigung ausbildungsbezogener landesrechtlicher Regelungen – sowie zum Rettungssanitäter dargestellt. Im Folgenden wird sodann auf rechtliche Aspekte der Praxisanleitung eingegangen. Ein Überblick über die relevanten haftungsrechtlichen Fragestellungen bildet den Abschluss dieses Beitrags.

3.1 Die Ausbildung zum Notfallsanitäter

Zu Beginn soll die Ausbildung zum Notfallsanitäter, insbesondere in rechtlicher Hinsicht, einer näheren Betrachtung unterzogen werden.

3.1.1 Rechtliche Grundlagen

Mit dem Gesetz über den Beruf der Notfallsanitäterin und des Notfallsanitäters (Notfallsanitätergesetz, NotSanG), das am 1. Januar 2014 in Kraft getreten ist, hat der Bundesgesetzgeber das seit dem 10. Juli 1989 bestehende Rettungsassistentengesetz (RettAssG) abgelöst, welches noch bis zum 31. Dezember 2014 parallel galt.

Durch den Erlass des Notfallsanitätergesetzes soll auf die geänderten Rahmenbedingungen und Anforderungen in der präklinischen Notfallversorgung reagiert werden. So sind bezüglich der Leistungen des Rettungsdienstes steigende Einsatzzahlen in der Notfallrettung und bei sogenannten

ABB. 1 ▶ Auf dem Weg zum NotSanG – Bundestagsanhörung im Januar 2013

Spezialfahrten, bei denen bereits klinisch erstversorgte Notfallpatienten zwischen Behandlungseinrichtungen befördert werden, zu verzeichnen (vgl. BT-Drs. 17/11689, Allgemeiner Teil zu Ziffer I).

Zudem ist annähernd die Hälfte aller Notfalleinsätze mit dem Einsatz eines Notarztes verbunden. Demgegenüber hat sich die Rate der qualifizierten Krankentransporte im öffentlichen Rettungswesen in der Vergangenheit deutlich verringert. Aktuelle Prognosen gehen jedoch davon aus, dass die Zahl der Interhospitaltransfers von Intensivpatienten noch zunehmen wird.

Letztlich ist aber auch durch die demografische Entwicklung mit einer Zunahme der Einsatzzahlen sowie einer Veränderung der Krankheitsbilder der Hilfesuchenden zu rechnen, sodass infolgedessen Notfallsituationen in Zukunft deutlich komplexer werden dürften. Die mit der demografischen Entwicklung einhergehende Wandlung des Morbiditätsspektrums und die Ausweitung der Multimorbidität betreffen insbesondere akute und chronische Herz- und Kreislauferkrankungen sowie andere chronische und psychische Erkrankungen.

Um diesen Herausforderungen zu begegnen und ihnen gerecht zu werden, ist es das vorrangige Ziel des Notfallsanitätergesetzes, eine hohe Qualität in der Ausbildung des nichtärztlichen Personals zu gewährleisten. Diese ist die wesentliche Voraussetzung für ein optimales Zusammenspiel und einen effektiven wie wirtschaftlichen Ressourceneinsatz und damit für eine fach- und bedarfsgerechte Versorgung der Bevölkerung durch den öffentlichen Rettungsdienst (vgl. BT-Drs. 17/11689, Allgemeiner Teil zu Ziffer I).

Die rechtliche Grundlage für die Ausbildung zum Notfallsanitäter bildet neben dem Notfallsanitätergesetz die Ausbildungs- und Prüfungsverordnung für Notfallsanitäterinnen und Notfallsanitäter (NotSan-APrV).

Die NotSan-APrV ergänzt das Notfallsanitätergesetz und wurde vom Bundesministerium für Gesundheit erarbeitet und nach Zustimmung des Bundesrates im November 2013 durch den zuständigen Minister am 16. Dezember 2013 unterzeichnet. Sie trat ebenfalls am 1. Januar 2014 in Kraft und löste die Ausbildungsverordnung für Rettungsassistenten ab, die noch bis zum 31. Dezember 2014 parallel weiter galt.

Die NotSan-APrV orientiert sich stark an den Ausbildungsverordnungen für die Berufe in der Kranken- und Altenpflege. Sie regelt u.a. die Mindestforderungen für die Ausbildung zum Notfallsanitäter sowie die weitere Ausbildung nach § 32 Abs. 2 NotSanG (staatliche Ergänzungsprüfung), die Inhalte und das Verfahren der staatlichen Prüfung und gibt Muster für Bescheinigungen und Urkunden vor. Ferner enthält die Verordnung Bestimmungen, die für die Anerkennung sowie die Durchführung von Anpassungsmaßnahmen bei Ausbildungen aus anderen Mitgliedstaaten der Europäischen Union, des Europäischen Wirtschaftsraums sowie aus Drittstaaten erforderlich sind. In ihr werden insbesondere die Zuständigkeiten, Rechte und Pflichten von Ausbildungsträger, Schule und Auszubildenden dargestellt.

Die Ausbildungs- und Prüfungsverordnung definiert zudem unter

Berücksichtigung des in § 4 NotSanG normierten Ausbildungsziels die als notwendig erachteten theoretischen und praktischen Ausbildungsabschnitte sowie -inhalte (s. Kap. 2). Besonderes Augenmerk legte der Gesetzgeber dabei auf eine moderne, handlungsorientierte Ausbildung.

3.1.2 Ausbildungsbezogene rechtliche Fragestellungen

Durch das NotSanG wurde ein neues Berufsbild geschaffen. Das NotSanG stellt ein sogenanntes Berufsbezeichnungsgesetz dar, mit welchem die Voraussetzungen für die Berechtigung zum Tragen der Berufsbezeichnung „Notfallsanitäter" geregelt werden. Folglich enthält das NotSanG keine Regelungen für die Ausübung des Berufs selbst, sondern stellt das Führen der Berufsbezeichnung „Notfallsanitäter" unter einen behördlichen Erlaubnisvorbehalt und regelt die Voraussetzungen, unter welchen diese Erlaubnis erteilt wird. Zentrale Voraussetzung für die Erteilung der Erlaubnis ist das Ableisten der gesetzlich vorgeschriebenen Ausbildungszeit und das erfolgreiche Ablegen der staatlichen Prüfung (vgl. § 2 Abs. 1 NotSanG).

Als sogenannter Ausbildungsberuf wäre grundsätzlich auch für das Berufsbild des Notfallsanitäters das Berufsbildungsgesetz (BBiG) anwendbar. Allerdings hat sich der Gesetzgeber dazu entschieden, das BBiG für nicht anwendbar zu erklären, und hat die wesentlichen Inhalte der Ausbildung im Rahmen des NotSanG selbst geregelt (vgl. § 29 BBiG). Da viele Vorschriften des NotSanG dem BBiG nachgebildet sind, kann für die Auslegung des NotSanG dennoch auf die zum BBiG ergangene Rechtsprechung wie auch Literatur zurückgegriffen werden, sofern sich die jeweiligen Vorschriften nicht widersprechen.

▶ **Dauer und Struktur der Ausbildung**
Die Dauer der Ausbildung zum Notfallsanitäter beträgt in Vollzeitform drei Jahre. Wird die Ausbildung in Teilzeit absolviert, so darf die dreijährige Regelausbildungsdauer nicht unterschritten und ein Zeitraum von fünf Jahren nicht überschritten werden (vgl. § 5 Abs. 1 Satz 1 NotSanG).

Das Ende der Ausbildung tritt nach Ablauf der Ausbildungszeit ein und nicht etwa erst bzw. schon mit Ablegen der staatlichen Prüfung. Besteht der Schüler die Prüfung nicht oder kann er die staatliche Prüfung ohne eigenes Verschulden nicht vor Ablauf der Ausbildungszeit ablegen, so kann die Ausbildung auf Antrag des Schülers bis zur nächstmöglichen Wiederholungsprüfung verlängert werden. Die Verlängerung der Ausbildung kann jedoch nur um maximal ein Jahr erfolgen (vgl. § 17 Abs. 2 NotSanG).

Es besteht auch die Möglichkeit, eine andere erfolgreich abgeschlossene Berufsausbildung oder zumindest Teile davon auf die Ausbildungsdauer anrechnen zu lassen. Zu beachten ist, dass die jeweils anzurechnende Ausbildungszeit erfolgreich abgeschlossen sein muss. Die Berücksichtigung von reinen Ausbildungszeiten, die nicht mit einer bestandenen Prüfung o. Ä. abgeschlossen wurden, ist indes nicht zulässig. Maßgeblich ist, dass das Erreichen des Ausbildungsziels durch die Anrechnung nicht gefährdet wird. Ob eine Anrechnung erfolgt – und wenn ja, in welchem Umfang – liegt im Ermessen der insoweit zuständigen Landesbehörde (vgl. BT-Drs. 17/11689 zu § 9 NotSanG).

Die Ausbildung besteht aus einem theoretischen und einem praktischen Teil. Der theoretische Teil besteht wiederum aus theoretischem und praktischem Unterricht und erfolgt an staatlich anerkannten Schulen. Die praktische Ausbildung erfolgt an genehmigten Lehrrettungswachen und geeigneten Krankenhäusern und wird dort durch die Praxisanleiter vermittelt.

Der theoretische und praktische Unterricht umfasst 1920 Stunden, die praktische Ausbildung hat einen Umfang von 2680 Stunden, wovon 1960 Stunden auf die genehmigten Lehrrettungswachen und 720 Stunden auf die geeigneten Krankenhäuser entfallen. Entsprechend den Aufgaben des Notfallsanitäterberufs stellt die Ausbildung in einer Lehrrettungswache hierbei also den überwiegenden Anteil. Die Inhalte des theoretischen und praktischen Unterrichts sind in Anlage 1 der NotSan-APrV dargestellt. Durch den Unterricht sollen den Schülern die Fachkompetenzen vermittelt werden, die die Grundlage für die praktische Ausbildung bilden, um im Rahmen des Unterrichts die für die Ausübung des Berufs erforderliche Handlungssicherheit zu entwickeln. Neben Fachkompetenzen soll bei den Schülern auch die erforderliche Personal-, Sozial- und Methodenkompetenz entwickelt und gefördert werden. Durch den Unterricht und die vorgegebenen Inhalte soll den Schülern die theoretische Wissensgrundlage, die zum Erreichen des Ausbildungsziels erforderlich ist, vermittelt werden. Durch die praktische Ausbildung an Lehrrettungswachen und Krankenhäusern sollen bei den Schülern die notwendigen medizinischen Kenntnisse und Fähigkeiten entwickelt werden. Hierzu zählen neben den Einsätzen in den verschiedenen Funktionsbereichen auch allgemeine Kenntnisse über Abläufe in Krankenhäusern.

Um die im Rahmen der Ausbildung erworbenen Kenntnisse auch in der Praxis anzuwenden und zu vertiefen, wurde den Bundesländern durch die in § 1 Abs. 2 NotSan-APrV vorgeschlagene Struktur der Ausbildung die Möglichkeit eingeräumt, den Schülern je nach Ausbildungsstand die Funktion des Rettungssanitäters zuzuerkennen (vgl. Referentenentwurf des Bundesministeriums für Gesundheit „Ausbildungs- und Prüfungsverordnung für Notfallsanitäterinnen und Notfallsanitäter" zu § 1).

▶ **Voraussetzungen für den Zugang zur Ausbildung**

Der Zugang zur Ausbildung zum Notfallsanitäter steht nur solchen Personen offen, die bereits von Anfang der Ausbildung an über die erforderliche *gesundheitliche* Eignung verfügen. Dass die Eignung zum Beruf auch in körperlicher Hinsicht gegeben sein muss, ist indes nicht Voraussetzung für den Zugang zur Ausbildung (vgl. § 8 Nr. 1 NotSanG). Weitere Zugangsvoraussetzung ist ein mittlerer schulischer Bildungsabschluss oder eine nach einem Hauptschulabschluss (oder gleichwertigen Schulabschluss) erfolgreich abgeschlossene Berufsausbildung von mindestens zwei Jahren. Ein bestimmtes Mindestalter wird jedoch nicht gefordert (vgl. § 8 Nr. 2 NotSanG).

▶ **Der Ausbildungsvertrag**

Der Ausbildungsvertrag ist zwischen dem Auszubildenden und dem Träger der Ausbildung zu schließen. Träger der Ausbildung können Hilfsorganisationen, Feuerwehren, private Unternehmer oder auch die Schulen sein (vgl. BT-Drs. 17/11689 zu § 12 und § 5).

In § 12 Abs. 2 NotSanG sind die Mindestinhalte des Ausbildungsvertrags aufgeführt. Da es sich insoweit um Mindestinhalte handelt und nicht etwa um eine abschließende Aufzählung, können weitere Regelungen in den Ausbildungsvertrag aufgenommen werden. Zwingend in den Ausbildungsvertrag aufzunehmen ist die *Berufsbezeichnung „Notfallsanitäter"*. Hierdurch werden das Ziel und die Art der Ausbildung vertraglich fixiert. Weiter sind der *Beginn und die Dauer der Ausbildung* in den Vertrag mit aufzunehmen. Gleiches gilt für die *regelmäßige tägliche oder wöchentliche Arbeitszeit*. Kommt im Ausbildungsbetrieb ein *Tarifvertrag* zur Anwendung, so sind auch dessen Vorgaben zu beachten. Insofern sind die dem Ausbildungsvertrag zugrunde liegenden tariflichen Bestimmungen und Dienstvereinbarungen im Ausbildungsvertrag anzugeben.

Ebenfalls muss der Arbeitsvertrag Angaben über die der Ausbildung zugrunde liegende *Ausbildungs- und Prüfungsverordnung* sowie über die *inhaltliche und zeitliche Gliederung der praktischen Ausbildung* enthalten (Nr. 3).

Die *Dauer der Probezeit* ist ebenfalls zwingender Vertragsbestandteil. Gemäß § 16 Satz 2 NotSanG beträgt die Probezeit vier Monate.

Weiterer zwingender Bestandteil sind Angaben über die *Zahlung und Höhe der Ausbildungsvergütung*. Hinsichtlich der Höhe der Ausbildungsvergütung ist zu beachten, dass diese gemäß § 15 Abs. 1 NotSanG *angemessen* sein muss. Was unter einer angemessenen Vergütung in diesem Sinne zu verstehen ist, lässt sich dem NotSanG nicht entnehmen. Um die Angemessenheit der Vergütung beurteilen zu können, wird auf vergleichbare Ausbildungsberufe und ggf. bestehende tarifliche Bestimmungen zurückzugreifen sein. Im Einzelfall wird das Arbeitsgericht über die Angemessenheit der vereinbarten Vergütung entscheiden und diese ggf. anpassen müssen. Durch die Vergütung muss dem Auszubildenden eine Gegenleistung für die von ihm erbrachten Dienste gewährt werden. Folglich muss die Vergütung mit wachsender Kompetenz und Fortgang der Ausbildung ansteigen. Weiter sind bei der Bemessung der Vergütung die folgenden Aspekte zu berücksichtigen: Durch die Vergütung sollen der Auszubildende und auch dessen Eltern bei der Lebenshaltung unterstützt werden. Darüber hinaus soll die Vergütung der Gewährleistung eines ausreichenden Nachwuchses an qualifizierten Fachkräften Rechnung tragen und den Auszubildenden in einem gewissen Umfang entlohnen (vgl. Schlachter 2015, § 17 BBiG, Rn. 2 m.w.N.). Auch angegeben werden muss zudem die *Dauer des Urlaubs*.

TAB. 1 ▶ Zwingende Inhalte des Ausbildungsvertrags (Zusammenfassung)

- Berufsbezeichnung
- Beginn und Dauer der Ausbildung
- Angaben über die der Ausbildung zugrunde liegende Ausbildungs- und Prüfungsverordnung sowie über die inhaltliche und zeitliche Gliederung der praktischen Ausbildung
- regelmäßige tägliche oder wöchentliche Arbeitszeit
- Hinweis auf Tarifverträge oder Dienstvereinbarungen
- Dauer der Probezeit
- Zahlung und Höhe einer Ausbildungsvergütung
- Dauer des Urlaubs
- Angaben, unter welchen Umständen der Vertrag gekündigt werden kann
- Kündigungsfrist (vier Wochen)

Letztlich muss der Ausbildungsvertrag auch Angaben zu den Umständen enthalten, unter denen der Vertrag *gekündigt* werden kann. Zu beachten ist hierbei, dass nach Ablauf der Probezeit nur dem Auszubildenden das Recht zur ordentlichen Kündigung zusteht (vgl. § 18 Abs. 2 Nr. 2 NotSanG). Die Gründe für die Kündigung muss der Auszubildende nicht angeben. Die *Kündigungsfrist* beträgt vier Wochen. Das Recht zur außerordentlichen Kündigung steht beiden Vertragsparteien zu. Es setzt voraus, dass entweder die Zuverlässigkeit bzw. die gesundheitliche Eignung des Auszubildenden nicht (mehr) gegeben ist oder ein sonstiger wichtiger Grund vorliegt.

▶ **Auszubildende und Betriebsrat**

Gemäß § 5 Abs. 1 Betriebsverfassungsgesetz (BetrVG) fallen Auszubildende unter den Arbeitnehmerbegriff im betriebsverfassungsrechtlichen Sinne. Dies gilt unabhängig davon, ob sie im Betrieb oder im Außendienst beschäftigt werden.

Hieraus folgt u.a., dass die Auszubildenden zum Notfallsanitäter bei der Bestimmung der Betriebsratsfähigkeit des Betriebs gemäß § 1 Abs. 1 Satz 1 BetrVG zu berücksichtigen sind und voll zählen, sofern sie wahlberechtigt sind. Wahlberechtigt sind alle Arbeitnehmer des Betriebs, die das 18. Lebensjahr vollendet haben (vgl. § 7 Abs. 1 BetrVG). In Betrieben mit i.d.R. mindestens fünf ständigen wahlberechtigten Arbeitnehmern, von denen drei wählbar sind, können Betriebsräte gewählt werden (vgl. Besgen 2014, § 5 BetrVG, Rn. 13).

Weiter ist zu berücksichtigen, dass auch die Möglichkeit besteht, dass eine Jugend- und Auszubildendenvertretung gewählt wird. Voraussetzung hierfür ist, dass in dem Betrieb i.d.R. mindestens fünf Arbeitnehmer beschäftigt sind, die das 18. Lebensjahr noch nicht vollendet haben („Jugendliche Arbeitnehmer") oder die zur Berufsbildung beschäftigt werden und das 25. Lebensjahr noch nicht vollendet haben (vgl. § 60 Abs. 1 BetrVG). Die Jugend- und Auszubildendenvertretung ist dazu da, die besonderen Belange der jungen Arbeitnehmer wahrzunehmen (Abs. 2).

Die Jugend- und Auszubildendenvertretung kann zu allen Betriebsratssitzungen einen Vertreter entsenden (vgl. § 67 Abs. 1 BetrVG). Werden in der Betriebsratssitzung Themen behandelt, die besonders die jugendlichen Arbeitnehmer/Auszubildenden betreffen, so haben zu diesen Tagesordnungspunkten alle Jugend- und Auszubildendenvertreter ein Teilnahmerecht (vgl. § 67 Abs. 2 BetrVG). Weiter ist zu berücksichtigen, dass Beschlüsse des Betriebsrats, die überwiegend diese jungen Arbeitnehmer betreffen, mit den Stimmen der Jugend- und Auszubildendenvertretung zu fassen sind. Die Jugend- und Auszubildendenvertretung kann beim Betriebsrat beantragen, dass Angelegenheiten, die besonders den Personenkreis dieser jungen Arbeitnehmer betreffen und über die eine Vorberatung der Jugend- und Auszubildendenvertretung stattgefunden hat, auf die Tagesordnung der nächsten Betriebsratssitzung gesetzt werden (vgl. § 67 Abs. 2 BetrVG). Umgekehrt kann der Betriebsrat Angelegenheiten, die besonders die jungen Arbeitnehmer betreffen, der Jugend- und Auszubildendenvertretung zur Beratung zuleiten (vgl. § 67 Abs. 3 Satz 2 BetrVG). Führen der Betriebsrat und der Arbeitgeber Gespräche, die besonders die Belange der jungen Arbeitnehmer betreffen, so hat der Betriebsrat die Jugend- und Auszubildendenvertretung beizuziehen (vgl. Annuß 2014, § 60, Rn. 12 ff.).

Beabsichtigt der Arbeitgeber, einen Auszubildenden, der Mitglied der Jugend- und Auszubildendenvertretung oder des Betriebsrats ist, nicht in ein Arbeitsverhältnis auf unbestimmte Zeit zu übernehmen, so muss er dies dem Auszubildenden drei Monate vor Beendigung des Ausbildungsverhältnisses schriftlich mitteilen (vgl. § 78a Abs. 1 BetrVG).

Verlangt ein Auszubildender, der in der Jugend- und Auszubildendenvertretung oder im Betriebsrat vertreten ist, innerhalb der letzten drei Monate seines Ausbildungsverhältnisses schriftlich die Weiterbeschäftigung, so gilt ein unbefristetes Arbeitsverhältnis zwischen Auszubildendem und Arbeitgeber als begründet. Zu beachten ist, dass das Übernahmerecht *nicht* voraussetzt, dass die Abschlussprüfung erfolgreich absolviert wurde. Vielmehr reicht aus, dass das Ausbildungsverhältnis durch Ablauf der Ausbildungszeit beendet ist. Durch das Übernahmerecht soll der für „normale" Betriebsratsmitglieder bestehende Sonderkündigungsschutz auch für Mitglieder der Jugend- und Auszubildendenvertretung Geltung erlangen. Da das Ausbildungsverhältnis regelmäßig nach Ablauf der Ausbildungszeit endet, würde ein Sonderkündigungsschutz insoweit nicht weiter helfen. Folglich hat der Gesetzgeber das Übernahmerecht für Auszubildende, die in der Jugend- und Auszubildendenvertretung vertreten sind, vorgesehen (vgl. Thüsing 2014, § 78a, Rn. 4 ff.).

Sofern in einem Betrieb die Voraussetzungen für das Mitbestimmungsrecht des Betriebsrats bei personellen Einzelmaßnahmen gemäß § 99 BetrVG gegeben sind, ist zu beachten, dass auch Auszubildende Arbeitnehmer im Sinne dieser Vorschrift sind (vgl. § 5 Abs. 1 BetrVG). Folglich hat der Betriebsrat vor jeder Einstellung, Um-, Eingruppierung oder Versetzung eines Auszubildenden ein Mitbestimmungsrecht (vgl. BAG, Beschluss v. 03.12.1985 – 1 ABR 58/83).

▶ **Kosten der Ausbildung**

Zwar enthält das NotSanG selbst keine Bestimmungen (mehr) darüber, wer letztlich die Verpflichtung zur Übernahme der Ausbildungskosten trägt. Der Vorschlag des Bundesrats, die Verpflichtung der Krankenkassen und Sozialversicherungsträger zur Übernahme der Ausbildungskosten als Kosten des Rettungsdienstes in § 5 NotSanG aufzunehmen, wurde nicht übernommen (vgl. BR-Drs. 608/12 [Beschluss] v. 23.11.2012, S. 5f.). Hieraus den Schluss zu ziehen, die Aus- bzw. Fortbildungskosten, die für Notfallsanitäter anfallen, seien keine Kosten des Rettungsdienstes und folglich nicht von den Kostenträgern zu übernehmen, geht aber fehl.

Die Aus- und Fortbildungskosten, die für Notfallsanitäter anfallen, stellen reguläre Personalkosten dar. Hieran ändert sich durch die Entscheidung des Gesetzgebers, im Rahmen eines *Berufszulassungs*gesetzes keine Regelung zur Kostentragungspflicht der Krankenkassen und Sozialversicherungsträger aufzunehmen, nichts. Die Kostentragungspflicht für Kosten des Rettungsdienstes ergibt sich schließlich bereits aus dem SGB V.

Sind die Kosten für die Erbringung von Leistungen des Rettungsdienstes erforderlich und nicht unwirtschaftlich, besteht die Kostentragungspflicht der Krankenkassen und Sozialversicherungsträger. Spätestens mit Übernahme des Notfallsanitäters in die Rettungsdienstgesetze der Länder sind Aus- und Fortbildungskosten für die Notfallsanitäter im Rahmen der Personalkosten als Kosten des Rettungsdienstes von den Kostenträgern zu tragen. Ob dies im NotSanG ausdrücklich festgehalten wurde oder nicht, spielt insoweit keine Rolle.

▶ **Ländervorgaben für die Ausbildung**

ALLGEMEIN

Wie bereits dargestellt, handelt es sich beim NotSanG um ein vom Bundesgesetzgeber erlassenes Berufszulassungsgesetz. Da das Grundgesetz (GG) in Art. 70 Abs. 1 die Gesetzgebungskompetenz grundsätzlich für die Bundesländer und nicht etwa für den Bund vorsieht, kann der Bundesgesetzgeber nur dann tätig werden, wenn das Grundgesetz ihm hierfür die sogenannte Gesetzgebungskompetenz zuspricht.

Gemäß Art. 74 Abs. 1 Nr. 19 GG hat der Bund die konkurrierende Gesetzgebungskompetenz für die *Zulassung zu ärztlichen und anderen Heilberufen*. Innerhalb dieses Kompetenztitels muss sich die gesetzgeberische Tätigkeit halten. Aus diesem Grund enthalten das NotSanG und auch die NotSan-APrV keine Regelungen, die die Ausübung des Berufs des Notfallsanitäters selbst betreffen. Für die diesbezügliche Gesetzgebung sind die Länder zuständig.

Darüber hinaus steht das Schulwesen, also das Schulrecht inkl. des Privatschulrechts, in der ausschließlichen Gesetzgebungszuständigkeit der Länder (vgl. Maunz und Dürig 2015, Art. 70, Rn. 115). Da die Schulhoheit insofern bei den einzelnen Bundesländern liegt, können diese Regelungen hinsichtlich der schulischen Ausbildung im Rahmen der Ausbildung zum Notfallsanitäter treffen. Wie die Länder die ihnen zustehende Gesetzgebungskompetenz wahrnehmen werden, kann zum jetzigen Zeitpunkt jedoch noch nicht abschließend beurteilt werden.

UMSETZUNG AUF LANDESEBENE
Fest steht, dass im Zuge des NotSanG und der NotSan-APrV die Rettungsdienstgesetze der Länder dahingehend geändert werden müssen, dass anstelle bzw. neben Rettungsassistenten auch Notfallsanitäter zum Einsatz kommen. Solange der Notfallsanitäter noch keinen Einzug in die Landesrettungsdienstgesetze gehalten hat, darf dieser als solcher im öffentlichen Rettungsdienst nicht tätig werden.

Praktisch ist dies jedoch kein Problem, da jeder Notfallsanitäter in den nächsten drei Jahren grundsätzlich auch als Rettungsassistent einsetzbar ist. Fraglich ist aber, ob und wann der Austausch von Rettungsassistenten durch Notfallsanitäter vollzogen wird und welche Übergangsregelungen und damit zeitliche Vorgaben für die Implementierung des Notfallsanitäters in der Praxis geschaffen werden.

NEUFASSUNG DER RETTUNGSDIENSTGESETZE
So sieht beispielsweise der Entwurf zum Thüringer Gesetz zur Änderung von Vorschriften im Bereich des Rettungswesens und des Brand- und Katastrophenschutzes bereits an mehreren Stellen den Einsatz von Notfallsanitätern neben Rettungsassistenten vor. Allerdings soll der parallele Einsatz von Rettungsassistenten und Notfallsanitätern nur bis zum 31.12.2022 zulässig sein.

Eine Ausnahme gilt nur für diejenigen Rettungsassistenten, die ihre Ausbildung erst nach Inkrafttreten des NotSanG abgeschlossen haben, und sofern diese Personen für Einsätze im Bereich des öffentlichen Rettungsdienstes erstmals bis einschließlich 31.12.2017 eingestellt werden (vgl. Thüringer Landtag, Drs. 5/6556). Wenn diese Regelung Gesetz werden sollte, bedeutet dies, dass in Thüringen ab dem 01.01.2023, mit Ausnahme der letzten neu ausgebildeten Rettungsassistenten, nur noch Notfallsanitäter zum Einsatz kommen.

In Brandenburg besteht bereits die Neufassung der Verordnung über den Landesrettungsdienstplan, mit welcher das Berufsbild des Notfallsanitäters in die Durchführung des Rettungsdienstes integriert wurde. Der Einsatz von Rettungsassistenten anstelle von Notfallsanitätern ist dort bis zum 31.12.2020 zulässig. Die Novellierung des Rettungsgesetzes NRW sieht für den Ersatz des Rettungsassistenten durch den Notfallsanitäter eine Frist bis zum 31.12.2026 vor (vgl. RettG NRW).

Ob diese ambitionierten Pläne tatsächlich umsetzbar sind oder ob es zu Personalengpässen kommen wird, bleibt abzuwarten. Fraglich ist darüber hinaus, ob die starren Fristen zum kompletten Austausch der Rettungsassistenten durch Notfallsanitäter mit der Berufsausübungsfreiheit der Rettungsassistenten aus Art. 12 Abs. 1 GG, die sich nicht zum Notfallsanitäter weiterbilden, korrespondiert. Diese können nach Ablauf der Übergangsfristen nicht mehr im öffentlichen Rettungsdienst als Rettungsassistenten tätig sein. Infrage kommt für diese Personen dann

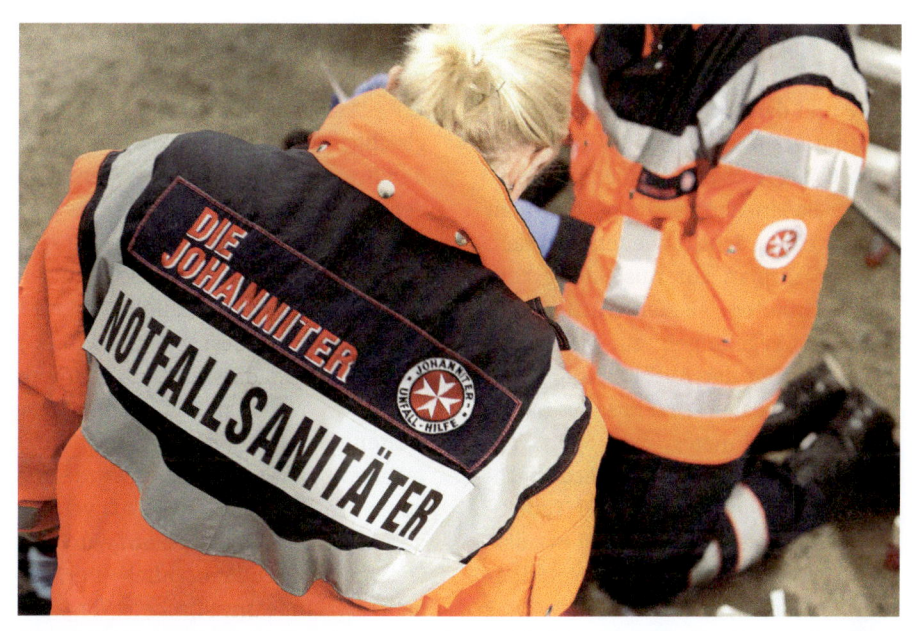

ABB. 2 ▶ Einige Rettungsdienstgesetze sehen zukünftig nur noch den Einsatz des Notfallsanitäters statt des Rettungsassistenten vor.

allenfalls die Wahrnehmung der Aufgaben, die für Rettungssanitäter vorgesehen sind.

Umsetzung auf verwaltungsstruktureller Ebene

Da die Länder nicht nur die Notfallsanitäter in die Rettungsdienstgesetze integrieren müssen, sondern daneben auch noch Regelungen zur Ausbildung selbst, zu den Prüfungen, zur Anerkennung und den Zuständigkeiten der Behörden für die Erteilung der Erlaubnis zum Führen der Berufsbezeichnung „Notfallsanitäter" treffen müssen, fehlt es bislang am verwaltungsinternen Unterbau für den Einsatz des Notfallsanitäters in der Praxis. Solange diese Regelungen nicht getroffen werden, mangelt es an den für die Durchführung der Ausbildung zum Notfallsanitäter notwendigen Strukturen. Je länger die Schaffung dieser Strukturen dauert, desto wahrscheinlicher wird ein Fachkräfteengpass werden.

In vielen Bundesländern besteht der erste Schritt zur Umsetzung des NotSanG darin, die für den Vollzug des Notfallsanitätergesetzes zuständigen Behörden zu bestimmen. In Bayern wurden durch die Änderung von § 3 Abs. 1 Nr. 1 lit. n der „Verordnung über die zuständigen Behörden zum Vollzug des Rechts der Heilberufe" (HeilBZustV) die Regierungen als zuständige Behörden für den Vollzug des NotSanG bestimmt. In NRW sehen die „Ausführungsbestimmungen zur Notfallsanitäter-Ausbildung in NRW – Teil I" ebenfalls eine Änderung der Verordnung zur Regelung der Zuständigkeiten nach Rechtsvorschriften durch Heilberufe vor. Damit wird beabsichtigt, dass die Kreise und kreisfreien Städte als zuständige Behörden für die Durchführung des NotSanG und der NotSan-APrV und damit z. B. für die Prüfungen und die Anerkennung von Tätigkeiten gemäß § 32 NotSanG fungieren sollen.

In Baden-Württemberg ist man bereits einen Schritt weiter. Mit dem Rahmenlehrplan zur Ausbildung zum Notfallsanitäter Baden-Württemberg bestehen Regelungen zur konkreten Ausgestaltung der Ausbildung. In Niedersachsen besteht ein Erlass des Ministeriums für Inneres und Sport, der Auslegungshinweise zu § 10 Niedersächsisches Rettungsdienstgesetz (NRettDG) gibt. Nach diesen Hinweisen ist es zulässig, dass Auszubildende zum Notfallsanitäter, die nach Erwerb der in § 1 Abs. 2 Nr. 1 und 2 NotSan-APrV genannten Mindestqualifikationen für den Einsatz im Rettungsdienst sowie der Durchführung und Organisation von Krankentransporten die notwendigen Kenntnisse erworben haben, für den Zeitraum der Ausbildung Rettungssanitätern gleichgestellt werden können. Hierdurch wird ermöglicht, dass Auszubildende zum Notfallsanitäter bereits jetzt in der Praxis zum Einsatz kommen können und so die erforderliche Berufserfahrung sammeln (vgl. RdErl. d. MK v. 13.4.2010 [Nds. MBl. S. 553] - VORIS 21064 -).

Wie sich der Prozess zur Umsetzung des NotSanG auf Länderebene weiter gestalten wird und ob dieser rechtzeitig in Gang gesetzt wurde, um einen Fachkräftemangel zu vermeiden, bleibt abzuwarten. Eines wird aber jetzt schon deutlich: Durch die Vielzahl an landesspezifischen Vorgaben wird kein einheitliches strukturelles System entstehen, und es sind qualitative Unterschiede hinsichtlich des Ausbildungsniveaus absehbar.

ABB. 3 ▶ Schlüsselbegriffe der Notfallsanitäterausbildung

3.2 Die Ausbildung zum Rettungssanitäter

Neben der Ausbildung des Notfallsanitäters ist es erforderlich, auch die Regelungen zur Ausbildung der Rettungssanitäter genauer zu betrachten.

Durch das NotSanG und die NotSan-APrV haben sich keine unmittelbaren Auswirkungen auf die Ausbildung zum Rettungssanitäter ergeben. Die Empfehlungen des Ausschusses für Rettungswesen bleiben weiterhin bestehen. Es ist allerdings zu erwarten, dass auch das Berufsbild des Rettungssanitäters im Laufe der Zeit durch das des Notfallsanitäters mitbeeinflusst und entsprechend neu ausgerichtet wird (vgl. Becker 2014: 227).

Zusammengefasst stellt sich die Situation für die Ausbildung von Rettungssanitätern weiterhin wie folgt dar:

3.2.1 Rechtsgrundlagen für die Ausbildung?

Anders als für den Rettungsassistenten und den Notfallsanitäter besteht keine bundesgesetzliche Grundlage für die Ausbildung zum Rettungssanitäter. Als Grundlage für die Ausbildung zum Rettungssanitäter dienen die vom Bund-Länder-Ausschuss am 20.09.1977 beschlossenen „Grundsätze zur Ausbildung des Personals im Rettungsdienst". Zu beachten ist, dass es sich bei diesen Grundsätzen um keine gesetzliche Grundlage im juristischen Sinne handelt. Folglich sind diese nicht verbindlich und vielmehr als eine Art Empfehlung zu verstehen. Allerdings wird in § 8 Abs. 2 RettAssG auf die genannten Grundsätze Bezug genommen, und in verschiedenen Bundesländern bestehen landesrechtliche Vorgaben zur Ausbildung von Rettungssanitätern, die die Grundsätze des Bund-Länder-Ausschusses umsetzen, sodass ihnen eine besondere Bedeutung verliehen wurde (vgl. Fehn 2003: 184).

3.2.2 Grundsätze zur Ausbildung des Personals im Rettungsdienst

Die Grundsätze aus dem Jahre 1977 basieren auf dem sogenannten 520-Stunden-Programm. Dieses Programm setzt sich aus folgenden Ausbildungszeiten, die als *„mindestens erforderlich"* eingestuft werden, zusammen:
- 160 Stunden theoretische Ausbildung
- 160 Stunden klinische Ausbildung
- 160 Stunden Ausbildung in der Rettungswache.

Die Abschlussprüfung erfolgt im Rahmen eines Lehrgangs, dessen Dauer 40 Stunden umfassen muss. Voraussetzung für die Teilnahme an dem 520-Stunden-Programm ist die Teilnahme an einem Erste-Hilfe-Kurs, welcher nicht länger als ein Jahr – gerechnet vom Beginn der Ausbildung an – zurückliegen darf. Folgende Lernziele sind für die Ausbildung festgelegt: Der Ausbildungsteilnehmer soll Lage, Bau und regelrechte Funktion von
- Skelett und Skelettmuskulatur,
- Brust- und Bauchorganen,
- Harn- und Geschlechtsorganen,
- Atmungsorganen einschließlich des kindlichen Kehlkopfes,

- Atemregulation,
- Herz einschließlich Steuerung der Herzarbeit,
- Blutkreislauf und Gefäße,
- Blut einschließlich Blutgruppen, AB0-System und Rhesusfaktoren,
- Haut
- Nervensystem und Sinnesorganen sowie
- die Bedeutung des Flüssigkeits-, Wärme, Säure- und Basenhaushalts beschreiben können.

Darüber hinaus umfasst die Ausbildung die Vermittlung von Kenntnissen über
- Störungen der Vitalfunktionen,
- chirurgische Erkrankungen,
- Innere Medizin – Pädiatrie,
- Erkrankungen der Augen,
- Geburtshilfe,
- Psychiatrie,
- Einführung in die Klinikausbildung,
- Rettungsdienstorganisationen,
- technische und rechtliche Fragen und
- Klinikausbildung.

Im Jahr 1985 hat der Bund-Länder-Ausschuss die „Grundsätze für eine Prüfungsordnung für das Personal im Rettungsdienst (Rettungssanitäter)" beschlossen. Mit diesen Grundsätzen sollte den Trägern der Ausbildung eine Orientierungshilfe für die Gestaltung einer Prüfungsordnung gegeben werden (vgl. Becker 2014: 239). Die Grundsätze aus dem Jahr 1985 befassen sich mit der Durchführung der Ausbildung sowie der Abschlussprüfung und geben hierfür einen Leitfaden an die Hand.

3.2.3 Empfehlungen für die Ausbildung von Rettungssanitäterinnen und Rettungssanitätern

Im Jahr 2006 hat die „Arbeitsgruppe Neuordnung der Rettungssanitäterausbildung auf Bundesebene" im Auftrag des „Ausschusses Rettungswesen" weitere Empfehlungen für die Ausbildung von Rettungssanitätern erarbeitet. Als Ziel der Arbeitsgruppe wurde die Erstellung neuer, wiederum bundeseinheitlich geltender Grundsätze mit einer dem aktuellen Stand der Einsatzmöglichkeiten und der Notfallmedizin entsprechenden Empfehlung für die Ausbildung der Rettungssanitäter definiert. Hierfür sollte die Arbeitsgruppe die bisher geltenden Ausbildungsinhalte daraufhin überprüfen, ob sie den vielfältigen Tätigkeitsbereichen von Rettungssanitätern noch gerecht wurden. Weiter sollten Überlegungen zur Verbesserung der Rahmenbedingungen für die Tätigkeit von ehrenamtlichen Mitarbeitern angestellt werden. Die Empfehlungen (letzter Stand 2019) ersetzten das 520-Stunden-Programm von 1977.

Festgehalten wurde an der bereits dargestellten Ausbildungsdauer und -struktur von insgesamt 520 Stunden. Diese gliedert sich wie folgt:
- 160 Stunden an einer Ausbildungsstätte für Rettungssanitäter
- 160 Stunden Klinikpraktikum
- 160 Stunden Rettungswachenpraktikum
- 40 Stunden für einen Lehrgang mit Abschlussprüfung.

Als Ausbildungsziele wurden formuliert:
- Maßnahmen auswählen, durchführen und dokumentieren
- Notfallsituationen erkennen, erfassen und lebenserhaltende Maßnahmen durchführen
- bei Diagnostik und Therapie mitwirken
- betroffene Personen unterstützen
- in Gruppen und Teams zusammenarbeiten
- Tätigkeit in Notfallrettung und qualifiziertem Krankentransport
- Qualitätsstandards im Rettungsdienst sichern.

Darüber hinaus wurde eine Fortbildungspflicht für Rettungssanitäter im Umfang von 30 Stunden pro Jahr formuliert.

3.3 Die Praxisanleitung

Den Schwerpunkt des vorliegenden Beitrags stellt die Thematik der sogenannten Praxisanleitung dar. Diese soll daher im Folgenden insbesondere in rechtlicher Hinsicht dargestellt werden.

3.3.1 Definition und Abgrenzung

Gemäß § 5 Abs. 1 Satz 2 NotSanG besteht die Ausbildung zum Notfallsanitäter aus theoretischem und praktischem Unterricht sowie einer praktischen Ausbildung. Für die weiteren Ausführungen ist es zunächst sinnvoll, zwei Bezeichnungen zu unterscheiden: Praxis*begleitung* und Praxis*anleitung*.

Für die Koordination und Organisation der beiden genannten Ausbildungsteile ist die Schule verantwortlich. Diese unterstützt durch ihre Lehrkräfte die praktische Ausbildung durch die Praxis*begleitung* an den Einrichtungen der praktischen Ausbildung (§ 3 Abs. 4 NotSan-APrV).

Die praktische Ausbildung und die Praxis*anleitung* sind hingegen durch die genehmigten Lehrrettungswachen und geeigneten Krankenhäuser sicherzustellen (vgl. § 5 Abs. 2 und 3 NotSanG).

Die genannten Ausbildungsbereiche, also der theoretische und praktische Unterricht sowie die praktische Ausbildung, sollen sich ergänzen, was u. a. durch die Praxisanleitung gewährleistet wird. Gemäß § 2 NotSan-APrV ist es die Aufgabe der praxisanleitenden Person, die Schüler schrittweise an die eigenständige Wahrnehmung der beruflichen Aufgaben heranzuführen und die Verbindung zwischen dem theoretischen und praktischen Unterricht an der Schule mit der praktischen Ausbildung zu gewährleisten (s. a. Kap. 1).

3.3.2 Qualifikationsanforderungen an den Praxisanleiter

Die persönlichen Anforderungen, die ein Praxisanleiter erfüllen muss, sind in § 3 Abs. 1 Satz 2 NotSan-APrV geregelt. Sie entsprechen grundsätzlich den Anforderungen, die an praxisan-

TAB. 2 ▶ Qualifikationsanforderungen Praxisanleiter

Rettungswache:	Klinik:
• Notfallsanitäter (oder Rettungsassistent) • Berufserfahrung als Notfallsanitäter von mindestens 2 Jahren • berufspädagogische Zusatzqualifikation im Umfang von mindestens 300 Stunden • berufspädagogische Fortbildungen im Umfang von 24 Stunden jährlich	• Gesundheits- und Krankenpfleger oder Gesundheits- und Kinderkrankenpfleger • Berufserfahrung von mindestens 2 Jahren • berufspädagogische Zusatzqualifikation im Umfang von mindestens 300 Stunden und jährlich 24 Stunden berufspäd. Fortbildung *Oder* soweit die Ausbildung in Pflegeeinrichtungen gem. § 71 SGB XI (u. a. in Pflegeheimen) stattfindet: • Pflegefachkraft mit mindestens 1 Jahr Berufserfahrung in der Altenpflege und der Fähigkeit zur Praxisanleitung, die i.d.R. durch eine berufspädagogische Fortbildung oder Weiterbildung nachzuweisen ist (soweit die Inhalte der praktischen Ausbildung keine ärztliche Anleitung erfordern) • Qualifizierte/r Ärztin/Arzt (soweit die Inhalte der praktischen Ausbildung eine ärztliche Anleitung erfordern)

leitende Personen im Bereich der Krankenpflege gestellt werden. Im Interesse einer hohen Qualität der Ausbildung und aufgrund der Einbeziehung der Praxisanleiter in die staatlichen Abschlussprüfungen müssen die Praxisanleiter neben einem „einschlägigen" Berufsabschluss (Nofallsanitäter oder Weiterführung Rettungsassistent) auch mindestens eine zweijährige Berufserfahrung sowie eine berufspädagogische Zusatzqualifikation im Umfang von mindestens 300 Stunden vorweisen können. Zulässig ist, wenn die berufspädagogische Zusatzqualifikation parallel zur Berufserfahrung erworben wurde (s. a Kap. 2).

Soweit die praktische Ausbildung in einem Krankenhaus erfolgt, wird die Praxisanleitung durch Gesundheits- und Krankenpfleger wahrgenommen, die nach dem Krankenpflegegesetz hierzu berechtigt sind. Erfordern die Inhalte der praktischen Ausbildung im Krankenhaus eine ärztliche Anleitung, so ist die Hinzuziehung von qualifiziertem ärztlichem Personal als Praxisanleiter erforderlich.

3.3.3 Aufgaben des Praxisanleiters

▶ **Verbindung von Unterricht und praktischer Ausbildung**

Die NotSan-APrV sieht den Praxisanleiter in einer Doppelrolle. Zum einen soll er während des praktischen Teils der Ausbildung direkte Kontaktperson für die Schüler sein und diesen auf ihrem Weg zur Erlangung der erforderlichen Handlungskompetenz mit Rat und Tat zu Seite stehen. Zum anderen fungiert der Praxisanleiter aber auch als unmittelbarer Ansprechpartner für die Schulen, welche die koordinative/organisatorische Gesamtverantwortung für die

Ausbildung tragen. Folglich ist der Praxisanleiter das aktive Bindeglied zwischen Schülern und Schule wie auch zwischen theoretischer und praktischer Ausbildung. Als solches leistet er einen wichtigen Beitrag zur Verbesserung der Qualität der praktischen Ausbildung und trägt wesentlich dazu bei, die Verknüpfung des im Unterricht Gelernten mit den praktischen beruflichen Anforderungen herzustellen (vgl. BR-Drs. 728/13 zu § 3).

Es bietet sich daher an, als Praxisanleiter den Austausch zwischen den Verantwortlichen im Rahmen der praktischen Ausbildung zu fördern. Dies kann beispielsweise durch gemeinsame Gespräche unter Beteiligung des Praxisanleiters erfolgen (s. a. KAP. 2).

▶ **Auswahl der Betreuer**

Die Praxisanleiter sind für die Auswahl der Notfallsanitäter (bzw. in einer Übergangsphase von fünf Jahren nach Inkrafttreten des NotSanG alternativ für die Auswahl von Rettungsassistenten) verantwortlich, die die Schüler während ihrer Teilnahme an regulären Diensteinsätzen betreuen.

Gerade weil durch diese Dienste die Schüler Schritt für Schritt an ihre zukünftige Aufgabe, die Durchführung und Organisation von Einsätzen in der Notfallrettung eigenverantwortlich zu übernehmen, herangeführt werden, tragen diejenigen Personen, die insoweit die Betreuung der Schüler übernehmen, eine besondere Verantwortung. Folglich sollen als Betreuer nur solche Personen eingesetzt werden, die sich dieser Verantwortung bewusst sind. Dadurch, dass die Betreuer durch die Praxisanleiter ausgewählt werden, soll ihre erforderliche Qualifikation und Qualität sichergestellt werden (vgl. BR-Drs. 728/13 zu § 3).

3.3.4 Prüfungsausschuss

Gemäß § 5 Abs. 1 NotSan-APrV ist an jeder Schule ein Prüfungsausschuss zu bilden. Dieser setzt sich aus einem Vertreter der zuständigen Behörde, dem Schulleiter, Fachprüfern, die als Lehrkräfte an einer Schule tätig sind, und Fachprüfern, die als Praxisanleiter in der praktischen Ausbildung tätig sind, zusammen.

Mindestens einer dieser Praxisanleiter muss die Voraussetzungen des § 3 Abs. 1 Satz 2 Nr. 1 NotSan-APrV erfüllen. Folglich muss dieses Mitglied des Prüfungsausschusses die Erlaubnis zur Führung der Berufsbezeichnung „Notfallsanitäter" besitzen oder zur Weiterführung der Berufsbezeichnung „Rettungsassistent" berechtigt sein. Weiter muss diese Person über eine mindestens zweijährige Berufserfahrung als Notfallsanitäter verfügen und die berufspädagogische Zusatzqualifikation im Umfang von mindestens 300 Stunden (sowie berufspädagogische Fortbildungen im Umfang von 24 Stunden jährlich) vorweisen können. Dieser Prüfer soll insbesondere im praktischen Teil der Prüfung eingebunden werden (vgl. BR-Drs. 728/13 zu § 5). Für den anderen Fachprüfer, der die Praxisanleiter repräsentiert, ist ausreichend, wenn dieser als praxisanleitende Person nach § 3 Abs. 1 Satz 1 NotSan-APrV tätig ist und zur Praxisanleitung in Kranken- und Pflegeberufen als geeignet anerkannt oder alternativ qualifizierter Arzt ist.

3.4 Haftungsrechtliche Fragestellungen

Im Rahmen der aufgezeigten Themenkomplexe gelangt man schließlich unweigerlich zu der Frage der Haftung, die für den Einzelnen ggf. von erheblicher Bedeutung sein kann, sodass die diesbezüglichen Fragestellungen hier aufgezeigt und beantwortet werden sollen.

Verursacht ein Auszubildender während der Ausübung seiner beruflichen Tätigkeit bei einem anderen einen Schaden, so stellt sich die Frage, wer für den Ersatz des Schadens einzustehen hat. Hier kommt insbesondere auch die Unterscheidung zwischen Zivilrecht und Strafrecht zum Tragen. Das Zivilrecht befasst sich mit der Frage, ob und wenn ja in welcher Höhe der Schaden durch wen zu ersetzen ist. Das Strafrecht geht der Frage nach, ob der Schädiger für sein Verhalten zu bestrafen ist (z. B. Geldstrafe oder Freiheitsstrafe).

3.4.1 Organisationsform des Rettungsdienstes

Zunächst ist zu klären, auf welcher Basis die Haftung im Rettungsdienst erfolgt. Ansprüche eines geschädigten Patienten gegen das im Rettungsdienst tätige Personal, den Träger des Rettungsdienstes bzw. den Anstellungsträger können sich aus verschiedenen Anspruchsgrundlagen ergeben. Hier kommen insbesondere vertragliche Ansprüche, vertragsähnliche Ansprüche, deliktische Ansprüche sowie Amtshaftungsansprüche in Betracht. Welche Anspruchsgrundlage einschlägig ist, hängt davon ab, ob bzw. inwieweit die rettungsdienstliche Tätigkeit „privatrechtlich" oder „öffentlich-rechtlich" ist.

Bei öffentlich-rechtlicher Tätigkeit kommen die Grundsätze der Amtshaftung zum Tragen. Bei privatrechtlicher Tätigkeit kommen vertragliche, vertragsähnliche und deliktische Ansprüche infrage (vgl. Lissel 2006, Rn. 164 f.).

Die Einordnung der Durchführung des Rettungsdienstes in eine öffentlich-rechtliche oder privatrechtliche Tätigkeit ist umstritten und wird nicht einheitlich gesehen (vgl. Lissel 2006, Rn. 166 m. w. N.).

Für fast alle Bundesländer ist jedoch von einer Organisation in öffentlich-rechtlicher Form auszugehen. So wird auch in der Literatur eine öffentlich-rechtliche Organisation für den Großteil der Bundesländer mit ansteigender Tendenz bejaht (vgl. Kern 2010, Rn. 75 m. w. N.). In den Bundesländern, in denen privatrechtlicher Rettungsdienst neben dem öffentlich-rechtlichen Rettungsdienst zulässig ist (vgl. § 10 RDG S-H, § 19 NRettDG oder § 18 RettG NRW) könnte hingegen zusätzlich auch eine privatrechtliche Tätigkeit angenommen werden.

Da somit in den ganz überwiegenden Fällen von einer öffentlich-rechtlichen Tätigkeit auszugehen ist, sollen zunächst die in diesem Fall einschlägigen Grundsätze der Amtshaftung dargestellt werden.

3.4.2 Haftung bei öffentlich-rechtlicher Tätigkeit

Wie bereits dargestellt, ist der Rettungsdienst als Teil der Daseinsvorsorge i.d.R. eine hoheitliche Aufgabe. Die staatlichen Träger des Rettungsdienstes haben diesen sicherzustellen. Zwar können sie sich hierfür auch Dritter wie Hilfsorganisationen oder privater Anbieter bedienen, dies ändert jedoch nichts daran, dass Schäden, die durch im Rettungsdienst Tätige verursacht werden, einen Fall der sogenannten Amtshaftung darstellen.

Sofern die Wahrnehmung des Rettungsdienstes als hoheitliche Tätigkeit einzustufen ist, finden die Grundsätze der Amtshaftung gemäß § 839 Abs. 1 S. 1 BGB i.V.m. Art. 34 GG Anwendung. In diesem Fall trifft die Haftung bei einer Schädigung des Patienten durch Mitarbeiter des Rettungsdienstes die Mitarbeiter nicht persönlich, sondern den Träger des Rettungsdienstes (vgl. Kern 2010, § 17 a, Rn. 75 m.w.N.).

Beamte im amtshaftungsrechtlichen Sinne sind nicht nur solche Personen, die in einem beamtenrechtlichen Dienstverhältnis stehen. Vielmehr sind Beamte im haftungsrechtlichen Sinne diejenigen Personen, die in staatlichem Auftrag hoheitliche Aufgaben durchführen. Hierzu gehört auch der Rettungsdienst mit der Folge, dass nicht nur tatsächlich verbeamtete Rettungsdienstmitarbeiter, sondern auch Mitarbeiter eines Rettungsdienstunternehmens Beamte im haftungsrechtlichen Sinne darstellen. Verursachen diese Mitarbeiter bei Ausübung ihrer Tätigkeit einen Schaden, haftet hierfür der Träger des Rettungsdienstes als staatliche Stelle. Eine Regressmöglichkeit des Trägers besteht wiederum nur dann, wenn der Schaden vorsätzlich oder grob fahrlässig verursacht wurde.

Jedoch stellt sich die Situation eines solchen amtshaftungsrechtlichen „Regresses" in der typischen Rettungsdienstkonstellation, in der ein selbstständiges privates Unternehmen mit der Durchführung rettungsdienstlicher Leistungen beauftragt wurde, anders dar. Der Bundesgerichtshof (BGH) entschied, dass die Beschränkung der Regresshaftung auf Vorsatz und grobe Fahrlässigkeit für als Verwaltungshelfer herangezogene selbstständige private Unternehmer – also auch Hilfsorganisationen und private Rettungsdienstunternehmen – nicht gelten könne (vgl. BGH, Urteil v. 14.10.2004 – III ZR 169/04). Nach Auffassung des BGH sei Zweck der Haftungserleichterung, die Entschlussfreudigkeit und Schlagkraft der öffentlichen Verwaltung zu stärken. Dieser Zweck spiele aber bei einem als Verwaltungshelfer herangezogenen Unternehmer von vornherein keine Rolle, da eine solche Qualifizierung grundsätzlich nur in Betracht komme, wenn ihm nur geringe Entscheidungsmöglichkeiten eingeräumt würden. Insbesondere sei für den Fürsorgegedanken unter solchen Umständen kein Raum. Anders als ein abhängig Beschäftigter könne der gewerbliche Unternehmer über Art und Umfang seines Einsatzes selbst bestimmen. Es stehe ihm frei, die jedenfalls im Regelfall versicherbaren Haftungsrisiken einzugehen und deren Kosten in das von ihm geforderte Entgelt einzukalkulieren oder von der Übernahme der Tätigkeit bei zu hohem Risiko abzusehen.

Als Verwaltungshelfer herangezogene selbstständige private Unternehmer (Hilfsorganisationen und private

Rettungsdienstunternehmen) können folglich auch bei einfacher oder mittlerer Fahrlässigkeit der Mitarbeiter in Regress genommen werden, weshalb Rettungsdienstunternehmen in der Praxis vom Träger verpflichtet werden, entsprechende Haftpflichtversicherungen abzuschließen, die dann den Regressanspruch übernehmen. Somit sind im Verhältnis zwischen Arbeitgeber und Rettungsdienstmitarbeiter in diesem Fall die „Grundsätze des innerbetrieblichen Schadensausgleichs" anzuwenden (Näheres hierzu s. u.).

Ist der Arbeitgeber gegenüber dem Rettungsdienstträger zum Schadensersatz verpflichtet, kann er diesen Betrag ggf. wiederum über den Weg des Regresses von dem schadensverursachenden Arbeitnehmer zurückfordern. Die Haftung des Arbeitnehmers unterliegt aber Beschränkungen nach den „Grundsätzen des innerbetrieblichen Schadensausgleichs", welche von der Rechtsprechung entwickelt wurden. Aufgrund der genannten Entscheidung des Bundesgerichtshofes ergibt sich somit die Folge, dass bei „mittlerer Fahrlässigkeit" des Rettungsdienstmitarbeiters eine anteilige Haftung besteht, wohingegen ein Regress im Rahmen des Amtshaftungsanspruchs auf Vorsatz und grobe Fahrlässigkeit beschränkt wäre.

3.4.3 Haftung bei privatrechtlicher Tätigkeit

Geht man in einigen wenigen Fällen von einer privatrechtlichen Tätigkeit aus, so bestimmt sich die zivilrechtliche Haftung maßgeblich nach den Vorschriften den Bürgerlichen Gesetzbuches (BGB). Insoweit kann man im Wesentlichen zwei Gruppen der Haftung unterscheiden: die vertragliche und die deliktische.

▶ Vertragliche Haftung

Wird das nicht-ärztliche Rettungsdienstpersonal privatrechtlich tätig, so kommt eine vertragliche Haftung in Betracht. Im Bereich der vertraglichen Haftung ist die Grundlage dafür, dass der Schädiger den Schaden ggf. zu ersetzen hat, das Bestehen eines Vertragsverhältnisses. Dieses Vertragsverhältnis kann, muss aber nicht schriftlich fixiert worden sein. Ausreichend sind insoweit mündlich und auch konkludent geschlossene Verträge. Letztere werden durch schlüssiges Handeln abgeschlossen. Ein konkludent geschlossener Beförderungsvertrag kommt beispielsweise dadurch zustande, dass ein Kunde in ein Taxi einsteigt und dem Fahrer das Ziel der Fahrt mitteilt. Besteht ein solcher Vertrag und wird eine insoweit vertraglich ausdrücklich oder konkludent vereinbarte Pflicht schuldhaft verletzt, so ist derjenige, der die Vertragsverletzung verursacht hat, zum Ersatz des hierdurch entstandenen Schadens verpflichtet.

Vertragspartner ist im Bereich des Rettungsdienstes i.d.R. das Rettungsdienstunternehmen, welches das rettungsdienstliche Personal als „Erfüllungsgehilfe" i.S.d. § 278 BGB bei der Erfüllung seiner vertraglichen Pflichten einsetzt. Vertragliche Ansprüche des Patienten, z.B. wegen einer Schädigung des Patienten aufgrund eines Behandlungsfehlers, aus einem Behandlungsvertrag (§§ 630 a ff. BGB), kommen somit im privatrechtlich organisierten

Rettungsdienst nur gegen den jeweiligen Arbeitgeber in Betracht. Das im Rettungsdienst tätige nicht-ärztliche Personal schließt regelmäßig keine entsprechenden Verträge mit dem Patienten ab (vgl. Lissel 2006, Rn. 170). Folglich sind vertragliche Ansprüche des Patienten gegen das im Rettungswesen eingesetzte nicht-ärztliche Personal ausgeschlossen. Jedoch kann es unter Berücksichtigung der „Grundsätze des innerbetrieblichen Schadensausgleichs" im Rahmen der Arbeitnehmerhaftung dennoch zu einer Haftung kommen (vgl. Lissel 2006, Rn. 171).

> **BEISPIEL**
>
> Eine Hilfsorganisation betreibt einen Hausnotrufdienst. Mit den Kunden werden Hausnotrufdienstverträge abgeschlossen. Die Kundin Frau K. betätigt den Hausnotruf. Hierauf entsendet die Hilfsorganisation ihren Mitarbeiter M.
>
> Als M. der Kundin beim Aufstehen hilft, stellt er sich ungeschickt an und luxiert die Schulter von Frau K. Die Kundin muss im Krankenhaus behandelt werden.

Vertraglich haftet die Hilfsorganisation als Arbeitgeber. Diese hat sich des M. bedient, um ihre vertraglichen Pflichten gegenüber K. zu erfüllen. M. wurde als sogenannter Erfüllungsgehilfe der Hilfsorganisation eingesetzt. Für Erfüllungsgehilfen haftet der Vertragspartner (Hilfsorganisation) wie für eigenes Verschulden (§ 278 BGB). Dies ist auch sinnvoll, da sich ansonsten der Arbeitgeber durch den Einsatz anderer seiner vertraglichen Haftung gegenüber K. entziehen könnte. Folglich haftet die Hilfsorganisation gegenüber K. auf Schadenersatz. Der Mitarbeiter haftet daneben nach dem Deliktsrecht (HIERZU S.U.).

▶ **Vertragsähnliche Ansprüche**

Kommt ein Vertrag jedoch, z.B. aufgrund von Bewusstlosigkeit des Patienten, nicht zustande, ist ein Transport in eine Behandlungseinrichtung jedoch aus notfallmedizinischen Gesichtspunkten dringend geboten, so kommt eine Haftung im Rahmen der „Geschäftsführung ohne Auftrag" in Betracht (vgl. Kern 2010, § 17 a, Rn. 73).

Es entsteht somit ein gesetzliches Schuldverhältnis, aus welchem die Pflicht resultiert, eine drohende dringende Gefahr für den Patienten abzuwenden. Sollte es durch ein sorgfaltswidriges Verhalten, z.B. aufgrund eines Behandlungsfehlers, zu einer Schädigung des Patienten kommen, so kann eine Haftung des Anstellungsträgers bestehen. Auch in diesem Bereich sind jedoch die o.g. „Grundsätze des innerbetrieblichen Schadensausgleichs" anwendbar (vgl. Lissel 2006, Rn. 173 f.).

▶ **Deliktische Haftung**

Daneben haftet das nicht-ärztliche Rettungsdienstpersonal im Falle der Begehung einer unerlaubten Handlung auch deliktisch gemäß §§ 823 ff. BGB (vgl. Kern 2010, § 17 a, Rn. 73). Die deliktische Haftung kommt zum Tragen, wenn zwischen dem Geschädigten und dem Schädiger kein Vertragsverhältnis besteht. Hieraus kann sich ein Schadensersatzanspruch des Patienten gegen das im privatrechtlich organisierten Rettungswesen tätige Rettungspersonal ergeben.

Das Deliktsrecht will bestimmte Rechtsgüter (z.B. das Leben oder die körperliche Unversehrtheit) vor einer Beeinträchtigung durch andere Personen schützen. Kommt es zu einer rechtswidrigen Verletzung solcher Rechtsgüter, z.B. zu einer Schädigung eines Patienten durch einen Behandlungsfehler, so kann eine unerlaubte Handlung vorliegen. Die hieraus resultierende Pflicht zum Schadensersatz soll dem Ausgleich entstandener Schäden dienen (vgl. Lissel 2006, Rn. 168).

Ist der nicht-ärztliche Rettungsdienstmitarbeiter im jeweiligen Einzelfall als Verrichtungsgehilfe des Arbeitgebers anzusehen, haftet dieser ggf. aus § 831 BGB (vgl. Lissel 2006, Rn. 169).

> **BEISPIEL**
>
> Zwei Rettungsdienstmitarbeiter werden zu einem Unfallort gerufen. Dort finden sie einen bewusstlosen Patienten (P.) vor. Sie heben den P. auf die Trage und luxieren hierbei aus Unachtsamkeit dessen Schulter.

Zuallererst könnte man annehmen, dass zwischen den Rettungsdienstmitarbeitern und dem P. ein konkludenter Behandlungsvertrag abgeschlossen wurde. Ob dies der Fall ist, ist in der juristischen Literatur umstritten. Es wird hier mit der überwiegenden Meinung davon ausgegangen, dass kein Vertrag zustande gekommen ist. So handeln die Rettungsdienstmitarbeiter nicht etwa, weil sie oder ihr Arbeitgeber eine vertragliche Verpflichtung gegenüber dem P. erfüllen wollen. Vielmehr erfüllen die Rettungsdienstmitarbeiter und ihre Arbeitgeber eine hoheitliche Aufgabe zugunsten des staatlichen Trägers des Rettungsdienstes. Die Verpflichtung zum Tätigwerden folgt nicht aus einem Vertragsverhältnis, sondern aus dem jeweiligen Landesrettungsdienstgesetz (vgl. Bens 2010). Zu klären gilt daher, ob der Arbeitgeber für den durch seine Mitarbeiter verursachten Schaden aufgrund Deliktsrechts haftet.

§ 831 BGB sieht vor, dass der Dienstherr für den durch die von ihm eingesetzten Verrichtungsgehilfen während der Ausübung ihrer Tätigkeit verursachten Schaden haftet. Folglich haftet hier der Arbeitgeber grundsätzlich für den durch die Rettungsdienstmitarbeiter in Ausübung ihrer Tätigkeit beim P. verursachten Schaden. Von der Haftung kann sich der Arbeitgeber jedoch exkulpieren/befreien, wenn er nachweisen kann, dass er bei der Auswahl der Rettungsdienstmitarbeiter die im Verkehr erforderliche Sorgfalt hat walten lassen.

Die anzunehmende Sorgfalt richtet sich hierbei nach der übertragenen Tätigkeit, womit der Arbeitgeber sicherstellen muss, dass der Mitarbeiter auch für die Verrichtung geeignet ist. Das heißt zweierlei:

Wer zunächst nicht sorgfältig ausgewählt ist, kann trotzdem als sorgfältig ausgewählt gelten, wenn er sich seit der Anstellung bis zum Schadenseintritt längere Zeit bewährt hat. Demgegenüber genügt aber auch die einmalige Sorgfalt bei Anstellung nicht, vielmehr muss der Geschäftsherr, also der Arbeitgeber, sich bei längerer Dienstzeit des Gehilfen, also des Rettungsdienstmitarbeiters, davon überzeugen, dass dieser weiterhin als ordnungsgemäß ausgewählt betrachtet werden kann. Es besteht insofern eine gewisse *Kontroll-*

pflicht des Geschäftsherrn (vgl. Medicus und Petersen 2013, § 32, Rn. 812 f.).

3.4.4 Arbeitsrechtliche Haftung

Im Bereich der Frage nach der arbeitsrechtlichen Haftung des Mitarbeiters, der einen Schaden während der Ausübung seiner Tätigkeit verursacht hat, geht es darum, ob im Verhältnis Arbeitnehmer–Arbeitgeber ein Ausgleichsanspruch besteht.

Wird wie im ersten Beispielsfall der Arbeitgeber von der Kundin in Anspruch genommen, so muss dieser für den Schaden, den sein Mitarbeiter verursacht hat, aufkommen. Ob der Arbeitgeber bei dem Mitarbeiter Regress nehmen kann, beurteilt sich nach den „Grundsätzen des innerbetrieblichen Schadensausgleichs". Entsteht bei einer betrieblich veranlassten Tätigkeit ein Schaden, so kann der Arbeitgeber nur unter engen Voraussetzungen den Mitarbeiter, der den Schaden verursacht hat, zur Verantwortung ziehen.

Nach einer grundlegenden Entscheidung des Bundesarbeitsgerichts (BAG v. 25.09.57, Az.: GS 4/56, DB 57, 947) ist die Haftungsbeschränkung für Arbeitnehmer gerechtfertigt, weil und soweit es die Eigenart der vom Arbeitnehmer zu leistenden Dienste mit großer Wahrscheinlichkeit mit sich bringt, dass auch dem sorgfältigen Arbeitnehmer Fehler unterlaufen, die zwar für sich genommen fahrlässig sind, mit denen aber aufgrund der menschlichen Unzulänglichkeit gerechnet werden muss.

Neben der Gefahrträchtigkeit der Tätigkeit des Arbeitnehmers spricht für die Begrenzung der Arbeitnehmerhaftung das durch den Arbeitgeber geschaffene betriebliche Risikopotenzial. Die Risikofaktoren legt der Arbeitgeber durch sein Weisungsrecht fest

ABB. 4 ▶ Die „Grundsätze zum innerbetrieblichen Schadensausgleich" regeln, inwieweit ein Mitarbeiter für ein Verschulden zur Verantwortung gezogen werden kann, z. B. bei einem Autounfall.

(z. B. teure Maschinen, Arbeitstempo, Organisation der Arbeit). Der Arbeitnehmer hat keine Möglichkeit, dem auszuweichen oder sich dagegen zu versichern. Es kommt hinzu, dass die volle Überwälzung des Haftungsrisikos auf den Arbeitnehmer für diesen die wirtschaftliche Existenzvernichtung bedeuten kann. Angesichts der fehlenden Äquivalenz zwischen Verdienst und Haftungsrisiko hat sich daher eine allgemeine Rechtsüberzeugung dahingehend gebildet, die Haftung des Arbeitnehmers abzumildern (vgl. Griese 2014, Arbeitnehmerhaftung, Rn. 10).

Um dieses Spannungsfeld aufzulösen, hat die Rechtsprechung die „Grundsätze zum innerbetrieblichen Schadensausgleich" entwickelt. Insoweit richtet sich der Grad der Verantwortlichkeit des Arbeitnehmers für den von ihm verursachten Schaden nach dem Grad des dem Arbeitnehmer zur Last zu legenden Verschuldens (vgl. BGH v. 21.9.93, NZA 94, 270 sowie BAG v. 27.9.94, Az.: GS 1/89 [A]).

Nach der Rechtsprechung bemisst sich die Haftung des Arbeitnehmers nach einem dreistufigen Haftungsmodell. Insoweit besteht keine Haftung des Arbeitnehmers bei leichtester Fahrlässigkeit, eine anteilige Haftung besteht bei mittlerer Fahrlässigkeit, bei grober Fahrlässigkeit und Vorsatz haftet der Arbeitnehmer voll (vgl. BAG v. 25.9.97, Az.: 8 AZR 288/96, NZA 98, 310; s. ferner BGH v. 29.11.90, BB 91, 626 wie auch Griese 2014, Arbeitnehmerhaftung, Rn. 12 m. w. N.).

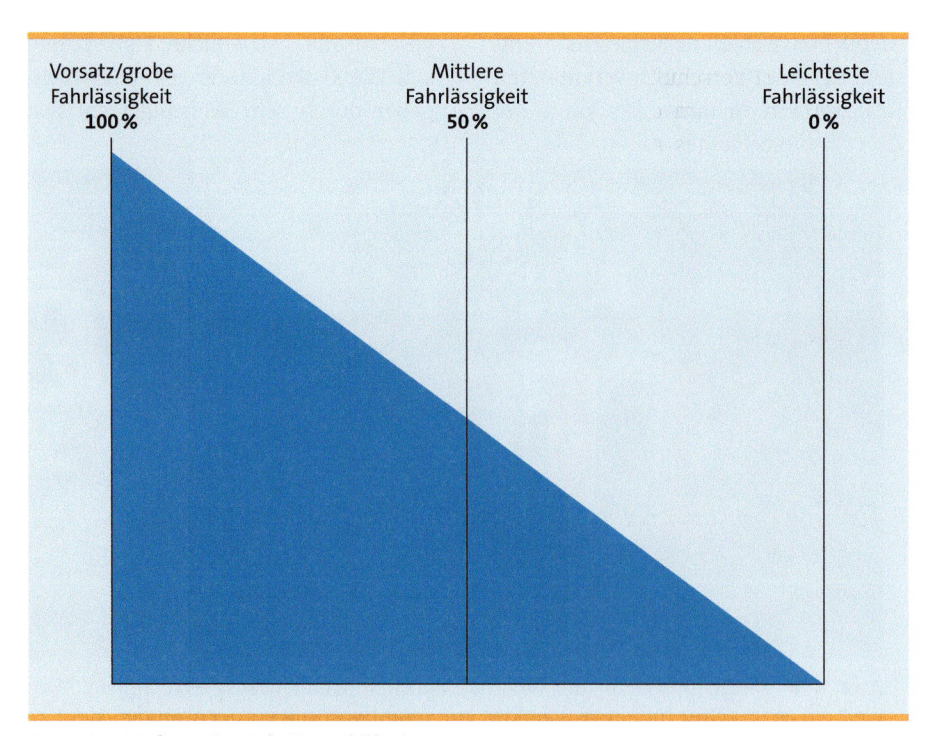

ABB. 5 ▶ Haftung im Arbeitsverhältnis

Grundsätzlich haftet auch der Auszubildende gem. § 276 BGB für von ihm schuldhaft verursachte Schäden. Jedoch finden auch hier die Grundsätze zur Haftungsbegrenzung im Arbeitsverhältnis Anwendung. Eine weitere Einschränkung der Haftung des Auszubildenden ergibt sich daraus, dass die an den Auszubildenden zu stellenden Sorgfaltsanforderungen naturgemäß geringer sein werden als jene, die an einen erwachsenen Arbeitnehmer zu stellen sind, zumal den Ausbildenden, also auch den Praxisanleiter, eine erhöhte Verpflichtung zur Einweisung und Beaufsichtigung trifft.

Auch findet im Rahmen eines Ausbildungsverhältnisses eine Einschränkung der Haftung des Auszubildenden über die verstärkte Berücksichtigung des Mitverschuldens des Ausbilders nach § 254 BGB statt. So hat es sich dieser z.B. als Mitverschulden anrechnen zu lassen, wenn ihm der unzuverlässige Charakter seines Auszubildenden bekannt ist und er es gleichwohl unterlässt, Schutzmaßnahmen vorzunehmen. Selbiges gilt, wenn der Ausbilder die notwendige Anleitung im Umgang mit Maschinen und Gerätschaften von im Umgang mit diesen ungeübten Auszubildenden unterlässt (vgl. Kania 2014, Ausbildungsverhältnis, Rn. 36 m.w.N.).

3.4.5 Strafrechtliche Betrachtung

Eine Strafbarkeit des Praxisanleiters bzw. des Auszubildenden richtet sich nach den allgemeinen strafrechtlichen Vorschriften, insbesondere des Strafgesetzbuches (StGB). Diese ist gegeben, sofern eine Person den Tatbestand einer Strafnorm rechtswidrig und schuldhaft erfüllt. Hierbei ist zwischen der vorsätzlichen und der fahrlässigen Begehung eines Delikts zu differenzieren. Vorsätzlich handelt, wer den Tatbestand einer Strafnorm bewusst und gewollt herbeiführt. Dagegen kann Fahrlässigkeit als die ungewollte Tatbestandsverwirklichung, beispielsweise durch die Verletzung einer Sorgfaltspflicht, beschrieben werden. Sorgfaltspflichten ergeben sich für den Praxisanleiter insbesondere aus dessen vertrauensvoller Stellung gegenüber dem Auszubildenden.

Führt ein Auszubildender eine ihm übertragene Aufgabe nicht mit der gebotenen Sorgfalt aus und kommt es dadurch zu einer Beeinträchtigung der Gesundheit eines Patienten, so kann dies im Einzelfall ein strafbares Verhalten darstellen. Doch auch dem Praxisanleiter kann im Einzelfall ein strafbares Verhalten zur Last gelegt werden, wenn er den Auszubildenden falsch oder mangelhaft anleitet, dessen Handlungen nicht ordnungsgemäß überwacht und es dadurch zu der Verletzung von Rechtsgütern Dritter oder des Auszubildenden kommt.

Aus diesem Grund sind die sorgfältige Anleitung des Auszubildenden sowie die ordnungsgemäße Überwachung durch den Praxisanleiter – auch aus strafrechtlicher Sicht – für Letzteren von besonderer Relevanz.

Literatur:

Annuß G (2014) § 60, Rn. 12 ff. In: Richardi R et al. (Hrsg.) Betriebsverfassungsgesetz: BetrVG. Kommentar. 14. Aufl., München: Beck.

Bundesarbeitsgericht [BAG] (1957) Beschluss vom 25.09.1957, Az.: 4/56. In: DB 1957: 947.

Bundesarbeitsgericht [BAG] (1985) Beschluss vom 03.12.1985, Az.: 1 ABR 58/83.

Bundesarbeitsgericht [BAG] (1994) Beschluss vom 27.9.1994, Az.: GS 1/89 (A).

Bundesarbeitsgericht [BAG] (1997) Urteil vom 25.9.1997, Az.: 8 AZR 288/96. In: NZA 1998: 310–312.

Bayerische Staatsregierung (2014) Verordnung über die zuständigen Behörden zum Vollzug des Rechts der Heilberufe (HeilBZustV).

Becker J (2014) Die Ausbildung zum Rettungssanitäter. In: Bens D, Lipp R (Hrsg.) Notfallsanitätergesetz – Herausforderung und Chancen. Edewecht: Stumpf + Kossendey, S. 227–339.

Bens D (2010) Zivilrechtliche Haftung. In: Bens D (Hrsg.) Rettungsdienst-Management. Edewecht: Stumpf + Kossendey, S. 103–110.

Besgen N (2014) § 5 BetrVG Rn. 13i. In: Rolfs C et al. (Hrsg.) Beck´scher Online-Kommentar Arbeitsrecht (Stand 01.09.2014). München: Beck. Unter: https://beck-online.beck.de/?typ=referenc e&y=400&w=BeckOK&name=ArbR

Bundesgerichtshof [BGH] (1990) Beschluss vom 29.11.90. In: BB 1991: 160–162.

Bundesgerichtshof [BGH] (1993) Beschluss vom 21.9.93. In: NZA 1994: 270.

Bundesgerichtshof [BGH] (2004) Urteil vom 14.10.2004, Az.: III ZR 169/04.

Bundesministerium für Gesundheit [BMG] (Hrsg.) (2013) Referentenentwurf des Bundesministeriums für Gesundheit „Ausbildungs- und Prüfungsverordnung für Notfallsanitäterinnen und Notfallsanitäter" (NotSan-APrV).

Bundesrat (2012) Drucksache 608/12 (Beschluss) v. 23.11.2012. Stellungnahme des Bundesrates. Entwurf eines Gesetzes über den Beruf der Notfallsanitäterin und des Notfallsanitäters sowie zur Änderung weiterer Vorschriften.

Bundesrat (2013) Drucksache 728/13. Verordnung des Bundesministeriums für Gesundheit. Ausbildungs- und Prüfungsverordnung für Notfallsanitäterinnen und Notfallsanitäter (NotSan-APrV).

Deutscher Bundestag (2012) BT-Drs. 17/11689. Gesetzentwurf der Bundesregierung: Entwurf eines Gesetzes über den Beruf der Notfallsanitäterin und des Notfallsanitäters sowie zur Änderung weiterer Vorschriften.

Fehn K (2003) Rechtsfragen in der Aus-, Fort- und Weiterbildung. In: Hündorf H-P, Lipp R (Hrsg.) Der Lehrrettungsassistent. Lehrbuch für Ausbilder im Rettungsdienst. Edewecht, Wien: Stumpf + Kossendey, S. 169–212.

Gesetz über den Beruf der Notfallsanitäterin und des Notfallsanitäters sowie zur Änderung weiterer Vorschriften [Notfallsanitätergesetz, NotSanG]. Vom 22. Mai 2013. In: BGBl. 2013 I (25): 1348–1357.

Griese T (2014) Arbeitnehmerhaftung, Rn. 10. In: Küttner W (Begr.), Röller J (Hrsg.) Personalbuch 2014. Arbeitsrecht, Lohnsteuerrecht, Sozialversicherungsrecht. 21. Aufl., München: Beck.

Griese T (2014) Arbeitnehmerhaftung, Rn. 12 m.w.N. In: Küttner W (Hrsg.), Röller J (Hrsg.) Personalbuch 2014. Arbeitsrecht, Lohnsteuerrecht, Sozialversicherungsrecht. 21. Aufl., München: Beck.

Kania T (2014) Ausbildungsverhältnis, Rn. 36 m.w.N. In: Küttner W (Begr.), Röller J (Hrsg.) Personalbuch 2014. Arbeitsrecht, Lohnsteuerrecht, Sozialversicherungsrecht. 21. Aufl., München: Beck.

Kern B-R (2010) § 17 a, Rn. 73. In: Laufs A, Kern B-R (Hrsg.) Handbuch des Arztrechts. Zivilrecht. Öffentliches Recht. Vertragsarztrecht. Krankenhausrecht. Strafrecht. 4. Aufl., München: Beck.

Kern B-R (2010) § 17 a, Rn. 75 m.w.N. In: Laufs A, Kern B-R (Hrsg.) Handbuch des Arztrechts. Zivilrecht. Öffentliches Recht. Vertragsarztrecht. Krankenhausrecht. Strafrecht. 4. Aufl., München: Beck.

Landesregierung Niedersachsen (2007) Niedersächsisches Rettungsdienstgesetz (NRettDG).

Landesregierung Nordrhein-Westfalen (1992) Gesetz über den Rettungsdienst sowie die Notfallrettung und den Krankentransport durch Unternehmer (Rettungsgesetz NRW – RettG NRW).

Landesregierung Schleswig-Holstein (1991) Gesetz über die Notfallrettung und den Krankentransport (Rettungsdienstgesetz – RDG).

Landtag Nordrhein-Westfalen (2014) Drs. 16/6088. Gesetzentwurf der Landesregierung. Zweites Gesetz zur Änderung des Rettungsgesetzes NRW.

Landtag Thüringen (2013) Drs. 5/6556. Gesetzentwurf der Landesregierung. Thüringer Gesetz zur Änderung von Vorschriften im Bereich des Rettungswesens und des Brand- und Katastrophenschutzes.

Lissel PM (2006) Rechtsfragen im Rettungswesen: Risiken im Einsatz. 2. Aufl., Stuttgart u.a.: Boorberg.

Maunz T, Dürig G (Begr.) (2015) Grundgesetz. Loseblatt-Kommentar. 73. Aufl., München: Beck.

Medicus D, Petersen J (2011) § 32, Rn. 812f. In: Bürgerliches Recht. Eine nach Anspruchsgrundlagen geordnete Darstellung zur Examensvorbereitung. 23. Aufl., München: Vahlen.

Niedersächsisches Kultusministerium (2010) RdErl. d. MK v. 13.4.2010 (Nds. MBl., S. 553)– VORIS 21064.

Schlachter M (2014) § 17 BBiG, Rn. 2 m.w.N. In: Erfurter Kommentar zum Arbeitsrecht, 15. Aufl., München: Beck.

Thüsing G (2014) § 78a, Rn. 4 ff. In: Richardi R (Hrsg.) Betriebsverfassungsgesetz: BetrVG. Kommentar. 14. Aufl., München: Beck.

4 *Sozialwissenschaften*

INKA NEUMANN

Der Praxisanleiter spielt in der Ausbildung zum Notfallsanitäter eine zentrale Rolle. Er ist Ausbilder, Anleiter, Vermittler und vor allen Dingen auch Ansprechpartner für die Auszubildenden. In diesem Kapitel werden Themen behandelt, die einem Praxisanleiter Unterstützung geben können, seinen Aufgaben als Ansprechpartner gerecht zu werden. Zunächst beschäftigt sich dieses Kapitel mit den Erwartungen und dem Rollenverständnis des Praxisanleiters, anschließend werden die Themen Kommunikation und Gesprächsführung behandelt sowie Konflikte und Konfliktbearbeitung. Methoden wie aktives Zuhören oder Feedback geben und bekommen spielen eine wichtige Rolle in diesem Kapitel, aber ebenso die psychosozialen Aspekte wie Personenwahrnehmung und Arbeit in und mit Gruppen.

Dieses Kapitel liefert das soziale und pädagogische Rüstzeug für die zwischenmenschlichen und sozialen Aufgaben des Praxisanleiters.

4.1 ERWARTUNGEN UND ROLLENVERSTÄNDNIS DES PRAXISANLEITERS SOWIE ALLER AN DER AUSBILDUNG BETEILIGTEN

An der Ausbildung zum Notfallsanitäter sind verschiedene Personen mit ihren unterschiedlichen Rollen beteiligt. Der Praxisanleiter spielt im Ausbildungssystem der Ausbildung zum Notfallsanitäter eine zentrale Rolle. So ist er zum einen im schulischen Teil als Dozent und zum anderen als Anleiter während der Praxisphase an der Ausbildung beteiligt. Außerdem gehört er dem Prüfungskomitee der Abschlussprüfung an.

Der Fachschulische Teil der Ausbildung läuft klassisch in Unterrichtsform ab, sodass hier der Praxisanleiter auch als Wissensvermittler bezeichnet werden kann. Die Stoffmenge muss vermittelt werden und die Prüfungen durch den Auszubildenden bestanden. Schon allein das Wort „vermitteln" gibt den Hinweis auf eine aktive Rolle des Dozenten (Praxisanleiter) im Unterricht. Diese aktive Rolle wird zumeist auch von den Auszubildenden erwartet. Vermitteln bedeutet aber nicht ausschließlich Frontalunterricht. Ein gelungener Methoden- und Medienmix steigert den Lernerfolg immens (s. KAP. 6).

Von der Belehrungsdidaktik hin zum Lernpartner verändert sich das Lehren und Anleiten, wenn man in das Lernfeld „Praxis" blickt. In den 1960 Stunden praktischer Ausbildung auf der Lehrrettungswache wird der Praxisanleiter zum Anleiter und Begleiter, zum Teampartner und zum Mentor. Die Erwartungen an den Praxisanleiter ändern sich. Werden im schulischen Teil die didaktischen, methodischen und fachlichen Kompetenzen erwartet, so werden im praktischen Teil zusätzlich die Fähigkeiten, das Können und das partnerschaftliche Arbeiten verlangt. Der engagierte Auszubildende möchte Freiräume bekommen, sich beweisen dürfen und Anleitungen vom Praxisanleiter erhalten. Lernpartnerschaft bedeutet voneinander lernen, gemeinsam Fähigkeiten und Kompetenzen des Auszubildenden entwickeln und Lernermöglichung.

Lernen und Fähigkeiten auf- und ausbauen ist nur erfolgreich, wenn wiederholt geübt werden kann. Selbstverantwortung und Engagement seitens des Auszubildenden sind ebenso wichtig wie Motivation, Engagement und aktive Neugierde. Der Auszubildende wird vom Praxisanleiter in seiner Entwicklung zum Notfallsanitäter gefördert und begleitet.

Wie oben beschrieben, befindet sich der Praxisanleiter folglich in verschiedenen Rollen und in verschieden Beziehungen zum Auszubildenden (Anleiter, Lehrkraft, Prüfer). Dies kann intrapersonell (persönliche) Rollenkonflikte auslösen, mit denen der Praxisanleiter umgehen lernen muss. Wichtig für den Praxisanleiter ist es, seine Aufgaben in der jeweiligen Rolle und somit seine Rollen genau zu kennen und diese nicht zu vermischen. Diese Grenzen gilt es zu kennen und einzuhalten. Ebenso sind dem Auszubildenden im Zweifelsfall diese Grenzen aufzuzeigen. Spätestens wenn die Abschlussprüfung ansteht, gibt es strenge Formalia, und auch während der praktischen Zeit auf der Lehrrettungswache muss laufend beiden Parteien klar sein, in welcher (hierarchischen) Position sie sich befinden.

> **MERKE**
>
> Praxisanleiter tragen Verantwortung; nicht nur für sich selbst und ihre eigene Arbeit, sondern auch für die Arbeit des Auszubildenden. Das Lernen und die Richtigkeit der Ausbildungsinhalte sind für den Auszubildenden zentral. Ein Auszubildender sollte vom Praxisanleiter lernen wollen. Anleitungen in der Praxis und Vermittlung im Unterricht sind die Aufgaben eines Praxisanleiters, sowie Mitarbeiterfördergespräche und Entscheidungen über die Eignung des Auszubildenden zum Notfallsanitäter.

Um diesen Anforderungen gerecht zu werden, braucht ein Praxisanleiter gute u. a. soziale, personale sowie fachliche und didaktische Kompetenzen. Im Folgenden werden Bereiche der sozialen und personalen Kompetenzen aufgegriffen.

4.2 Kommunikationsmodelle, Sprache und Körpersprache

„Kommunikation ist das Wesen sozialer Interaktion" (Piontkowski 2011: 42). Durch Kommunikation wird eine Beziehung zwischen Personen hergestellt. Ein einfaches Modell von Shannon und Weaver (1949) besagt, dass eine Information vom Sender codiert zum Empfänger geschickt wird. Dieser decodiert die Information, um sie zu verarbeiten und dann zu antworten. In dieser Rückkopplungsschleife (Antwort) wird geprüft, ob der Empfänger den Sender richtig verstanden hat. Er wird somit selbst zum Sender. Bei der Übertragung der Information kann etwas schieflaufen, sodass die Information von der ursprünglich gesendeten Information abweicht. Das Modell fasst Lasswell (1948) mit den Worten zusammen: Wer sagt was zu wem über welchen Kanal mit welcher Wirkung? Hinzufügen kann man sicherlich noch: Welche Störung ist dabei aufgetreten?

Schulz von Thun (1981) hat das *Modell der vier Seiten einer Nachricht* erstellt, das hier vorgestellt werden soll. Die Grundannahme ist, dass sowohl der Sender als auch der Empfänger eine Nachricht von vier Seiten betrachten kann. Der Sender spricht sozusagen mit vier Zungen, und der Empfänger hört mit vier Ohren.

Vier Seiten einer Nachricht am Beispiel:

Praxisanleiter zum Auszubildenden: *„Die Patientin hat eine Verletzung an der Wirbelsäule, wir brauchen die Vakuummatratze."* (s. Tab. 1)

Tab. 1 ▶ Vier Seiten einer Nachricht

Sachinhalt:	Es kommt rein auf den Inhalt an. Fakten bestimmen diese Seite der Nachricht.	*„Die Patientin hat eine Verletzung an der Wirbelsäule und braucht eine Vakuummatratze."*
Appell:	Der Sender versteckt in seiner Aussage einen Appell; eine Aufforderung an den Empfänger.	*Der Empfänger wird indirekt aufgefordert, eine Vakuummatratze zu holen.*
Beziehung:	Die Beziehung zwischen dem Sender und dem Empfänger gerät hier in den Vordergrund. Im Beispiel ist es das Beziehungskonstrukt der Macht zwischen Ausbilder und Auszubildenden.	*„Ich habe Macht über dich und fordere dich auf, den ‚Laufburschen' zu spielen und die Vakuummatratze zu holen."*
Selbstoffenbarung:	Der Sender offenbart in seiner Aussage etwas über sich selbst.	*„Ich bin mir meiner Rolle bewusst und möchte lieber vorsichtiger als nachlässiger im Umgang mit der Patientin sein."*

Kommunikation im Rettungsdienst findet auf unterschiedlichen Ebenen statt. Angesprochen werden soll hier die Ebene zwischen Praxisanleiter und Auszubildendem sowie die Ebene zwischen dem Auszubildenden und dem Patienten.

Der Praxisanleiter begleitet den Auszubildenden nicht nur in medizinisch-fachlichen Dingen, sondern ebenso in der Kommunikation mit dem Patienten. Wichtig ist beispielsweise, wie der Kontakt zum Patienten aufgebaut wird, wie ein Anamnesegespräch verläuft und auch wie der „Small Talk" mit dem Patienten verläuft. In der Ausbildung sollten diese Themen bearbeitet werden, sodass der Auszubildende für die Arbeit *mit* dem Patienten und nicht nur *an* dem Patienten gewappnet ist. Der Praxisanleiter kann beispielsweise in der Lernbegleitung während einer Kommunikationssituation zwischen Auszubildendem und Patient eingreifen und mit dem Auszubildenden auf der Metaebene reflektieren, ob das Gespräch – also die Kommunikation in der momentanen Situation – angebracht ist, oder die Kommunikation entsprechend lenken (Anamnesegespräch). Metaebene bzw. Metakommunikation bedeutet, über die stattfindende Kommunikation zu reflektieren. Dabei werden Fragen wie „Wird die Anamnese ausreichend erhoben?" oder „Wird hier eine voreilige Diagnose gestellt?" reflektiert. Insbesondere werden auch auf der Beziehungsebene Fragen wie „Wird mit dem Patienten wertschätzend und respektvoll kommuniziert?" oder „Wird der Patient ganzheitlich wahrgenommen, als hilfsbedürftiger Mensch und nicht

ABB. 1 ▶ Vier Seiten einer Nachricht nach F. Schulz von Thun

nur als verunglückte Person?" betrachtet.

Eine der wichtigsten Funktionen der Metakommunikation ist die Aufdeckung und Behebung von Störungen und Reibungen in der aktuellen Kommunikation sowie in der zwischenmenschlichen Beziehung. Beispielsweise liegen viele Schwierigkeiten in Entscheidungsprozessen darin, dass unklar ist, ob Schweigen Zustimmung, Ablehnung oder Abwarten bedeutet. Hier kann Metakommunikation wunderbar einfach eine Klärung herbeiführen. Die Gesprächspartner einigen sich kurzfristig darüber, wie Schweigen zu deuten ist.

Metakommunikation bedeutet Kommunikation über die Kommunikation selbst. Oben wurde ein enges Begriffsverständnis von Metakommunikation erklärt. Ein weites Verständnis besagt, dass in jeder Kommunikation zeitgleich der Beziehungsaspekt abläuft (VGL. OBEN: Vier Seiten einer Nachricht, das Ohr Selbstoffenbarung). Das heißt, eine Kommunikation zwischen Personen ist nicht ohne Metakommunikation möglich, da immer auch auf der Beziehungsebene kommuniziert wird.

Wenn auf der Sachebene gesagt wird „Holst du bitte die Trage?", dann wird auf der Beziehungsebene folgendes zusätzlich gesagt: „Ich respektiere dich und spreche dich höflich an, gehe auch gleichzeitig davon aus, dass du weißt, wie der Tragetisch und die Trage zu bedienen sind und wo du die Trage gut und sachgemäß positionieren kannst."

In ABBILDUNG 2 ist dargestellt, dass die aktuelle Kommunikation zwischen Auszubildendem und Patient durch die Metakommunikation zwischen Praxisanleiter und Auszubildendem unterbrochen werden kann und anschließend weiterläuft. Die Metaebene kann man sich als Dach vorstellen, unter dem die gesamte sichtbare bzw. hörbare Kommunikation stattfindet.

Neben dem Inhalt einer verbalen Äußerung spielen auch rhetorische Elemente in der Kommunikation eine bedeutende Rolle. Sowohl in der Unterrichtsgestaltung als auch in der Lernbegleitung während der Praxisphasen auf der Rettungswache können diese angewendet werden. Variiert werden können die Satzlänge, die Sprechtechnik, die Ausdruckstechnik, der Blickkontakt sowie die Körpersprache.

Menschen können gut zuhören und dem Gesagten folgen, wenn die Sätze kurz, eindeutig und nicht verschachtelt sind. Hilfreich sind ebenso Variationen im Tempo, in der Lautstärke und in der Betonung. Das Setzen von Sprechpausen kann Gesprächspartner wieder neugierig machen.

Für den Auszubildenden ist es von großer Bedeutung, dass der Praxisanleiter mit einfachen Wörtern auch komplexe Zusammenhänge erläutern kann. Die Erläuterungen sollen verständlich sein und nach Möglichkeit ohne Füllwörter wie „äh", „mh", „öh" auskommen. Im Unterricht und in der prak-

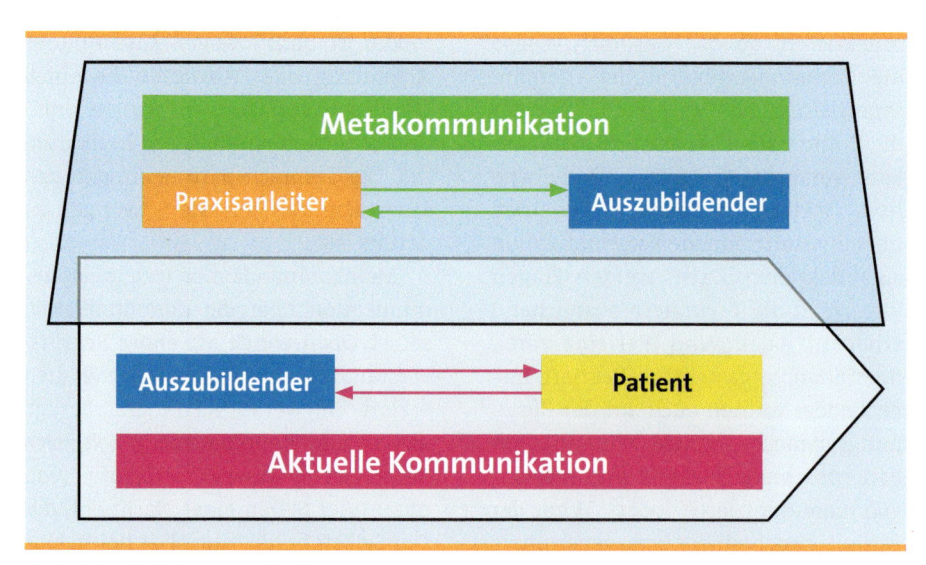

ABB. 2 ▶ Metakommunikation

tischen Anleitung hilft Blickkontakt. Zum einen wird die Aufmerksamkeit durch den Blickkontakt wieder auf das Fachthema gelenkt, und zum anderen zeugt Blickkontakt von Respekt in der Kommunikation.

Im *nonverbalen Kommunikationsbereich* läuft vieles unbewusst ab. Schon an der Körperhaltung lässt sich einiges ablesen. So sollte ein Dozent beispielsweise nicht mit überkreuzten Beinen und hängenden Schultern im Unterricht stehen, sondern mit einem sicheren Stand, einer offenen Köperhaltung und durch den Blickkontakt den Teilnehmern Respekt entgegenbringen. Einige Dinge kann sich der Dozent bewusst machen, indem er ganz explizit auf seine Körperhaltung achtet. Weiß er, dass überkreuzte Beine und hängende Schultern Unsicherheit, Rückzug und Insichgekehrtsein bedeutet, kann er dies bewusst steuern, indem er diese Position nicht einnimmt, selbst wenn er sich so fühlt.

Körpersprache, Mimik, Gestik und Sprache sollten kongruent sein. Das bedeutet, die Aussage „Mir geht es sehr gut" passt nicht zu hängenden Schultern und hängenden Mundwinkeln sowie herunterfallenden Armen. Diese Kommunikation wäre inkongruent. Kongruent und dadurch in sich stimmig wäre in diesem Beispiel die Äußerung „Mir geht es gar nicht gut".

4.3 Gesprächsführung in verschiedenen Situationen während der Ausbildung

Eine der Aufgaben des Praxisanleiters ist es, mit den Auszubildenden Gespräche zu führen, beispielsweise Fördergespräche, Personalentwicklungsgespräche oder auch regelmäßige Mitarbeitergespräche. Je nach Betrieb oder Wache sind andere betriebliche Vorgänge und Instrumente der Mitarbeiterführung vorgesehen.

4.3.1 Formelle und informelle Gespräche

Bei Gesprächen kann man zwischen informellen und formellen Gesprächen unterscheiden. Die o.g. sind alles Beispiele für *formelle Gespräche*. Wichtig bei einem formellen Gespräch ist der Leitfaden, die Grundstruktur. Ein formelles Gespräch verfolgt ein Ziel und dient dazu, Vorstellungen des Praxisanleiters und des Auszubildenden (beispielsweise über die Arbeit des Auszubildenden) abzugleichen und Entwicklungsbedarf zu identifizieren. Der Leitfaden eines formellen Gesprächs sollte sich an der nachfolgenden Struktur orientieren:

1. Auf Geleistetes zurückschauen
2. Stärken und Schwächen identifizieren
3. individuelle Ziele und Entwicklungsmöglichkeiten definieren
4. Förder- und Bildungsmaßnahmen definieren
5. Vereinbarungen festlegen.

Auf Geleistetes zurückschauen:
- Welche Aufgaben sind ausgeführt worden?
- Welche Aufgaben sind für den Auszubildenden neu hinzugekommen?
- Welche der Aufgaben liegen dem Auszubildenden besonders gut und welche weniger gut und warum?

Stärken und Schwächen identifizieren:
- Was kann der Auszubildende besonders gut?
- Wo kann er sich noch verbessern?
- Welche Unterstützung wünscht er sich?

Individuelle Ziele und Entwicklungsmöglichkeiten definieren:
- Welche Ziele werden für die berufliche Entwicklung des Auszubildenden gesetzt?
- Welche Wünsche und Vorstellungen hat der Auszubildende hinsichtlich Förderung und Hilfen?
- Wo werden Entwicklungspotenziale für den Auszubildenden gesehen?
- Wo stehen Veränderungen im Aufgabenbereich an (z. B. Erweiterung der Aufgabenvielfalt)?
- In welchen Aufgaben sieht der Auszubildende seine Schwerpunkte, und in welchen sieht der Praxisanleiter die Schwerpunkte?

Förder- und Bildungsmaßnahmen definieren:
- Welche Maßnahmen sind einzuleiten, damit der Auszubildende aktuelle und zukünftige Aufgaben besser erfüllen kann und damit er das Spektrum der Tätigkeiten als Notfallsanitäter erlernt?

Vereinbarungen festlegen:
- Teilnahme an einer Austauschplattform von Auszubildenden
- Teilnahme am Angebot der Nachhilfe
- u. a.

Orientiert sich der Praxisanleiter beim Aufbau seines Gesprächsleitfadens an diesem Raster, ist die Wahrscheinlichkeit, die Erwartungen des Auszubildenden an ein Personalentwicklungsgespräch zu erfüllen, sehr hoch. Unbedingt muss der Praxisanleiter, als Vorgesetzter des Auszubildenden, sich im Vorfeld auf das Gespräch vorbereiten. Er sollte sich Gedanken zu folgenden Punkten machen:
- Was sind die Erwartungen des Gesprächspartners?
- Liegt innerhalb des Wirkungskreises des Auszubildenden ein Konflikt vor?
- Wie sind frühere Gespräche verlaufen? (Vielleicht gibt es Aufzeichnungen?)
- Was sind die Bestimmungen des Lerninhalts im praktischen Teil der Ausbildung zum Notfallsanitäter, und werden diese aktuell erfüllt? (Was muss der Auszubildende können und wissen?)
- Was sind die eigenen Erwartungen an das Gespräch?

Zu einem guten formellen Gespräch gehören immer auch die Nachbereitung und die Dokumentation. Für den Praxisanleiter sind Dokumentationen wichtig, um sich in einem Gespräch auf vorherige Gespräche beziehen zu können. Ebenso kann er beweisen, dass er seiner Aufgabe nachgekommen ist. Für den Auszubildenden hat diese Dokumentation ebenso Vorteile. Auch er kann sich auf vorherige Gespräche beziehen. Des Weiteren kann er Lernerfolge und geleistete Lernschritte nachweisen.

Die meisten Betriebe arbeiten mit einem Qualitätsmanagementsystem, in dem festgelegt wird, wie formelle Gespräche dokumentiert werden müssen (s.a. Kap. 9). Ebenso findet man dort Hilfen zur Strukturierung von Gesprächen.

> **MERKE**
>
> Der Auszubildende fühlt sich ernst genommen und wertgeschätzt, wenn Fragen aus dem Gespräch, die offengeblieben sind, im Nachhinein geklärt werden können oder wenn der Praxisanleiter Antworten ernsthaft recherchiert.

Zwischen Auszubildendem und Praxisanleiter besteht im Optimalfall ein Vertrauensverhältnis, sodass auch die kollegiale Ansprache genutzt werden kann und sollte. Der Auszubildende kommt möglicherweise zum ersten Mal in Situationen, mit denen er nicht alleine umgehen kann. Dann ist es sinnvoll, den Praxisanleiter anzusprechen, um gemeinsam die Situation nachzubesprechen und einen geeigneten Umgang mit der belasteten Situation zu finden. Diese kollegiale Ansprache kann auch als *informelles Gespräch* bezeichnet werden. Ebenso wie bei formellen Gesprächen, in denen ein weiteres Vorgehen schriftlich vereinbart wurde, dürfen auch Absprachen und Vereinbarungen aus informellen Gesprächen nicht ignoriert werden, sondern sollten genauso ernst genommen und eingehalten werden. Ist dies der Fall, fühlt sich der Gesprächspartner wertgeschätzt und respektiert.

Auch in den besten Betrieben und Beziehungen kommt es hin und wieder zu Konflikten. Dabei bekommt der Praxisanleiter eine vermittelnde bzw. klärende Rolle. Nachfolgend wird auf Konflikte im Arbeitsumfeld eingegangen.

4.3.2 Konflikte

Wenn der Auszubildende in einen Konfliktfall gerät, muss daran gearbeitet werden, die Konfliktsituation wieder zu lösen. Dazu ist es hilfreich, wenn man versteht, wie Konflikte sich aufbauen. Dies geschieht nach Friedrich Glasl (2004) in neun Stufen, sein Modell der *Konflikteskalation* wird nachfolgend vorgestellt:

Stufe 1 – Verhärtung: Die Standpunkte verhärten sich und prallen aufeinander. Die Konfliktparteien verschließen sich gegenüber den Argumenten des Anderen, aber es herrscht noch die Überzeugung, dass Spannungen durch Gespräche lösbar sind.

Stufe 2 – Debatte, Polemik: Die Personen polarisieren im Denken, Fühlen und Wollen. Sie denken in Schwarz-Weiß-Mustern. Die Konflikttaktik ist quasirational. Verbale Gewalt und gegenseitige Abwertung verstärken sich. Durch das Einbeziehen von Dritten versuchen die Konfliktparteien zu gewinnen.

Stufe 3 – Taten statt Worte: Reden hilft nicht mehr. Die Konfliktparteien verhalten sich nach einer Strategie

```
         ┌──9─ Gemeinsam in den Abgrund
       ┌─8─ Zersplitterung
     ┌─7─ Begrenzte Vernichtungsschläge
   ┌─6─ Drohstrategien
  ┌─5─ Gesichtsverlust
 ┌─4─ Images und Koalition
┌─3─ Taten statt Worte
┌2─ Debatte, Polemik
1  Verhärtung
```

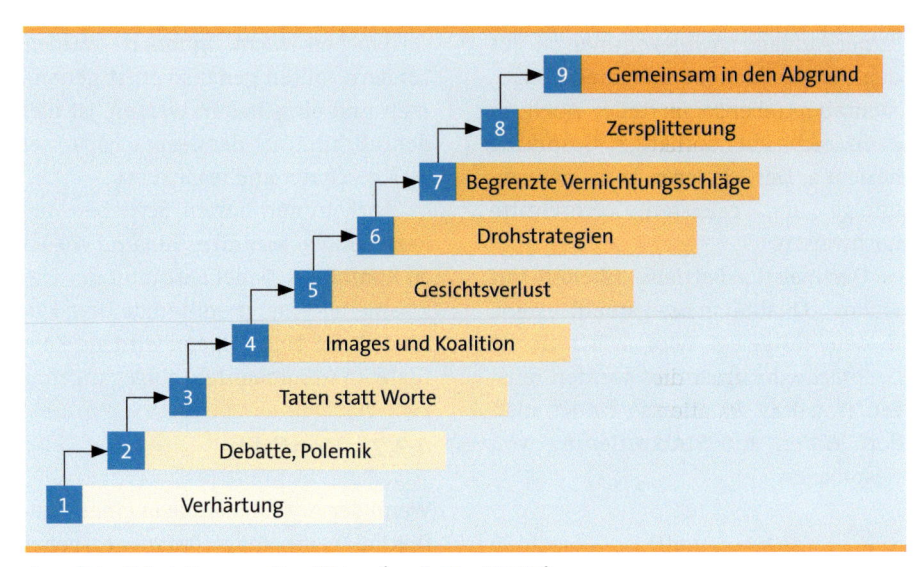

ABB. 3 ▶ Eskalation von Konflikten (nach Glasl 2004)

der vollendeten Tatsachen, nonverbales Verhalten dominiert. Die Gefahr bei dieser Strategie lauert in Fehlinterpretation, in fehlender Empathie und in Misstrauen. Dies wird durch Drohungen verstärkt.

Stufe 4 – Images und Koalition: Die Konfliktparteien manövrieren sich in negative Rollen und bekämpfen sich gegenseitig. Sie werben jeweils um Anhänger für die Bildung symbolischer Koalitionen, und es kommt zu dementierendem Strafverhalten.

Stufe 5 – Gesichtsverlust: Die Angriffe werden jetzt öffentlich und direkt und zielen auf einen Gesichtsverlust des Gegners ab. Die Konfliktparteien werfen einander vor, die eigene Ehre zu schädigen. Verrat und Verbrechen stehen auf der Tagesordnung. Es kommt zum Eintritt eines rückwirkenden „Aha-Erlebnisses" mit Ausstoßen, Verbannung und Isolation als Folge. Die Konfliktparteien verstehen nun also, warum der andere in der Vergangenheit derart reagiert hat, da nun weitere Informationen zutage getreten sind.

Stufe 6 – Drohstrategien: Im weiteren Konfliktverlauf kommt es zu Drohungen und Gegendrohung sowie zu Erpressung und Forderung nach Sanktionen. Es werden Ultimaten gestellt, und der Konflikt wirkt sich stressbedingt auf körperliche Reaktionen der beteiligten Personen aus.

Stufe 7 – Begrenzte Vernichtungsschläge: Der Konflikt zeigt keine menschliche Qualität mehr, da begrenzte Vernichtungsschläge als passende Antwort gesehen werden. Es folgt die Umkehrung der Werte ins Gegenteil, sodass auch ein relativ kleiner eigener Schaden als Gewinn betrachtet wird.

Stufe 8 – Zersplitterung: Der Konfliktgegner soll handlungsunfähig gemacht und gelähmt werden. Es kommt zum Paralysieren und zur Desintegration des feindlichen Systems, vitale Systemfaktoren werden zerstört.

Hier befinden sich die Konfliktgegner im Krieg.

Stufe 9 – Gemeinsam in den Abgrund: Am Ende der Konflikteskalationsstufen gibt es keinen Weg mehr zurück; der Konflikt befindet sich in der totalen Konfrontation, und eine Vernichtung des Gegners zum Preis der Selbstvernichtung wird in Kauf genommen.

Deutlich wird, dass die Kontrahenten während der Eskalation auf immer primitivere Formen der Auseinandersetzung zurückgreifen und sich allmählich einer Situation nähern, in der beide verlieren (Lose-Lose-Situation).

Für den Berufsalltag eines Praxisanleiters sind einige der Eskalationsstufen sicher nicht von großer Bedeutung. Aber schon in Stufe 3 („Taten statt Worte") muss aufmerksam gehandelt und ein Konfliktlösungsansatz gesucht werden. Besser ist es, schon frühzeitiger eingreifen zu können. Während der ersten drei Stufen ist nach Glasl noch eine Win-Win-Lösung möglich, da noch kein irreversibler Schaden entstanden ist.

Ein Konfliktlösungsgespräch wird i.d.R. ähnlich wie das Kritikgespräch aufgebaut, sodass an dieser Stelle ein gemeinsamer Gesprächsaufbau vorgestellt werden soll.

4.3.3 Konflikt- und Kritikgespräch

Um eine Lösung für einen bestehenden Konflikt zu finden oder um angebrachte Kritik zu gestalten, ist es hilfreich, sich zunächst einen Gesprächsleitfaden aufzubauen. Diese Gespräche lassen sich in fünf Phasen gliedern:

1. Eine positive Atmosphäre herstellen
2. Thema benennen und erläutern
3. Sichtweisen berücksichtigen
4. Lösungsmöglichkeiten suchen
5. Vereinbarungen treffen.

▶ **Eine positive Atmosphäre herstellen**

Zu Beginn solch eines Gesprächs stehen die Teilnehmer unter Druck. Hilfreich ist es, durch ein wenig Small Talk und das Anbieten von Getränken den Druck zu nehmen. Generell ist es wichtig, freundlich und wertschätzend zu bleiben. Das Ziel, eine Vertrauensbasis und eine positive Beziehung aufzubauen, kann dadurch erreicht werden.

▶ **Thema benennen und erläutern**

Im Kritikgespräch werden an dieser Stelle das Thema und das beobachtete Fehlverhalten geschildert. In einem Konfliktgespräch fordert ein neutraler Gesprächsführer die beiden Konfliktparteien dazu auf, nacheinander ihre Sichtweisen vom Konfliktgegenstand zu beschreiben. Der Praxisanleiter hat, wie oben beschrieben, auch vermittelnde Aufgaben, die er beispielsweise in einem Konfliktgespräch wahrnimmt. Somit agiert er bei Konflikten von zwei oder mehr Mitarbeitern als neutrale Instanz und führt das Gespräch. Natürlich kann auch der Praxisanleiter Konfliktpartner sein. Dann ist es wichtig, eine dritte, neutrale Person (z.B. den Wachenleiter) hinzuzuziehen.

In der Beschreibung der Sichtweisen müssen unbedingt Feedbackregeln (Kritikgespräch) und Gesprächsregeln (beide Gesprächsformen) beachtet werden. Zu den Gesprächsregeln gehören beispielsweise „ausreden lassen",

„zuhören" und „nicht verbal angreifen". Für die Gesprächsparteien im Konfliktgespräch und für den Gesprächspartner im Kritikgespräch ist es bedeutsam zu merken, dass nicht seine Persönlichkeit generell in Frage gestellt wird, sondern dass es spezifisch um ein bestimmtes Fehlverhalten geht bzw. um einen bestimmten Konflikt. Um Einsicht zu erzeugen, kann es hilfreich sein, Belege des Fehlverhaltens mitzubringen und vorzulegen.

▶ **Sichtweisen berücksichtigen**

In einem Kritikgespräch ist nun der Gesprächspartner an der Reihe, seine Sicht der Situation darzustellen. Er sollte durch offene Fragen und durch aktives Zuhören zu einer möglichst ausführlichen Schilderung angeregt werden. Die Sichtweisen von beiden Parteien (Kritik- und Konfliktgespräch) helfen dabei, das eigentliche Problem zu präzisieren, um dann gemeinsam an einer Lösung zu arbeiten.

▶ **Lösungsmöglichkeiten suchen**

Gemeinsam wird in dieser Phase des Gesprächs nach einer Lösung gesucht. Es zeigt sich, dass gemeinsam gefundene Lösungswege eine höhere Akzeptanz aufweisen als vorgegebene Lösungswege. Wichtig ist der von beiden Seiten akzeptierte Lösungsweg und nicht die Suche nach dem Schuldigen.

▶ **Vereinbarung treffen**

Die gemeinsam gefundene Lösung wird schriftlich festgehalten, dokumentiert und abgelegt. Beide Seiten unterschreiben das Protokoll bzw. das Dokument über die gefundene Konfliktlösung und binden sich somit daran, wie man sich auch an einen Vertrag binden würde. Die Wahrscheinlichkeit, dass der Lösungsweg von beiden Seiten verfolgt wird, ist durch die Verschriftlichung und besonders durch die Unterschriften wesentlich höher.

Im Gespräch selbst ist es hilfreich, eine angenehme Atmosphäre zu schaffen und dem Gesprächspartner respektvoll (trotz etwaigen Machtunterschiedes) entgegenzutreten. Ein Element kann das *aktive Zuhören* sein, mindestens jedoch das aufmerksame Zuhören, bei dem die Aufmerksamkeit ungeteilt beim Gesprächspartner weilt. Dies zeigt er, indem er Blickkontakt sucht und mit seiner Körperhaltung (zugewandt sein), Mimik, Gestik und Lautäußerungen („mhmh", „aha") dem Gespräch folgt. Auf diese Weise wird deutlich gemacht, dass dem Sprecher Respekt und dem Gesagten Bedeutung zugesprochen werden.

4.3.4 Aktives Zuhören

Zu Beginn dieses Abschnittes probieren Sie einmal folgende kleine Übung aus:

Setzen Sie sich im Zweierteam zusammen und erzählen Sie sich gegenseitig *gleichzeitig* von Ihrem letzten Urlaub. Dabei werden Sie sich gegenseitig unterbrechen und die Erfahrung machen, dass es schwierig ist, dem Gegenüber wirklich zuzuhören oder gezielte Fragen zu stellen.

Anschließend erzählen Sie sich gegenseitig *nacheinander* von Ihrem letzten Weihnachtsfest und beachten dabei folgende Regeln:
– Fassen Sie das Gehörte alle 3–4 Sätze in Ihren eigenen Worten zusammen.

- Machen Sie Gesten (Nicken, Kopfschütteln, Erstaunen zeigen usw.) und Laute („mhmh", „aha" usw.).
- Stellen Sie gezielte Rückfragen.

Besprechen Sie anschließend:
- Was sind die Unterschiede in der Art der Unterhaltungen?
- Bei welcher Variante können Sie als Zuhörer die Inhalte der Unterhaltung wiedergeben?
- Bei welcher Unterhaltung haben Sie sich als Erzähler wohler gefühlt/ ernster genommen gefühlt?

Ergebnis des aktiven Zuhörens sollte sein, den Inhalt des Gesprächs deutlicher zu verstehen, Missverständnisse durch Rückfragen zu vermeiden und zu überprüfen, ob das Gesagte nicht nur gehört, sondern auch verstanden wurde.

Beim aktiven Zuhören ist es wichtig, das Gehörte nicht einfach nur zu wiederholen, sondern in eigenen Worten zusammenzufassen. Dadurch wird sichergestellt, dass das Gehörte auch verstanden wurde. Diesen Vorgang nennt man *Paraphrasieren*. Im alltäglichen Gespräch wird nicht häufig paraphrasiert; allerdings kann es angewendet werden, wenn die Situation es erfordert und es auf gegenseitiges Verstehen ankommt. Beim Paraphrasieren kommt es darauf an, im richtigen Moment zu berichten und zu vervollständigen. Es geht also hauptsächlich um die sachliche, inhaltliche Kommunikation (ZU DEN VIER SEITEN EINER NACHRICHT VGL. KAP. 4.2).

PRAXISTIPP

Im Anamnesegespräch kann der Rettungsdienstmitarbeiter mit eigenen Worten das vom Patienten Gesagte wiederholen, um sicherzugehen, dass er die sachlichen Inhalte richtig und vollständig verstanden hat. Daraus können sich auch weitere Fragen in der Anamneseerhebung ergeben.

Gutes Zuhören ist auch die Voraussetzung, um gutes Feedback geben zu können.

4.3.5 Feedback

Unter Feedback im zwischenmenschlichen Verhältnis wird die Rückkopplung darüber verstanden, wie das Verhalten vom Gegenüber wahrgenommen und interpretiert wird und welche Wirkung es bei ihm hat.

Es wird grundsätzlich zwischen zwei Feedbackarten unterschieden: dem *kompensierenden Feedback* und dem *kumulativen Feedback* (s. TAB. 2).

TAB. 2 ▶ Feedbackarten

Kompensierendes Feedback	Kumulatives Feedback
Zielt darauf ab, ein bestehendes Verhalten zu erhalten. Beispielsweise: „Ich habe beobachtet, dass du dir nach der Behandlung des letzten Patienten die Hände desinfiziert hast und auch auf die sonstigen hygienischen Standards geachtet hast. Gut gemacht, mach weiter so!"	Zielt darauf ab, ein bestehendes Verhalten zu verändern. Beispielsweise: „Mir ist aufgefallen, dass du dir nach der Behandlung des letzten Patienten nicht die Hände desinfiziert hast. Bitte desinfiziere dir nach jedem Einsatz deine Hände, damit du dich selbst und die anderen schützt."

> **MERKE**
>
> Feedback wird nach gezeigtem Verhalten verbal und nonverbal gegeben und soll dem Empfänger Hinweise darauf geben, wie sein Verhalten von anderen Menschen wahrgenommen und interpretiert wird.

Um das Feedback dem Verhalten möglichst gut zuzuordnen, sollte das Feedback zeitlich so eng wie möglich auf das gezeigte Verhalten folgen. Damit erhöht sich die Chance, das Ziel des Feedbacks (Erhalt eines Verhaltens oder Veränderung eines Verhaltens) zu erreichen.

Es gibt einige Möglichkeiten, Feedback zu geben; beispielsweise informell oder formell (Evaluationsbögen in der Bildungsarbeit), spontan oder geplant, absichtlich oder unbeabsichtigt. Für den Praxisanleiter ist es wichtig zu wissen, wie Feedback geschickt gegeben wird, aber auch, wie sich der Feedbackempfänger verhalten sollte. In der einen Situation (Praxis) ist der Praxisanleiter in der Rolle, dem Auszubildenden Feedback zu geben, und in der Situation des Unterrichts kommt der Praxisanleiter in die Rolle des Feedbackempfängers (Evaluation).

Um Verhaltensweisen zu ändern, bedarf es offenen, ehrlichen und zeitnahen Feedbacks.

▶ Feedbackregeln

Feedback darf nicht aufgezwungen sein, da unerwünschte Rückmeldungen zu Problemen in zwischenmenschlichen Beziehungen führen können. Es ist folglich wichtig sicherzustellen, dass das Feedback willkommen ist.

Feedback hat beschreibenden Charakter, nicht bewertenden oder interpretierenden. Beispielsweise: „Ich hatte heute im Unterricht den Eindruck, dass Material gefehlt hat, das wir gebraucht hätten" statt „Du warst heute schusselig und hast das ganze Material vergessen". In dem Beispiel wird auch deutlich, dass „Du"-Sätze nicht angebracht sind, da der Feedbackgeber von seiner eigenen Position ausgehen und deswegen besser in „Ich"-Sätzen sprechen sollte.

Feedback darf nicht verallgemeinern, sondern sollte möglichst an einem konkreten Beispiel festgemacht werden. Beispielsweise: „Du hast die Blutdruckmanschette falsch herum angelegt" statt „Achte bitte auf den richtigen Umgang mit den Medizinprodukten".

Feedback bezieht sich auf Dinge, die veränderbar sind. Beispielsweise: „Zieh bitte immer Handschuhe an" statt „Sei mal selbstbewusster".

Feedback unterstreicht positive Kommunikation und Verhaltensweisen. Beispielsweise: „Ich finde es sehr angenehm, dass du mir die einzelnen Schritte des Vorgehens erläuterst. Das ist für mich sehr hilfreich."

Feedback sichert gegenseitiges Verstehen. Beispielsweise: „Du meinst also, dass ich mich im Vorfeld um das benötigte Unterrichtsmaterial kümmern muss. Habe ich dich richtig verstanden?"

4.4 Psychosoziale Aspekte

Als Praxisanleiter sollten Sie ebenfalls über die psychosozialen Aspekte, die im Verlauf der Notfallsanitäterausbildung eine Rolle spielen, Bescheid wissen. Hier zu nennen sind verschiedene Aspekte der Personenwahrnehmung und der Gruppenarbeit.

4.4.1 Personenwahrnehmung

Menschen sind soziale Wesen und deswegen bestrebt, das Verhalten anderer Menschen zu verstehen oder sinnvoll zu interpretieren. Der Eindruck, den eine Person von einer anderen Person hat, hängt von unterschiedlichen Effekten ab. Folgende Auswahl ist hier getroffen:

▶ **Priming**

Ein bestimmtes Verhalten einer Person, beispielsweise das Spenden von Geld an eine Hilfsgesellschaft, wird von einer anderen Person als hilfsbereit und wohltätig wahrgenommen, von einer weiteren Person aber als geltungssüchtig. Es zeigt sich, dass eine bestimmte Verhaltensweise unterschiedliche Wahrnehmungen bei unterschiedlichen Menschen hervorrufen kann. Die Wahrnehmung liegt also auch in der individuellen Betrachtungsweise begründet. Je nachdem, welche Gedächtnisinhalte bei dem Wahrnehmenden aktiviert sind, ändert sich die Wahrnehmung der nachfolgenden Personen. Diese Beeinflussung der Reize bei der Wahrnehmung durch vorherige Reize wird als *Priming* bezeichnet. Diese Theorie vom Priming hat in der Sozialpsychologie einen großen Stellenwert erlangt und wurde durch viele wissenschaftliche Tests bestätigt.

Personen, die zuvor mit negativen Attributen (z. B. eine schlechte Nachricht auf dem Weg zum Unterricht) konfrontiert waren, nehmen eine ihnen unbekannte Person anschließend negativer wahr. Genauso umgekehrt: Personen, die mit positiven Attributen (z. B. ein höflicher Wortwechsel mit dem Schulleiter beim Eintreffen) konfrontiert waren, beschreiben die unbekannte Person eher positiv. Zu beachten ist, dass sich dieser Effekt nicht nur auf die Wahrnehmung anderer Personen, sondern ebenso auf das eigene Verhalten auswirkt.

▶ **Primacy-Effekt – Reihenfolgeeffekte**

Die menschliche Wahrnehmung hängt auch davon ab, in welcher Reihenfolge Informationen wahrgenommen werden. Die Informationen, die eine Person zuerst erhält, haben meist einen stärkeren Einfluss auf die Wahrnehmung des Gegenübers als die Informationen, die kurzfristig wahrgenommen werden. Wenn im Vorfeld also berichtet wird, dass der neue Auszubildende faul und kritisch sei, so werden die anderen nachfolgenden Adjektive „sympathisch" und „schlau" nicht mehr stark ins Gewicht fallen. Der neue Auszubildende hat folglich einen schwierigen Start. Woran liegt das? Die zuerst genannten Informationen werden tiefer verarbeitet als die nachfolgenden. Außerdem beeinflussen die zuerst genannten Informationen die Interpretation der folgenden.

ABB. 4/5 ▶ Menschen sind keine idealen Beobachter: Unser Bild von einem anderen Menschen wird auch dadurch bestimmt, welche Eigenschaften wir als wichtig, zueinander passend oder als wünschenswert erachten.

▶ **Implizite Persönlichkeitstheorie**

Wenn ein neuer Praxisanleiter im Fachunterricht der einen Hälfte des Kurses als warmherzige Person angekündigt wird und der anderen Hälfte als kalte Persönlichkeit, zeigen sich zwischen den Kurshälften unterschiedliche Wahrnehmungen. Die Auszubildenden der ersten Gruppe werden den neuen Dozenten als freundlicher, sympathischer und intelligenter einschätzen als die Auszubildenden der zweiten Kurshälfte. Das liegt an der sogenannten impliziten Persönlichkeitstheorie. Bestimmte Eigenschaften eines Menschen werden mit anderen Eigenschaften in Verbindung gebracht. Beim Wahrnehmen einer bestimmten Eigenschaft werden bestimmte andere Eigenschaften erwartet.

Die Menschen erwarten also bestimmte Eigenschaften und Verhaltensweisen, wenn sie schon eine andere Eigenschaft oder ein anderes Verhalten an dieser Person wahrgenommen oder berichtet bekommen haben. Erstaunlich ist, dass selbst wenn die nachfolgenden Informationen über eine Person dem entgegenstehen, sich diese Erwartungshaltung und damit das subjektive Wahrnehmen nicht ändern. Die meisten Menschen bleiben bei der erwarteten Wahrnehmung. Diese Prozesse laufen natürlich unbewusst ab und sind subjektiv und individuell.

Wir erleben andere Menschen als ein Ganzes; unvollständige Eindrücke und Daten werden vom Beobachter durch erfundene oder als typisch angenommene Attribute ergänzt. Dies geschieht auf beiden Seiten. Dadurch entstehen *Beobachtungs-* und *Beurteilungsfehler*, die einem Praxisanleiter bzw. einer Führungskraft bewusst sein sollten, um sie soweit wie möglich zu vermeiden. Zu diesen Fehlern zählen u. a. der Halo-Effekt, die selektive Wahrnehmung, die Orientierung am Mitarbeiterdurchschnitt oder Konfliktangst (AUSFÜHRLICH S. KAP. 10 BEURTEILEN UND BEWERTEN).

Das Bild, das sich ein Mensch von jemandem macht, wird dadurch mitbestimmt, welche Eigenschaften in seiner Sichtweise wichtig sind und zueinanderpassen. Dabei werden Dinge, die einem wichtig sind, mit mehr Bedeutung belegt. Menschen sind also keine idealen Beobachter.

Innerhalb kürzester Zeit werden andere Menschen als ein Ganzes wahrgenommen; der erste Eindruck wird durch fehlende Attribute komplettiert. Sehr schnell wird also unbewusst und nur zum Teil bewusst über Sympathie und Antipathie, über Nähe und Distanz und über Konkurrenz oder Zusammenarbeit entschieden.

4.4.2 Arbeiten in Gruppen

Personen verbringen ihren Alltag in Gruppen: Familiengruppen, Freizeitgruppen, Arbeitsgruppen, politischen oder religiösen Gruppen. Worin besteht der Unterschied zwischen solch einer Gruppe und einer Anzahl Personen an einer Bushaltestelle, die nichts weiter miteinander zu tun haben?

Eine Gruppe besteht aus drei oder mehr Personen, die in Interaktion miteinander stehen. Sie haben eine Beziehungsstruktur untereinander aufgebaut und verfolgen ein gemeinsames Ziel. In einer Gruppe besteht somit ein starkes Wir-Gefühl, und die Gruppenmitglieder sind sich ihrer Zugehörigkeit zur Gruppe subjektiv bewusst. Sich einer gemeinsamen Aufgabe zu widmen und gemeinsam für einen gewissen längerfristigen Zeitraum zu arbeiten, charakterisiert die Gruppenmitglieder. Gruppen sind dynamische soziale Gebilde, die sich in ihrer Zusammensetzung und ihrer Dauer des Bestehens verändern, bis sie sich wieder auflösen.

Trotz der Unterschiede zwischen und innerhalb der Gruppen gibt es Gemeinsamkeiten in Gruppen. Dies ist hilfreich, will man Gruppen und Gruppenereignisse verstehen und mit ihnen arbeiten. Phasenmodelle sind sehr beliebt bei der Betrachtung von Gruppenbildungen. Ein bekanntes Phasenmodell hat Tuckman (1965) aufgestellt. Gruppen bilden sich über vier Phasen hinweg, in der fünften Phase lösen sie sich wieder auf:

1. *Forming* ist die Orientierungsphase, in der interpersonale und aufgabenbezogene Grenzen getestet werden. Es werden Abhängigkeitsbeziehungen zu Gruppenmitgliedern und zum Gruppenführer aufgebaut. Verhaltensweisen werden ausprobiert, und man orientiert sich an anderen Gruppenmitgliedern.
2. *Storming* ist die Phase, die durch Konflikte und Polarisierungen geprägt ist, zum einen auf der interpersonalen Ebene (zwischen mind. zwei Personen) und zum anderen durch emotionale Reaktionen auf der Arbeitsebene. Es finden Auseinandersetzungen um Macht und Einfluss mit anderen Gruppenmitgliedern statt.
3. *Norming:* Es entwickelt sich ein Wir-Gefühl, und der Zusammenhalt innerhalb der Gruppe steigt. Stumme Standards und Regeln werden gebildet, und die Gruppenmitglieder trauen sich, intime Meinungen zu äußern. Es entsteht eine kooperative Arbeitsatmosphäre.
4. *Performing:* Es entwickeln sich funktionierende Rollen und Auf-

gabenzuordnungen. Die Gruppe ist leistungsfähig und entwickelt effektive Problemlösungen in ihrer Arbeit.
5. *Adjournig:* Kommt es zur Auflösung der Gruppe, nennt man dies Adjourning; die Gruppenmitglieder gehen jeweils getrennte Wege.

Ein anderes Modell zur Gruppenarbeit – die *Themenzentrierte Interaktion* – ist von Ruth Cohn zu Beginn der 1960er Jahre entwickelt worden. Dieses soll Personen im Umgang mit Gruppenarbeit helfen, sowohl im Rahmen der Ausbildertätigkeit als auch als Mitglied einer Gruppe. Sie geht von einem ganzheitlichen Menschenbild aus und stellt ein Gleichgewicht in der Gruppenarbeit zwischen Thema, Individuum und Gruppe ins Zentrum ihres Modells.

Das Individuum (Ich) ist die einzelne Person mit ihren Gefühlen, Bedürfnissen, Erwartungen und Einstellungen, die sich den anderen Personen, dem Thema und sich selbst zuwendet. Die Gruppe (Wir) zeigt durch die Interaktion Zuwendung zum Thema; es gibt gemeinsame Ziele und gemeinsame Bedürfnisse. Das Thema (Es) wird von der Gruppe behandelt. Es ist entweder von außen vorgegeben (z. B. bei Arbeitsgruppen) oder stammt von der Gruppe selbst (z. B. bei Therapiegruppen). Die Umwelt (Globe) beeinflusst die Gruppe, das Thema sowie die Individuen und wird ihrerseits auch von den drei Faktoren beeinflusst. Zur Umwelt zählen beispielsweise institutionelle Rahmenbedingungen, soziale Beziehungen außerhalb der Gruppe und gesellschaftliche Zwänge (s. ABB. 6).

Wenn die Faktoren Ich, Es und Wir im Gleichgewicht zueinander stehen und immer wieder ausbalanciert werden, verläuft der Gruppenprozess optimal. Dann sind Selbstverwirklichung, Kooperation und Aufgabenlösungen möglich.

> **PRAXISTIPP**
>
> Stellen Sie sich Ihre Gruppe vor und verfolgen Sie im Rahmen eines Gedankenspiels, was in der (Gruppen-)Arbeit passieren könnte, wenn zu viel Wert auf das Ich gelegt wird; wenn die Balance kippt.

Ruth Cohn (1975) hat mehrere Gruppenprinzipien aufgestellt, von denen hier sechs vorgestellt werden, weil sie als besonders praxisnah gesehen werden:
1. Die Gruppenmitglieder sollen sich so verhalten, wie sie wünschen, dass sich die anderen verhalten.
2. Die Gruppenmitglieder sollen selbstbestimmt agieren. Sie sollen sich äußern, wenn sie selbst etwas zu sagen haben.

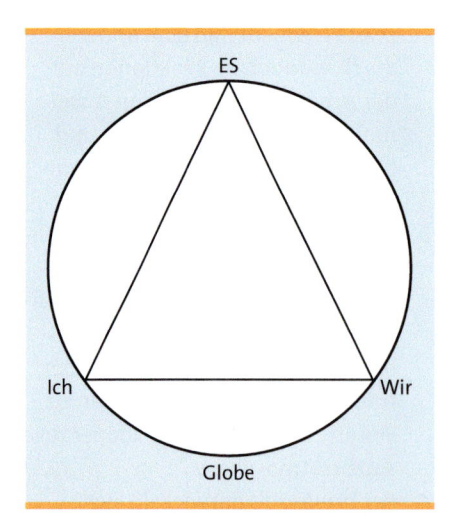

ABB. 6 ▶ Themenzentrierte Interaktion

3. Die Gruppenmitglieder sollen nicht zeitgleich sprechen und einander aussprechen lassen.
4. Störungen haben Vorrang und müssen behoben werden, damit die Arbeit ungestört weitergehen kann. Langeweile oder Ärger kann der Konstruktivität entgegenwirken.
5. Formulierungen mit „man" oder „wir" sollen in persönlichen Aussagen vermieden werden. Sie sind ein Verstecken vor der individuellen Verantwortung.
6. Für die Gruppenmitglieder gilt, dass es meist besser ist, eine persönliche Aussage zu treffen als eine Frage an die anderen zu stellen.

Hoher Zusammenhalt und hohe Zufriedenheit können auf die Leistung des Teams positive sowie negative Auswirkungen haben. Teammitglieder sind besonders zufrieden, wenn der Teamzusammenhalt besonders hoch ist. Sofern die Ziele des Betriebs mit den Zielen des Teams (der Mannschaft der Rettungswache) übereinstimmen, die Mitarbeiter die Führungskräfte sowohl akzeptieren als auch respektieren und die Führungsriege den Mitarbeitern Unterstützung bietet, wird die Leistung des Teams hoch sein. Ist dies nicht der Fall, kann die Leistung zügig absinken.

Literatur:

Braun W (1997) Formale Instrumente der Personalentwicklung und deren Anwendungen. Entscheidungshilfen für die Praxis. 2. Aufl., Heiligenhaus u. a.: System-Management Braun, Rasche + Partner.

Cohn RC (1975) Von der Psychoanalyse zur themenzentrierten Interaktion. Von der Behandlung einzelner zu einer Pädagogik für alle. Stuttgart: Klett-Cotta.

Glasl F (2004) Konfliktmanagement. Ein Handbuch für Führungskräfte, Beraterinnen und Berater. 8. Aufl., Bern, Stuttgart, Wien: Haupt, Freies Geistesleben.

Greitemeyer T (2012) Sozialpsychologie [Grundriss der Psychologie Bd. 18]. Stuttgart: Kohlhammer. Urban Taschenbücher.

Hündorf H-P, Lipp R (Hrsg.) (2003) Der Lehrrettungsassistent. Lehrbuch für Ausbilder im Rettungsdienst. Edewecht, Wien: Stumpf + Kossendey.

Lasswell HD (1948) The Structure and Function of Communication in Society. In: Bryson L (Hrsg.) The Communication of Ideas. A Series of Addresses. New York, London: Harper, S. 37 – 51.

Piontkowski U (2011) Sozialpsychologie. Eine Einführung in die Psychologie sozialer Interaktion [Schriftenreihe Edition Psychologie, hrsg. v. Dr. Arno Mohr]. München: Oldenbourg.

Rechtien W (2007) Angewandte Gruppendynamik. Ein Lehrbuch für Studierende und Praktiker. 4. Aufl., Weinheim: Beltz.

Schulz von Thun F (1981) Miteinander reden: 1 Störungen und Klärungen. Psychologie der zwischenmenschlichen Kommunikation. Reinbek: Rowohlt.

Shannon CE, Weaver W (1949) The Mathematical Theory of Communication. Urbana, Chicago: University of Illinois Press.

Stumpf S, Thomas A (Hrsg.) (2003) Teamarbeit und Teamentwicklung [Schriftenreihe Psychologie für das Personalmanagement]. Göttingen u. a.: Hogrefe.

Tuckman BW (1965) Developmental Sequence in Small Groups. In: Psychological Bulletin 63 (6): 348 – 399.

5 Betriebliche Bildung

SASCHA LANGEWAND

Im Zuge des neuen Berufsbildes Notfallsanitäter benötigt der Rettungsdienst sehr gut ausgebildetes berufspädagogisches Personal, z.B. in Form des Praxisanleiters. Diese Praxisanleiter müssen fachlich, methodisch und pädagogisch hoch qualifiziert sein. Die sich bereits zu Beginn der Einführung des Notfallsanitäters abzeichnenden steigenden Anforderungen an den Praxisanleiter verlangen gute Kenntnisse im Bereich betrieblicher Bildung, wie z.B. zu den Planungsprozessen der einzelnen Ausbildungssequenzen, deren Evaluation oder dem Umgang mit Konflikten in Ausbildungssituationen.

5.1 Betrieblicher Bildungsbedarf

Der Praxisanleiter ist aufgrund seiner in § 3 Abs. 1 Satz 2 Nummer 1 Buchstabe c der Ausbildungs- und Prüfungsverordnung (NotSan-APrV) beschriebenen berufspädagogischen Zusatzqualifikation der Experte zur Ermittlung des betrieblichen Bildungsbedarfs. Dies geschieht i.d.R. gemeinsam mit der Personalabteilung. Die Personalabteilung sorgt in Verbindung mit dem Praxisanleiter für eine nachhaltige Personalentwicklung und -förderung. Es gilt der Grundsatz: Das richtige Personal mit der *richtigen Qualifikation* zur richtigen Zeit am richtigen Ort.

> **MERKE**
>
> Die Ermittlung des betrieblichen Bildungsbedarfs ist ein Baustein, den Rettungsdienst zu einem lernenden Unternehmen zu entwickeln. Lernende Unternehmen verfügen über eine Strategie des Lernens, einen Blick nach innen und nach außen, über gelenkte Strukturen und verschiedene Lernmöglichkeiten (Pedler, Burgoyne und Boydell 1994).

Zur Ermittlung des betrieblichen Bildungsbedarfs ist es erforderlich, dass der Praxisanleiter gemeinsam mit der Personalabteilung den Bildungsbedarf der nächsten drei bis fünf Jahre festlegt. Dazu sind folgende Fragen zu beantworten:

Frage eins: Wie sind die Unternehmensziele beschrieben? Welche Auswirkungen hat dies auf den betrieblichen Bildungsbedarf? Wenn z.B. eines der Unternehmensziele die Ausbil-

ABB. 1 ▶ Praxisanleiter und Personalabteilung sorgen gemeinsam für eine nachhaltige Personalentwicklung und -förderung.

von Notfallsanitätern ist, müssen langfristig berufspädagogisch geeignete Personen rekrutiert und weitergebildet werden. So schreibt § 3 Abs. 1 NotSan-APrV nicht nur vor, dass nur noch Notfallsanitäter mit Zusatzqualifikation für die Praxisanleitung herangezogen werden dürfen, sondern diese auch jährlich eine berufspädagogische (!) Fortbildugn von 24 Stunden nachweisen müssen. Es wäre also zu prüfen, ob das Unternehmen personell auf diese Anforderungen vorbereitet ist.

Frage zwei: Eröffnet der Rettungsdienst neue Geschäftsfelder? Werden z.B. neben den klassischen Aufgaben wie Notfallrettung und Krankentransport weitere Felder in die strategische Gesamtplanung aufgenommen? Wenn ja, welches Personal mit welchen Qualifikationen wird dazu zu welchem Zeitpunkt benötigt?

Frage drei: Wie entwickelt sich das Umfeld? Der Rettungsdienst verändert sich aktuell rasant. Bedenken Sie beispielsweise, wie sich die Medizinprodukte beständig weiterentwickeln. Der frühere LIFEPAK® 5 hat mit den heutigen Geräten wie z.B. dem corpuls3 nur noch wenig gemeinsam. Daher stellt sich die Frage, ob z.B. die klassische Einweisung nach Medizinproduktegesetz (MPG) den komplexen Bedienungsanforderungen noch genügt.

Frage vier: Welches sind die Ergebnisse der internen SWOT(Strength, Weakness, Opportunities, Threads)-Analyse (vgl. Kotler, Berger und Rickhoff 2010)? Was kann der Rettungsdienst gut (Strength), wo bestehen Schwächen (Weakness), welche Möglichkeiten gibt es, die evtl. noch nicht ausgeschöpft sind (Opportunities), und wo lauern Bedrohungen (Threads)?

Frage fünf: Ergeben sich aus den vorhergehenden Fragen bereits Handlungsfelder, die bearbeitet werden müssen? Ergo gibt es, wie in diesem Fall, genügend Anstrengungen im Bereich Ausbildung?

Jährlich werden diese Maßnahmen im Sinne des kontinuierlichen Verbesserungsprozesses (zu Aspekten des Qualitätsmanagements vgl. Kap. 9) evaluiert und ggf. angepasst.

> **MERKE**
>
> Aus den Antworten dieser Fragen werden nun Zielsetzungen definiert und Maßnahmen abgeleitet. So kann der Praxisanleiter z.B. empfehlen, die Bemühungen hinsichtlich der Nachqualifizierung geeigneter Mitarbeiter zu Praxisanleitern zu erhöhen.

5.2 Planungsprozesse in der beruflichen Bildung

Berufliche Bildung setzt eine gute Planung voraus. Neben der bereits beschriebenen Ermittlung des betrieblichen Bildungsbedarfs ist die nachfolgende Prozessbeschreibung ein wichtiger Schritt zur erfolgreichen Bildungsorganisation.

Zur Vorbereitung auf eine betriebliche Bildungsmaßnahme ist das „Denken in Prozessen" eine hilfreiche Methode.

> **BEISPIEL**
>
> Im Rettungsdienst XY werden im Zuge der Modernisierung der Medizinprodukte im nachfolgenden Jahr neue Beatmungsgeräte angeschafft. Die Ausschreibung beinhaltet zwar die Geräte selbst und deren Ersteinweisung, aber keine weiteren Schulungsmaßnahmen. Die Beatmungsgeräte verfügen über neue Beatmungsmodi, die in der Praxis selten vorkommen und von den Vorgeräten nicht dargestellt werden konnten.
>
> Der Praxisanleiter des betreffenden Rettungsdienstes ist mit der Planung der Einweisung aller Mitarbeiter beauftragt.

Zur Vorbereitung des ersten Planungstreffens müssen folgende Fragen beantwortet werden:
- Um wie viele Mitarbeiter handelt es sich?
- Wie viele dieser Mitarbeiter kennen die neue Beatmungsform? Ergibt sich daraus die Notwendigkeit einer weiteren Schulung im Bereich Beatmung, die über die reine Einweisung in das Beatmungsgerät hinausgeht?
- Wer kann diese Schulung durchführen? Wie hoch ist der Ressourcenbedarf hinsichtlich Lehrpersonal, Kosten, Räumlichkeiten etc.?
- Wann und wie ist diese Schulung mit dem Dienstplan zu vereinbaren?

In der Planung ist ebenfalls zu berücksichtigen, dass evtl. die Schulung in die neuen Beatmungsformen vor der Einweisung in das Beatmungsgerät erfolgen muss.

Unter Umständen sind noch weitere Fragen zu stellen, die sich aus den Prozessschritten ergeben. Der Praxisanleiter fungiert in diesem Fall als Schnittstelle zwischen verschiedenen Abteilungen, um den betrieblichen Lernerfolg zu sichern.

Um dies zu erreichen, empfiehlt es sich, klassische Methoden des Projektmanagements anzuwenden. Nachfolgend finden Sie exemplarisch zwei hilfreiche Checklisten zu betrieblichen Bildungsmaßnahmen.

Die Prozessevaluation ist bei der Anwendung dieser Checklisten ein wichtiges Instrument, um nachhaltig den Anforderungen an ein gelungenes betriebliches Bildungsmanagement gerecht zu werden.

TAB. 1 ▶ Ausführliche Prozessbeschreibung der Rettungsdienst-Akademie der Rettungsdienst-Kooperation in Schleswig-Holstein zur Einführung der Notfallsanitäterausbildung

Phasen	Prozess-Ablauf	Anforderungen/Tätigkeiten	Partner	Wer	Erledigt
	Ausbildung NotSan	Zentrale Dokumentenablage: Qualitative Prozessbeschreibung:	EDV	Sekretariat	
Vorbereitung	Administration	**1 Jahr vorher (bzw. während aktueller Durchführung für das kommende Jahr):** – Eintrag im Kurskalender – mögliche Themen zur Auswahl vorbereiten – evtl. Kostenübernahmen klären – Reservierung Schulungsräume – Rücksprache Dienstplaner	Abtl. Einsatzdienst Dienstplaner	Sekretariat Leitung	
	Terminbekanntgabe und Absprache	**10 Monate vorher:** – Fixierung Themen – Erstellung Wochenprogramm – Terminbekanntgabe und Absprache mit Lehrpersonen gemäß prov. Wochenprogramm – Terminabsprache für Kurseröffnung	Lehrpersonen	Leitung Sekretariat	
	Erstellung Stundenplan	**6 Monate vorher:** – Erstellung Stundenplan – Überprüfung Belegungskalender		Leitung Sekretariat	
	Reminder Lehrpersonen	**6 Monate vorher:** – Zustellung definitives Tagesprogramm an alle Lehrpersonen (gemäß Abmachungen aus Punkt „Terminbekanntgabe und Absprache") – Rückmeldung an Dienstplangestalter	Lehrpersonen	Sekretariat	
	Kursvorbereitung	**2 Wochen vorher:** – Elektronisches Feedbackformular vorbereiten – Mail an Caterer	Auftraggeber	Sekretariat	
	Bereitstellen Räumlichkeiten	**1 Tag vorher:** – Infopoint einrichten – Infrastruktur checken – Medien bereitstellen, wenn nötig	Lehrpersonen	Technik Sekretariat	
Durchführung	Durchführung	**Ausbildung NotSan:** – Hospitation – Echtzeitevaluation	Anwärter Lehrpersonen		

Abschluss	Evaluation	**Dreimonatig:** – Zustellung Feedbackformular – Evaluation/Auswertung – Erfassung der Teilnehmer im E-Mail-Verteiler	Teilnehmer	
PDCA	Anpassungen	**Wöchentliche Teamtreffen:** – Info der Lehrpersonen	Team	Leitung QMB

TAB. 2 ▶ Qualitative Prozessbeschreibung der Rettungsdienst-Kooperation in Schleswig-Holstein zur Einführung der Notfallsanitäterausbildung

Veranstaltung:	Notfallsanitäterausbildung
Zielgruppe:	Auszubildende
Schnittstellen / Verantwortlichkeiten:	– Sekretariat – Lehrpersonen – Dienstplanverantwortliche – Praxisanleiter – Einsatzdienst – Kliniken
Qualitätskriterien / Qualitative Prozessbeschreibung:	– frühzeitige Terminvereinbarung mit allen involvierten Schnittstellen (10 Monate) – rechtzeitige Erstellung des Stundenplans – reibungsloser Ablauf – Hospitationen der Unterrichtssequenzen – Ablage sämtlicher Dokumente im DMS – Überprüfung und Ablage sämtlicher Unterrichtsvorbereitungen im DMS – Evaluation und PDCA-Zyklus
Termine und Zeiten:	– Einhalten des zeitlichen Ablaufs gemäß Prozess – zweizügige Durchführung pro Jahr
Verwendete Formulare / Instrumente:	– Prozessablauf – Einladung – Infoschreiben – evtl. Kostenübernahme – Stundenpläne – Echtzeitevaluationsdokumentation – Schulungsunterlagen – SurveyMonkey® Online Evaluation – easySoft® Schulverwaltungssoftware

5.3 Evaluation von betrieblichen Bildungsprozessen

Das bekannteste Evaluationsmodell im Bereich Bildung ist von Donald Kirkpatrick beschrieben worden. Das *Vier-Ebenen-Modell* umfasst dabei:
1. *Reaktion* (Akzeptanz, Zufriedenheit – Nutzung, Nützlichkeit): Wie reagieren die Lernenden auf die Trainingsmaßnahme?
2. *Lernen* (Lernerfolg: subjektiv, objektiv): Haben sich die Kenntnisse und Fähigkeiten der Lernenden verbessert?
3. *Verhalten* (Lerntransfer: Quantität, Qualität): Hat sich das Verhalten am Arbeitsplatz verändert/verbessert?
4. *Ergebnisse* (Effizienz: betriebliche Kennzahlen): Welche Ergebnisse erzielt die Maßnahme für das Unternehmen insgesamt?

(Kirkpatrick und Kirkpatrick 2006)

Neuere Modelle berücksichtigen den sogenannten *Return on Investment*, also den Punkt, ab dem die Bildungsmaßnahme einen monetären Erfolg für das Unternehmen bringt.

Dieses vielfach beachtete und großartige Modell hat einen Nachteil: Die tatsächliche Auswertung aller Ebenen bedeutet für den Praxisanleiter einen hohen Arbeitsaufwand.

Zur Vereinfachung setzen sich Onlinetools wie z. B. das Programm SurveyMonkey® immer weiter durch. Diese Programme ermöglichen die Erstellung differenzierter Fragebögen mit umfangreichen Auswertungsmöglichkeiten. Die Ergebnisse dieser Umfragen in Verbindung mit den Ergebnissen von Mitarbeitergesprächen und der Analyse von Kennzahlen (Beispiel: Ausfallzeiten von Rettungsmitteln bei Infektionstransporten vor und nach durchgeführten Hygieneschulungen) sind ein probates Mittel, um Lernerfolge zu messen.

Aussagekräftige Fragebögen decken folgende Aspekte ab:
- Inputfaktoren (Inhalte der Veranstaltung)
- Prozessfaktoren (Interaktion und nachfolgende Umsetzung)
- Kontextfaktoren (die Veranstaltung im betrieblichen Umfeld)
- Kommentare (persönliche Anmerkungen).

Diese vier Aspekte ermöglichen dem Praxisanleiter in der gemeinsamen Betrachtung ein sehr differenziertes Bild der Bildungsmaßnahme.

Zur „Gegenprobe" kann der Praxisanleiter die Lehrkräfte ebenfalls den Fragebogen ausfüllen lassen. Die Lehrkräfte erhalten eine gespiegelte Version des Fragebogens. Dies minimiert blinde Flecken und dient dem Praxisanleiter als Mittel, um systembedingte Fehler aufzudecken.

Gemeinsam mit der Personalabteilung und evtl. der Geschäftsführung werden nachfolgend die Evaluationsergebnisse im regelmäßigem Turnus besprochen und etwaige Maßnahmen abgeleitet.

5.4 Konfliktmanagement in Ausbildungssituationen

Ausbildungssituationen sind per se konfliktbehaftet. Der Praxisanleiter und der Auszubildende befinden sich in einem dauernden Spannungsfeld zwischen Liebe und Kränkung. Es geht darum, dass Lernen – von anderen etwas dazulernen – oft als „Ich bin klein und du bist groß, ich weiß nichts und du weißt viel" in einem kränkenden Sinne verstanden oder als Frustration erlebt werden kann und nicht als Herausforderung. Für gute Lehr-Lern-Beziehungen sind tragende, vertrauensvolle Beziehungen zwischen Lehrenden und Lernenden, wo sich keiner „groß" fühlt, weil er den „Kleineren" heruntermacht, notwendig.

> **MERKE**
>
> Eine weitere Erkenntnis kann hilfreich sein, um Konflikte zu bearbeiten: Konflikte sind nie von Emotionen zu trennen. Erst wenn die emotionale Ebene geklärt ist, kann die sachliche Konfliktbearbeitung beginnen (s. A. Kap. 4).

In diesen Situationen sollte sich der Praxisanleiter mit drei Fragen beschäftigen:

1. Worum geht es in dem Konfliktfall wirklich?
Ausbilder neigen zu der Fantasie, dass sich die Welt des Auszubildenden nur um die Ausbildung dreht. Die Umwelt, in der sich der Auszubildende außerhalb der Ausbildung bewegt, wird gern ausgeblendet. Eventuell gibt es Probleme zu Hause, die z. B. den Auszubildenden das Berichtsheft nicht ausfüllen lassen. Oder der Auszubildende trifft in seiner neu und erstmals begonnenen Berufsbiografie zum ersten Mal auf Menschen, die ihm im beruflichen oder sogar persönlichen Kontext nicht wohlgesonnen sind. Wenn nun der Auszubildende aus dem Elternhaus oder der allgemeinbildenden Schule nicht ausreichend Werkzeuge vermittelt bekommen hat, um mit diesen Situationen umgehen zu können, sind Konflikte vorprogrammiert. Hier sind Verständnis und Weitsicht gefragt.

2. Was ist mein Anteil an dem Konflikt?
Inwieweit spielen meine Persönlichkeit und meine Disposition in dieser speziellen Situation eine Rolle? Bin ich als Praxisanleiter objektiv genug, um die Situation zu beurteilen? Für eine erfolgreiche Arbeit als Praxisanleiter können Seminare mit selbstreflexiven Anteilen und der Behandlung von Teamdynamiken sehr hilfreich sein, um die eigene Konfliktpersönlichkeit zu reflektieren und zu verstehen.

3. Wie ist die Sicht des Anderen bzw. wie würde es mir an seiner Stelle gehen?
Versuchen Sie dazu ein Experiment: Beschreiben Sie einen Konflikt, an dem Sie selbst teilgenommen haben. Beantworten Sie dazu folgende Fragen:
– Was ist das Problem?
– Wer sind die handelnden Personen?
– Welche Handlungsfelder sind betroffen?

ABB. 2 ▶ Kommunikative Herausforderung: konstruktive Mitarbeitergespräche, z. B. im Rahmen des Konfliktmanagements

Nun beschreiben Sie die Situation aus Ihrer Sicht. Dann beschreiben Sie Ihre Wünsche an die andere Konfliktpartei, wie der Konflikt aus Ihrer Sicht zu lösen ist.

Dann beschreiben Sie die Situation aus der Sicht der Konfliktpartei. Als wenn Sie der oder die Andere wären.

Danach formulieren Sie die Wünsche der oder des Anderen an sich selbst. Zum Abschluss suchen Sie einen Konsens aus den beiden formulierten Wünschen und finden eine Vereinbarung.

Diese Methode kann der Praxisanleiter auch anwenden, wenn er in der Rolle eines Vermittlers auftritt.

LITERATUR:

Doppler K, Lauterburg C (2000) Change Management. Den Unternehmenswandel gestalten. 9. Aufl., Frankfurt a. M.: Campus.

Kirkpatrick DL, Kirkpatrick JD (2006) Evaluating Training Programs: The Four Levels. 3. Aufl., New York: Mcgraw-Hill Professional.

Kotler P, Berger R, Bickhoff N (2010) The Quintessence of Strategic Management. What You Really Need to Know to Survive in Business. Berlin, Heidelberg: Springer.

Pedler M, Burgoyne J, Boydell T (1994) Das lernende Unternehmen: Potentiale freilegen – Wettbewerbsvorteile sichern. Frankfurt a. M.: Campus.

6 Methodik und Didaktik

6.1 Grundlagen des Lernens und Lehrens

Kai-Kristian Kupfernagel

*„Wer aufhört, besser zu werden,
hat aufgehört, gut zu sein."*
(Philip Rosenthal)

Es ist eine der Standardsituationen in einem Lehrsaal: Der Dozent hat acht Stunden lang nach allen Regeln der Kunst unterrichtet und wird zum Ende des Tages gefragt, welche der Informationen denn nun wirklich relevant seien. Es ist nur natürlich, wenn der eine oder andere hier ein wenig verschnupft reagiert und durch die Zähne ein „Alles ist relevant" hervorpresst; dennoch ist die Frage berechtigt, da sie genauso vom Gehirn gestellt werden würde, wenn es sprechen könnte.

Um die Funktionen des menschlichen Körpers zu verstehen, ist es oftmals hilfreich, sich in das „Neandertal" zurückzuversetzen, wo der Mensch noch am ehesten so lebte, wie sich die Natur das vorgestellt hat. Die Urmenschen haben sich dort mit Sicherheit nicht mit Anatomie und Physiologie beschäftigt; das Lernen diente vielmehr dazu, neue Informationen mit bereits gemachten Erfahrungen mit dem Ziel eines neuen und hoffentlich effektiveren Verhaltens optimal zu verbinden. Dies war schlicht lebensnotwendig, da man es sich nicht leisten konnte, zweimal die giftige Pflanze zu essen, die Gefährlichkeit eines Säbelzahntigers zu unterschätzen oder beim Umgang mit Feuer nicht die notwendige Umsicht walten zu lassen.

Medizinische Texte, auf die der Leser blickt, werden vom Gehirn zunächst auf die gleiche Weise überprüft wie die

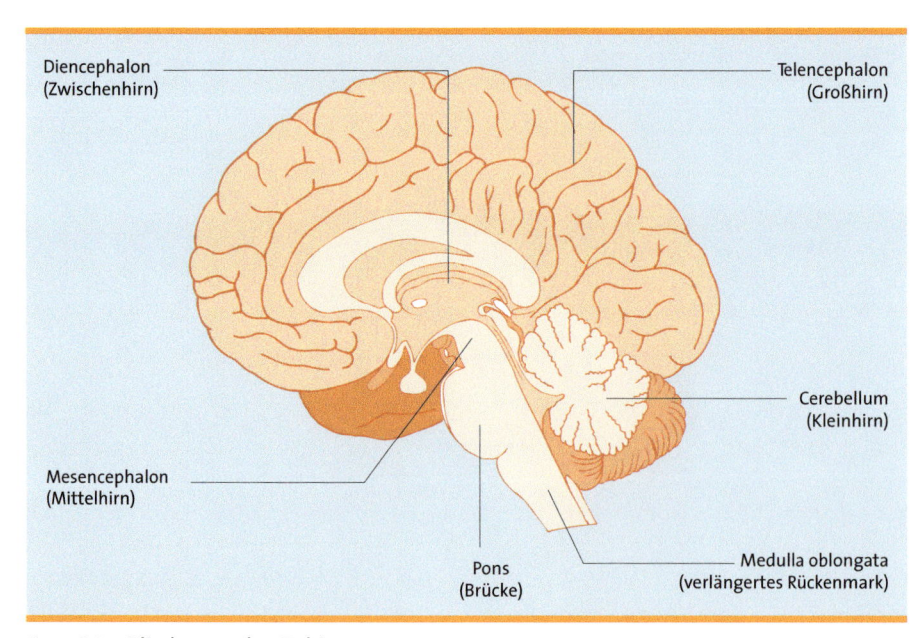

Abb. 1 ▶ Gliederung des Gehirns

Sichtung eines Raubtiers. Je bedrohlicher ein Eindruck ist, desto eher wird er im Gehirn abgelegt. Es liegt also auf der Hand, dass man ihm harmlosere Daten, die sonst schnell aussortiert werden würden, irgendwie schmackhaft machen muss. Hier kommen die Lehrkräfte und Praxisanleiter ins Spiel, deren Aufgabe es ist, den Auszubildenden mit Sachverstand und Leidenschaft fachliche, methodische, soziale und personale Kompetenzen zu vermitteln.

6.1.1 Physiologische Grundlagen des Lernens

Das menschliche Gehirn verfügt über ca. 100 Milliarden Neurone und 100 Billionen Synapsen, macht 2 % des Körpergewichts aus, beansprucht 20 % des Sauerstoffs und verbraucht 25 % der aufgenommenen Glukose. Es ist dazu in der Lage, 1016 Berechnungen pro Sekunde vorzunehmen, und besitzt eine immense Speicherkapazität. Anatomisch gliedert sich das Gehirn in die in ABBILDUNG 1 dargestellten Anteile.

Lernprozesse finden im Kleinhirn, Zwischenhirn und natürlich in den Großhirnhemisphären statt, die ihre Daten über den Balken austauschen können. Das ist auch notwendig, da Kompetenzen und Faktenwissen ungleich auf beide Hirnhälften verteilt sind.

6.1.1.1 *Voraussetzungen für das Lernen*

Man könnte denken, dass das Abspeichern von Informationen in diesen Bereichen ähnlich funktioniert wie bei einer Festplatte. Da diese die Daten aber einfach nur ablegt, ohne sie sinnvoll zu verknüpfen, hinkt der Vergleich. Abgesehen davon gibt es im Gehirn nicht nur eine „Festplatte", vielmehr liegen etliche Speicher mit verschiedenen Aufgaben über die gesamte Hirnrinde verteilt vor. Aus diesem Grund sind die Auswirkungen von Schlaganfällen auf Gedächtnis und Lernvermögen so vielfältig und schlecht vorhersehbar.

Werfen wir einen kurzen Blick auf die für Lernprozesse wichtigen Hirnareale (s. ABB. 2/3):
– Teile vom Temporallappen der rechten Hirnhälfte sind für das Wiedererkennen von Bildern zuständig.
– Im Frontallappen werden diese Bilder in eine sinnvolle Abfolge gebracht.
– Sensorischer und motorischer Cortex des Großhirns sind zusammen mit Basalganglien (unterhalb des Cortex gelegene Kerngebiete mit vielfältigen Aufgaben) und dem Kleinhirn an impliziten Lernprozessen, wie z. B. beim Radfahren, beteiligt.
– Das sogenannte mediale Temporallappensystem mit dem Hippocampus hilft bei der Aneignung von Fachwissen.

Mit dem Prozess der Reifung wird das Gehirn des ungeborenen Kindes bereits auf die im Verlauf der Schwangerschaft immer weiter ansteigende Flut von neuronalen Informationen, sogenannte Afferenzen, vorbereitet. Schon in der Fetalphase verarbeitet das Gehirn erste Sinneseindrücke und erlernt das Nuckeln oder Lächeln. Diese Fähigkeiten sichern dem Kind nach der Geburt das Überleben: Es kann sofort trinken und wird, weil es so niedlich ist, nicht gefressen.

Die Sinnesreize treffen beim Neugeborenen auf reife, aber noch wenig vernetzte Neurone. Sie senden ihre Impulse über das Axon bis in ein synaptisches Endköpfchen, wo sie dann mithilfe von Neurotransmittern auf Dendriten eines weiteren Neurons übertragen werden. Ganz zu Beginn gibt es noch keine bevorzugten Leitungsbahnen, was sich aber schnell ändert, wenn das Kind mit wiederkehrenden Mustern konfrontiert wird. So lernt das Baby schnell, dass die Eltern sich sofort am Bett blicken lassen, wenn es schreit. Die Nervenverbindung *Hungergefühl → schreien → die Mutter kommt* wurde nun häufiger genutzt und durch Wachstum und chemische Veränderungen an den Synapsen gefestigt. Donald Hebb brachte es schon 1949 auf den Punkt: „What fires together, wires

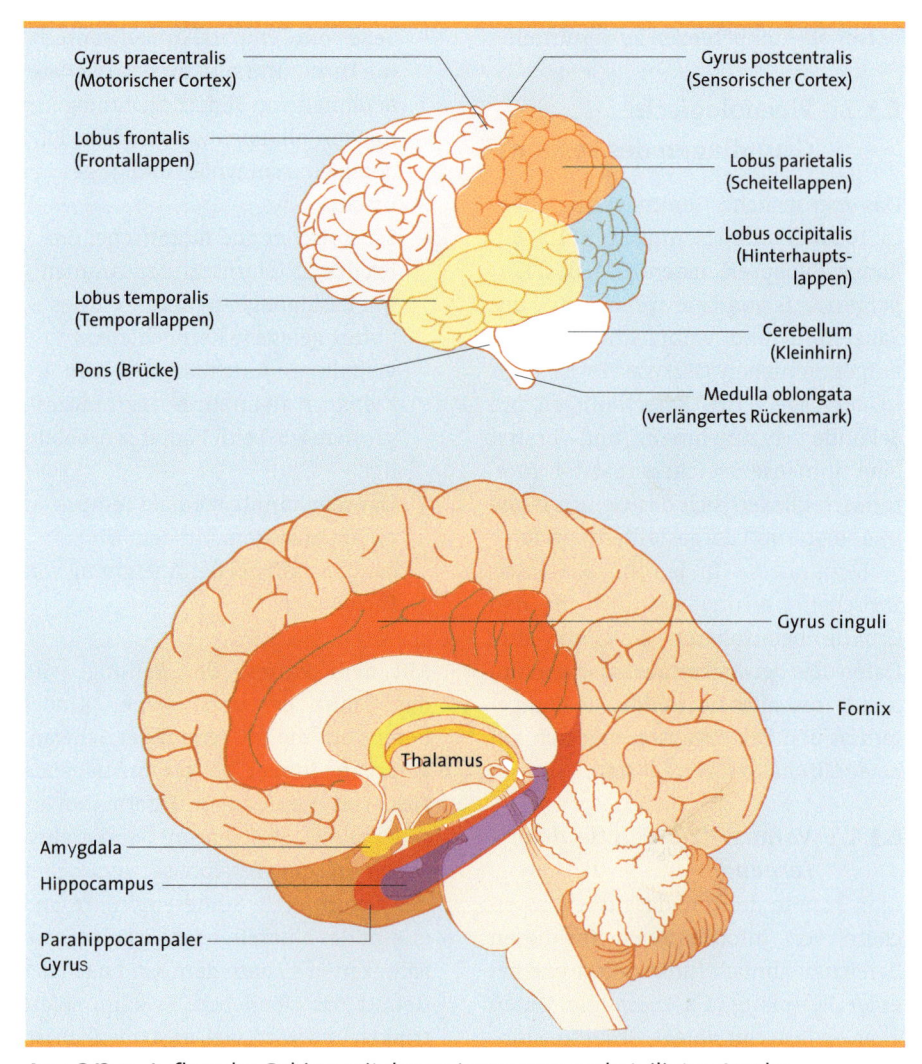

ABB. 2/3 ▶ Aufbau des Gehirns mit den an Lernprozessen beteiligten Arealen

together." – Was sich häufig gemeinsam erregt, bildet eine feste Verbindung.

Möglich wird dies neben einer vermehrten Ausschüttung des Nervenwachstumsfaktors NGF (Nerve Growth Factor) über eine Herabsetzung der Erregungsschwelle in den Synapsen. Gleichzeitig werden selten genutzte Vernetzungen von Neuronen zurückgebaut, indem der oben erwähnte Wachstumsfaktor bewusst von hier abgezogen wird, was letztlich zu einem Absterben der nicht benötigten Verbindungen führt (*Pruning*, dt. *Zuschneiden*). Auf diese Weise wird dem Gehirn während seines Wachstums eine immer bessere Sortierung in „wichtig" und „unwichtig" ermöglicht. Für diese Anpassungsfähigkeit wurde der Begriff der *Plastizität* gewählt; sie ist zwischen dem ersten und dritten Lebensjahr besonders ausgeprägt. In diese Altersspanne fallen auch die Phasen des Spracherwerbs und Erlernens des aufrechten Gehens.

6.1.1.2 *Prozesse und Einflüsse beim Lernen*

Möchte man als Erwachsener gezielt neue Fakten lernen, zieht man zumeist Bücher oder Online-Inhalte heran; man liest sich Wissen an.

Der über die Augen wahrgenommene Text gelangt dabei zunächst zur Sehrinde im Occipitallappen des Gehirns und wird dann an den Hippocampus im Temporallappen weitergereicht. Von hier aus beginnt der Text in der sogenannten Papez-Schleife zu kreisen, bis er aufgrund einer zu kurzen Übungsphase oder negativer Gefühle beim Lernen verblasst.

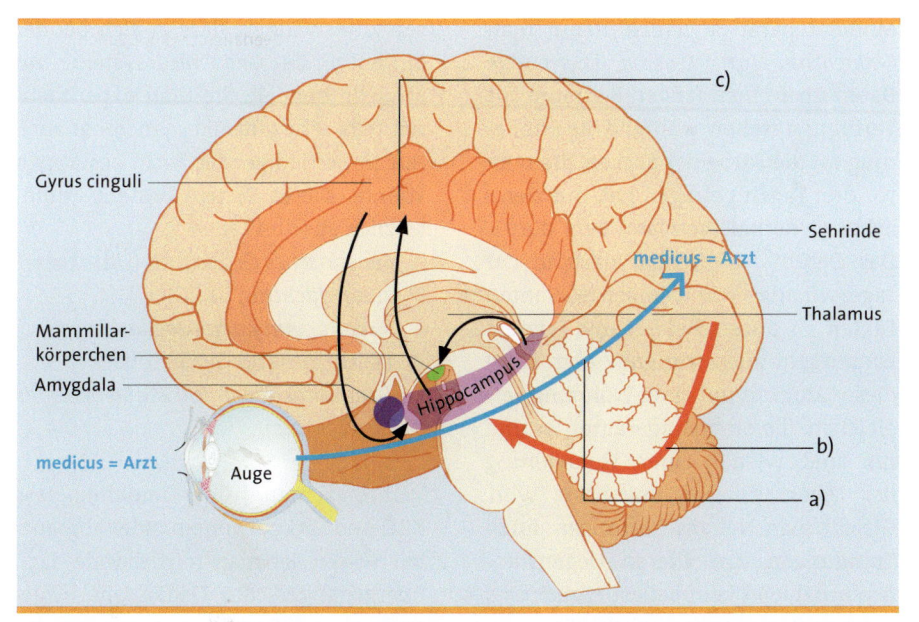

ABB. 4 ▶ Prozesse beim Anlesen von Wissen: a) Der Reiz gelangt vom Auge in die Sehrinde. b) Von der Sehrinde wird der Reiz in das Hippocampusgebiet weitergeleitet. c) Danach durchläuft der Reiz die Papez-Schleife (nach Schäfers, www.gehirnlernen.de).

Ist der Text aber besonders interessant oder wird er effektiv wiederholt, dreht er sich wie ein schnell drehender Brummkreisel so lange in der Papez-Schleife, dass er immer noch in Bewegung ist, wenn wir bereits schlafen.

Schlaf bedeutet, dass kaum Sinneseindrücke von den Rindenfeldern in die tiefer gelegenen Hirnareale gelangen. Nur in dieser Phase ist es möglich, dass sich die Richtung der Reize umkehrt und der gelesene Text aus der Papez-Schleife zurück in die Langzeitspeicher der Hirnrinde gelangen kann. Ein regelmäßiges Aufrufen der gespeicherten Information stellt sicher, dass die Information bei Bedarf schnell zur Verfügung steht.

6.1.2 Gedächtnis

Die Fähigkeit, neu gelernte Informationen zu behalten und sie im passenden Moment parat zu haben, nennt man *Gedächtnis*. Nun ist es so, dass einige Daten über einen langen Zeitraum zur Verfügung stehen, während die Erinnerung an die Farbe der Socken, die man vor drei Tagen getragen hat, mit ziemlicher Sicherheit verblasst sein dürfte. Das Gehirn ist offenbar dazu in der Lage, wichtige von weniger relevanten Fakten zu unterscheiden und letztere konsequent auszusortieren. Man kann diese Fähigkeit mit einer Wohnung vergleichen, die stets aufgeräumt ist und hin und wieder einer Veränderung der Lebenssituation angepasst wird. Gleicht man Neuanschaffungen durch Trennungen von älteren Gegenständen aus, bleibt kein Ballast zurück und man weiß immer, wo einzelne Dinge zu finden sind; die Wohnung entwickelt sich und ist doch vertraut. Füllt sich die Wohnung hingegen immer weiter mit Krimskrams, wird man irgendwann nicht mehr in den Räumen zurechtkommen.

Das menschliche Gehirn verfügt über eine enorme Speicherkapazität, die je nach Hirnforscher zwischen 100 Terabytes und unbegrenzt liegt. Trotz dieses extremen Leistungsvermögens muss das Hirn mit den Ressourcen haushalten, damit der Blick für das Wesentliche – und damit ist die Sicherung der Überlebensfähigkeit gemeint – nicht getrübt wird. Dieser Grundsatz wird bereits bei der Entwicklung und Reifung des zentralen Nervensystems (ZNS) in der Embryonal- und Fetalphase verfolgt, da das System zur Geburt prinzipiell voll einsatzbereit sein muss.

Trotz der immensen Fortschritte auf dem Gebiet der Hirnforschung darf man es an dieser Stelle nicht unterlassen zu erwähnen, dass es sich bei der Einteilung der Gedächtnissysteme um Modelle handelt, die man experimentell teils sehr gut und manchmal auch nur in befriedigender Form bestätigen konnte. Dieses System besteht grundsätzlich aus drei Teilen:
– *Sensorisches Gedächtnis* (*Ultrakurzzeitgedächtnis*, UKZG)
– *Arbeits- und Kurzzeitgedächtnis* (KZG, primäres Gedächtnis)
– *Langzeitgedächtnis* (LZG, sekundäres Gedächtnis).

Während man früher annahm, dass KZG und LZG gut voneinander abgrenzbar wären, ist man mittlerweile dazu übergegangen, das Gedächtnis insgesamt als ein System zu begreifen, das je nach Bedarf zwischen zwei funktionalen Zuständen wechselt.

6.1.2.1 Sensorisches Gedächtnis (Ultrakurzzeitgedächtnis)

Unser Körper ist mit einer Unzahl von Rezeptoren ausgestattet, die Beobachtungen innerhalb und außerhalb des Körpers an das zentrale Nervensystem übermitteln. Die Verarbeitung dieser Reize erfolgt unbewusst und verteilt auf sämtliche sensible Cortexareale des Gehirns, was die außergewöhnlich hohe Kapazität von 500 Millionen bit pro Sekunde und die Fähigkeit, viele Eindrücke gleichzeitig zu bearbeiten, erklärt. Damit das Gehirn nicht von unwesentlichen Inhalten überflutet wird, ist die Speicherdauer sehr begrenzt: Nach 200 bis 400 Millisekunden verblassen optische und nach drei Sekunden akustische Reize, wenn sie nicht aus irgendeinem Grund ins

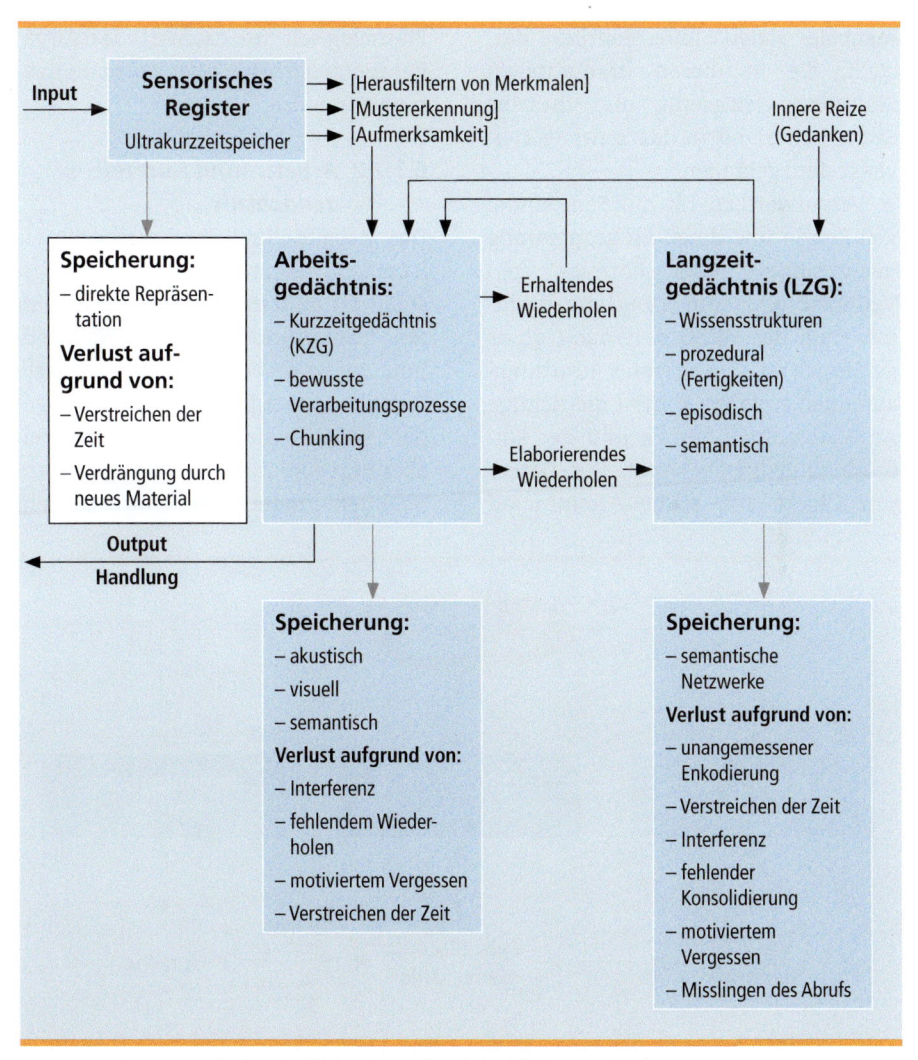

ABB. 5 ▶ Systematik des Gedächtnisses (nach Heidmann 2001)

Bewusstsein gelangen (ikonisches bzw. echoisches Gedächtnis). Steht man an einer Kreuzung und sieht die Autos an sich vorbeifahren, nimmt man die Farben der Pkw durchaus wahr, vergisst sie mangels Wichtigkeit aber sofort wieder. Kommt ein Fahrzeug jedoch ins Schleudern und fährt genau auf einen zu, ändert sich die Wahrnehmung entscheidend: Nun wird einen die Farbe noch lange begleiten, da sie ein Element der vielen Sinneseindrücke darstellt, die in diesen dramatischen Sekunden gleichzeitig und dieselbe Sache betreffend in das zentrale Nervensystem gelangen.

Verantwortlich für die Beurteilung von Reizen und deren Eingruppierung in „gefährlich" oder „harmlos" sind Verbindungen zum Langzeitgedächtnis. Fragt das UKZG dort nach, ob es gefährlich sei, dass ein rotes Auto direkt auf einen zu fahre, kommt die richtige Antwort schnell zurück und der Eindruck wird uns bewusst. Der Datensatz „Objekt – rot – schnell – kommt auf mich zu" gehört nun zu den ca. 16 bit an Informationen, die das sensorische Gedächtnis an das Arbeitsgedächtnis weiterreicht. Umgekehrt funktioniert das System auch: Neuartige Geräusche, die einem nach dem Umzug nachts zunächst den Schlaf rauben, nimmt man nach einiger Zeit gar nicht mehr wahr, da das Gehirn sie nicht mehr als bedrohlich einstuft und löscht, bevor sie ins Bewusstsein vordringen können. Physiologisch funktioniert das Ultrakurzzeitgedächtnis über normale neuronale Impulse.

6.1.2.2 Arbeits- und Kurzzeitgedächtnis

Das Arbeits- und Kurzzeitgedächtnis ist eine Art Sammel- und Verwaltungsstelle für eintreffende Reize: Hier treffen beeindruckende neue Wahrnehmungen auf bereits abgespeicherte Daten und werden miteinander abgeglichen. Auch die kurze bewusste Speicherung von Inhalten mit geringem Volumen findet hier statt. Obwohl

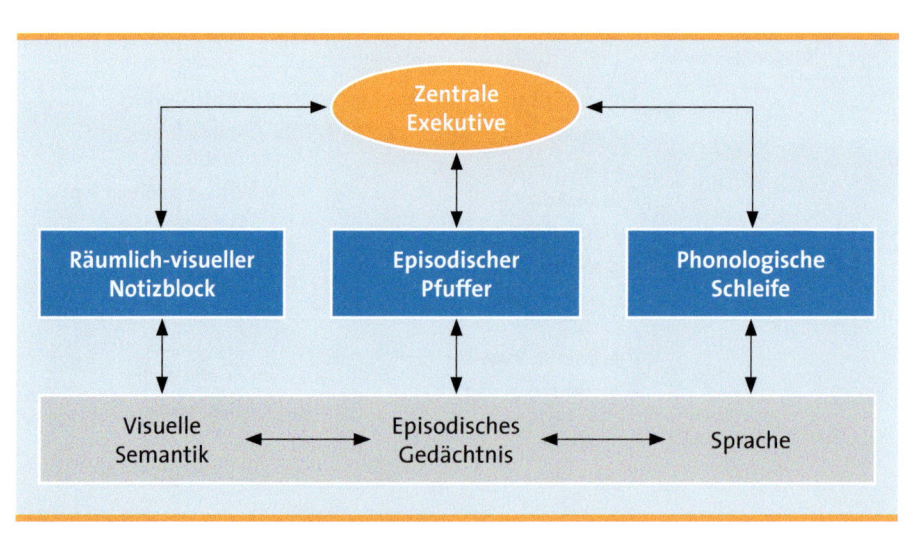

ABB. 6 ▶ Modell des KZG nach Baddeley (2003)

beide Anteile effektiv zusammenarbeiten, sind Arbeits- und Kurzzeitgedächtnis an verschiedenen Orten des Gehirns lokalisiert: das Arbeitsgedächtnis im Frontalhirn, das Kurzzeitgedächtnis im limbischen System. Grund dafür ist die sehr unterschiedliche Herangehensweise beider Anteile beim Umgang mit Daten.

▶ **Arbeitsgedächtnis**

Als Faustregel gilt, dass das Arbeitsgedächtnis drei bis neun Inhalte, z. B. Ziffern einer Telefonnummer, für wenige Sekunden bis maximal einige Minuten behalten kann. Diese Inhalte nennt man auch *Chunks*; der Begriff wird weiter unten genauer erklärt.

Im Neandertal ging es natürlich nicht darum, das Arbeitsgedächtnis für einen solchen Zweck zu gebrauchen. Vielmehr hat die Natur berücksichtigt, dass sich die Bedrohlichkeit einer Situation nicht schlagartig, sondern versetzt um Sekundenbruchteile erschließt. Um zu erfassen, dass eine Herde Gnus direkt auf sein Dorf zu rennt, benötigt der Bewohner optische und akustische Informationen, die leicht zeitlich versetzt eintreffen. Ändert sich der Klang der Hufe? Werden die Tritte lauter? Kann man anhand der Geräusche auf Entfernung und Anzahl der Tiere schließen? Für den Zeitraum der Analyse hält das Frontalhirn die Sinneseindrücke in den jeweiligen Rindengebieten fest wie ein Standbild; gleichzeitig werden Verbindungen in andere Hirnbereiche gehemmt – man konzentriert sich. Erlauben die eingehenden Daten eine Bewertung, werden sie geordnet an das KZG weitergereicht. Treffen allerdings vermeintlich wichtigere Daten ein, erfolgt eine Löschung des Arbeitsgedächtnisses, um Platz zu schaffen. Jeder, der einmal versucht hat, sich in einem lauten Büro kurz eine Telefonnummer zwischen Kaffeemaschine und Telefon zu merken, kennt dieses Phänomen: Einmal von der Seite angesprochen werden – und die Nummer ist weg. Wer die Nummer hingegen immer wieder vor sich hin murmelt, hält sie im Arbeitsgedächtnis fest und kann sie fehlerfrei wiedergeben.

Auch das Arbeitsgedächtnis funktioniert über normale Aktionspotenziale. Eine schlagartige Depolarisation, z. B. durch Trauma oder elektrischen Strom, führt zum Verlust der hier aktuell vorhandenen Daten – wie bei einem Computer, den man unvermittelt ausschaltet.

▶ **Kurzzeitgedächtnis**

Das Kurzzeitgedächtnis ermöglicht die Sammlung und Verarbeitung von Informationen mit dem Ziel einer weiteren Bewertung. Ein weitgehend anerkanntes Modell teilt das KZG in drei Komponenten unter der Kontrolle einer sogenannten zentralen Exekutive ein (s. a. Abb. 6):

1. Der *räumlich-visuelle Notizblock (Visuo-spatial Sketchpad)* dient der kurzfristigen Speicherung von Seheindrücken und teilt sich in zwei funktionelle Einheiten auf: Der Visual Cache ist für die Speicherung von statischen Daten wie Form und Farbe eines Gegenstandes zuständig, während der Inner Scribe dynamische Informationen wie räumliche Gegebenheiten, Entfernungen und Größenrelationen zwischen zwei Objekten verarbeitet. Der Aus-

gang des Inner Scribe's wird zum Teil wieder zum Eingang zurückgeführt, damit neu eintreffende Daten nach einem Abgleich mit den älteren sofort integriert werden können. Diese Funktion ist für die Betrachtung sich bewegender Objekte notwendig.

2. Die *artikulatorische (phonologische) Schleife (Phonological Loop)* dient der Speicherung verbaler Informationen und gliedert sich in die beiden Untereinheiten „Phonetischer Speicher" und „Subvokaler Rehearsal-Prozess". Akustische Reize und Sprache haben direkten Zutritt zum Speicher, während visuell aufgenommene Informationen erst aufbereitet werden müssen. Fällt unser hungriger Blick morgens z. B. auf eine Packung Toast, rufen wir tatsächlich das Wort „Toast" ab; der visuelle Eindruck wird in ein Wort übersetzt und kann dann in den phonetischen Speicher überführt werden. Dort verbleibt der Eindruck nur wenige Sekunden, es sei denn, man hält ihn mithilfe des subvokalen Rehearsal-Prozesses im Speicher fest. Hierbei handelt es sich um eine Art stummes Wiederholen, was man typischerweise einsetzt, um gelesenen Text für das Langzeitgedächtnis aufzubereiten. Ähnlich funktioniert es, wenn man sich einen Blutdruckwert merken muss: Man liest ihn sich innerlich vor und wiederholt ihn immer wieder, um ihn nicht zu vergessen.

3. Der *episodische Puffer* tauscht Informationen mit dem Langzeitgedächtnis aus.

Die zentrale Exekutive (ZE) als übergeordnete Struktur koordiniert die Aktivität von räumlich-visuellem Notizblock, artikulatorischer Schleife und episodischem Puffer. Ziel ist es, Informationen sinnvoll aufzubereiten und mit bereits erworbenen Erkenntnissen zu vergleichen, damit das Langzeitgedächtnis sie effektiv verarbeiten kann. Auch die Aufmerksamkeitssteuerung sowie die Optimierung von Lernprozessen werden von der ZE koordiniert, die somit die Funktion einer Leitstelle für Daten übernimmt. Die Funktion der ZE ist deshalb so wichtig, weil die Menge der Daten, die pro Sekunde in das KZG gelangt, wesentlich höher ist als jene, die das Langzeitgedächtnis übernehmen kann. Durch gezieltes Wiederholen oder Nicht-Wiederholen hält die ZE wichtige Inhalte im Bewusstsein oder lässt sie verblassen; am Ende bleiben die Daten übrig, die das Gehirn als wichtig genug für eine dauerhafte Speicherung erachtet. Diesen Prozess nennt man *Konsolidierung*.

▶ **Chunks**

Die Zusammenarbeit mit dem Langzeitgedächtnis ermöglicht es, wiederkehrende Eindrücke immer weiter zusammenzufassen. So knan man Wtroe, bei dneen nur die Lgnäe siwoe esetrr und lzetter Bhcabuste kkrreot dgslelteart snid, erstaunlich gut entziffern, weil das Gehirn die Muttersprache nicht mehr Buchstabe für Buchstabe verarbeiten muss, sondern ganze Wörter als Block zusammen mit einigen Markern wie erstem und letztem Buchstaben oder Wortlänge speichert. Diese Fähigkeit nennt man *Chunking*.

Stellen wir uns vor, wir wären chinesischer Austauschschüler und hätten noch nie etwas mit lateinischer Schrift zu tun gehabt. Da wir die Schriftzeichen nicht kennen, nehmen wir zunächst jeden Strich als einzelne Informationseinheit (= 1 bit) wahr, was entsprechend viele Chunks verbraucht (1 bit entspricht hier 1 Chunk).

|3UCI-IS⁻I7-\I3I⁻-_
↑__ 1 Chunk, insgesamt 19 Chunks

Abb. 7 ▶ „Buchstabe" in Einzelstrichen: Wahrnehmung des Wortes „Buchstabe" in Unkenntnis der Schriftzeichen und der Bedeutung

Das Wort „Buchstabe" besteht zu diesem Zeitpunkt noch aus 19 bit/Chunks, wenn man von einzelnen Strichen ausgeht. Eine entsprechend harte Nuss stellt das Wort dann auch für Arbeits- und Kurzzeitgedächtnis dar.

Später beherrscht unser Austauschschüler die Schriftzeichen bereits, muss Worte aber noch aus einzelnen Buchstaben zusammensetzen.

B U C H S T A B E
↑__ 1 Chunk, insgesamt 9 Chunks

Abb. 8 ▶ „Buchstabe" auseinandergezogen: Wahrnehmung des Wortes „Buchstabe" in Unkenntnis der Bedeutung

Die Schriftzeichen werden nun direkt als solche erkannt und stellen daher jeweils nur noch einen Chunk dar; zusammen verbraucht unser Wort nun nur noch neun Chunks.

Irgendwann ist er so gut geworden, dass der Schüler Wörter direkt erkennt.

BUCHSTABE
↑__ 1 Chunk

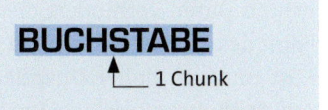

Abb. 9 ▶ „Buchstabe" als zusammenhängendes Wort: Wahrnehmung des bekannten Wortes „Buchstabe"

Der Sinn des Wortes ist ihm klar, und er hat die Information fest im Langzeitgedächtnis abgespeichert. Es nimmt nun nur noch einen Chunk in Anspruch.

▶ **Bedeutung für die rettungsdienstliche Ausbildung**

Im Verlauf medizinischer Schulungen spielt das Chunking ebenfalls eine große Rolle. Ganz am Anfang wird der Auszubildende bei der Aufforderung, eine Intubation vorzubereiten, ganz schön ins Schwitzen kommen, da er sich alle benötigten Komponenten mühsam und einzeln aus dem Gedächtnis zusammensuchen muss. Später beinhaltet der Chunk „Intubation" alle Teile, sodass man sie praktisch nebenbei zusammensuchen und einsatzbereit machen kann. Das Lesen von Texten wird durch die Chunkbildung ebenfalls stark vereinfacht: Beobachtet man sich beim Konsumieren eines Romans, fällt nämlich auf, dass man die Worte nur überfliegen muss, um den Inhalt präzise zu erfassen. Möglich wird dies, weil wir nicht nur einzelne Begriffe, sondern ganze Formulierungen und Wahrscheinlichkeiten, welche Wörter üblicherweise grammatisch und sachlich korrekt aufeinanderfolgen können, zum Teil in Chunks zusammenfassen. Fachliteratur mit entsprechend vielen unbekannten oder noch nicht verinnerlichten Daten verhindert diese leichte Form des Lesens; sie wird zu schwerer Kost und ruft daher Unwillen hervor. Aus der Kenntnis dieses Umstands lassen sich Strategien für sinnentnehmendes und somit befriedigendes Lesen gewinnen.

Mehrfach wurden bei der Beschreibung des Kurzzeitgedächtnisses Begriffe wie „Schleife" oder „Wiederholung" verwendet. Tatsächlich konnte im Experiment nachgewiesen werden, dass Reize, die in das limbische System gelangen, in dieser Struktur kreisen und dabei weitere Prozesse anregen. Begegnet man einem Tiger, der zuvor aus dem Zoo ausgebrochen ist, nimmt der räumlich-visuelle Notizblock dieses faszinierende Tier zunächst auf, benennt es mithilfe des LZG als „Tiger" und erhält ebenfalls von dort den Chunk „Raubkatze! Stärker als du und Fleischfresser!". Diese beunruhigenden Neuigkeiten sorgen dafür, dass der Begriff „Tiger" weiter fleißig in der artikulatorischen Schleife kreist, während Emotionen und denkbare Strategien aufgerufen werden. Man bekommt Angst und rennt weg. All dies passiert innerhalb von Sekundenbruchteilen.

▶ **Test des Kurzzeitgedächtnisses**
Es ist relativ einfach, das Kurzzeitgedächtnis eines anderen Menschen zu überprüfen. Sprechen Sie Zahlenfolgen zunehmender Länge vor, die der andere dann wiederholen muss. Ist er konzentriert, sollte er sich fünf bis neun Ziffern merken können.

6.1.2.3 *Langzeitgedächtnis (LZG)*

Informationen, die einige Zeit im Kurzzeitgedächtnis festgehalten wurden, gelangen durch Gefahr, emotionale Verknüpfung oder bewusste Lernprozesse in das Langzeitgedächtnis. Es ist im gesamten Cortex – also auf der gesamten Hirnrinde – lokalisiert. Im Gegensatz zu den Gedächtnisanteilen mit kurzer Speicherdauer erfolgt die Ablage von Daten hier mittels einer Veränderung der synaptischen Reizübertragung. Oft benutzte Verbindungen festigen sich und sind empfänglicher für Erregungen. Das bedeutet, dass sich die Struktur des Gehirns tatsächlich verändert, wenn man Daten langfristig abspeichert; es bilden sich sogenannte Gedächtnisengramme. Kleinkinder mit ihrem atemberaubenden Wissensdurst verfügen über ein besonders plastisches Gehirn, um Herausforderungen wie den Spracherwerb oder das aufrechte Gehen meistern zu können. Nachteil dieser Dynamik ist eine geringere Stabilität der Daten. Im Erwachsenenalter ist es umgekehrt: Gelerntes sitzt felsenfest im Langzeitgedächtnis; mit völlig neuen Inhalten tut man sich hingegen schwer.

Durch die Engrammbildung ist die Verfügbarkeit der Erinnerungen zeitlich praktisch unbegrenzt. Das Problem beim Abruf dieser Daten liegt nach einiger Zeit der Nichtverwendung eher darin, dass die Verknüpfungen zu diesen Daten verblassen. Sie kennen das von der Dateiübersicht Ihres Computers: Solange Sie öfter mit einer bestimmten Datei arbeiten, wissen Sie immer genau, wo Sie sie fin-

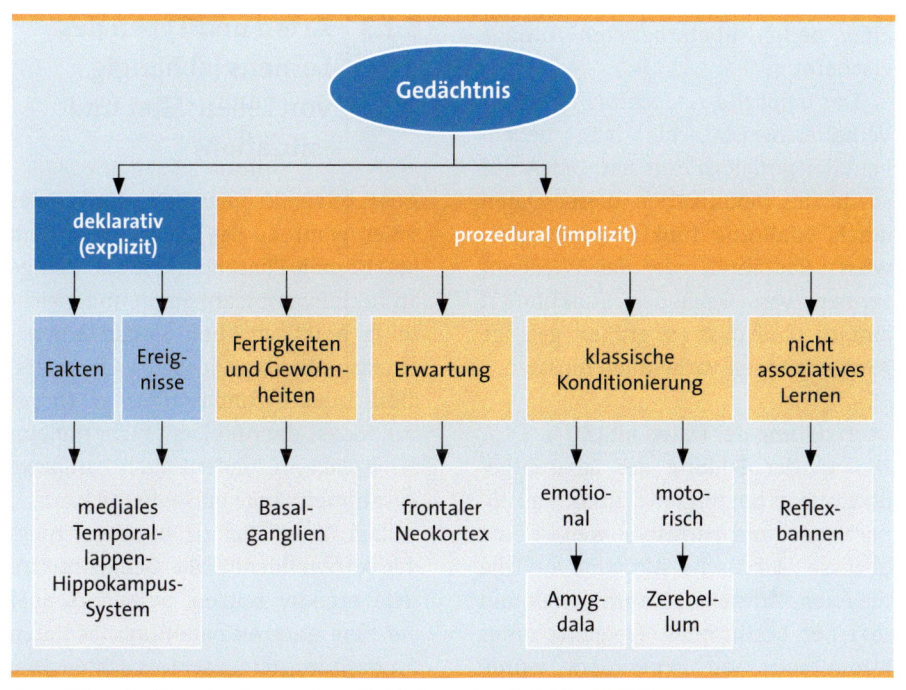

ABB. 10 ▶ Aufbau des Langzeitgedächtnisses (nach Jaffard 2002)

den können. Jahre später, wenn Sie sowohl den Namen als auch den Speicherort vergessen haben, ist die Datei immer noch auf der Festplatte präsent, aber nicht mehr ohne erhöhten Aufwand auffindbar. Oft liegt Ihnen der richtige Begriff auf der Zunge; Sie wissen, dass die Daten irgendwo abgelegt sind und tippen im Geiste immer neue Begriffe in die Suchfunktion ein. Irgendwann erwischen Sie dann den richtigen Dateinamen oder einen Datensatz, der mit dem gesuchten verknüpft ist, und die Daten sind wieder präsent. Die verknüpften Daten müssen dabei keine Wörter sein: Manchmal reicht ein Geruch oder die Betrachtung eines bestimmten Bildes, um uns wieder an bestimmte Momente des letzten Urlaubs zu erinnern.

▶ **Aufbau des LZG**

Psychologen teilen das Langzeitgedächtnis in zwei Teile auf:
- explizites bzw. deklaratives Wissensgedächtnis
- implizites Verhaltensgedächtnis.

Das *explizite Gedächtnis* nutzen wir bewusst. Es enthält Ereignisse unseres Lebens (episodischer Speicher) oder im Laufe der Zeit angehäuftes Faktenwissen (semantischer Speicher). Die Daten sind durch neue Erkenntnisse modifizierbar, wobei diese in ein bereits vorhandenes Netzwerk integriert und nicht völlig neu abgelegt werden. Vergleichbar ist dieser Prozess mit einem Buch, das beim Vorliegen neuer Erkenntnisse nicht gleich neu geschrieben wird, sondern in einer neuen, überarbeiteten Auflage erscheint.

Das *implizite Gedächtnis* speichert Verhaltensweisen, die man nebenbei oder gezielt erlernt hat. Der Abruf sowie die Modifikation dieser Daten durch Erfahrung funktionieren unbewusst: Radfahren oder das Wiedererkennen von Gebäuden funktioniert einfach, ohne dass wir größere geistige Anstrengungen vornehmen müssten.

▶ **Fixierung der Daten im LZG**
Die an der Bildung des Langzeitgedächtnisses beteiligten Strukturen Hippocampus und Hirnrinde weisen eine gewisse elektrische Aktivität auf, die die Axone afferenter Fasern gezielt und in einer bestimmten Frequenz unter Strom setzt. Im Experiment wurde nachgewiesen, dass dieser Umstand zur Ausbildung kräftigerer exzitatorischer postsynaptischer Potenziale (EPSP) führt, was offenbar den Umbau von Synapsen und so die Konsolidierung der Daten fördert. Man nennt diesen Vorgang *Langzeitpotenzierung*.

▶ **Test des Langzeitgedächtnisses**
Legen Sie einem anderen Menschen einige Begriffe oder Bilder vor und bitten Sie ihn, sie sich innerhalb einiger Sekunden einzuprägen. Stellen Sie nun eine Frage, die mit der Aufgabe nichts zu tun hat, um das Arbeitsgedächtnis zu überschreiben. Zum Schluss erhält Ihr Gegenüber den Auftrag, sich an möglichst viele der eingeprägten Begriffe zu erinnern, was nur über einen bewussten LZG-Zugriff funktioniert.

6.1.3 Arten und Typen des Lernens (abhängig von Lebensalter und -situation)

Auszubildende eines Rettungsdienstes sollen während der theoretischen und praktischen Phasen eine große Menge an Faktenwissen anhäufen und gleichzeitig praktische und soziale Kompetenzen erwerben. Idealerweise liegen diese Inhalte zum Examen verknüpft vor, sodass der Absolvent nicht nur einzelne Fakten, sondern auch komplexe Zusammenhänge präsentieren kann.

Um dieses Ziel zu erreichen, muss der Auszubildende alle Gedächtnisanteile effektiv nutzen, besonders aber auf eine gute Aufbereitung der Daten für das Langzeitgedächtnis achten. Dieser Abschnitt stellt die Knackpunkte auf dem Weg dahin vor und bietet eine Übersicht zu den verschiedenen Lerntypen. Sie werden feststellen, dass einige Erläuterungen dazu klingen wie die Beschreibung eines Computers: Ich drücke eine Taste (Reiz) und erhalte eine Anzeige auf dem Bildschirm (Reaktion). Diese sehr technische und naturwissenschaftliche Betrachtungsweise von Lernprozessen nennt man *Behaviorismus* (von engl. *behaviour*, dt. *Verhalten*); sie steht in Konkurrenz zu eher psychologischen Ansätzen, die heute ebenso bedeutsam sind.

Ein Auszubildender zum Notfallsanitäter lernt innerhalb von drei Jahren, ...
– Mess- und Laborwerte abzurufen oder Berechnungen anzustellen. Hierfür ist das oben bereits erwähnte explizit-semantische Gedächtnis zuständig, das auf der Großhirnrinde, im limbischen System

sowie im Hippocampusgebiet lokalisiert ist.
- sich an die Highlights seiner Ausbildung oder auch an ermahnende bzw. aufmunternde Worte des Praxisanleiters zu erinnern. Hierbei hilft das ebenfalls bereits bekannte explizit-episodische Gedächtnis am gleichen Ort.
- Zugänge zu legen, zu intubieren, Entlastungspunktionen und weitere spannende, motorisch geprägte Tätigkeiten durchzuführen, wenn diese indiziert sind. Diese Fähigkeiten wurden praktisch eingeübt und stehen nun im implizit-prozeduralen Gedächtnis, gelegen im Striatum (einem Teil der Basalganglien), zur Verfügung.
- sich am Steuer eines Rettungsfahrzeugs sitzend in der Stadt zurechtzufinden. Das implizit-perzeptuelle Gedächtnis, mit dessen Hilfe man Orte, Gebäude oder auch Gesichter wiedererkennt und als bekannt markiert, unterstützt dabei.
- beim Klingeln des Faxgerätes oder Piepen des digitalen Meldeempfängers sofort hellwach zu sein. Er wurde klassisch konditioniert und hat daran die Bereiche Amygdala und Kleinhirn beteiligt. Nach einigen Tagen mit weniger spannenden Einsätzen schwächt sich die Reaktion der freudigen Erregung allerdings ab. Hierdurch lässt sich erklären, warum der erfahrenste Rettungsdienstmitarbeiter meistens derjenige ist, der sich am langsamsten Richtung Einsatzort bewegt.
- anhand bestimmter Beobachtungen am Patienten rasch auf das vorherrschende Krankheitsbild zu schließen. Weist der Patient beispielsweise eine gelbe Gesichtsfarbe auf, wird man weitere Symptome eher im Lichte einer Lebererkrankung betrachten. Zueinanderpassende Reize wurden offenbar sinnvoll miteinander verknüpft. Diesen Prozess nennt man *Priming* – auch er stellt einen Teil des impliziten Gedächtnisses dar. Priming ist im Übrigen neben Chunking für das oben bereits erwähnte schnelle Überlesen eines Romans zuständig, weil wir, während wir lesen, bereits ahnen, wie der Satz weitergehen könnte oder welche Informationen er birgt. Das Priming ist eine Leistung der Hirnrinde.

All diese Gedächtnisanteile werden durch bewusstes oder unbewusstes Lernen gefüllt. Wie effektiv dies geschieht, liegt nicht zuletzt daran, wie gut die Inhalte von den Lehrkräften aufbereitet wurden.

6.1.3.1 *Arten des Lernens*

▶ **Formen des expliziten Lernens**

Man hat sich bei der Erstellung von Curricula in den letzten Jahren bemüht, Unterricht als flexibles Werkzeug zum Wissenserwerb darzustellen, mit dessen Hilfe man komplexe Fragestellungen im Team lösen kann. Dennoch kommt man um das klassische Pauken von Faktenwissen nicht herum, da genau dessen Vorhandensein die Voraussetzung für guten, modernen Unterricht ist.

Es wurde bereits besprochen, dass Arbeits- und Kurzzeitgedächtnis 16 bit an gelesenen oder gehörten Inhalten aufnehmen können. Multipliziert man diese Bewusstseinsspanne mit der durchschnittlichen Zeit, über die die Daten festgehalten werden, erhält man die Bewusstseinskapazität. Sie liegt bei jungen Menschen bei ca. 96 bit (16 bit/s × 6 s) und kollidiert damit ziemlich mit dem Wert von 0,05 bit pro Sekunde, die man sich einprägen kann.

> **MERKE**
>
> Je älter wir werden, desto mehr nimmt die Zeitspanne für das Festhalten von Daten im Arbeitsgedächtnis ab, sodass im mittleren Lebensabschnitt noch respektable 64, im hohen Alter zum Teil aber nur noch 32 bit erreicht werden. Auch der Übergang zum Langzeitgedächtnis wird erschwert, da der Hippocampus, der in der Jugend sehr gerne und schnell neue synaptische Verbindungen spinnt, mit dem Alter immer träger oder im Falle eines Morbus Alzheimer sogar zerstört wird.

Die beschriebenen Umstände machen deutlich, dass das schnelle Überfliegen eines Fachtextes nicht zu einem echten Lernerfolg führen kann. Es stellt lediglich einen ersten Schritt des Lernens dar und verschafft dem Leser einen Überblick zur Thematik.

Üblicherweise stellt man beim Lesen fest, dass zumindest einige Inhalte bekannt sind oder bereits verstanden wurden. Dieser Umstand hilft beim Chunking, wenn man den Text ein zweites Mal aufmerksam liest. Im dritten Schritt sucht man die Begriffe oder Bausteine heraus, die man beim besten Willen nicht versteht, und schlägt sie nach. Die erneute Wiederholung des Stoffs danach ermöglicht bereits eine sehr effektive Aneignung von Inhalten, da das Chunking dafür gesorgt hat, dass über wenige bit viele Informationen transportiert werden können. Die 0,05 bit pro Sekunde wurden nun optimal ausgenutzt.

Unter Ausnutzung der Tatsache, dass das Arbeitsgedächtnis mit Gehörtem weniger Probleme hat als mit Gelesenem, kann auch das laute Vorlesen von komplexen Texten hilfreich sein. Ähnlich verhält es sich mit dem Abschreiben von Passagen aus dem Lehrbuch: Was eigentlich wenig sinnvoll erscheint, funktioniert trotzdem, weil man verschiedene Techniken zum Lernen gleichzeitig anwendet, das Gehirn also durch die Aktivierung vieler verschiedener Hirnareale insgesamt mehr in Wallung bringt. Das Gehirn wird diesen Aufwand als Interesse deuten und den Weg zur Langzeitabspeicherung freimachen.

Einige Auszubildende berichten, dass der Wissenserwerb besonders gut funktioniere, wenn eine Prüfung anstehe oder wenig Zeit bis zu einem erwarteten Referat bleibe. Dieses Lernen unter Anspannung funktioniert deshalb gut, weil das Gehirn Daten, die unter Gefahr in das Arbeitsgedächtnis gelangen, bevorzugt beachtet und abspeichert. Grund dafür ist, dass es nicht unterscheiden kann, ob die Unruhe von einer echten oder einer virtuellen Bedrohung stammt. Immerhin soll der Mensch lernen, bei einer erneuten bedrohlichen Situation schneller und effektiver reagieren zu können.

Schlägt diese Unruhe aber in Panik um, weil man den Eindruck hat, gar nichts gelernt zu haben und der Prüfung am Folgetag nicht gewachsen zu sein, ist es mit der Effektivität dieser Lernform vorbei. Das Gehirn bereitet sich nun nämlich auf die Flucht vor und löscht ständig das Arbeitsgedächtnis; gleichzeitig tritt durch die Ausschüttung von Adrenalin eine Art Tunnelblick auf, der zwar bei der Flucht durch die Steppe hilft, das Lesen eines Textes aber nahezu unmöglich macht. Dies ist der Moment, in dem Ihr Auszubildender Ihnen mitteilt, nichts mehr in seinen Kopf hineinzubekommen. Die einzige Lösung, die Sie jetzt anbieten können, ist eine konsequente Stressvermeidung. Oft hilft ein Spaziergang, nach dem man sich wieder erfrischt ans Werk machen kann.

Ein weiteres Argument für die Vermeidung von Stress ist dessen beeinträchtigende Wirkung auf den Schlaf. Es wurde bereits ausgeführt, dass gelernte Inhalte im Schlaf deswegen gut in die Hirnrinde übertragen werden können, weil kein „Gegenverkehr" in Form von Sinneseindrücken zu erwarten ist. Liegt man lange wach, wird dieser Prozess hinausgezögert oder gar ganz verhindert. Einige würden jetzt widersprechen und berichten, dass sie nach einer Nacht des Lernens durchaus ein gutes Prüfungsergebnis erzielt hätten. Fragen Sie diese Kollegen einmal, wie lange die Inhalte nach der Prüfung noch verfügbar waren. In der Regel sind sie verschwunden, weil die Daten nur in der Papez-Schleife in Bewegung gehalten wurden und, nachdem sie nicht mehr gebraucht wurden, sofort verblasst sind.

Für das *explizite Lernen* sollten Sie Ihren Schülern noch einen weiteren Hinweis mit auf den Weg geben: Das Gehirn hasst Eintönigkeit. Treffen Reize auf bereits abgespeicherte identische Daten, wird die Bearbeitung dieser neu eintreffenden Inhalte konsequent geblockt. Dabei ist es leider egal, wie gut die älteren Daten bereits im LZG fixiert sind.

> **PRAXISTIPP**
>
> Das klassische Beispiel für dieses Problem ist das ausschließliche Lernen mit nur einem Buch. Sie werden im Gespräch mit Auszubildenden sicher häufiger zu hören bekommen, dass man das Werk schon fünfmal durchgearbeitet habe und sich trotzdem nichts habe merken können. Leider verstärkt die Schule dieses Problem unabsichtlich, indem man nur ein Buch empfiehlt oder austeilt.
>
> Die Lösung liegt darin, dass Sie die Verwendung ergänzender Literatur empfehlen. Das Lehrbuch dient dann dem Erwerb eines Grundlagenwissens, ein Lehrbuch der Anatomie und Physiologie als Nachschlagewerk für unbekannte Begriffe und Zusammenhänge.

▶ **Formen des impliziten Lernens**

Implizites Lernen geschieht unbewusst. Man verändert sein Verhalten oder eignet sich allmählich eine motorische Fertigkeit an. Sie werden bei der Anleitung von Auszubildenden häufig mit der Situation konfrontiert werden, dass diese bestimmte Handgriffe noch nicht sicher beherrschen. Eine Möglichkeit, dieser Herausforderung zu begegnen, ist das Lernen am Modell.

Lernen am Modell

Einfach ausgedrückt geht es hier um das Nachahmen von Abläufen, die Sie als Anleiter und erfahrener RD-Mitarbeiter vorführen (VGL. U. A. KAP. 6.3 ZUR VIER-STUFEN-METHODE). Zeigen Sie Ihren Auszubildenden eine virtuose Intubation, dienen Sie als Modell und Ansporn zugleich; vorausgesetzt, dass einige der folgenden Bedingungen erfüllt sind:

- Sie stellen eine Respektsperson dar, die befugt ist, ein eventuelles Fehlverhalten der Auszubildenden zu sanktionieren oder besonders kompetente Lernende zu belohnen.
- Sie genießen fachlich einen guten Ruf, gelten als sympathisch oder sind einfach nur attraktiv.
- Sie betreuen Auszubildende mit einem geringen Selbstwertgefühl? Diese neigen dazu, Sie auch dann als Modell anzuerkennen, wenn Sie über keine besondere Stellung verfügen.
- Es besteht eine positive und vertrauensvolle Beziehung zwischen den Auszubildenden und Ihnen. An dieser Stelle sollten Sie aufpassen, da mit dieser Aussage keine Verbrüderung gemeint ist. Die oben bereits erwähnte Stellung als Respektsperson ist ein sehr starker Anreiz dafür, Sie als Modell zu akzeptieren.
- Der Kurs weist ein möglichst homogenes Gefüge auf, sodass emotionale Störfaktoren wie Neid, Missgunst oder Imponiergehabe Ihre Rolle als Modell nicht gefährden können.

Der Auszubildende schaut Ihnen nun genau auf die Finger und tritt damit in die *Aneignungsphase* ein. Im Rahmen von Aufmerksamkeitsprozessen sucht sich der Lernende nun für ihn wesentliche Daten heraus und speichert bzw. modifiziert vorhandene Informationen über Gedächtnisprozesse.

In der motorischen *Reproduktionsphase* wiederholt der Auszubildende Ihre Arbeitsschritte. Je größer die Chance auf eine echte Verbesserung oder Ihr aufrichtiges Lob ist, desto mehr wird sich der Lernende anstrengen.

Einige moderne Lernsysteme setzen darauf, die Reproduktionsphase nicht nach, sondern bereits während der Aneignungsphase beginnen zu lassen. So gibt es von der American Heart Association Lehrfilme, die sich der Kurs gemeinsam ansehen kann. Immer wenn praktische Inhalte gezeigt werden, fordert man die Teilnehmer auf, das Gesehene unmittelbar und ohne große Erklärungen anzuwenden.

Das Lernen am Modell stellt eine der grundlegenden Techniken bei der Entwicklung von Kindern dar, die über Nachahmung Sprache, sozial adäquates Verhalten und Bewegungen lernen.

Klassische Konditionierung

Immer wenn man von *klassischer Konditionierung* spricht, taucht der Name Iwan Pawlow auf. Dieser Forscher hatte bereits den Speichelfluss von Hunden nach der Darbietung von Futter untersucht und festgestellt, dass man sich auf diese Reaktion verlassen kann. Ohne weitere äußere Einflüsse und fast reflexartig begann sein Forschungsobjekt zu sabbern; anders gesagt: Ein unkonditionierter Stimulus führte zu einer unkonditionierten Reaktion.

Konditionierung beginnt dort, wo ein neuer Reiz kurz vor dem unkonditionierten Stimulus eingeführt wird; etwa die berühmte Glocke. Nach einiger Zeit reicht dieser konditionierte Stimulus aus, um den Speichelfluss auszulösen; aus der unkonditionierten Reaktion ist plötzlich eine konditionierte geworden.

Neurologisch scheint es so zu sein, dass die zwei kurz nacheinander an den Synapsen einlaufenden Erregungen die präsynaptische Membran zu einer längeren Ausschüttung von Neurotransmittern und die postsynaptische sogar zu kompletten Umbauprozessen im Sinne einer besseren Erregbarkeit anregen können. In der Folge ist die Synapse so empfindlich, dass bereits einer der beiden Reize ausreicht, um den Effekt auszulösen.

Sie fragen sich vielleicht, was das für Sie in der rettungsdienstlichen Ausbildungspraxis bedeutet, wo Speichelfluss zwar häufiger vorkommt, aber niemand mit einer Glocke herumrennt. Zusammenfassend gesagt: Wichtige Dinge erregen zuverlässig unsere volle Aufmerksamkeit. Hat man ein paarmal erlebt, dass ein ganz bestimmter Piepton eines Überwachungsmonitors das Vorliegen einer Asystolie bedeutet, reicht nach kurzer Zeit allein dieser Ton, um unseren Blutdruck in die Höhe zu treiben.

Neben dieser eher simplen Form der Konditionierung gibt es hundertfach verschachtelte Verbindungen von Stimuli und Reaktionen, die in der menschlichen Entwicklung irgendwann zu dem führen, was wir Verhalten oder Charakter nennen.

OPERANTE KONDITIONIERUNG

Diese Form der Konditionierung ist hirnorganisch bereits etwas komplexer, da mehrere kortikale und subkortikale Areale daran beteiligt sind. Das Grundprinzip hingegen ist recht einfach: Die spontane Handlungsweise eines Auszubildenden wird durch eine Reaktion Ihrerseits gefestigt oder auf Dauer abgeschwächt. Der Lerneffekt liegt hier eher in der Bestätigung einer guten Arbeit auf der Basis bereits bekannter Inhalte; ein Neuerwerb von Wissen ist über dieses Verstärkungslernen nicht möglich.

> **BEISPIEL**
>
> Ein Auszubildender hat sich dazu bereit erklärt, die Einsatzrucksäcke zu überprüfen. Wenn Sie die geleistete Arbeit nun begutachten und sich mit einem dicken, aufrichtigen Lob bedanken, können Sie sich berechtigte Hoffnungen machen, dass der Kollege diese Aufgabe auch ein weiteres Mal übernehmen wird: Sie haben eine positive Verstärkung (Reinforcement) vorgenommen.
>
> Sie kennen das aus Ihrem eigenen Wachenalltag: Ein Lob vom Vorgesetzten tut gut und erzeugt neuen Elan.
>
> Sie können sich alternativ auch jeden Tag über die schlecht gepackten Rucksäcke aufregen und hoffen, dass sich irgendwann jemand erbarmt und das Material der notwendigen Pflege unterzieht. Wenn Sie nun mit dem Meckern aufhören, haben Sie mit einer negativen Verstärkung gearbeitet.

Außer der Belohnung durch warme Worte oder das Weglassen von Bestrafung stehen noch weitere verstärkende Faktoren zur Verfügung, die allesamt folgende Bedingungen erfüllen müssen:
– unmittelbare Verfügbarkeit des Verstärkers

- Erkennbarkeit des Verstärkers (z. B. nicht zu lange Zeit nach dem Ereignis)
- Bedürfnisbefriedigung (z. B. Süßigkeiten).

Formen der Anerkennung könnten die Verstärkung durch Geschenke (materielle Verstärker), gemeinsame Unternehmungen (Handlungsverstärker) oder einfache Respektsbezeugungen wie Schulterklopfen, Aufmerksamkeit oder Beifall (soziale Verstärker) sein.

Gerade der soziale Verstärker ist in Ausbildungsjahrgängen ein wichtiges Instrument. Leben Lehrkräfte und Praxisanleiter einen respektvollen Umgang miteinander vor, können sie gleichzeitig als Modell dienen und mittels der operanten Konditionierung ein angenehmes Kursklima erzeugen.

Prozedurales Lernen

Wer von Ihnen leidenschaftlich gerne Ski läuft oder auf dem Snowboard steht, wird sich kaum daran erinnern können, wie die eleganten Schwünge genau erlernt wurden. Man probiert aus, legt sich etliche Male auf die Nase und kann irgendwann vermelden, den Bogen nun einigermaßen heraus zu haben. Von diesem Zeitpunkt an wird die Technik auf der Basis des Könnens verfeinert und an immer höheren Geschwindigkeiten gearbeitet; parallel dazu stellt sich ein immer stärkeres Gefühl der Sicherheit ein. Schließlich kann man mit Fug und Recht behaupten, die Materie zu beherrschen – und das, ohne jemals ein Fachbuch zum Thema „Sport im Schnee" gelesen zu haben.

Man kann es tatsächlich so vereinfachen: Je monotoner die Bewegung, desto einfacher ist es, sie zu erlernen, und desto schwieriger, sie wieder zu vergessen. Neben Snowboarding sind Radfahren oder der Umgang mit einem Kupplungspedal gute Beispiele für solche einfachen Bewegungsmuster. Verwendet man allerdings komplexe Bewegungen längere Zeit nicht, entwickeln sie sich zurück zu Basismustern: Beim Tanzen klappen nur noch Grundschritte, und das Klavierspiel begeistert niemanden mehr.

Prozedurales Lernen wird über das Kleinhirn und Basalganglien vermittelt; die Festigung erfolgt, wie bereits beschrieben, im Schlaf über eine Wanderung der Reize von subkortikalen Bereichen hin zum Cortex. Tests haben gezeigt, dass dies bei älteren Menschen ähnlich gut funktioniert wie bei jüngeren.

Kognitives Lernen / Lernen durch Einsicht

In einer klassischen Unterrichtssituation finden viele der bereits vorgestellten Lernarten ihren Platz. Einige Fähigkeiten werden durch klassische oder operante Konditionierung erworben, andere durch Ausprobieren. All diese Wege zum Ziel liegen im Gehirn nicht isoliert vor, sondern werden mit der Zeit verknüpft. Es erfolgt eine innere Informationsverarbeitung, um bei Bedarf noch komplexere Problemstellungen bewältigen zu können.

Bei der klassischen oder operanten Konditionierung wird praktisch von außen bestimmt, welcher Lösungsweg der richtige ist. Versuch und Irrtum kommen hingegen immer dann zum Einsatz, wenn dem Gehirn keine Lösungsansätze zur Verfügung stehen.

Das *kognitive Lernen* schließlich ist wesentlich komplexer und greift auf Kenntnisse, Erfahrungen und Bewertungen aus der Vergangenheit zurück. Man überlegt sich, wie man ein Problem am besten lösen kann, und wählt dann den besten oder effektivsten Lösungsansatz aus.

Wolfgang Köhler (1918) brachte Haushühnern bei, auf unterschiedlich hohe Töne zu reagieren. Erklang der höhere Ton, erhielten die Hühner eine Belohnung. Nach einiger Zeit fügte Köhler einen noch höheren Ton hinzu. Hätten die Hühner jetzt auf den ursprünglichen Ton reagiert, hätten wir es nur mit einer einfachen Konditionierung zu tun. Die Tiere reagierten zur Überraschung des Forschers aber auf den höchsten Ton. Sie hatten nicht die absolute Tonhöhe als entscheidend empfunden, sondern die Beziehung der Töne zueinander. Die Lösung, dass der höchste Ton für eine noch interessantere Belohnung stehen könnte, ist ein klassisches Beispiel für kognitives Lernen. Angeregt durch diese Ergebnisse führte Köhler zusammen mit Max Wertheimer Experimente mit Schimpansen durch, in deren Verlauf den Affen die Aufgabe gestellt wurde, unerreichbar hoch aufgehängte Bananen unter Zuhilfenahme im Käfig verteilter Gegenstände zu ergattern. Anstatt aber nach dem Prinzip „Versuch und Irrtum" endlos diverse Strategien auszuprobieren, betrachteten die Schimpansen nach einiger Zeit die zur Verfügung stehenden Kisten und begannen dann spontan damit, einen Turm zu bauen, der Ihnen Zugang zu den Früchten gestattete. Köhler stellte nach diesen Beobachtungen sechs Phasen des Lernens durch Einsicht zusammen:

1. Auftauchen des Problems als Spannungsfeld zwischen Soll (Affe soll Banane erhalten) und Ist (Affe kommt nicht direkt heran)
2. Probierverhalten (Versuch und Irrtum)
3. Umstrukturierung (weitere denkbare Lösungen werden theoretisch durchdacht)
4. Einsicht und Lösung (Aha-Erlebnis, geeignete Lösung wird gefunden)
5. Anwendung (Durchführung der Lösung, Beibehaltung bei Erfolg)
6. Übertragung (Lösung wird auch auf ähnlich gelagerte Probleme angewandt).

Übertragen auf den Rettungsdienst kann man sich gut den jungen Retter vorstellen, der mit der begrenzten Ausstattung eines Krankentransportwagens unter Einsatz von Kreativität und Sachverstand eine massive Blutung stoppen muss.

6.1.3.2 *Lerntypen*

Fakten, die der Dozent im Verlauf eines guten Unterrichts an den Kurs weitergibt, treffen auf unterschiedlich bereite Gehirne. Einige Teilnehmer werden mit dem Gehörten keine Probleme haben und es aufsaugen wie ein Schwamm. Andere fragen typischerweise, ob es zu den Zusammenhängen noch ein Skript gebe, oder haken etliche Male nach, bis der Lehrkraft die Halsvenen hervortreten. Erklären lässt sich dieser Umstand mit der Tatsache, dass alle Menschen ihre eigenen bevorzugten Strategien zur Informationsaufnahme besitzen:

- Der *auditive* Typ lernt am besten durch das gesprochene Wort.
- Der *visuelle* Typ lernt vorzugsweise über das Sehen.
- Der *audiovisuelle* Typ verinnerlicht Inhalte, die er gleichzeitig hört und sieht, besonders gut.
- Der *olfaktorische* Typ kombiniert Wissen gerne mit Gerüchen.
- Der *haptische* Typ muss Dinge anfassen, um sie zu verinnerlichen.

Weitere Typen lernen besonders effektiv durch Hinterfragen tieferer Bedeutungen und Zusammenhänge, durch gute Präsentationen oder über kognitive Prozesse. In der Regel ist man übrigens nie nur ein Lerntyp, sondern stets eine Kombination von vielen.

Wir müssen einfach akzeptieren, dass es keine Lernstrategie gibt, die in einem Lehrgang mit 20 Teilnehmern bei jedem auf gleich fruchtbaren Boden fällt. Da wir aber kognitive Fähigkeiten besitzen, sollte uns nun die Idee kommen, die einzelnen Anteile im Unterricht zu kombinieren – und zwar so, dass die Verteilung der Unterrichtsinhalte sich an Techniken orientiert, die dem durchschnittlichen Vermögen zur Wissensaufnahme aller Gehirne im Kurs entsprechen.

Einer gängigen Annahme zufolge behalten wir …
- 10 % von gelesenen Inhalten,
- 20 % von dem, was wir hören,
- 30 % von dem, was wir sehen,
- 50 % von dem, was wir durch Sehen und Hören erarbeiten,
- 70 % von dem, was wir sagen, und
- 90 % von dem, was wir tun – vorausgesetzt, wir reden dabei darüber.

Das bedeutet, dass das reine Selbststudium qualitative Probleme birgt, während die Übung im Team am Simulator hocheffektiv ist. Es ist sicherlich eine gute Idee, diese Prozentwerte bei der Unterrichtsplanung zu berücksichtigen.

6.1.4 Motivation und Erwartung

Motivation bedeutete im Neandertal, mit Elan und Intelligenz an einer neuen bzw. effektiven Lösung für ein Problem zu arbeiten, mit dem die Gemeinschaft zu kämpfen hatte. Heutzutage gibt es viele erstrebenswerte Ziele, die eher für den Einzelnen von Belang sind.

Die Quelle der Motivation, das limbische System des Gehirns, wurde bereits mehrfach erwähnt. Neben den bisher entdeckten Aufgaben bei der Aufbereitung von Wissen für das Langzeitgedächtnis besitzt es offenbar die Fähigkeit, emotionale, triebhafte und intellektuelle Leistungen zu koordinieren und mit neuen Eindrücken abzugleichen.

Zusammen mit vielen anderen Orten im Gehirn generiert das System Gefühle wie Motivation und Antrieb. Es ist daher unerlässlich für die Beantwortung der Frage, warum man teilweise noch um zwei Uhr nachts am Schreibtisch sitzt.

Motivation entsteht dann, wenn wir die Erwartung haben, mit einer bestimmten Verhaltens- oder Denkweise einen bestimmten für uns positiven Effekt erreichen zu können. Brennstoff für eine solche Motivation sind Neugier, Ehrgeiz, ungeklärter sozialer Status oder auch Liebe.

▶ **Die menschlichen Motive**

Die Stärke der Motivation berechnet sich aus den Ausgangsbedingungen (z.B. aus dem Leistungsstand des Auszubildenden), der Frage, ob und wie sicher das Ziel erreicht werden kann, und dem angenommenen Wert des anvisierten Ziels. Bin ich beim Lernen schon recht weit fortgeschritten, habe den Anspruch, ein Einserzeugnis vorzulegen, und weiß, dass ich nach meinem Examen sofort in ein Arbeitsverhältnis übernommen werde, bin ich motiviert bis in die Haarspitzen.

Der vermeintliche Wert des zu erreichenden Ziels weist folgende Komponenten auf:
– Identifikation mit der Ausbildung und mit der Schule
– Interesse und Freude an der Bearbeitung der Fragestellung

TAB. 1 ▶ Die menschlichen Motive

	Selbsterhaltung, Sicherheit (Mangelmotive)	Befriedigung, Anregung (Überflussmotive)
Den Körper betreffend:	Vermeidung von O_2-Mangel, Hitze, Kälte, Schmerz, Hunger, Durst, keine Toilette finden, Müdigkeit, Krankheit sowie vieler weiterer unangenehmer Zustände	Suche nach lustbetonten, sinnlichen Eindrücken wie Geschmack, Gerüche, angenehme Geräusche, sexueller Genuss, Wohlbefinden etc.
Die Beziehungen zur Umwelt betreffend:	Vermeidung von erschreckenden oder gar gefährlichen Situationen sowie der Nähe zu ekelerregenden Objekten; Erhaltung einer stabilen, verlässlichen Umgebung, die das Überleben sicherstellen kann	Erwerb von Besitz, Erfinden und Realisieren von Objekten; Verständnis für die Umwelt entwickeln, spielen können, neugierig sein und Veränderung der Umwelt anstreben
Die Beziehungen zu anderen Individuen betreffend:	Vermeidung von Streit und Feindseligkeiten; Streben nach Gruppenzugehörigkeit, Prestige und einem gewissen Status; Annahme von Normen und Werten der Gruppe	Streben nach Liebe; Identifikation mit einzelnen Menschen oder Gruppen; anderen Menschen helfen und sie und ihre Motive verstehen; Freude an der Gesellschaft anderer Menschen; Bewunderung oder gar Unterwerfung anderer gewinnen
Das eigene Ich betreffend:	Vermeidung von Gefühlen wie Versagen oder Minderwertigkeit, wenn man sich mit anderen oder einem idealen Selbst vergleicht; Vermeidung negativer Gefühle wie Schuld, Angst und Scham	Streben nach Gefühlen wie Selbstbewusstsein und -vertrauen, Bewusstsein der eigenen Leistung, Gefühl der Herausforderung, Festlegung eigener Normen und Werte; Gefühl, einen Platz im Universum gefunden zu haben

- kurz- und langfristiger Nutzen
- Frage, ob es sich lohnt, andere Dinge für das aktuelle Ziel zu vernachlässigen (Opportunitätskosten).

> **MERKE**
>
> Wenn wir uns überlegen, eine Herausforderung anzupacken, wählen wir ein Anspruchsniveau, eine Art Leistungsziel. Dieses hängt von den Faktoren Erfolgswahrscheinlichkeit (ist die Herausforderung einfach zu bewältigen, ist der Erfolg sicherer) und Erfolgsanreiz (ist die Herausforderung schwierig zu bewältigen, ist der Erfolg wertvoller) ab.

Nimmt man die Erwartung und den subjektiven Wert des Ziels zusammen, errechnet sich das „Erwartung-mal-Wert-Modell". Die Erwartung hat direkten Einfluss auf die Leistungen im Unterricht; der Wert des Ziels beeinflusst die Auswahl dieser Kurse.

▶ **Intrinsische Motivation**

Wer mit Freude und Elan in den Unterricht geht, wird schnell kleinere und größere Erfolgserlebnisse haben: Die Dozenten freuen sich über den motivierten Auszubildenden, Kollegen profitieren vom Fachwissen, und am Ende des Tages geht man mit dem Gefühl nach Hause, einen schönen und lehrreichen Tag verbracht zu haben. Lehrende und Lernende haben in diesem Fall beide profitiert und im besten Fall sogar etwas voneinander gelernt.

▶ **Extrinsische Motivation**

Wir haben schon mehrfach über Modelle gesprochen, bei denen man ein Ziel als besonders erstrebenswert

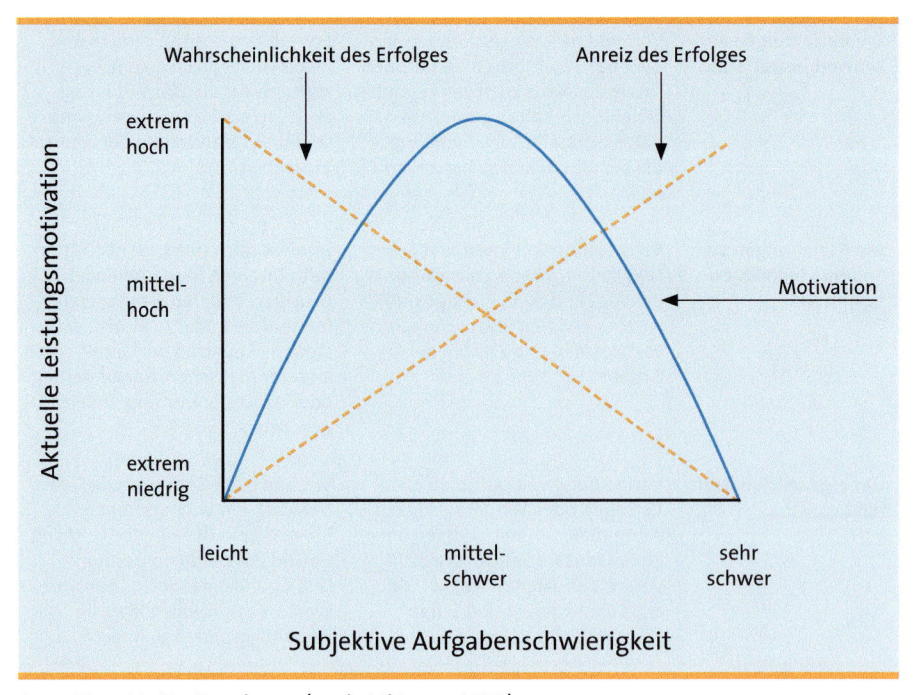

ABB. 11 ▶ Motivationskurve (nach Atkinson 1957)

empfindet, wenn nach dessen Erreichen eine wie auch immer geartete Belohnung auf einen wartet. Diese kann direkt mit dem Inhalt verknüpft werden, indem der Dozent für richtige Antworten Gummibärchen verteilt; es sind aber auch indirekte Modelle denkbar wie ein gemeinsamer Besuch in der Rechtsmedizin als Anerkennung guter Leistungen des gesamten Kurses.

▶ **Frustration**

Wenn ein Schüler den Eindruck hat, sich von seinem Ziel immer weiter zu entfernen oder es gar nicht mehr sehen zu können, stellt sich das Gefühl der Frustration ein. Die Ursache hierfür liegt häufig in einer von den Lehrkräften unerkannt gebliebenen Demotivation. Analog zur Motivation gibt es auch hier eine intrinsische Form, bei der der Auszubildende beispielsweise einfach nicht den Bogen rausbekommt, wie man einen Zugang legt. Bei allen anderen Kollegen klappt es, nur bei ihm selbst will es nicht gelingen. Nachdem er die Stadien *motiviert – verbissen – verzagt* durchlaufen hat, wird er beim nächsten Übungstermin keine große Lust mehr verspüren, eine Kanüle in die Hand zu nehmen.

Auch eine extrinsische Form der Demotivation ist bekannt; hier sind Faktoren wie Überforderung, Lernstress, Angst vor der Prüfung oder im schlimmsten Fall ein negatives Verhalten von Lehrkräften ausschlaggebend.

Häufen sich diese Faktoren, wird aus einer Demotivation echte Frustration, aus der man den Betroffenen behutsam wieder herausführen muss, da sonst das Ausbildungsziel gefährdet ist.

Für die Lehrkräfte stellt das Spannungsfeld *Motivation – Demotivation – Frustration* eine echte Herausforderung dar, da sich ein Unterricht ohne jedes Frustrationspotenzial wiederum negativ auf die Motivation auswirkt. Der Satz „Was ihr heute lernt, kommt in der Prüfung nicht vor" gibt die Lösung „Muss ich nicht lernen" vor – somit gibt es kein Problem, und das Ziel hat einen Wert von Null, was multipliziert mit der vielleicht vorhandenen Erwartung dennoch eine Motivation von Null ergibt.

Eine gewisse Gefahr der Frustration – in konstruktive Bahnen gelenkt – zwingt den Auszubildenden zu einer Überarbeitung der Problemstellung und eröffnet ihm so die Möglichkeit, neue Lösungswege auszuprobieren. Unterstützen Sie Ihre Auszubildenden dabei!

6.1.5 Lernprozess

Nachdem Sie nun wissen, welche Lerntypen Sie im Lehrgang sitzen haben, welche Motivation diese mitbringen und wie das Lernen rein physiologisch funktioniert, können Sie die zukünftigen Kollegen dabei unterstützen, ihren jeweils eigenen Zugang zu Wissen und Handlungskompetenzen zu entwickeln. Es gilt dabei, einen Lernprozess zu entwickeln, der nicht nur als Blaupause für die Unterrichtsgestaltung, sondern auch für die Entwicklung individueller Ideen für das Selbststudium dienen kann.

Eine relativ einfache Version, das WAH-Bildungskonzept, gliedert sich in folgende drei Abschnitte:
1. Wahrnehmen
2. Aneignen
3. Handhaben

Die Stufen des Lernens

- Wahrnehmen
- Aneignen
- kreativ Handhaben

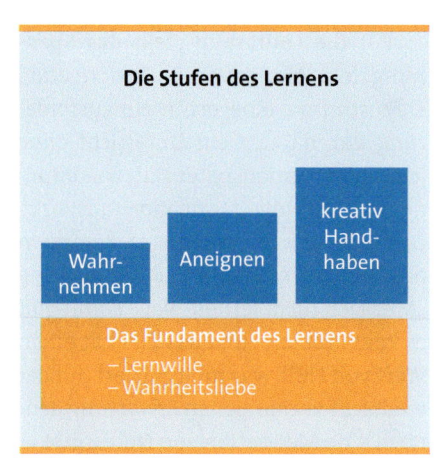

Das Fundament des Lernens
- Lernwille
- Wahrheitsliebe

Abb. 12 ▶ Das WAH-Modell nach van Houten (2011)

Besteht eine ausgeprägte intrinsische Motivation, kann sich der Auszubildende viele der genannten Punkte aus eigener Kraft erarbeiten. Fehlt diese zum Teil, kann ein Ausgleich durch extrinsische Motivation angedacht werden.

Die wichtigste Phase des Lernprozesses ist die des Aneignens. Man unterteilt sie in fünf Eckpunkte, sodass sich insgesamt folgende Aufstellung des Konzepts ergibt (s. Tab. 2):

In der Wahrnehmungsphase erklärt und demonstriert die Lehrkraft eine neue Arbeitstechnik; die Auszubildenden hören oder schauen aufmerksam zu. Das Nachahmen dieser Technik erfolgt dann in der Aneignungsphase; perfektioniert wird sie mittels Korrektur durch die Anleiter. Nach einiger Zeit der Übung nehmen die Lehrkräfte schließlich eine wie auch immer geartete Bewertung vor, ob die Technik nun von den Auszubildenden in der Praxis gehandhabt werden kann. In den Praxisphasen der Ausbildung wird dieser Eindruck dann von den Praxisanleitern bestätigt oder in Zweifel gezogen, sodass gegebenenfalls ein erneuter Einstieg in die Aneignung erfolgen muss.

▶ **Künstliche Einflüsse auf den Lernprozess**

Die Zeit
Untersuchungen zeigen, dass die maximale Zeit, die man pro Tag mit Lernen zubringen kann, bei circa sechs Stunden liegt. Danach bekommt man prak-

Tab. 2 ▶ Beschreibung des WAH-Modells

1. Wahrnehmen	Ein völlig neuer Sachverhalt wird betrachtet. Man kann auch schon einmal davon gehört haben; er wurde aber nicht verinnerlicht.
2. Aneignen	
– Aufnehmen	Man tritt mit dem Stoff gezielt in Kontakt und stellt eine Verbindung her.
– Verarbeiten	Man verarbeitet den Stoff und fügt ihn dem eigenen Wissen hinzu.
– Individualisieren	Das Wissen wird nun dem eigenen Leistungsvermögen angepasst und individuell umgestaltet.
– Einüben	Nun wird der Umgang mit dem neu erworbenen und verarbeiteten Wissen eingeübt.
– Erproben	Zum Schluss wird das neue Wissen in der Praxis erprobt.
3. Handhaben	Der Sachverhalt wurde so verarbeitet, dass man praxisgerecht und souverän damit umgehen kann. Erst wenn dies der Fall ist, gilt er als gelernt.

tisch „kaum noch etwas in den Schädel hinein", sondern rührt nur noch lustlos in der Faktensuppe herum. Diese sechs Stunden können aber auch nur dann effektiv genutzt werden, wenn eine erholsame Pause zwischen zwei Drei-Stunden-Blöcken eingelegt wird. Bezogen auf den Durchschnittsmenschen findet der Unterricht dann zwischen 9 und 12 und 15 bis 18 Uhr statt, was im Schulalltag kaum umsetzbar ist. Zusätzlich gibt es auch noch die Schüler, die nach einem ganz anderen zeitlichen Rhythmus arbeiten (unterschiedlicher Chronotyp), am Nachmittag zu Höchstleistungen auflaufen und auch entsprechend fordernd sind. Hier gilt es, eher Wiederholendes und Festigendes in den letzten zwei Stunden einzuplanen, ohne die Nachmittagslerner zu unterfordern.

LERNUMFELD

Ob Sie nun Hinweise für das Lernen zu Hause geben oder Ihren Schülern einen Rückzugsraum für das Selbststudium einrichten möchten: Wichtig sind in erster Linie Ruhe und Schutz vor Ablenkung. Ferner sollte ein Zugriff auf Fakten möglich sein (Bibliothek, PC), eine Raumtemperatur von 18 bis 20 °C angestrebt und für eine ausreichend helle, indirekte Beleuchtung gesorgt werden. Auch Rituale helfen: Wer bestimmte Gegenstände wie Kaffeebecher, Stift oder Collegeblock immer nur für das Lernen verwendet, hilft seinem Gehirn dabei, auf den Lernmodus umzuschalten. Störende Elemente, und damit sind vor allem das E-Mail-Programm und soziale Netzwerke auf dem PC oder dem Smartphone gemeint, sollte man abschalten, da eine Studie von 2005 (vgl. dazu Wilson 2010) ergeben hat, dass das ewige Lesen von Nachrichten um die zehn IQ-Punkte und natürlich auch viel Zeit kostet.

LERNORGANISATION

Man kann das Lernen in vier effektive Abschnitte einteilen:
1. *Vorbereitungsphase* zur Organisation von Büchern, Altklausuren oder Skripten
2. *Hauptphase* zum Lernen
3. *Wiederholungsphase* zum Nachlernen schon wieder vergessener Inhalte
4. *Überprüfungsphase*, um zu testen, ob man in die Prüfung gehen kann.

Bei der Organisation dieser Phasen hilft ein Lernplan, auf dem genau steht, welches Fach zu welchem Zeitpunkt behandelt werden soll. Zurückgerechnet vom Examenstermin weiß der Auszubildende dann genau, wann er spätestens mit dem effektiven Lernen beginnen muss.

Für jedes Stoffgebiet sollte sich der Anwärter dann die Frage stellen, wie gut er darin bereits ist – und diese bitte auch schonungslos ehrlich beantworten. Hieraus ergibt sich der Zeitbedarf beim Lernen, der nun eingeplant werden kann, ohne gleich Stress auszulösen. Es empfiehlt sich, die einzelnen Tage nur zu zwei Dritteln zu planen, da immer mal ein wichtiger Termin dazwischenkommen kann. So können Lernende auch bei unvorhergesehenen Ereignissen ihre Planung aufrechterhalten und geraten nicht unnötig unter Zeitdruck.

Kaffee und Nikotin

Kaffee löst eine ganze Reihe von Prozessen im menschlichen Körper aus; dabei steht die Hemmung bremsender Prozesse im Gehirn im Mittelpunkt. In der Folge schwingt das vegetative Pendel in Richtung Sympathikus und sorgt so dosisabhängig für eine Anregung oder auch Stress. Ob sich Kaffee negativ oder positiv auf das Lernen auswirkt, ist Gegenstand kontroverser Diskussionen. Wer sich allerdings drei Kannen einverleibt, hat mit ständigem Harndrang (stört das Lernen) und Schlaflosigkeit (stört die Übertragung ins LZG) zu kämpfen.

Nikotin unterstützt das Gehirn lediglich beim schnellen Lernen prozeduraler Lernaufgaben und hebt die Aufmerksamkeit an. Bei den anderen Lernformen und auch bei der Gedächtniskonsolidierung im Schlaf ergeben sich hingegen keine positiven Veränderungen. Es lohnt sich demnach nicht, für einen besseren Lernerfolg mit dem Rauchen anzufangen, erst recht nicht, wenn man die drohenden schweren Schäden durch den Nikotinkonsum (u.a. Gefäßerkrankungen) in Betracht zieht.

Alkohol

Für die Übertragung von Erlerntem in das LZG ist, wie bereits erwähnt, das Hippocampusgebiet des Gehirns zuständig. Wie auch auf alle anderen Hirnbereiche wirkt Alkohol hier toxisch und bremst die Funktion auf ein unangenehmes Minimum herunter. Das Problem ist demnach nicht das Vergessen; vielmehr wird überhaupt verhindert, dass etwas in der Großhirnrinde gespeichert wird. Da Alkohol zudem den normalen Schlafrhythmus stört, wird auch dieser wichtige Faktor für das Abspeichern von Wissen negativ beeinflusst.

Gewisse Substanzen 1 Methylphenidat (z. B. Ritalin®)

Das von vielen Kindern aufgrund einer Aufmerksamkeitsstörung geschluckte Ritalin® gehört in die Gruppe der Amphetamine. Es wird seit 1971 als Betäubungsmittel geführt und ist im Sport als Dopingmittel verboten. Eine Verschreibung aufgrund von Lernstress ist ausgeschlossen; auf legalem Weg kommt man an das Präparat nicht heran.

Die Wirkung basiert auf einer Hemmung der Rückresorption von Dopamin in die präsynaptische Membran von Nervenzellen des ZNS; hierdurch wird eine längere Wirkung erreicht. Der Effekt soll neben einer allgemeinen Anregung darin liegen, dass man fokussierter an Problemstellungen herantreten und störende Elemente eher ausblenden kann – es entsteht ein selektiver Tunnelblick.

Die Nebenwirkungen sind allerdings erheblich: Besonders bei Psyche und Nervensystem scheint es bei Daueranwendung zu schädlichen, teilweise noch gar nicht erforschten Auswirkungen zu kommen. Andere Applikationsformen der Tabletten als die orale Einnahme können die Nasenschleimhaut zerstören (nasal) oder aufgrund der Emboliegefahr durch nicht wasserlösliche Bestandteile sogar lebensbedrohlich sein (i. v.).

Eine Studie von 2013 (Finger, Silva und Falavigna 2013) konnte darüber hinaus keine Effekte nachweisen, die über die generell anregende Wirkung oder die Senkung des Schlafbedürfnisses hinausgingen.

Gewisse Substanzen 2 Dexamphetamin-Levoamphetamin (z. B. Adderall®)

Auch Adderall® ist ein Amphetamin. Es unterscheidet sich im Wirkmechanismus vom Ritalin® insofern, als es Neurotransmitter des Sympathikus direkt freisetzen kann, ohne auf einen Nervenimpuls warten zu müssen. Der Körper arbeitet permanent mit erhöhter Leerlaufdrehzahl, weswegen das Präparat in den USA auch gerne zum Abnehmen verwendet wird.

Bei entsprechender Dosierung ist es dem Körper kaum noch möglich, aus eigenem Antrieb zur Ruhe zu kommen. Davon abgesehen scheint es einen Zusammenhang zwischen Amphetaminkonsum und dem späteren Auftreten eines Morbus Parkinson zu geben. Levamphetamin darf in Deutschland nicht verschrieben werden; es stammt hierzulande demnach stets aus problematischen Quellen.

Weitere Substanzen

Auch Benzodiazepine, die bekanntermaßen eine Amnesie und somit zuverlässig einen Blackout – zumindest hinsichtlich erworbenen Last-Minute-Wissens – erzeugen, werden in einschlägigen Foren häufiger diskutiert. Genauso regelmäßig findet man dort Anfragen zu Betablockern, die allerdings sorgfältig und vor allem einschleichend dosiert werden müssen, um Stress zuverlässig vom Kreislaufsystem fernzuhalten. Auf den Geist wirken die Tabletten hingegen nicht. Eher schon passiert es, dass der Anwender aus Ungeduld überdosiert und die Treppe zum Prüfungssaal nicht mehr ohne Hilfe emporsteigen kann.

Das Lernen lässt sich also nur unzureichend und unter Inkaufnahme viel zu ausgeprägter Nebenwirkungen medikamentös beeinflussen. Viel Schlaf und eine gesunde Motivation wirken i. d. R. ebenso gut.

Literatur:

Atkinson JW (1957) Motivational Determinants of Risk-taking Behavior. In: Psychological Review 64 (6): 359–372.

Baddeley A (1996) Exploring the Central Executive. In: The Quarterly Journal of Experimental Psychology 49A (1): 5–28.

Baddeley A (2003) Working Memory: Looking Back and Looking Forward. In: Nature Reviews Neuroscience 4: 829–839.

Bähr M, Frotscher M, Küker W (2009) Neurologisch-topische Diagnostik. Anatomie – Funktion – Klinik. 9. Aufl., Stuttgart: Thieme.

Bandura A (1991) Sozial-kognitive Lerntheorie. Stuttgart: Klett-Cotta.

Bear MF, Connors BW, Paradiso MA (2009) Neurowissenschaften. Ein grundlegendes Lehrbuch für Biologie, Medizin und Psychologie. 3. Aufl., Heidelberg: Spektrum Akademischer Verlag.

Behrends JC et al. (2012) Duale Reihe: Physiologie. 2. Aufl., Stuttgart: Thieme.

Benesch H (Hrsg.) (2006) Grundlagen der Psychologie. Studienausgabe. 1. Aufl. der Sammelausgabe, Augsburg: Weltbild.

Finger G, da Silva E, Falavigna A (2013) Use of Methylphenidate among Medical Students: A Systematic Review. In: Revista da Associação Médica Brasileira 59 (3): 285–289.

Goerke M et al. (2014) Differential Effect of an Anticholinergic antidepressant on Sleep – Dependent Memory Consolidation. In: Sleep 37 (5): 977–985. Doi: 10.5665/sleep.3674.

Heidmann F (2001) Gedächtnis. In: Lexikon der Kartographie und Geomatik. Heidelberg: Spektrum Akademischer Verlag. Unter: www.spektrum.de/lexikon/kartographie-geomatik/gedaechtnis/1663, 02.05.2016.

van Houten C (2011) Erwachsenenbildung als Schicksalspraxis. Sieben Stufen für ein zeitgemäßes Lernen. 2. Aufl., Stuttgart: Freies Geistesleben.

Jaffard R (2002) Das facettenreiche Gedächtnis. In: Spektrum der Wissenschaft Spezial "Gedächtnis" (H. 1/2002): 6–9.

Köhler W (1973) Intelligenzprüfungen an Menschenaffen. Mit einem Anhang zur Psychologie des Schimpansen. 3. Aufl., Berlin, Heidelberg: Springer.

Lüllmann H, Mohr K, Hein L (2008) Taschenatlas Pharmakologie. 6. Aufl., Stuttgart: Thieme.

Masuhr KF, Masuhr F, Neumann M (2013) Duale Reihe: Neurologie. 7. Aufl., Stuttgart: Thieme.

N.N. (2011) Erhöhtes Parkinson-Risiko durch Amphetamine? In: Ärzte Zeitung online. Unter: www.aerztezeitung.de/medizin/krankheiten/neuro-psychiatrische_krankheiten/morbus_parkinson/article/642026/erhoehtes-parkinson-risiko-durch-amphetamine.html, 02.05.2016.

N.N. (o.J.) Lernen durch Problemlösung nach Köhler. Universität Duisburg-Essen. Unter: www.uni-due.de/edit/lp/kognitiv/koehler.htm, 02.05.2016.

N.N. (2007) Lernen & Gedächtnis. Gedächtnis: Sensorisches Gedächtnis & Arbeitsgedächtnis. Freie Universität Berlin, Arbeitsbereich Allgemeine und Neurokognitive Psychologie. Unter: www.ewi-psy.fu-berlin.de/einrichtungen/arbeitsbereiche/allgpsy/media/media_lehre/Lernen_und_Ged__chtn__s/lernen_10.pdf, 02.05.2016.

Riese E (2011) Der Einfluss von Nikotin auf Lernprozesse und die schlafassoziierte Gedächtniskonsolidierung bei gesunden Nichtrauchern. Dissertation. Medizinische Fakultät Albert-Ludwigs-Universität Freiburg i.Br. Unter: www.freidok.uni-freiburg.de/volltexte/8443/, 02.05.2016.

Rouder JN et al. (2011) How to Measure Working Memory Capacity in the Change Detection Paradigm. In: Psychonomic Bulletin and Review 18 (2): 324–330. Auch unter: www.ncbi.nlm.nih.gov/pmc/articles/PMC3070885/, 02.05.2016.

Schäfers ATU (o.J.) Gehirn und Lernen. Unter: www.gehirnlernen.de, 02.05.2016.

Schmidt RF, Schaible H-G (Hrsg.) (2006) Neuro- und Sinnesphysiologie. 5. Aufl., Heidelberg: Springer.

Schneider K, Brinker-Meyendriesch E, Schneider A (2005) Pflegepädagogik. Für Studium und Praxis. 2. Aufl., Heidelberg: Springer.

Schott H (1993) Die Chronik der Medizin. Dortmund: Chronik.

Schwartz B, Schuldenfrei R, Lacey H (1978) Operant Psychology as Factory Psychology. In: Behaviorism 6: 229–254.

Stangl W (2006) Lernstrategien – Lerntypen – Lernstile. Unter: Werner Stangls Arbeitsblätter, http://arbeitsblaetter.stangl-taller.at/LERNEN/Lernstrategien.shtml, 02.05.2016.

Stangl W (2016) prozedurales Gedächtnis. In: Lexikon online. Online-Enzyklopädie für Psychologie und Pädagogik. Unter: http://lexikon.stangl.eu/7415/prozedurales- gedaechtnis/, 02.05.2016.

Trepel M (2008) Neuroanatomie. Struktur und Funktion. 4. Aufl., München: Urban und Fischer bei Elsevier.

Wigfield A, Eccles JS (1992) The Development of Achievement Task Values: A Theoretical Analysis. In: Development Review 12: 265–310.

Wilson G (2010) The "Infomania" Study. Unter: http://www.drglennwilson.com/links.html, 19.05.2016.

6.2 Kompetenzen

JOCHEN KIRCHEIS, ALEXANDER HUWE

Eine Neuorientierung im Sinne der Kompetenzentwicklung und Vertiefung der Ausbildungsinhalte macht es notwendig, sich dem Prozess des beruflichen Kompetenzerwerbs zu stellen. Eine Umorientierung in der rettungsdienstlichen Aus- und Weiterbildung ist somit unabdingbar.

Der Kompetenzbegriff ist in den letzten Jahren immer mehr zum Mittelpunkt von Ausbildungsinhalten geworden und zielt auf die persönliche Entfaltung, Teilhabe, angemessenes Handeln und eine gesellschaftliche Verantwortung des Auszubildenden ab – kurz gesagt, was ein Mensch „kann", indem er sachkundig, handlungs- und reflexionsfähig ist. Hintergrund ist der Erwerb von Kompetenzarten (s. TAB. 3).

Um komplexe Anforderungen, welche im Rettungsdienst ständige Begleiter sind, erfolgreich zu bewältigen, benötigt es Wissen, kognitive und praktische Fähigkeiten wie auch soziale Verhaltenskomponenten. Das Wissen stellt dabei die zentrale Grundlage von Handlungsfähigkeit dar. Eine Differenzierung zwischen Wissen und Handeln wurde in den letzten Jahren stark diskutiert und hat dadurch die Entwicklung des Kompetenzbegriffs vorangebracht.

Passives Lernen rückt in den Hintergrund und ändert die Lernumwelt: von der bloßen Theorie hin zu aktiven Lehr- und Lernelementen. – Der Auszubildende rückt mehr in den Vordergrund und greift eigenständig und aktiv in die Lehr- und Lernprozesse ein.

Im Sinne der Ausbildung sind viele der genannten Kompetenzarten uneingeschränkt auf den Notfallsanitäter anwendbar. Begründet liegt dies darin, dass der Notfallsanitäter als Kompetenzträger besonderen An- und Herausforderungen ausgesetzt ist.

Zum Beispiel muss der Notfallsanitäter beim Patienten nicht nur

TAB. 3 ▶ Kompetenzarten (nach Prenzel, Gogolin und Krüger 2008: 133)

Fachkompetenz:	Kenntnisse, Fähigkeiten und Fertigkeiten einer Person
Methodenkompetenz:	situative und flexible kognitive Fähigkeiten, welche auch zur Aneignung neuer Kenntnisse dienen
Sozialkompetenz:	kooperatives Teamwork, Empathie und prosoziales Verhalten
Handlungskompetenz:	sachgerechte und verantwortliche Anwendung in entsprechenden Handlungssituationen, welche ein komplexes und eigenständiges Tun erfordern
Kommunikative Kompetenz:	sprachliche Ausdrucksfähigkeit und kommunikatives Teamwork
Personalkompetenz:	Disposition eines Menschen mit seinem Wissen und seinen Werten sowie die Möglichkeit der Reflexion und dessen Anpassung
Inhaltliches Basiswissen:	naturwissenschaftliche wie sozialwissenschaftliche Grundlagen und ethisches Basiswissen aus den Bereichen Geschichte, Pädagogik, Soziologie, Politik und Biologie

die jeweilige Krankheit oder Verletzung erkennen (Fachkompetenz), eine Behandlung durchführen (Handlungskompetenz), mit dem Patienten empathisch umgehen (Personalkompetenz) und im Team arbeiten (Sozialkompetenz), sondern auch Einsatzdaten dokumentieren können (PC-Kompetenz). Es geht nicht mehr um den Erwerb von eng definierten Kenntnissen und der damit verbundenen Sachlogik, sondern um den Erwerb von Fähigkeiten für geplante Handlungsabsichten. Wissen wird nunmehr fachlich und strategisch entwickelt, um es zielgerichtet einzusetzen und zu evaluieren.

Die Selbstständigkeit und Selbstorganisation des angehenden Notfallsanitäters werden zum pädagogischen Ziel für die Herausforderungen im Berufsalltag. Kompetenzentwicklung eröffnet im Berufsleben somit individuelle Handlungsspielräume.

Es ist an dieser Stelle anzumerken, dass auch Praxisanleiter nicht nur über Wissen und Können verfügen müssen, sondern dieses auch anwenden, umsetzen und einsetzen können müssen. Hierbei steht das Handeln mit allen Kompetenzarten im Vordergrund. Das bedeutet, dass jeder Praxisanleiter verpflichtet ist, durch ständige Fort- und Weiterbildung seine eigenen Kompetenzen zu verbessern und auch zu erweitern, um seine Auszubildenden ausreichend im Kompetenzerwerb zu fördern. Gerade im Hinblick auf die Veränderungen von der Rettungsassistenten- zur Notfallsanitäterausbildung haben sich Methoden und Anforderungen an die Pädagogik verändert.

6.2.1 Das kompetenztheoretische Modell für die Ausbildung im Rettungsdienst

Weder für den Notfallsanitäter noch für den Rettungsassistenten besteht bzw. bestand ein empirisch untersuchtes didaktisches Modell. Im Folgenden wird auf das *Kompetenztheoretische Modell der Pflegedidaktik* von Christa Olbrich Bezug genommen. Zentral ist in dem Modell die Klärung der Frage, wie Kompetenzen entwickelt werden können. Grund ist die Parallelität im Ausbildungskonzept zur Gesundheits- und Krankenpflege. Da sich viele Analogien zum Rettungsdienst finden lassen (in Theorie und Praxis), ist eine Umsetzung des Modells in der Ausbildung von Notfallsanitätern durchaus möglich und sinnvoll. Besonders vorteilhaft erscheint, dass die einzelnen Kompetenzen sich hierarchisch aufeinander aufbauend, im Sinne von Entwicklungsstufen, innerhalb der dreijährigen Ausbildung anordnen lassen.

ABB. 13 ▶ Schlüsselkompetenzen eines Praxisanleiters

Um den komplexen Anforderungen der kompetenzorientierten Didaktik Rechnung zu tragen, werden im Weiteren die Arten des Handelns und des Lernens unterschieden. Im Anschluss ergeben diese zusammengefügt ein für die Ausbildung anwendbares hierarchisches Regelwerk.

6.2.1.1 *Die Arten des Handelns und das Sichtbarmachen von Handlungsabläufen*

▶ **Das regelgeleitete Handeln**
Es dient der Anwendung von Wissen und Kenntnissen. Im Rahmen der Patientenversorgung oder in Ausbildungssituationen hat es zum Ziel, dass Routinesituationen ausführbar sind.

Als Beispiel für die Ausbildung kann die Blutdruckmessung oder das Anlegen eines EKGs erwogen werden.

> **MERKE**
>
> Einfache Handlungsabläufe sind Inhalt der Ausbildungssequenzen und sollen sich am Patienten in stabilen Situationen wiederfinden.

Die Handlung muss daher weder hinterfragt noch vertieft werden. An dieser Stelle wird die Basis zum Handlungskompetenzerwerb gelegt (vgl. Olbrich 1999: 61).

▶ **Das situativ-beurteilende Handeln**
Hier geht es darum, Situationen beurteilen zu können und auf der Basis einer eigenen Einschätzung zu handeln. Der Handlungsspielraum nimmt eine größere Dimension ein. Die eigene Verantwortung rückt dabei unweigerlich in den Vordergrund. Kognitive und emotionale Ebenen werden angesprochen und bieten pädagogisch die Möglichkeit, Kompetenzen auf Fachgebieten wie Soziologie, Psychologie, Sozialmedizin und Gerontologie gezielter als bisher einzusetzen.

▶ **Das reflektierende Handeln**
Das Rollenverständnis und das Bewusstwerden des persönlichen Menschenbildes stehen beim *reflektierenden Handeln* im Vordergrund und lassen erkennen, wie umfangreich eine Behandlungssituation für den Notfallsanitäter sein kann. Gegenstand der Reflexion ist der Patient wie auch die eigene Person. Das heißt, eine mögliche Selbstreflexion kann verborgene Gefühle im Hinblick auf die Situation aufzeigen: Zum Beispiel kann vom Patienten geäußerte Dankbarkeit zum Nachdenken über die eigene berufliche Zufriedenheit führen und somit eine Identifikation mit dem „Helfen-Können" als sinnvoll reflektiert werden (vgl. Olbrich 1999: 55).

▶ **Das ethisch-aktive Handeln**
Versorgungssituationen sollen anschließend mit ethischen Aspekten und *aktivem Handeln* verknüpft werden. Der Notfallsanitäter steht für die Würde und die Rechte des Patienten stellvertretend ein. Sichtbare ethische Hilfe für den Patienten ist das Ziel und soll vor Werteverletzungen schützen (vgl. Olbrich 1999: 57–58). Gerade bei Interessenkonflikten mit Notarzt, Klinikarzt, Hausarzt oder Angehörigen stellt das erlernte *ethische Handeln* ein hilfreiches Konstrukt dar. Probleme entstehen meist durch ein ethisches Di-

lemma, welches jedoch aktiv überdacht werden muss.

6.2.1.2 Arten des Lernens

▶ **Das deklarative Lernen**

Das *deklarative Lernen* dient der Aneignung von Fakten und Prinzipien. Hierbei werden einfache Inhalte gelehrt und gelernt, welche anschließend zur Anwendung kommen. – *Im Prinzip können hierbei alle Basismaßnahmen erlernt werden.*

▶ **Das prozedurale Lernen**

Bei Vorgängen und Verfahrensweisen hilft das *prozedurale Lernen*. Es geht der Frage nach, wie man lernt. Hierbei können Algorithmen Anwendung finden, welche den Teilnehmer in klar definierten Situationen einen Handlungsweg aufzeigen (vgl. Kap. 6.8). – *Im Prinzip werden nun die Basismaßnahmen angewandt.*

▶ **Das konditionale Lernen**

Dank des *konditionalen Lernens* kann der Teilnehmer entscheiden, wann und wo er welches Wissen anwendet. Da jede Situation unterschiedlich ist, muss auch das Wissen ständig in einer anderen Konstellation angewandt werden. – *Der Teilnehmer lernt, sein Wissen in verschiedenen Situationen anzuwenden.*

▶ **Das reflektierende Lernen**

Durch Einsicht und Reflexion kann der angehenden Notfallsanitäter lernen, sich selbst in der Situation zu reflektieren und empathische Grundzüge an sich zu erkennen. Ein besseres Verständnis zur Situation des Patienten ist hierbei das Ziel. Auch die Selbstreflexion stellt ein hohes Maß an Persönlichkeitsbildung und Selbstbewusstseinsbildung dar. – *Der angehende Notfallsanitäter ist somit in der Lage, auch eigene Fehler zu erkennen und auf diese angemessen zu reagieren.*

> **MERKE**
>
> Der angehende Notfallsanitäter kann aus Fehlern lernen und muss wissen, dass Fehler erlaubt und gewünscht sind (vgl. Gudjons 2014: 56).

▶ **Das identitätsfördernde Lernen**

Die angehenden Notfallsanitäter lernen, mit veränderten Ansprüchen und Erwartungen umzugehen. Das *identitätsfördernde Lernen* zeigt die Bedeutung der eigenen Person im Lernprozess auf und führt dazu, angemessen auf Veränderungen zu reagieren. – *Das eigene Wissen und Verhalten werden angepasst.*

6.2.2 Die Verknüpfung von Handeln und Lernen im Verlauf der dreijährigen Ausbildung

Um die Formen des Handelns und Lernens in einen Kontext einordnen zu können, werden die Handlungsformen mit den Lernarten im Folgenden hierarchisch verknüpft und den drei Ausbildungsjahren zugeordnet. Es sollte darauf geachtet werden, dass dabei die Empfehlungen des Pyramidenprozesses bzw. des ÄLRD Anwendung finden. Nur so kann sichergestellt werden, dass die Ausbildung inhaltlich stets dem vorausgesetzten Ausbildungsstand folgt. Mit einer gestuften Ausbildung kann somit einer Überfrachtung und somit Überforderung der Auszubildenden entgegengewirkt werden.

▶ **1. Ausbildungsjahr**

Die erste Form der Zuordnung bezieht sich auf *das regelgeleitete Handeln* und *die Lernarten deklarativ* wie auch *prozedural*. Ist diese Kombination gelungen, ist der angehenden Notfallsanitäter in der Lage, einfache Routinesituationen zu bewerkstelligen. Dies kann z.B. die Vitalparametererhebung am Patienten oder der sichere Umgang mit der Trage sein. Durch die Vermittlung von Basiswissen kann der angehenden Notfallsanitäter dieses erkennbar abrufen und in einfachen Situationen innerhalb verschiedener Vorgänge oder Verfahrensanweisungen anwenden. Diese Zuordnung muss sich im ersten Jahr der Ausbildung wiederfinden. Eine Grundqualifikation für den Krankentransport ist laut Ausbildungs- und Prüfungsverordnung die Zielsetzung. Hierbei werden die Grundsteine für den Erwerb von Handlungskompetenzen gelegt.

▶ **1.–2. Ausbildungsjahr**

Als nächste Zuordnung von Handeln und Lernarten ist die Verknüpfung von *situativ-beurteilendem Handeln* und *konditionalem Lernen* hervorzuheben. Der angehenden Notfallsanitäter muss hierzu bereits die Handlungskompetenz des ersten Ausbildungsjahres erreicht haben.

In diesem Übergang zwischen erstem und zweitem Ausbildungsjahr kann der angehenden Notfallsanitäter nicht nur Wissen in einfachen Situationen anwenden, sondern bereits selbst eine Einschätzung und Beurteilung vornehmen. Hintergrund ist, dass klare Entscheidungen getroffen werden müssen, welche eine Notfallsituation in ihrem Ablauf beeinflussen. Verantwortung und Selbstvertrauen beschreiben bereits einen Teil der Persönlichkeitskompetenz und finden in dieser zweiten Zuordnung Anwendung. Der Notfallsanitäter kann damit eigenständige Tätigkeitsbereiche wahrnehmen und Verantwortung für die Bewertung der Arbeits- und Lernbereiche übernehmen.

Gerade die Arbeitsabläufe zwischen Rettungssanitäter/Rettungsassistent und Notfallsanitäter rücken hierbei in den Vordergrund. Das daraus resultierende Verantwortungsbewusstsein stellt sicher, wer Entscheidungen am Einsatzort zu treffen hat und wer rechtliche Konsequenzen bei Fehlverhalten trägt. Um diesen Aspekten der Persönlichkeits- und Fachkompetenz Rechnung zu tragen, müssen diese Bestandteile in den Ausbildungsabsichten von Schulen und Lehrrettungswachen verankert werden. Gerade im Hinblick auf die Rechtslage ist es unabdingbar, klare Befugnisse zu regeln, um den Notfallsanitäter zu schützen und um ihm Grenzen aufzuzeigen.

▶ **2. Ausbildungsjahr**

Die dritte Zuordnung wird durch *reflektiertes Handeln* und *reflektiertes Lernen* bestimmt. Der angehenden Notfallsanitäter kann einen Bezug zum Patienten wie auch zur Situation herstellen. Ein Rollenverständnis und ein persönliches Menschenbild führen zur Selbstreflexion und Einsicht. Eine Steigerung der Persönlichkeitskompetenz steht bei dieser Zuordnung im Mittelpunkt. Aufgrund der verlängerten Praktikumszeit in der Klinik und der Vermittlung von soziologischen, gerontologischen, ethischen wie auch psychologischen Lerninhalten, muss bereits durch den theoretischen und praktischen Unterricht an der Schule ein Grundstein für verantwortliches- und reflektierendes Handeln gelegt werden. Der Notfallsanitäter kann selbstständig wahrnehmen, beurteilen, entscheiden, begründen und reflektieren. Ein hohes Maß an Faktenwissen und ein Bewusstsein für die Grenzen dieser Kenntnisse lässt ihn bei abstrakten Problemen kreative Lösungen finden. Ein hohes Maß an Methodenkompetenz, Sozialkompetenz, Fachkompetenz und Persönlichkeitskompetenz muss vorhanden sein, um auch in schwierigen Situationen die richtige Entscheidung zu treffen.

▶ 3. Ausbildungsjahr

Die letzte und vierte Zuordnung von Handeln und Lernen ist der Zusammenhang von *ethisch-aktivem Handeln* und dem *identitätsfördernden Lernen*.

Der angehende Notfallsanitäter steht in dieser Zuordnung für die Würde und Rechte des Patienten ein und kann somit Notfallsituationen, welche eine Auseinandersetzung mit ethischen Inhalten aufzeigen, wahrnehmen und reflektieren. Ansprüche und Erwartungen des Patienten stehen im Mittelpunkt. Ethik und die dazugehörige Rechtsprechung führen natürlich nur zum Erfolg, wenn schulisch ausreichend Unterrichtszeit für die Vermittlung bereitgestellt wird. Auch in der praktischen Ausbildung zum Notfallsanitäter bietet dieses Thema genügend Potential für eine kritische Betrachtung von ethischen und rechtlichen Fallproblematiken. Einsatznachbesprechungen sind hierfür ein geeignetes Ausbildungsprozedere.

Für jeden Praxisanleiter ist dies mitunter eine Herausforderung, da besonders die Ausarbeitung von ethischen Problemen im Dialog eine gute Fachkompetenz seinerseits voraussetzt. Die angehenden Notfallsanitäter sollten in Bezug auf die eigene Selbstreflexion bei schwierigen Konstellationen nicht allein gelassen werden.

Eine kompetenzorientierte Ausbildung ist für dieses Modell also unabdingbar, um der hohen Komplexität von Notfallsituationen und dem Verantwortungsumfang gerecht zu werden. Die Ausdifferenzierung von Tätigkeitsbereichen und Ausbildungswegen stellt klare Weichen für die unterschiedlichen Befugnisse und Erwartungen an den Mitarbeiter im Rettungsdienst.

Adäquates Handeln und die Stärkung der Persönlichkeit sind zielführend für das Kompetenztheoretische Modell. Didaktische Vertiefungen müssen im Sinne von Praxisübungen in Lernsituationen herangezogen werden. Es geht also nicht nur um Qualifikationslernen, sondern um Identitätslernen, welches zur Persönlichkeitsbildung und zur Bildung eines Verantwortungsbewusstseins als Notfallsanitäter führt. Wer Verantwortung in den schulischen Praxisanteilen sowie dem Praktikum und damit am Patienten übernimmt, wird auch in seiner beruflichen Laufbahn Verantwortung übernehmen. Ziel muss es weiterhin sein, dass das Handeln auf berufliche Situationen ausgerichtet wird, und nicht, die Inhalte in

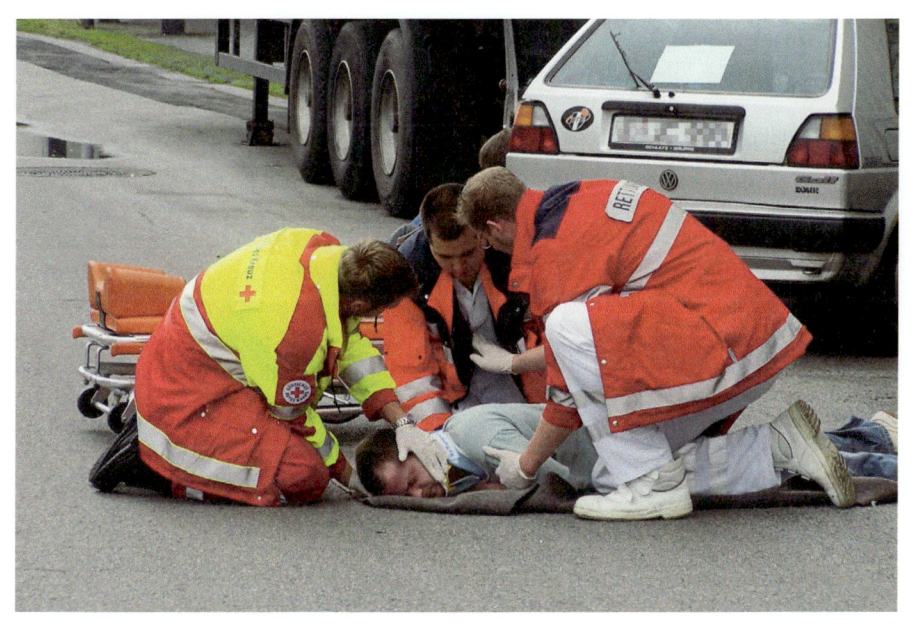

ABB. 14 ▶ Wer bereits Verantwortung in der Ausbildung übernimmt, wird auch später im Beruf Verantwortung übernehmen.

Angleichung an Bezugswissenschaften zu lehren (Olbrich 2009: 79–80)

6.2.3 Handlungsorientiertes Lehren und Lernen

Da der *handlungsorientierte Unterricht* die Entwicklung des selbstständigen Denkens und Handelns anstrebt, ist mit der Novellierung der Rettungsdienstausbildung das handlungsorientierte Lehren und Lernen ein zentrales Ziel geworden. Damit rückt auch der Erwerb von bestimmten Fähigkeiten und Kompetenzen in den Mittelpunkt und lässt die Verbindung zum Kompetenzorientierten Modell erkennen.

Die Form der Rettungsassistentenausbildung verdeutlicht die Trennung der beruflichen Bildung in Theorie (ein Jahr Berufsschule) und Praxis (ein Jahr Rettungswache). Im Hinblick auf die nun dreijährige Ausbildung zum Notfallsanitäter entstehen neue Möglichkeiten, um diese Trennung aufzuheben.

Handlungsorientierter Unterricht ist Kopf- und Handarbeit. Die Anleitung ist ganzheitlich, aktiv und schließt auch den Einsatz von Simulatoren zwingend mit ein (s. a. Kap. 6.6). Der Unterricht muss für alle spannend (*entdeckendes Lernen*) sein. Der angehende Notfallsanitäter erhält die Möglichkeit, durch praktisches Handeln besser zu lernen. Eine Identifikation mit den Unterrichtsinhalten ist somit eher möglich und gewollt.

6.2.3.1 *Merkmale des handlungsorientierten Lehrens und Lernens*

Folgende Merkmale des handlungsorientierten Unterrichts lassen sich methodisch auf die praktische Ausbildung zum Notfallsanitäter anwenden (vgl. Gudjons 2014: 79–89):

▶ **Merkmal des Situationsbezuges**

Probleme, welche in den Fokus des Unterrichts geraten, sollen fächerübergreifend und somit interprofessionell behandelt werden. Beispielsweise kann und muss die Übergabesituation zwischen Rettungsdienst und Notaufnahmepersonal im Krankenhaus trainiert werden. Nur so kann auch ein Verständnis für die Arbeit des „Anderen" entstehen. Mitunter treffen Berufsgruppen aufeinander, welche Arbeitsabläufe und rechtliche Grundlagen des Gegenübers nicht kennen. Die Schule kann sich somit auch nach außen öffnen, das Lernen bewusster werden lassen und damit die Motivation fördern.

> **MERKE**
>
> Anfangs sollten Sie als Praxisanleiter Neugier wecken, im Verlauf der Handlung dann mit Hilfe von Zweifel, Verblüffung und Widersprüchen den angehenden Notfallsanitätern Handlungsoptionen aufzeigen.

▶ **Merkmal der Selbstorganisation und Selbstverantwortung**

Um den angehenden Notfallsanitäter aktiv in den Unterricht einzubeziehen, ist es sinnvoll, diesen mit ihm gemeinsam zu planen bzw. zu strukturieren. Gemeinsam soll nach Zielen gesucht werden. Die persönliche Motivation und das Einbringen von eigenen Kompetenzen stehen im Mittelpunkt der Ausbildung. Zum Beispiel werden die Grundlagen der internistischen Notfallversorgung vermittelt (Teilziele), um anschließend eine Auswahl von Notfallbildern vorzugeben. Die angehenden Notfallsanitäter können im Weiteren selbst entscheiden, welche Fallbeispiele nochmals (mehrfach) geübt werden müssen. Somit wird verhindert, dass Fallbeispiele trainiert werden, welche in anderen Unterrichtssequenzen bereits mehrfach behandelt wurden. Den angehenden Notfallsanitätern ist nach den Unterrichtseinheiten bzw. Dienstzeiten auch das freiwillige „Üben" in Lerngruppen nahezulegen bzw. anzubieten, um selbstorganisiert und eigenverantwortlich Fallbeispiele zu trainieren.

▶ **Das zielgerichtete Merkmal**

Handlungsorientierter Unterricht ist zielgerichtet und beschreibt damit auch Handlungsziele. Lehrziele (Mentor) und Handlungsziele (angehende Notfallsanitäter) müssen verbunden werden. Der angehende Notfallsanitäter kann Lehrsituationen beeinflussen und für ihn schwierige Probleme mehrfach trainieren.

Unabdingbar sind daher die Bereitstellung von realistischen Räumlichkeiten seitens der Schule/Lehrrettungswache und die gemeinsame Planung zur Lösung von Problemen.

▶ **Merkmal der Produkt- bzw. Ergebnisorientierung**

Der angehenden Notfallsanitäter soll sein Handeln auf ein Ergebnis ausrichten und sich mit diesem identifizieren (vgl. Gudjons 2014: 86). Im Sinne der Ausbildung zum Notfallsanitäter stellt der optimal versorgte Patient das zu erreichende Ergebnisziel dar. Der Lerninhalt gewinnt somit an subjektiver Bedeutsamkeit und ist eine wesentliche Voraussetzung für bewusste Lernhandlungen und begleitende Reflexion.

▶ **Merkmal des Einbezugs aller Sinne**

Lernen mit allen Sinnen steht im Vordergrund. Das Zusammenrücken von Theorie und Praxis soll durch einen handelnden Umgang mit der Wirklichkeit verbessert werden. Zum einen bringen gerade die Praktika in der Klinik und der Rettungswache Eindrücke zutage (z. B. auch Gerüche), welche schulisch nicht aufgearbeitet werden können. Aus psychologischer Sicht wächst das Interesse besonders durch untersuchen und ausprobieren.

▶ **Merkmal des sozialen Lernens in Gruppen**

Die Sozialkompetenz ist aus dem Rettungsdienst nicht wegzudenken. Der Prozess der Zusammenarbeit stellt in der Kooperation von Rettungssanitäter/Rettungsassistent, Notfallsanitäter und Notarzt die wichtigste Komponente für den erfolgreichen Einsatz dar. Diesen Prozess gilt es zu vertiefen, um auch mit möglichen Führungsstilen umgehen zu können. Kooperation meint hierbei auch kooperatives Lernen im Sinne des kompetenzorientierten Unterrichts bzw. Modells. Beispielsweise entstehen Lernelemente aus einer positiven Abhängigkeit, welche durch das Ergebnis des Teams hervorgebracht werden. Ohne den Erfolg des anderen kann das Team nicht die gestellten Aufgaben erfüllen. Sozialkompetenz entwickelt sich hiermit fast selbstständig und sollte durch eine angemessene Reflexion seitens des Praxisanleiters positiv verstärkt werden.

6.2.3.2 Grenzen des handlungsorientierten Lehrens und Lernens

Der handlungsorientierte Unterricht bringt durchaus auch kleinere Probleme mit sich. Da die handlungsorientierte Anleitung als unverzichtbares Grundelement für die Ausbildung von Notfallsanitätern angesehen wird, werden im Folgenden den Problemen auch Lösungsvorschläge zugeordnet.

Problematisch ist meist, dass angehende Notfallsanitäter, welche handlungsorientiertes Lernen gewöhnt sind, mit einem Praxisanleiterwechsel nur schlecht umgehen können. Grund dafür ist, dass sie die Korrektur durch die Praxisanleiter mitunter als Einmischung erfahren. Es besteht die Gefahr, die angehenden Notfallsanitäter zu überfordern oder in ihrer Motivation zu bremsen. Ziel muss es sein, den Dienstplan so zu gestalten, dass der Auszubildende regelmäßig mit seinem direkt für ihn verantwortlichen Praxisanleiter in den Austausch gehen kann. Dies verhindert beim Auszubildenden ein ständiges Umgewöhnen an andere Praxisanleiter.

Handlungsorientiertes Lernen muss von allen gleichermaßen durchgeführt werden und setzt voraus, dass Sie als Praxisanleiter mit dieser pädagogischen Maßnahme vertraut sind – ohne Methoden- und Sozialkompetenz ein kaum lösbares Problem.

> **MERKE**
>
> Weiterbildungen im Bereich der Pädagogik müssen somit für Sie zur Pflichtfortbildung gehören.

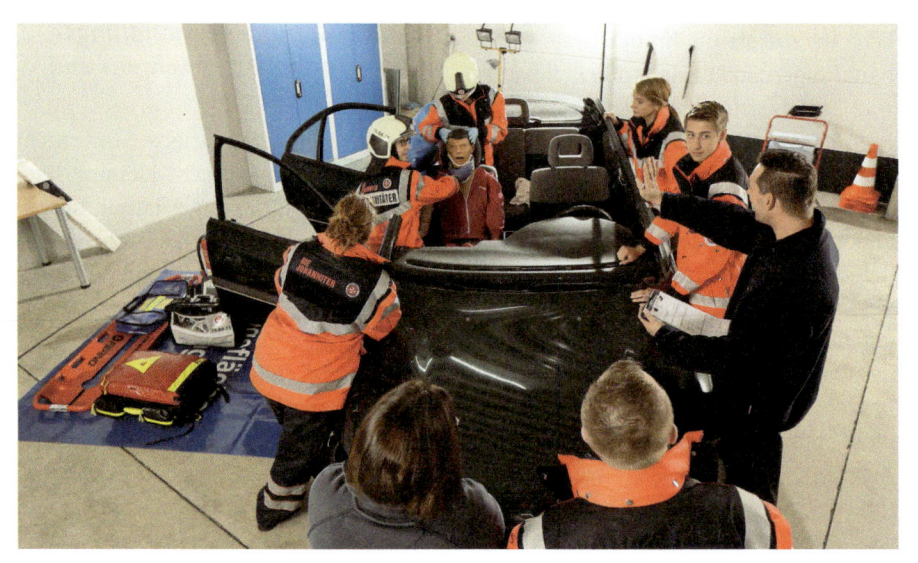

ABB. 15 ▶ Das Raumangebot der Schule sollte auf die Durchführung realitätsnaher Übungen ausgelegt sein.

Im Weiteren gilt dies auch für die Arbeit mit Simulationstechnik. Bisher existieren kaum pädagogisch-fachdidaktisch aufbereitete Vorschläge für den Umgang mit Simulatoren. Grund hierfür ist mitunter, dass die Entwickler von Simulatoren keine Pädagogen sind, sondern Techniker, welche auf keinerlei pädagogische Lehrprogrammierung zurückgreifen.

Um der Realität in Übungen so nahe wie möglich zu kommen, sollte auch das Raumangebot in einer Schule vielfältig sein. Räumlichkeiten für den praktischen Unterricht wie Küche, Bad, Wohnzimmer, Pflegezimmer, Schockraum, Rettungswagen, OP und ein Auto für die Nachstellung von Verkehrsunfällen sollten das Minimum an realistischen Möglichkeiten an einer Schule aufzeigen. Die bloße Andeutung von Maßnahmen ist unzureichend und bringt nicht den erwünschten Lerneffekt. Auf der Lehrrettungswache wird ein separater Praxisraum mit ausreichendem Equipment für Übungen vorausgesetzt. Zwischen Schule und Lehrrettungswache muss es eine gezielte Absprache hinsichtlich der materiellen Ressourcen geben.

6.2.4 Die Lernanforderungen an den angehenden Notfallsanitäter

Grundlage für das handlungsorientierte Lernen ist das Beherrschen von Arbeitstechniken verschiedenster Art und Weise. Hierzu muss der Praxisanleiter den Auszubildenden mit Methoden zur Untersuchung von Patienten, zur Auswertung und zur Erarbeitung vertraut machen. Erst durch die Erarbeitung von Grundlagen rettungsdienstlichen Handelns sind die Auszubildenden in der Lage, komplexe Aufgaben abzuarbeiten.

Einen weiteren wichtigen Punkt stellt die Medienkompetenz dar. Als Beispiel ist die wissenschaftliche Recherche im Internet zu nennen (s. a. Kap. 8). Hintergrund sind die Entwicklungen in der Medizin und die damit verbundenen Schnittstellen zum Rettungswesen. Nur wer sich den neuen Medien öffnet, ist in der Lage, die Vorteile des technischen Fortschritts für seine Ausbildung zu nutzen.

Um Kooperationsfähigkeit zu etablieren, muss der angehende Notfallsanitäter im Verlauf der Ausbildung mit Gruppenarbeit und Konfliktlösungsstrategien vertraut gemacht werden. Disziplin, Ausdauer, Zielstrebigkeit, Selbstorganisation und Selbstständigkeit rücken in den Vordergrund.

Auch Gesprächsregeln müssen trainiert und gewahrt werden. Ein Argumentations- und Kommunikationstraining sollte hierfür ein geeignetes Mittel sein. Gerade in komplexen handlungsorientierten Notfallsituationen ist dieser Punkt, neben den diagnostischen Mitteln, besonders wichtig.

Der Rettungsdienstmitarbeiter muss sich schließlich auch mit sozialen Randgruppen auseinandersetzen, wobei die Kommunikation nicht immer leichtfällt. Über den gesamten Ausbildungsverlauf muss deshalb gelernt werden, gezielt Fragen zu entwickeln und Verantwortung zu übernehmen.

6.2.5 Die Lehranforderungen an den Praxisanleiter

Der Praxisanleiter nimmt die Rolle des Beraters, Helfers und Koordinators ein und ist ein gleichberechtigter Partner des angehenden Notfallsanitäters.

Somit entsteht auch eine Vielzahl von neuen Anforderungen an den Praxisanleiter. Wenn der handlungsorientierte Unterricht im Vordergrund stehen soll, gilt es vor allem, Lehr- und Lernin-

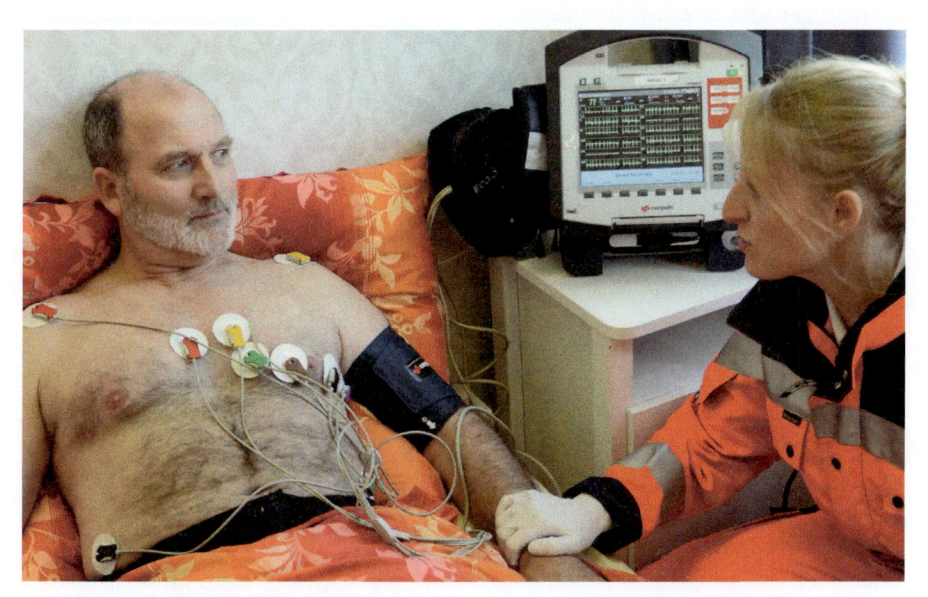

Abb. 16 ▶ Unabdingbar für die Tätigkeit im Rettungsdienst: Sozialkompetenz

halte zu erkennen, welche für Handlungen genutzt werden können. Die klassische Bereitstellung von Wissen darf natürlich weiterhin nicht fehlen. Da ein gutes Lernklima unabdingbar ist, müssen Sie als Praxisanleiter die Vorteile der gegebenen Räumlichkeiten kennen und nutzen. Gruppendynamische und motivationale Prozesse müssen erkannt werden. Sie müssen in der Lage sein, pädagogisch zu beraten, zu helfen und zu organisieren, ohne den Auszubildenden zu manipulieren. Eine Bevormundung sollte dementsprechend ausbleiben. Sie müssen frühzeitig erkennen, dass Sie als Praxisanleiter nicht allwissend sind und ebenso wie der Notfallsanitäter dazulernen müssen. Selbstkritisch und kompromissbereit müssen Sie sein, um auch kooperative Elemente voranzubringen. Eine aktive Reflexion und die Suche nach gemeinsamen Lösungsversuchen spiegeln ebenso Ihre Praxisanleiterrolle wider. Als Praxisanleiter müssen Sie sich deshalb genauso wie Ihr Auszubildender die Kompetenzarten aneignen, da es Ihnen sonst trotz ausreichender Fachkenntnisse an der notwendigen Kompetenz fehlt:

- Fachkompetenz
- Handlungskompetenz
- Methodenkompetenz
- Personalkompetenz
- Sozialkompetenz
- kommunikative Kompetenz.

Weitere handlungsorientierte Elemente wie lernprozessbegleitende Wahrnehmungsleistungen (zuhören, beobachten, verstehen, eingehen auf die Probleme des Auszubildenden, einschätzen der erbrachten Leistungen) sind genauso gefordert wie Handlungskompetenzen im Gespräch, in der Präsentation und im Anleitungsbereich. Auch wenn das BBiG für die Ausbildung der Notfallsanitäter keine Anwendung findet, gilt dieses Konzept doch als Indikator für den Grad der erreichten Berufsfähigkeit eines Praxisanleiters. Beruf ist Berufung, auch wenn weiterhin Zeit- und Handlungsdruck vorherrschen werden.

Im Kern der Ausbildung zum Notfallsanitäter geht es nicht mehr nur um reine Wissensvermittlung und deren Überprüfung, sondern vielmehr um die Förderung von Schlüsselqualifikationen (Kommunikations-, Entscheidungs-, Improvisationsfähigkeit, aber auch Führungs- und Teamfähigkeit) und Kompetenzen. Für den späteren beruflichen und persönlichen Werdegang sind diese unabdingbar.

> **MERKE**
>
> Wissensaneignung und Wissensanwendung im Sinne des „lebenslangen Lernens" stehen genauso im Fokus wie soziale Integration und Kompetenzerwerb auf verschiedenen Ebenen.

Literatur:

Gudjons H (2014) Handlungsorientiert lehren und lernen. Schüleraktivierung – Selbsttätigkeit – Projektarbeit. 8. Aufl., Bad Heilbrunn: Klinkhardt.

Olbrich C (1999) Pflegekompetenz. Bern: Huber.

Olbrich C (Hrsg.) (2009) Modelle der Pflegedidaktik. München: Urban & Fischer bei Elsevier.

Prenzel M, Gogolin I, Krüger H-H (Hrsg.) (2008) Kompetenzdiagnostik. Zeitschrift für Erziehungswissenschaft Sonderheft 8. Wiesbaden: VS.

Riedl A (2004) Grundlagen der Didaktik. Stuttgart: Steiner.

6.3 Lernmodelle

SASCHA LANGEWAND

Durch die Einführung des Notfallsanitätergesetzes und der dazugehörigen Ausbildungs- und Prüfungsverordnung sind erstmalig in der Geschichte des deutschen Rettungsdienstes klare didaktische und methodische Anforderungen an die rettungsdienstliche Ausbildung gestellt worden. Die Ausbildungs- und Prüfungsverordnung formuliert in diesem Zusammenhang deutlich die Erwartung an eine zum Ausbildungsende hin vollentwickelte Handlungskompetenz des zukünftigen Notfallsanitäters.

Für diese Aufgabe benötigt der Praxisanleiter Kenntnisse über moderne berufspädagogische, konstruktivistische Methoden und didaktische Überlegungen.

6.3.1 Die Limitierung der Vier-Stufen-Methode

Lange Zeit war die *Vier-Stufen-Methode* in der beruflichen Bildung das Maß der Dinge. Die Vier-Stufen-Methode besteht aus:
– Stufe eins – Vorbereiten der Aufgabe
– Stufe zwei – Vormachen durch den Ausbilder
– Stufe drei – eigenes Ausführen durch den Auszubildenden
– Stufe vier – Abschließen und Anerkennen, Wiederholung durch den Auszubildenden

Die Vier-Stufen-Methode ist berufspädagogisch veraltet und reicht für Berufe im Gesundheitswesen aufgrund der Komplexität der einzelnen Aufgaben nicht aus. So schreibt Ruth Mamerow (2010: 97): *„Die Methode mag in der Berufsausbildung rein handwerklicher Berufe noch vielfach ihre Berechtigung haben. Doch in der Pflegeausbildung hat diese Form der Unterweisung Grenzen."* Ebenso meint Christine Schulze-Kruschke: *„In der praktischen Pflegeausbildung galt sie lange als die Ausbildungsmethode und wurde damit überschätzt"* (Schulze-Kruschke, Paschko und Walter 2011: 116). Auch nach Möller (1999) ist diese Methode nicht geeignet, da „aufgrund der technologiebedingten zunehmenden Abstraktion betrieblicher Arbeitsabläufe" (20) das „Stehlen mit den Augen" (20) abnehmende Relevanz finde.

Letztlich ist diese Methode nur so gut wie ihre Vorbereitung und im hohen Maß von der fachlichen Kompetenz des Praxisanleiters und der Motivation des Lernenden abhängig. Besonders in den beiden ersten Stufen der Anleitung geht das größte Maß an Aktivität vom Praxisanleiter aus. Der Lernende macht relativ unreflektiert nach, was ihm vorgemacht wird (Gefahr der Imitation). Es ist eine sehr autoritäre Lehrmethode, die dem heutigen Anspruch an komplexe Ausbildungssituationen nicht gerecht wird. Auch widerspricht sie dem *Modell der vollständigen Handlung*, welches unten beschrieben wird. Vollständig fehlt dieser Methode die Reflexionsmöglichkeit durch den Auszubildenden. Von daher ist ein kritisch-reflexiver Umgang mit der Vier-Stufen-Methode, der sowohl einen deduktiven Einstieg auf der „Stufe eins" als auch einen induktiven Einstieg auf der „Stufe drei" ermöglicht und je nach Erfordernis variiert, notwendig. Je nach Instruktions- oder Rücknahmegrad der Praxisanleiter ist eine sinnvolle und konstruktive Anwendung, bei aller formulierten Kritik, möglich (s.a. Kap. 7 Strukturierung der Praxisanleitung).

6.3.2 Erkenntnisse der Hirnforschung für das betriebliche Lernen

Die wichtigste Aufgabe des Gehirns ist nicht das Denken, „sondern das Herstellen, Aufrechterhalten und Gestalten von Beziehungen" (Hüther o.J.). Es stellt sich für den Praxisanleiter daher folgende Kernfrage: Wodurch kann in der Ausbildung zum Notfallsanitäter nachhaltiges Lernen erreicht werden? Ist die erwähnte Nachhaltigkeit im Kontext des lebensbegleitenden Lernens möglich, oder sind einzelne Bildungsgänge nur Bausteine in der Lernbiografie?

Nach Ingeborg Schüßler (Schüßler und Born 2007: 5 u. 4) wird Nachhaltigkeit in der Bildung durch das Zulassen von Eigenverantwortlichkeit der Lernenden und einer Öffnung von Lernprozessen gefördert: *„Neue Methoden, ganzheitliche Arbeitsformen, die Emotionen und Leiblichkeit einbeziehen; der Einbezug der Lebens- und Arbeitswelt; der Einbezug unterschiedlicher individueller Perspektiven, von Kommunikation und Kooperation der Teilnehmenden untereinander; das Vorschlagen vielfältiger Erprobungs- und Handlungsmöglichkeiten, [...] Wichtig sind dabei Reflexions- und Evaluationsphasen, die es den Teilnehmenden immer wieder ermöglichen, sich selbst zu verorten und über ihr weiteres Vorgehen zu entscheiden."*

Der Neurobiologe Gerald Hüther und der Psychologe Klaus-Dieter Dohne beschreiben Ähnliches aus einer anderen Fachperspektive: *„Aus neurowissenschaftlicher Perspektive ist der in Aus- und Weiterbildungen verwendete Lernbegriff zu eng gefasst, wenn nicht gar irreführend. Das menschliche Gehirn ist nicht für das Auswendiglernen von Sachverhalten und für die Aneignung von Wissen optimiert, sondern für das Lösen von Problemen. Lernen ist demnach ein Erkenntnis gewinnender Prozess, in dessen Verlauf eigene, bei der Lösung von Problemen gemachte Erfahrungen in Form bestimmter neuronaler Verschaltungsmuster im Gehirn gebahnt, stabilisiert und strukturell verankert werden"* (Hüther und Dohne 2010: 88).

> **MERKE**
>
> Der Auszubildende zum Notfallsanitäter benötigt zur Erreichung des Ausbildungsziels und zur Erreichung der rettungsdienstlichen Handlungskompetenz die Fähigkeit zum vorausschauenden Handeln, der Problemlösung, der Selbstmotivation und der Flexibilität. Ebenso benötigt der Auszubildende eine hohe Frustrationstoleranz und Impulskontrolle bzw. die Fähigkeit der Selbstregulation.

Unter Berücksichtigung neurobiologischer Erkenntnisse benötigt es zur Erreichung dieser Fähigkeiten Lernformen, welche Lernprozesse unterstützen, die auf selbst gemachten Erfahrungen beruhen.

Ebenso „ist weniger die Prüfung von Ergebnissen auf ‚Richtig' oder ‚Falsch', sondern die Beurteilung der Prozesse selbst unter berufsüblichen Standards anzustreben" (Friede und Uhe 2000: 47f.). Daher erscheint das Modell der vollständigen Handlung ideal, um dieses Ziel zu erreichen und der Komplexität der berufstypischen Handlungen eines Notfallsanitäters gerecht zu werden.

6.3.3 Das Modell der vollständigen Handlung

Das Modell der vollständigen Handlung wurde Anfang der 1990er Jahre erstmalig beschrieben (Müller und Stürzl 1990). Korrekt wird es als „Handlungsorientierung auf der Grundlage der Handlungsregulationstheorie" beschrieben (Bundesinstitut für Berufsbildung 2014). Es ist stark prozessorientiert und basiert auf gedanklichen Handlungsplänen. Diese Handlungspläne entstehen im Kopf und müssen zu Beginn nicht vollständig bewusst sein, sondern können während der Bearbeitung entstehen. Der Auszubildende setzt sich ein Ziel, welches während der Erarbeitung von ihm selbst oder anderen Auszubildenden regelmäßig kontrolliert wird. Aus dem Kontrollergebnis werden wiederum Erkenntnisse gewonnen, die in die nächsten Handlungen einfließen. Der Lernprozess des Auszubildenden entsteht zwischen der Planung der Arbeitsschritte und der Reflexion des eigenen Handelns. Der Auszubildende muss für eine erfolgreiche Handlung neben den Teilschritten das Gesamtziel erkennen, um die dafür notwendigen Teilschritte richtig durchführen zu können.

> **BEISPIEL**
>
> Der Auszubildende nimmt an einem Training über das Thema „Airwaymanagement" teil. Eine Teilsequenz beinhaltet die richtige Anwendung des Larynxtubus. Die Bearbeitung des Themas setzt eine Auseinandersetzung mit den Bereichen „Atmungssystem" und „Kreislaufsystem" voraus. Dies wiederum führt zu dem Ergebnis, dass eine Fehlanwendung des Larynxtubus zu einer Hypoxie führt, welche Herzrhythmusstörungen zur Folge haben kann (usw.).

Für den Praxisanleiter bedeutet dies, dass das Ganze eben nicht die Summe aller Teile ist. Bei der Anwendung des Modells der vollständigen Handlung ist neben einer klaren Aufgabenbeschreibung für den Auszubildenden die Fähigkeit des Praxisanleiters, sich selbst zurückzunehmen und als Lernbegleiter zu fungieren, der Schlüssel zum Erfolg.

Um eine gestellte Arbeitsaufgabe im Kontext des Modells der vollständigen Handlung zu bewältigen, sind folgende Teilschritte notwendig (s. a. Kap. 7):

1. *Informieren:*
   Was soll genau getan werden?
2. *Planen:*
   Wie kann es umgesetzt werden?
3. *Entscheiden:*
   Der Auszubildende entscheidet sich für einen Lösungsweg.
4. *Ausführen:*
   Die geplanten Arbeitsschritte werden von dem Auszubildenden oder einem Team von Auszubildenden selbstständig ausgeführt.
5. *Kontrollieren:*
   Die Arbeitsschritte werden vom Ausbilder oder von anderen Auszubildenden (z. B. höherer Lehrjahre)

im Beisein des Praxisanleiters auf sach- und fachgerechte Ausführung kontrolliert.
6. *Bewerten:*
Gibt es Verbesserungspotential?
7. *Zurück zu 1.*
(Quelle: Bundesinstitut für Berufsbildung 2014)

Eine gute Möglichkeit zur Umsetzung des Modells der vollständigen Handlung ist das Arbeiten mit Lernaufgaben bzw. mit Lernsituationen. Bei der Erstellung dieser Lernsituationen ist es wichtig, die Aufgaben klar und ausführlich zu formulieren und die Lernziele deutlich zu bestimmen. Ansonsten kann eine „Zerfaserung" der Lerngruppe entstehen, quasi ein „Lost in Education".

Nachfolgend finden Sie ein Beispiel einer ausformulierten Lernsituation. Versuchen Sie Folgendes: Lesen Sie die Lernsituation und formulieren Sie danach die Fachkenntnisse und Kompetenzen, die aus der Bearbeitung dieses Textes erlangt werden sollen. Markieren Sie die Schritte der vollständigen Handlung.

Decken Sie vorher die mittleren und die rechten Kästen mit einem Blatt Papier ab.

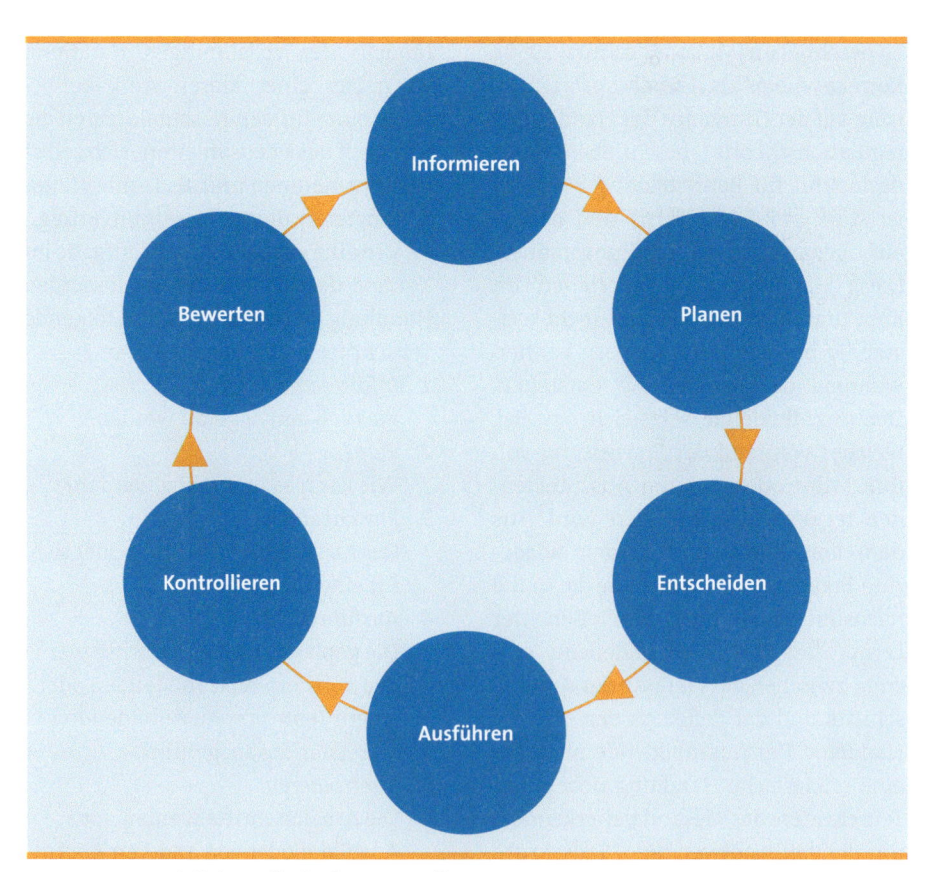

ABB. 17 ▶ Modell der vollständigen Handlung

TAB. 4 ▶ Beispiel einer Lernsituation „Patienten mit Diabetes"

Lernsituation	Lernziele / Kompetenzen	Schritte der vollständigen Handlung
Sie arbeiten als Auszubildender des ersten Lehrjahres zum Notfallsanitäter auf der Lehrrettungswache 36. Im Einzugsgebiet der Lehrrettungswache befindet sich das Pflegeheim „Rosenhaus". In diesem Pflegeheim wohnen überdurchschnittlich viele Menschen mit Diabetes. Während der Mittagspause unterhalten Sie sich mit einer Auszubildenden aus dem dritten Lehrjahr über die Bewohner mit Diabetes. Peter, Ihr Mitauszubildender, berichtet über Diabetes des Typs I und II. Bisher waren Ihnen diese Typen nicht bekannt.		Informieren
a) Erläutern Sie die Unterschiede zwischen Diabetes Typ I und II. Erläutern Sie in diesem Zusammenhang, welche pathologischen Vorgänge zu den unterschiedlichen Typen führen. Beschreiben Sie in diesem Zusammenhang, welche Ernährung für Diabetiker sinnvoll ist.	– erläutert die Erkrankung Diabetes sachgerecht – kennt die aktuellen Ernährungsgrundlagen	Informieren Planen Entscheiden
b) Welche organisatorischen Besonderheiten fallen Ihnen bei dieser Gelegenheit bei Diabetespatienten auf? Warum sind diese Besonderheiten notwendig? Erläutern Sie.	– wendet Hilfsmittel an – versteht Injektionspläne und wendet diese an	
Weiterführung der Lernsituation		
Während eines Einsatzes werden Sie von Ihrem Mentor beauftragt, bei dem Bewohner Hans Alfeldt den Blutzucker zu messen. Herr Alfeldt ist 79 Jahre alt, hat Pflegestufe II und ist seit 10 Jahren im Hause. Sie erläutern nun den anderen Auszubildenden aus dem ersten Lehrjahr, wie die Blutzuckermessung richtig durchgeführt wird. Fertigen Sie dazu ein Handout nach den gültigen Regeln an.	**Ausgangssituation unter Berücksichtigung der vorherigen Lernsituation** – kann die BZ-Messung fachgerecht durchführen	Ausführen
Weiterführung der Lernsituation		
Am nächsten Morgen führt Sie ein Notfalleinsatz zu Herrn Alfeldt. Sie finden Herrn Alfeldt bewusstlos in seinem Bett vor. a) Welche Maßnahmen ergreifen Sie? Begründen Sie Ihr Vorgehen. b) Aufgrund welcher Ursachen können bei Diabetikern die Bewusstseinsstörungen auftreten? c) Welche pathophysiologischen Vorgänge sind dafür die Ursache?	**Ausgangssituation unter Berücksichtigung der vorherigen Lernsituation** – kann auf Notfälle reagieren – erläutert die Erkrankung Diabetes sachgerecht	Planen Entscheiden Ausführen

TAB. 4 ▶ Beispiel einer Lernsituation „Patienten mit Diabetes" (Forts.)

Weiterführung der Lernsituation

	Ausgangssituation unter Berücksichtigung der vorherigen Lernsituation	Kontrollieren Bewerten Informieren
In der nächsten Woche geht es Herrn Alfeldt wieder besser. Ihre Maßnahmen waren offensichtlich erfolgreich. Während Ihrer Klinikausbildung auf der Pflegestation beobachten Sie Schwester Hildegard bei der Gabe von Insulin. Sie fragen sich, welche Arten von Insulin es gibt und wie diese appliziert werden. Ihr Mitauszubildender behauptet, dass 10 I.E. Insulin i.m. immer ausreichen. Sie bereiten sich auf eine Diskussion mit ihm vor, da dieses Thema Inhalt der nächsten innerbetrieblichen Lernerfolgskontrolle sein wird. a) Präsentieren Sie das Ergebnis vor einer Gruppe von Auszubildenden des dritten Lehrjahres. Während der Injektion beobachten Sie, dass Schwester Hildegard während der gesamten Maßnahme nicht mit dem Bewohner spricht. Sie möchten Schwester Hildegard darauf ansprechen. b) Bereiten Sie sich auf ein mind. 20-minütiges Lehrgespräch mit Ihrem Ausbilder vor, welches „Kommunikation mit Patienten" zum Thema hat.	– wendet Hilfsmittel an – versteht Injektionspläne und wendet diese an – verwendet Arzneimittel fachgerecht – wendet die 8-R-Regel* an – verwendet Quellenliteratur – arbeitet professionell und respektvoll – tauscht sich mit anderen Auszubildenden aus	

*8-R-Regel: 1. Richtige Person, 2. Richtiges Medikament, 3. Richtige Dosis, 4. Richtige Verabreichungsart/-stelle, 5. Richtiger Zeitpunkt, 6. Richtige Anwendungsdauer, 7. Richtige Aufbewahrung, 8. Richtige Entsorgung.

Konnten Sie alle Lernziele und Kompetenzen erkennen?

Behandelte Kompetenzen: Der Auszubildende ...
- *Fachlich:*
  - kann die BZ-Messung fachgerecht durchführen.
  - kann auf Notfälle reagieren.
  - erläutert die Erkrankung Diabetes sachgerecht.
  - kennt die aktuellen Ernährungsgrundlagen.
- *Methodisch:*
  - wendet Hilfsmittel an.
  - versteht Injektionspläne und wendet diese an.
  - verwendet Arzneimittel fachgerecht.
  - wendet die 8-R-Regel an.
  - verwendet Quellenliteratur.
- *Sozial:*
  - arbeitet professionell und respektvoll.
  - tauscht sich mit anderen Auszubildenden aus.

Ihnen ist sicher aufgefallen, dass die Schritte der vollständigen Handlung nicht klar verortbar sind, und genau dies macht den Vorteil dieser Methode aus: Sie kann integrativ angewendet werden und führt bei den Auszubildenden dazu, notwendige Arbeitsschritte vorauszudenken und die Ergebnisse der dauernden Reflexion in die nächsten notwendigen Schritte zu integrieren.

Eine weitere Möglichkeit, diese Methode praktisch anzuwenden, ist die sogenannte Flächenübung. Diese wird seit 2010 jährlich von der Rettungsdienst-Kooperation in Schleswig-Holstein unter Leitung der unternehmenseigenen Rettungsdienst-Akademie durchgeführt (weitere Informationen beim Autor). Sie soll als exemplarisches Beispiel dienen.

Die didaktische Überlegung im Kontext des Modells der vollständigen Handlung ist folgende:

> **BEISPIEL**
>
> Die Flächenübung findet auf einem ehemaligen Militärflugplatz in Schleswig-Holstein statt. Auf diesem Flugplatz werden für einen Tag 15 Notfallszenarien unterschiedlicher Schweregrade aufgebaut, welche jeweils von einem Ausbilder betreut werden. Für jedes Szenario sind der Ablauf und die Lernziele klar beschrieben. Die Ausbilder sind beauftragt, nach jedem Szenario eine kurze Nachbesprechung durchzuführen, die nur die wesentlichen Punkte der Bearbeitung durch die Auszubildenden beinhaltet. In dem Fall der Flächenübung sind es 15 Teams, sodass insgesamt an diesem Tag 225 Szenarien bearbeitet werden.
>
> Die Auszubildenden werden lehrjahrübergreifend in Teams eingeteilt, sodass ein Austausch innerhalb unterschiedlicher Kenntnisstufen erreicht wird. Die Szenarienorte sind jeweils örtlich, zeitlich und planerisch innerhalb von fünf bis acht Minuten erreichbar.
>
> Die Übung läuft nach einem klaren Zeitplan ab. Es ist genau vorgeschrieben, wann welches Team welches Szenario zu bearbeiten hat. Zwei Mittagspausen ermöglichen allen Teilnehmern einen teamübergreifenden Austausch.

Die Auszubildenden werden über den Ablauf der Übung und bei Eintreffen am Szenarioort *informiert*. Ebenso stehen den Auszubildenden zur Bearbeitung der Notfallszenarien Algorithmenkarten zur Verfügung.

Die Auszubildenden *planen* ihre Teamaufgaben und während des Notfallszenarios die notwendigen Schritte. Aufgrund der lehrjahrübergreifenden Teamzusammenstellung stehen die Auszubildenden vor der Aufgabe, die u. U. unterschiedlichen Sichtweisen auf

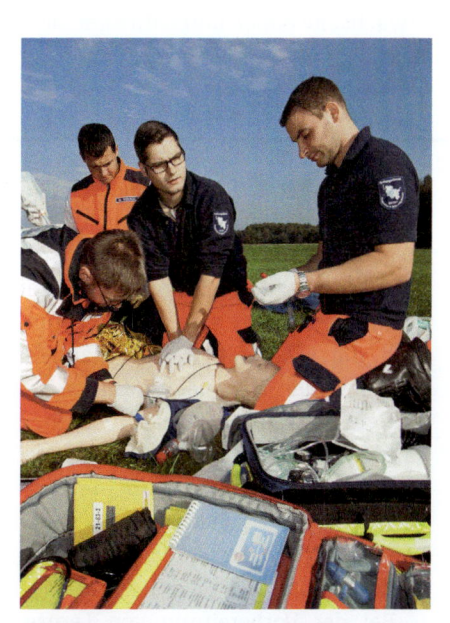

ABB. 18 ▶ CPR-Szenario während einer Flächenübung (Rettungsdienst-Akademie der Rettungsdienst-Kooperation in Schleswig-Holstein)

den spezifischen Einsatz zu koordinieren.

Während der Bearbeitung der Einsätze werden *Entscheidungen getroffen* und die entsprechenden Arbeitsschritte ausgeführt. In der Nachbesprechung werden die Schritte gemeinsam mit dem Ausbilder *kontrolliert*.

Während der Fahrt zum nächsten Szenario *bewerten* die Auszubildenden die vorangegangenen Arbeitsschritte und ändern ggf. das Vorgehen am nächsten Szenarioort.

Die Mittagspause und die abschließende Besprechung zum Übungsende können zur Reflexion des eigenen Handelns genutzt werden.

6.3.4 Lernen erwachsener Menschen

Erwachsene haben durch ihre gemachten Erfahrungen eine klare, einzigartige Persönlichkeit entwickelt und in ihrer persönlichen Lernbiografie Methoden entwickelt, wie sie Neues lernen und dieses annehmen. Dabei ist die Lernfähigkeit bei Erwachsenen nicht anders als bei Kindern, aber die kognitive Flexibilität nimmt im Alter ab, und routinierte Alltagsmodi behindern die Fähigkeit, Neues anzunehmen bzw. den festgelegten Lernstil zu ändern. Oder anders gesagt: „Lernen kann der Mensch nur selbst" (Bauer et al. 2010: 37). Die Aufgabe des Praxisanleiters ist es, dieses Lernen in der Begleitung des Lernenden zu unterstützen.

Bei der Vorbereitung von Lernsequenzen ist es für den Praxisanleiter vor diesem Hintergrund hilfreich, folgende Grundregeln zu beachten:

Lernen benötigt *Irritation* des Lernenden. Denn Irritation ist die Voraussetzung für Reflexion. Nicht das Auswendiglernen oder die Imitation des Ausbilders ist gefragt, sondern die Infragestellung des Lernstoffs und die daraus gezogenen Schlüsse.

Erwachsene benötigen die Möglichkeit zum *Anschlusslernen*. Anschlusslernen bedeutet, dass das Vorwissen, die Erfahrung, die konkreten Interessen und die Lebenswelt der Auszubil-

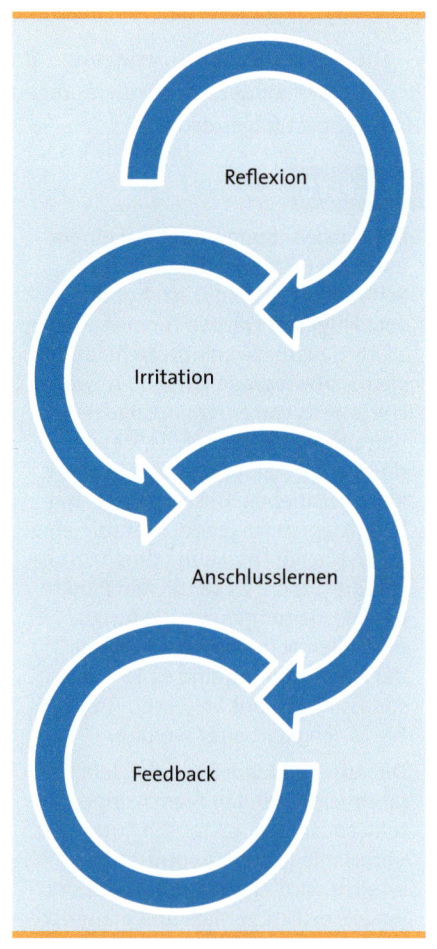

ABB. 19 ▶ Komponenten zur Lernunterstützung Erwachsener

denden in die Lernsequenz einbezogen werden.

Es braucht Zeit für die *Reflexion* des Gelernten und der gemachten Erfahrungen. In Lernsequenzen eingebaute Reflexionsphasen unterstützen das Lernen des erwachsenen Menschen. Der Praxisanleiter kann Sequenzen in den Ausbildungsablauf integrieren, in denen der Auszubildende oder Teilnehmer folgende Fragen diskutiert oder z. B. schriftlich beantwortet:
- Was lief für Sie gut?
- Was geht besser?
- Welche Erkenntnisse konnten Sie bisher gewinnen?
- Was fällt Ihnen besonders auf?
- Wo lagen bisher in Bezug auf das Thema Ihre Stärken?
- Wo lagen in Bezug auf das Thema Ihre Schwächen?

Individuelles, regelmäßiges *Feedback* hilft dem erwachsenen Menschen in seinem Lernprozess und ist die Voraussetzung für eine nachhaltige Reflexion. Feedback durch andere Teilnehmer und/oder Auszubildende ist hilfreich und notwendig, kann das Feedback durch den Ausbilder allerdings nicht ersetzen. Für diese Feedbacks ist Zeit und Raum notwendig. Anschließende Zielvereinbarungen unterstreichen die Seriosität des Feedbacks und ermöglichen eine gesteuerte Lernkurve sowie Lernverbindlichkeit.

LITERATUR:

Bauer HG et al. (2010) Lern(prozess)begleitung in der Ausbildung. Wie man Lernende begleiten und Lernprozesse gestalten kann. Ein Handbuch. 3. Aufl., Bielefeld: wbv.

Bundesinstitut für Berufsbildung [BiBB] (2014) Systematisch ausbilden in Arbeitsprozessen. Kap. Handlungsorientiert ausbilden. Unter: http://www.foraus.de/html/3148.php, 03.12.2014.

Friede CK, Uhe E (2000) Trends im Prüfungswesen. Interview mit Christian K. Friede. In: Berufsbildung 54 (H65): 47–48.

Hüther G (o. J.) Sich bewegen ... Unter: http://www.gerald-huether.de/populaer/veroeffentlichungen-von-gerald-huether/texte/sich-bewegen-gerald-huether/index.php, 02.12.2014.

Hüther G, Dohne K-D (2010) Voraussetzungen für gelingende Lernprozesse aus neurobiologischer Sicht. In: Negri C (Hrsg.) Angewandte Psychologie für die Personalentwicklung. Konzepte und Methoden für Bildungsmanagement, betriebliche Aus- und Weiterbildung [Kap. 3 "Lernpsychologie", Hülshoff T et al.]. Berlin, Heidelberg: Springer, S. 88–98.

Mamerow R (2010) Praxisanleitung in der Pflege. 3. Aufl., Berlin, Heidelberg: Springer.

Möller D (1999) Förderung vernetzten Denkens im Unterricht. Grundlagen und Umsetzung am Beispiel der Leittextmethode. Münster: LIT.

Müller H-J, Stürzl W (1990) Handlungs- und erfahrungsorientiertes Lernen – Ein methodisches Konzept zur integrierten Förderung von Fach- und Schlüsselqualifikationen. In: Herzer H, Dybowski G, Bauer HG (Hrsg.) Methoden betrieblicher Weiterbildung. Frankfurt am Main: Rationalisierungs-Kuratorium der Deutschen Wirtschaft (RKW) e.V., S. 172–196.

Schulze-Kruschke C, Paschko F, Walter A (2011) Praxisanleitung in der Pflegeausbildung für die Aus-, Fort- und Weiterbildung. Berlin: Cornelsen.

Schüßler I, Born J (2007) Von der Erzeugungs- zur Ermöglichungsdidaktik (Interview mit I. Schüßler). Unter: http://www.rpi-virtuell.net/workspace/3719ff1d-f109-402f-96da-702285484082/dats/2007/schuessler.pdf, 13.01.2016.

6.4 Lernfelddidaktik

Jochen Kircheis, Alexander Huwe

Die gesamte Struktur der Ausbildung der zukünftigen Notfallsanitäter hat sich – im Vergleich zur Ausbildung der Rettungsassistenten – verändert: Der bisherige theoriegeleitete Fächerkanon in der Rettungsassistentenausbildung wurde durch das Lernfeldkonzept ersetzt. Dabei kommt es in der neuen Ausbildung zum gezielten Aufgreifen und Vertiefen beruflich-rettungsdienstlicher Problemstellungen. Entscheidend für die Ausbildung zum Notfallsanitäter sind dabei das Herausfiltern und Festlegen der einzelnen Kernelemente und Kernaufgaben des Berufsbildes. Diese sind durch die Bildungseinrichtungen mithilfe von didaktisch aufbereiteten *Lernsituationen* zu vermitteln. Die Schulen sind hier in der Pflicht, die Lehrinhalte und Lernsituation für eine erfolgreiche Ausbildung in eine sinnhafte und strukturierte pädagogische Reihenfolge zu bringen, angefangen bei den Grundlagen der Ersten Hilfe bis hin zur klassischen präklinischen Versorgung von Notfallpatienten. Denn dadurch kann den Auszubildenden von Anfang an ein aufbauendes Lernen ermöglicht werden.

> **MERKE**
>
> Vom Basiswissen und den Grundlagen hin zum Expertenwissen – fixieren Sie dies als Hauptaufgabe und zugleich größte Herausforderung Ihrer Tätigkeit als Pädagoge und Praxisanleiter.

Dabei ist wichtig, dass die Lernorte mit ihren speziellen Aufgaben näher zusammenrücken als bisher, um den aktuellen Ansprüchen des Lehrens und Lernens gerecht zu werden. Aufgrund der steten Weiterentwicklung der beruflichen Anforderungen ist es erforderlich, die Auszubildenden mehr zum selbstständigen Planen, Durchführen und Kontrollieren der bevorstehenden Aufgaben zu animieren. Die veränderte Rollenstruktur vom Rettungsassistenten hin zum Notfallsanitäter verlangt, dass der Notfallsanitäter mehr Verantwortung für sein Handeln übernimmt. Dies ist nicht zu erreichen durch alleinige Erhöhung des zu vermittelnden Anteils notfallmedizinischen Fachwissens oder einer bloßen Aneinanderreihung einzelner Fächer. Es muss handlungsbezogene Lernziele geben, fundiert und mit Bezug zur konkreten Verwendungssituation im Rettungsdienst. Nach den Vorgaben der Kultusministerkonferenz (KMK) wird bereits seit Mitte der neunziger Jahre in allen neu geordneten und neu geschaffenen Ausbildungsgängen an berufsbildenden Schulen der Unterricht in Lernfeldern umgesetzt (vgl. KMK 2011: 10). Eine erfolgversprechende Ausbildung, die den künftigen Notfallsanitäter für die unterschiedlichsten beruflichen Situationen handlungskompetent machen soll, kommt demnach nicht um die Lernfelddidaktik herum.

Lernfelder (s. Abb. 20) definiert die Kultusministerkonferenz als „durch Ziel[formulierung], Inhalte und Zeitrichtwerte beschriebene thematische Einheiten, die an beruflichen Aufgabenstellungen und Handlungs[abläufen] orientiert sind" (KMK 2007: 17).

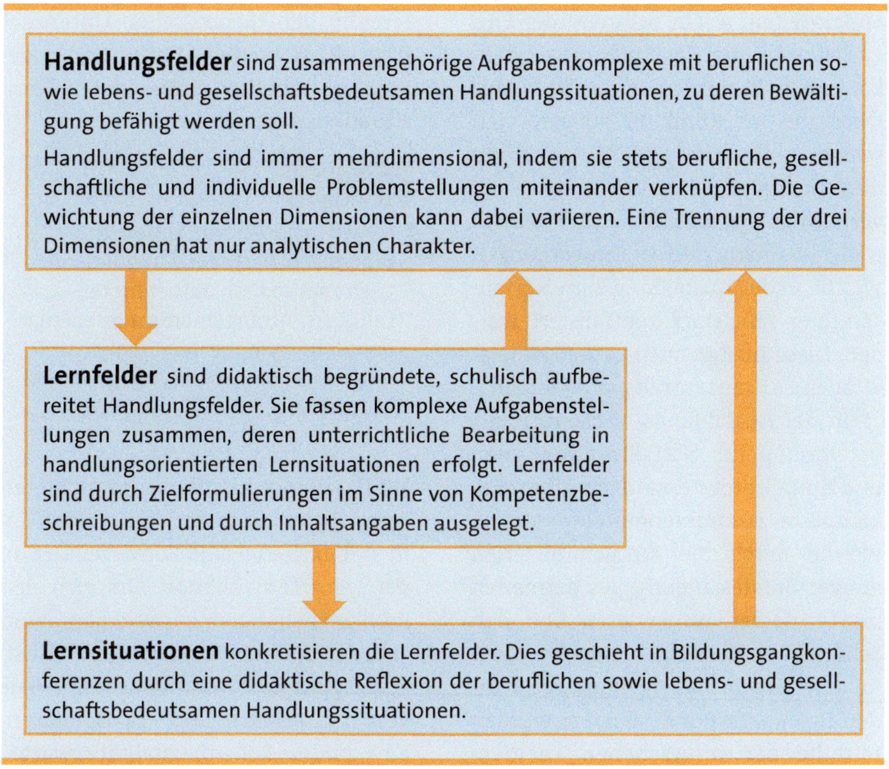

> **Handlungsfelder** sind zusammengehörige Aufgabenkomplexe mit beruflichen sowie lebens- und gesellschaftsbedeutsamen Handlungssituationen, zu deren Bewältigung befähigt werden soll.
>
> Handlungsfelder sind immer mehrdimensional, indem sie stets berufliche, gesellschaftliche und individuelle Problemstellungen miteinander verknüpfen. Die Gewichtung der einzelnen Dimensionen kann dabei variieren. Eine Trennung der drei Dimensionen hat nur analytischen Charakter.

> **Lernfelder** sind didaktisch begründete, schulisch aufbereitet Handlungsfelder. Sie fassen komplexe Aufgabenstellungen zusammen, deren unterrichtliche Bearbeitung in handlungsorientierten Lernsituationen erfolgt. Lernfelder sind durch Zielformulierungen im Sinne von Kompetenzbeschreibungen und durch Inhaltsangaben ausgelegt.

> **Lernsituationen** konkretisieren die Lernfelder. Dies geschieht in Bildungsgangkonferenzen durch eine didaktische Reflexion der beruflichen sowie lebens- und gesellschaftsbedeutsamen Handlungssituationen.

ABB. 20 ▶ Strategien zur Umsetzung des Lernfeld-Konzepts (nach Bader 2004)

> **MERKE**
>
> Ziel der Lernfelddidaktik ist es, den Auszubildenden in Lernsituationen nach dem Modell der vollständigen Handlung (Informieren, Planen, Entscheiden, Ausführen, Kontrollieren und Bewerten) zu befähigen, eine allumfassende rettungsdienstliche Handlungskompetenz zu entwickeln (VGL. KAP. 6.3 UND 7).

Das Konzept der Lernfelddidaktik geht von betrieblichen, d.h. rettungsdienstlichen *Handlungssituationen* aus, denn es werden die Merkmale realer Problemstellungen beleuchtet. Dazu gehören vor allem Komplexität sowie Lösungs- und Entscheidungsoffenheit beim Erlernen zielführender rettungsdienstlicher Maßnahmen und Fertigkeiten. An dieser Stelle sei z.B. auf die einzelnen diagnostischen Maßnahmen hingewiesen, wie etwa die Erfassung und Bewertung der unterschiedlichen Vitalparameter

Diese aus der praktischen Tätigkeit gewonnenen Handlungssituationen werden in ihrer Gesamtheit zu *Handlungsfeldern* zusammengefasst, wobei stets auch gesellschaftliche und individuelle Aspekte eine Rolle spielen. Exemplarisch genannt sei die Durchführung eines Krankentransports, welcher für die Auszubildenden eine komplexe Situation darstellt, da hier bereits mehrere Handlungssituationen ineinandergreifen. Allein während der Einsatzalarmierung, der Anfahrt und dem konkreten Einsatzablauf vor Ort bis zur Übergabe im Klinikum spielen vielschichtige und umfassende Aspekte in diese komplexe Situation hinein. Oft vernachlässigt wurden bisher soziale und kommunikative Schwerpunkte, welche in der Ausbildung zum Notfallsanitäter nun stark zentralisiert werden. Diese fließen auch in die Komplexität eines Krankentransports mit ein.

In der Ausbildungs- und Prüfungsverordnung für Notfallsanitäterinnen und Notfallsanitäter sind zehn Themenkomplexe zusammengestellt worden, welche durch die Kultusministerien einiger Bundesländern gleichermaßen als Lernfelder ausgewiesen und den Schulen des jeweiligen Bundeslandes in Rahmenlehrplänen vorgelegt wurden. In anderen Bundesländern wurden mithilfe der vorgesehenen Themenkomplexe pädagogisch aufbereitete Lernfelder zusammengestellt, welche die rettungsdienstlichen Handlungsfelder deutlicher abbilden. Es ist also empfehlenswert, sich nach den Rahmenlehrplänen seines Bundeslandes zu erkundigen.

Wird die Lernfeldthematik nach den Themenkomplexen der Ausbildungs- und Prüfungsverordnung vermittelt, werden mehrere Lernfelder angerissen, die durch Überschneidungen den Einsatz im Krankentransport erfassen. In anderen Bundesländern dagegen gibt es bereits ein eigenes Lernfeld mit dem Thema „einen Krankentransport durchführen".

Die vielen kleinen Tätigkeiten des beruflichen Alltags (Handlungssituationen) können jedoch nicht ohne weiteres in den theoretischen Unterricht transferiert werden. Dafür sind sogenannte – schulisch aufbereitete – Lernsituationen erforderlich.

> **MERKE**
>
> Lernsituationen sind Unterrichtssequenzen, bestehend aus didaktisch-methodisch aufbereiteten Lehr-Lern-Arrangements mit realen, handlungsorientierten Problemstellungen. Sie dienen der Anregung von Lernprozessen (Faulhaber 2008).

Die handlungsorientiert ausgerichteten Lernsituationen fordern ein Umdenken in der bisherigen Rollenverteilung in der Lehr-/Lernsituation. Um sich den Problemstellungen zu widmen, wird von den Auszubildenden mehr Selbstständigkeit und Verantwortung sowie von den Lehrern und Praxisanleitern eine größere Rollenflexibilität erwartet. Diese verändert sich vom Taktgeber hin zum Moderator, Begleiter, Coach und unterstützenden Instruktor (Faulhaber 2008).

Die Kultusministerkonferenz empfiehlt aufgrund von lerntheoretischen und didaktischen Erkenntnissen, bei der Planung und Umsetzung handlungsorientierten Unterrichts in Lernsituationen folgende Orientierungspunkte zu berücksichtigen:
– Lernen vollzieht sich in vollständigen Handlungen, die nach Möglichkeit selbstständig durch den Auszubildenden ausgeführt werden. Für den Fall, dass dies in bestimmten Punkten unmöglich scheint, sollte die Handlungssituation zumindest gedanklich nachvollziehbar sein.

- Das ganzheitliche Erfassen der beruflichen Wirklichkeit durch verschiedene Handlungen und Situationen ist dabei von entscheidender Bedeutung. Es geht um Handlungen, die u. a. technische, ökonomische, rechtliche, ökologische, aber eben vor allem auch soziale Aspekte zusammenfassen.
- Eigene Erfahrungen und Erkenntnisse der Auszubildenden sollten in sämtliche Handlungen mit einfließen. Nach Möglichkeit muss eine Reflexion der daraus resultierenden gesellschaftlichen Auswirkungen erfolgen. Auf diese Weise werden auch soziale Prozesse – im Sinne von Interessenklärung oder Konfliktbewältigung – sowie verschiedene Perspektiven der Berufs- und Lebensplanung berücksichtigt. (KMK 2011: 16)

An folgendem Beispiel sollen diese Orientierungspunkte erläutert werden:

BEISPIEL

Die Auszubildenden werden im Rahmen einer Lernsituation mit einem Einsatz im Krankentransport konfrontiert. Es handelt sich bei dem Beispiel um einen Patienten mit chronischer Niereninsuffizienz, der zur routinebehafteten Dialyse gebracht werden soll.
1. Die vollständige Handlung umfasst hierbei die oben beschriebene komplexe Situation des Krankentransports. Diese soll nun nicht in einer vortragenden Art und Weise durch die Lehrkraft/den Praxisanleiter vermittelt werden. Lehren und Lernen wird heutzutage als Teamaufgabe verstanden und wahrgenommen: Die Auszubildenden selbst sind daher gefordert, sich durch informieren, planen, entscheiden, ausführen, kontrollieren und bewerten/reflektieren die Inhalte anzueignen. Die Lehrkraft tritt hierbei nur noch als Moderator, Begleiter, Coach auf.
2. Es sollen für diese Lernsituation sämtliche Handlungssituationen und Maßnahmen aufgegriffen werden, die im Zusammenhang mit der benannten Einsatzsituation stehen. Im Vordergrund stehen neben sozialen und kommunikativen Anteilen auch die technische, ökonomische, rechtliche und ökologische Sichtweise auf diesen komplexen Einsatz.
3. Im Idealfall hat der Auszubildende in den vorangegangenen berufspraktischen Ausbildungsanteilen erste Erfahrungen mit ähnlichen Einsätzen im Krankentransport gemacht, welche nun einen Vergleich und eine Reflexion beider Situationen erlauben. Erfahrungsorientiertem Lernen wird in der Pädagogik ein hoher Stellenwert zuerkannt.

Um diesem Anspruch der Ausbildung zum Notfallsanitäter gerecht werden zu können, ist es für die Schulen und für Sie als Praxisanleiter wichtig, sich regelmäßig gemeinsam abzustimmen und vorzubereiten. Ohne Frage verlangt dies eine Veränderung der veralteten Organisationsstrukturen, denn die Absprachen zur gemeinsamen Ausbildung eines Notfallsanitäters lassen einen größeren zeitlichen Aufwand für alle Beteiligten entstehen. Für beide Seiten besteht jedoch dadurch auch die Chance auf eine Qualitätsverbesserung in der beruflichen Bildungsarbeit, ebenso wie eine entsprechende Verwirklichung eigener Vorstellungen aller am Bildungsprozess beteiligter Personen.

> **MERKE**
>
> Für die Entwicklung der gesamten beruflichen Handlungskompetenz ist darauf zu achten, die Lernsituationen sinnvoll aufeinander abzustimmen. Sie sollten zudem möglichst an den Ausbildungs- und Kenntnisstand der Auszubildenden angepasst sein. Nur dadurch kann ein Verständnis für die Gesamtheit und Komplexität der Ausbildung erreicht werden.

Es darf an dieser Stelle jedoch nicht unerwähnt bleiben, dass durch eine Umsetzung neuer Lehrpläne nach dem Lernfeldansatz vielfach veränderte und zusätzliche Arbeitsaufgaben zu erwarten sind, die mit den aktuell vorhandenen Rahmenbedingungen und Ressourcen nur unter zusätzlichem Aufwand zu bewerkstelligen sein werden. So müssen sich in den Schulen Spielräume schaffen lassen, die direkte Absprachen unter den Lehrkräften zu den einzelnen Lernfeldern zulassen. Sogenannte Bildungsgangkonferenzen tragen die gemeinsamen Schwerpunkte der Ausbildung zusammen, und die Vernetzung der einzelnen Lernfelder wird im Konsens geplant. Dies ist nicht nur ein zeitlicher, sondern auch ein pädagogisch konstruktiver Mehraufwand im Vergleich zum bisherigen Fächerkanon in der Ausbildung der Rettungsassistenten. Hinzu kommt auch für den mehrfach geforderten handlungsorientierten und praxisnahen Unterricht in der Schule die Beschaffung von weiteren Einsatzmaterialien, durch die sich der rettungsdienstliche Bezug herstellen lässt. An dieser Stelle sei auf den Maßnahmenkatalog für Notfallsanitäter als Ergebnis des Pyramidenprozesses verwiesen.

Den Lehrrettungswachen wiederum muss klar sein, dass nicht an den bisherigen Organisationsstrukturen hinsichtlich der Begleitung und Anleitung eines in der Rettungsassistentenausbildung befindlichen Jahrespraktikanten festgehalten werden kann. Vielmehr wird in Form von Praxisanleitung ein zeitlicher Mehraufwand betrieben, um sich enger mit der Schule abzustimmen und die mit der ausbildenden Schule vereinbarten Lehrinhalte dem Auszubildenden nahezubringen. Den Auszubildenden sollten auch Möglichkeiten gegeben werden, sich in den Lehrrettungswachen in einen geschützten Ausbildungsbereich zurückziehen zu können. Auch dafür müssen vielerorts räumliche Kapazitäten geschaffen werden. Es sei an dieser Stelle auch noch einmal darauf hingewiesen, dass die Auszubildenden nicht nur bei sämtlichen Einsätzen Erfahrung sammeln sollen, sondern dass auch in den Lehrrettungswachen durch anleitendes Personal fachpraktische Übungen und Erarbeitung von Lehrinhalten möglich sein müssen.

Worauf sollten Sie sich als Praxisanleiter einstellen, wenn Sie zukünftig Auszubildende betreuen, die nach dem Lernfeldkonzept ausgebildet werden?

Ein erstes Hauptaugenmerk liegt in der *veränderten Ausbilderrolle*. Schließlich müssen Sie sich darauf einstellen, dass der Auszubildende große Erwartungen an den Ausbildungsbetrieb hat und aus der Schule regelmäßig wissenschaftlich aktuelles Wissen mitbringt, das er in der praktischen Anwendung vertiefen möchte. Als Praxisanleiter sollten Sie den Auszubildenden in allen Belangen unterstützen können, vor allem, wenn er nach Begründungs- und Anwendungswissen sucht. Dies liegt nicht zuletzt auch an den schulischen Zugangsvoraussetzungen und den hohen Erwartungen der Gesellschaft an das neue Berufsbild. Darüber hinaus werden an Sie notwendige Anforderungen hinsichtlich der Fach- und Sozialkompetenz gestellt.

> **MERKE**
>
> Eine grundlegende fachwissenschaftliche Basis bedeutet gleichermaßen zunehmende Anforderungen an Sie. Aktuelle, fachwissenschaftliche Aussagen sollten im Lernprozess immer auf Situationen und Handlungen bezogen sein, um dem Lernfeld- und handlungsorientierten Ansatz gerecht zu werden. Das verlangt, dass Sie sich nicht nur auf einem wissenschaftlich aktuellen, sondern auch praxisnahen Kenntnisstand befinden. Womöglich benötigen Sie Fortbildungen sowie Spezialisierungen in vereinzelten Fachgebieten. Bereiten Sie sich auf Ihre neue Rolle als Mentor, Coach oder Instruktor vor. Außer Frage steht dabei die Notwendigkeit Ihrer pädagogischen Kompetenz, die Sie im Laufe Ihrer Praxisanleitertätigkeit stets entwickeln, konkretisieren und erweitern werden müssen.

Es wird immer wieder vorkommen, dass die Auszubildenden nach einer festen Lehrmeinung für verschiedene Handlungssituationen suchen. Bisher wurde oft auf die persönliche Erfahrung vergangener Berufsjahre verwiesen und somit „eminenzbasiertes" Wissen weitergegeben. Um den wissenschaftlichen Charakter der neuen Ausbildung zu wahren, ist zwingend *evidenzbasiertes* Fachwissen nötig. Aktuelle und fachwissenschaftliche Leitlinien zu Themenkomplexen der Inneren Medizin und zur Traumaversorgung sind zwingender Bestandteil der schulischen Ausbildung und müssen gleichermaßen auch von den Praxisanleitern in den Lehrrettungswachen verstanden und praktikabel umgesetzt werden. Konträr erscheint es den Auszubildenden, wenn Sie als Praxisanleiter in den entsprechenden Notfalleinsätzen nicht über die nötigen Kenntnisse verfügen und folglich dieses erforderliche wissenschaftlich fundierte Fachwissen nicht anwenden können.

Wie bereits zuvor erwähnt, gehört aus Sicht der Lernfelddidaktik *das Aufgreifen und Erarbeiten der beruflichen Handlungen und Arbeitsschritte,* welche durch den Auszubildenden zu erlernen sind, zu den wesentlichen Aufgaben der schulischen Lehrkräfte. Es gilt für alle am Curriculum beteiligten Pädagogen, realistische Handlungssituationen aus dem Berufsfeld der zukünftigen Notfallsanitäter zu erfassen und zu definieren. Darauf aufbauend sind konkrete fachliche Inhalte und die daraus resultierenden erforderlichen Kompetenzen, die sich die Auszubildenden aneignen sollen, zu erarbeiten. Die Schule verpackt demnach notfallmedizinische Handlungen und Arbeitsschritte in dazugehörige Lernsituationen, welche durch die Auszubildenden erschlossen werden.

Die Lernenden müssen berufliche Handlungskompetenz entwickeln und sollen in ihrer Persönlichkeitsentwicklung gestärkt werden. Lernsituationen sollen dabei die berufliche Realität im schulischen Unterricht widerspiegeln – sie gehen immer auch über die derzeitige Realität hinaus. Eine Lernsituation führt den Auszubildenden die Komplexität einer beruflichen Situation vor Augen, zu deren Bewältigung Handlungskompetenz gefordert ist. Das komplexe Wissen des Berufs wird über die Lernsituationen in einen Anwendungsbezug gestellt. Die durch die Bearbeitung einer Lernsituation geknüpften Wissensnetze der Auszubildenden können in der notfallmedizinischen Praxis eher in Erinnerung gerufen werden, da das Wissen nicht – wie bei einem fächerorientierten Unterricht – aus verschiedenen Schubladen herausgesucht werden muss.

Wichtig ist außerdem, dass die Bearbeitung der Lernsituation der Handlungslogik folgt – also dem, was in der rettungsdienstlichen Handlungssituation tatsächlich in Erscheinung tritt – und sich nicht daran orientiert, was „einfach schon immer" in der Rettungsassistenz unterrichtet wurde. Beim Lernen mit Lernsituationen handelt es sich stets um exemplarisches Lernen, d.h. Lernende müssen Transferleistungen in vergleichbare Handlungssituationen erbringen. Dies kann bei der Arbeit mit Lernsituationen geübt werden. Aber nicht jeder Lehrinhalt muss durch Lernsituationen erarbeitet werden. Es macht aus didak-

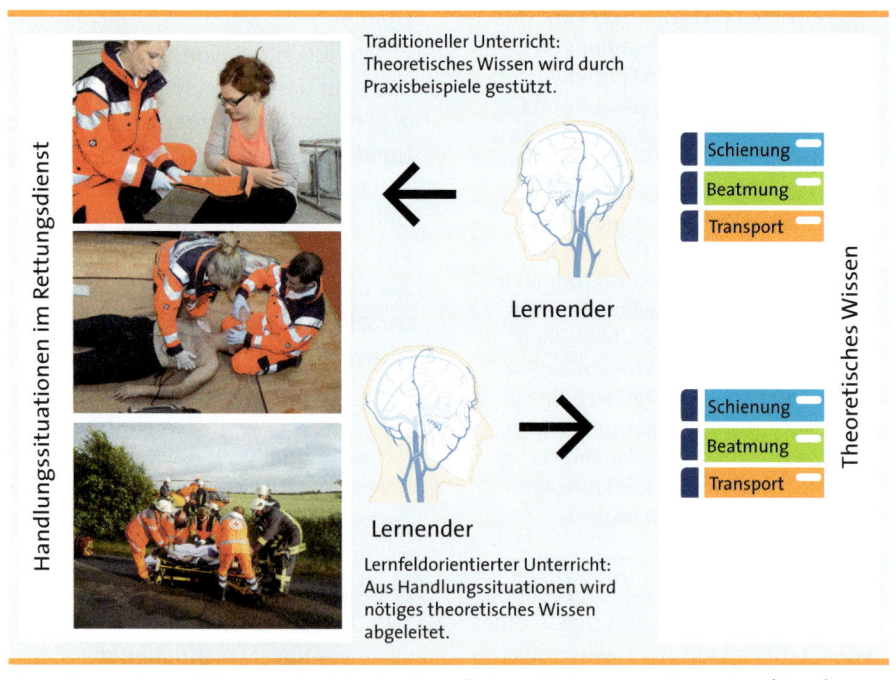

ABB. 21 ▶ Perspektivenwechsel in der beruflichen Bildung: traditionelles (oben) und lernfeldorientiertes Unterrichtskonzept (unten)

tischer Sicht nach wie vor Sinn, anteilig Grundlagen- oder Orientierungswissen separat anzubieten. Lernsituationen zu einem bestimmten Thema erheben keinesfalls den Anspruch auf Vollständigkeit. In den Lernsituationen sind die herausragenden Aspekte aufgegriffen und didaktisch bearbeitet.

Die theoretischen Lernsituationen können für Sie als Praxisanleiter wiederum die Basis darstellen, auf die Sie Ihre handlungsorientierte Unterweisung stützen. Für Schule und Praxisanleiter vereinfacht es die Ausbildung, wenn die Inhalte miteinander abgesprochen und im Idealfall aufeinander abgestimmt werden.

In der Lernfeldkonzeption dürfen sich deshalb die Lernorte nicht voneinander abgrenzen, sondern müssen sich miteinander vernetzen. Schließlich bleibt es nicht mehr, wie bisher, nur bei dem rein theoretischen Unterricht an der Schule einerseits und dem praxiserkundenden Anerkennungsjahr in der Rettungswache andererseits. Dies verlangt eine deutlich veränderte und engere Kooperation zwischen Schulen und Praxiseinrichtungen. Oberstes Ziel muss es sein, ein lernortvernetzendes Gesamtcurriculum zu konzipieren. Dieses muss den Lernort Schule und die Lernorte der Praxis, aber auch den Bereich von Training und Transfer (als „3. Lernort", s. Kap. 6.8) mit einschließen.

Für die Lehrrettungswachen und Krankenhäuser bedeutet dies eine noch engere, kooperative Zusammenarbeit mit der Schule. Für eine qualitativ hochwertige Ausbildung ist das Einbeziehen der verantwortlichen Ärzte und Ärztlichen Leiter Rettungsdienst der ausbildenden Rettungswachen ebenso erforderlich. Schließlich geht es auch zu erheblichen Anteilen um die Unterweisung zur Durchführung ärztlicher (heilkundlicher) Maßnahmen.

Literatur:

Bader R (2004) Strategien zur Umsetzung des Lernfeld-Konzepts. In: Workshop 2: Strategien zur Umsetzung des Lernfeldkonzepts (Beiträge zur CULIK-Fachtagung vom 12. bis 13. Juni 2003 an der Universität Hamburg), S. 111–122. Unter: http://www.bwpat.de/spezial1/ws2_bwpat_spezial1.pdf, 02.05.2016.

Bader R, Schäfer B (1998) Lernfelder gestalten. Vom komplexen Handlungsfeld zur didaktisch strukturierten Lernsituation. In: Die berufsbildende Schule 50 (H. 7/8): 229–234.

Faulhaber G (2008) Lernfelder und Lernsituationen. Unter: http://www.fachdidaktik-online.de/lernsit1.html, 28.04.2014.

Sekretariat der Kultusministerkonferenz – Referat Berufliche Bildung und Weiterbildung [KMK] (Hrsg.) (2007) Handreichung für die Erarbeitung von Rahmenlehrplänen der Kultusministerkonferenz für den berufsbezogenen Unterricht in der Berufsschule und ihre Abstimmung mit Ausbildungsorganen des Bundes für anerkannte Ausbildungsberufe. Bonn. Unter: http://www.kmk.org/fileadmin/veroeffentlichungen_beschluesse/2007/2007_09_01-Handreich-Rlpl-Berufsschule.pdf, 23.04.2014.

Sekretariat der Kultusministerkonferenz – Referat Berufliche Bildung, Weiterbildung und Sport [KMK] (Hrsg.) (2011) Handreichung für die Erarbeitung von Rahmenlehrplänen der Kultusministerkonferenz für den berufsbezogenen Unterricht in der Berufsschule und ihre Abstimmung mit Ausbildungsorganen des Bundes für anerkannte Ausbildungsberufe. Berlin. Unter: http://www.kmk.org/fileadmin/Dateien/veroeffentlichungen_beschluesse/2011/2011_09_23_GEP-Handreichung.pdf, 23.04.2014.

6.5 Lern- und Lehrmethoden

Michael Grönheim, Axel Ladner

Unter Methodik (griechisch *methodos*, dt. *der Weg*) versteht man alle Formen und Verfahrensweisen, mit denen Menschen unter pädagogischen und andragogischen Zielvorstellungen das Lernen anderer Menschen bewusst und planmäßig zu beeinflussen versuchen.

Die Entscheidung, welche Unterrichtsmethoden eingesetzt werden, sollte der Ausbilder unter individueller Abwägung aller Entscheidungsfaktoren des „Wirkungssystems Unterricht" (Abb. 22) treffen – unabhängig davon, ob es sich um eine praktische Unterweisung auf der Lehrrettungswache oder eine Fachunterrichtung an einer Berufsfachschule handelt.

Ausgangspunkt aller Überlegungen ist das zu vermittelnde Lernziel – zugleich eine Merkhilfe für den Methodenkoffer des Ausbilders:

- **L** ernzielorientiert vorgehen
- **E** rgebnisse sichern und visuell festhalten
- **R** ealistische Zeitplanung der Vorbereitung und Durchführung der Methoden vornehmen
- **N** achbesprechung und Vertiefung der teilnehmerzentrierten Methoden
- **Z** ielgruppe mit ihren Vorkenntnissen beachten
- **I** nitiative der Lernpartner fördern
- **E** insatz der Methoden flexibel und situativ vorsehen bei größtmöglicher Abwechslung
- **L** ernbilanz planen und Lernpartner auch durch die methodische Vorgehensweise vorbereiten.

Es gibt somit nicht DIE Unterrichtsform für den Ausbilder. Vielmehr ist im Rahmen der Vorbereitung die Planung von Alternativen und von unterschiedlichen Methoden wichtig. Dies sorgt im Unterrichtsprozess für Abwechslung und erhöht die Flexibilität bei (ungeplanten) Störungen oder Veränderungen der Rahmenbedingungen.

Betrachten Sie Unterrichtsmethoden als Technik, als Mittel zum Zwecke der Lernzielerreichung bei Ihren Lernpartnern. Die Methoden sind dann „nur" konsequent anzuwenden. Wie bei jeder Technik gilt abschließend: eine Ausfallreserve vorhalten und den Umgang stetig üben.

6.5.1 Der Vortrag

Eine gängige Unterrichtsform ist der *Vortrag*. Diese Form der Wissensvermittlung ist in der Erwachsenenbildung insbesondere bei der Vermittlung großer (theoretischer) Stoffmengen weit verbreitet.

Man kann den Vortrag nochmals in zwei verschiedene Formen unterteilen: in das Referat und die freie Rede.

▶ Das Referat

Das *Referat* ist uns von Kongressen und Tagungen bekannt und durch ein Ablesen vorgefertigter, ausgearbeiteter Manuskripte gekennzeichnet. Die Lernenden hören passiv zu und „konsumieren" die Inhalte ohne direkte Beteiligung. Diese Unterrichtsform kann die Lernpartner mit zunehmender Dauer langweilen. Der Ausbilder ist konzentriert auf das Ablesen seines Skriptes.

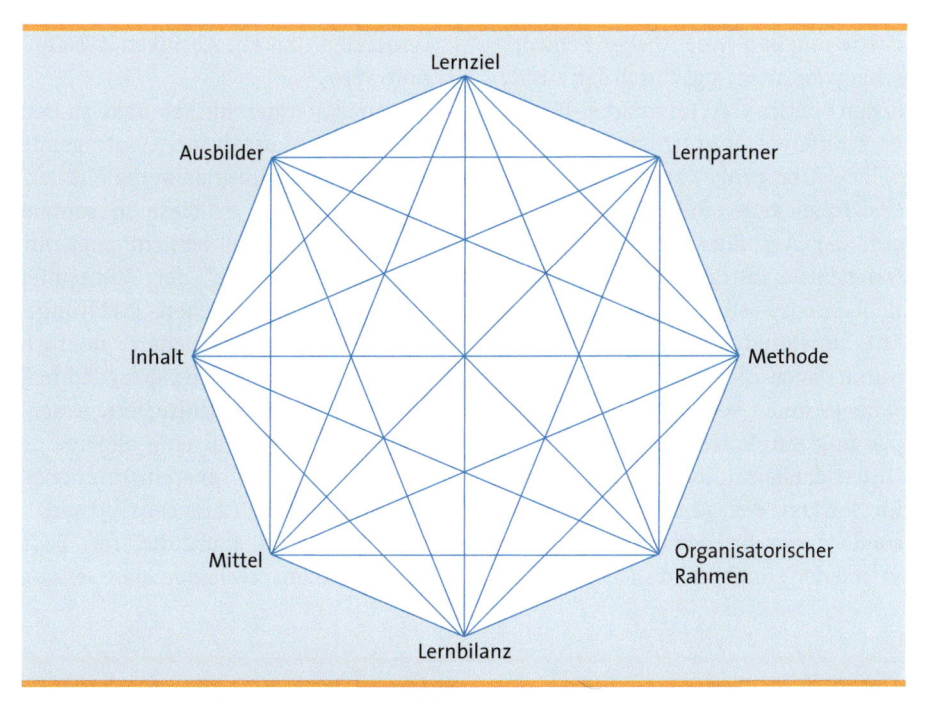

ABB. 22 ▶ Das Wirkungssystem Unterricht

Der Blickkontakt zu den Lernpartnern ist nur eingeschränkt möglich, was zusätzlich die Aufmerksamkeit der Zuhörer einschränkt.

Wird ein Referat nicht durch die Nutzung rhetorischer Einflussfaktoren spannend und unterhaltsam gestaltet sowie eine Interaktion mit den Zuhörern methodisch eingeplant – beispielsweise Abstimmungen durch interaktive Techniken mit direkter Auswertung („Wie würden Sie entscheiden?", z.B. im Rahmen der Rechtskunde) oder eine Diskussion aufgeworfener Fachfragen – sind der unmittelbare Wissenstransfer und damit die Lernwirksamkeit sehr gering.

Die reine Form des Referats ist daher für die Erwachsenenbildung ungeeignet, so bequem sie nach entsprechender Vorbereitung auch für den Referenten sein mag. Der Einsatz des klassischen Referats in der rettungsdienstlichen Praxis wird daher auf (kurze) Ergebnispräsentationen oder theoretische (wissenschaftliche) Impulse beschränkt sein – frei nach dem Motto: „Man kann über alles reden, nur nicht länger als 20 Minuten." Diese zeitliche Vorgabe gilt auch für die freie Rede.

▶ Die freie Rede

Wird die Vortragsform als Unterrichtsmethode ausgewählt, eignet sich die *freie Rede* für eine Vielzahl von Unterrichtssituationen. Die Anforderungen an den Lehrenden steigen in Vorbereitung und Durchführung dieser Methode, da die freie Rede lediglich durch einen Stichwortzettel gestützt präsentiert wird. Auf dem Stichwortzettel hält der Lehrende die Unterrichtsgliederung und wesentliche Stichworte schlagwortartig – ggf. durch den zusätzlichen Einsatz von (Textmarker-)Farben noch differenzierter strukturiert – fest.

Die Übergänge zwischen Referat und freier Rede sind fließend, sodass sich der Ausbilder die Fähigkeit zur freien Rede mit zunehmender Unterrichtspraxis selbst erarbeiten kann. Mit zunehmender Stoffbeherrschung nimmt auch die Sicherheit beim Einsatz der freien Rede zu. Eine gute Zeitplanung im Vorfeld – eine Uhr im Unterrichtsraum sollte dabei niemals im Rücken des Ausbilders platziert, sondern von ihm gut einsehbar sein – vermeidet zunehmende Passivität der Lernenden und ein Absinken der Konzentration.

Durch stetigen Blickkontakt zu den Lernpartnern erhält der Vortragende eine unmittelbare (non-verbale) Rückmeldung, sodass er diese in seinem weiteren Vortrag berücksichtigen kann. Der „fragende Blick" der Teilnehmer kann etwa zusätzlichen Erklärungs- oder Visualisierungsbedarf deutlich machen. Lassen Sie sich jedoch dadurch nicht zu schnell verunsichern – achten Sie vielmehr auf eine allgemeine Unruhe oder auf übereinstimmende Körpersignale mehrerer Lernpartner!

In jedem Fall muss die freie Rede durch eine ansprechende, das Gesagte

---

Thema:

Lernziel / Kontext

Zielgruppe

Zeit

geplante **Visualisierung** (insbesondere „Take-Home-Messages")

mögliche Fragen der Teilnehmer

EINLEITUNG
→ Interesse für das Thema wecken, thematische Einordung, Hinweis auf praktische Bedeutung und Stellenwert für eine spätere Lernbilanz oder Prüfung

HAUPTTEIL
→ inhaltliche Schlagworte, Kernaussagen (visualisiert!), Beispiele aus der Praxis (Zielgruppe beachten!), Anknüpfung an aktuelle Ereignisse (Pressemeldungen, besondere Einsatzlagen, laufende Projekte)

SCHLUSS
→ kurze Zusammenfassung, Abschluss und Ausblick, Hinweise für eine weitere Vertiefung der Thematik, ggf. Hinführung zur Diskussion

ABB. 23 ▶ Mögliche Gliederung eines Stichwortzettels

veranschaulichende Visualisierung sowie die Vorbereitung von Begleitmaterialien (Skript oder Fotoprotokoll der verwendeten Medien, Link- und Literaturliste) unterstützt werden („Take-Home-Messages"). Damit unterstützen Sie die Lernarbeit der Teilnehmer und motivieren zugleich für die ergänzende und vertiefende Bearbeitung des Lehrinhalts.

6.5.1.1 Einsatzgebiet

Der Vortrag (Referat und freie Rede) wird v.a. zur Vermittlung von sachlichen Zusammenhängen, Problemen, Fragestellungen und bei der Einführung eines neuen (theoretischen) Themas eingesetzt. Er sollte v.a. dort angewandt werden, wo bei den Adressaten kein oder nur wenig aktivierbares Vorwissen vorhanden ist und zunächst eine theoretische Wissensgrundlage im Sinne des Lernziels geschaffen werden muss, beispielsweise bei der Vermittlung anatomischer oder physiologischer Grundlagen in den rettungsdienstlichen Ausbildungsgängen.

6.5.1.2 Durchführung

So wie in ABBILDUNG 23 könnte eine strukturierte Gliederung eines Stichwortzettels aussehen.

> **PRAXISTIPP**
>
> Gehen Sie am Ende Ihrer Vorbereitung den Vortrag gedanklich, vom Ende beginnend zum Anfang, durch – die Gefahr eines Blackouts wird dadurch erheblich reduziert.

Die Teilnehmer sollen durch Verständnisfragen, kurze Fallbeispiele, Abstimmungen („Wer hat bereits Erfahrungen mit dieser Maßnahme im Einsatz gesammelt?") oder eine spätere Diskussion auch im Vortrag einbezogen werden.

Eine Tischvorlage mit freien Feldern für Notizen und eigene Anmerkungen kann die Teilnehmer zusätzlich zum aktiven Zuhören und zur Mitschrift (prüfungs-)relevanter Informationen motivieren.

6.5.1.3 Anforderungen an den Ausbilder

Jeder Lehrende sollte sich das Ziel setzen, während eines Vortrags möglichst viel frei zu sprechen. Nur wenn Sie als Ausbilder und Praxisanleiter im Vortrag wirklich „Sie selbst" sind und sich so äußern, als würden Sie ein angeregtes Pausengespräch mit den Teilnehmern führen, schaffen Sie eine

TAB. 5 ▶ Vorteile und Gefahren des Vortrags

Vorteile	Gefahren
• Kontrolle über Inhalte und Zeit für den Lehrenden	• geringe Aktivierung der Teilnehmer, dadurch Konzentrationsabfall auch für den weiteren Unterrichtstag
• hohe Anzahl von Teilnehmern möglich	• keine direkte Rückmeldung darüber, was beim Teilnehmer inhaltlich angekommen ist
• Bearbeitung von viel Stoff in kurzer Zeit	• geringer Behaltensgrad

authentische, da ehrliche und persönliche Atmosphäre. Von Ihnen wird somit keine schauspielerische Fähigkeit verlangt. Auch bei der eher Distanz schaffenden Unterrichtsmethode des Vortrags hat jeder Lernpartner die Möglichkeit, Sie zu unterbrechen und Verständnisfragen zu stellen.

Bei allem zeitlichen Druck wäre es nicht zielführend, wenn der Vortrag an den Zuhörern inhaltlich und atmosphärisch vorbeiginge! Wenn Sie schon den geringen Behaltensgrad in Kauf nehmen, muss Ihr Vortrag die Zusammenhänge erklären, den Stoff strukturieren und Wichtiges hervorheben, damit der Lernpartner die wesentlichen Inhalte effektiv nacharbeiten kann.

6.5.1.4 Rhetorische Einflussfaktoren

Alle Vorträge werden ganz wesentlich durch das verbale und non-verbale Verhalten des Vortragenden geprägt. Daher ist die Berücksichtigung wesentlicher rhetorischer Einflussfaktoren für die inhaltliche Verstärkung und – je nach Auftrag und Zielsetzung – Überzeugungsarbeit in der Vorbereitung entscheidend.

Die folgende Checkliste soll Sie bei der Vortragsvorbereitung unterstützen:
- kurze Sätze formulieren
- wenige Nebensätze verwenden
- deutlich sprechen
- lebendig sprechen
- ohne Hast sprechen
- nicht mit dem Rücken zum Teilnehmer reden
- Füllwörter vermeiden
- Bedeutung durch Betonung hervorheben
- Betonungen können sein:
  - Variation des Sprechtempos
  - Einsatz von Sprechpausen
  - Variation der Stimmlage
  - Variation der Lautstärke
  - Wiederholung von Aussagen
- Aufmerksamkeit durch Wechsel der Stimmlage; Lautstärke und Sprechtempo differenzieren
- Gesten – maßvoll und über der Gürtellinie angewandt – unterstreichen und beleben das gesprochene Wort
- akustische Eindrücke durch Blickkontakt verstärken
- Unterricht mäßig bewegt gestalten und ab und zu für Entspannungsmomente beim Hörer sorgen, z. B. durch einen geplanten (und unkommentierten) Wechsel der Vortragsposition
- Einsatz einer wohlüberlegten Wortwahl („Sprech-Denken"), der Zielgruppe angepasst
- passiven Wortschatz aktivieren.

Hier noch einige körpermotorische Grundregeln, die auch für andere Methoden hilfreich sind:
- Grundsatz: Hände unterhalb der Gürtellinie werden als negativ, Hände oberhalb der Gürtellinie (in Brusthöhe) als positiv wahrgenommen.
- ruhige, offene Kontaktgesten in Richtung der Teilnehmer einsetzen
- Vermeidung von Aufrufen von Teilnehmern mit dem falschen Arm (z. B. über Kreuz; der quer vor dem Körper befindliche Arm wirkt als Barriere)
- Gesten zur Unterstützung des gesprochenen Wortes einsetzen; vor-

zeitige oder verspätete Gesten wirken unpassend
- Hände in Brust- oder Bauchhöhe, locker verbunden, strahlen Konzentration, Entspannung und Ruhe aus
- Vermeidung von nervösem Bearbeiten von Kreide, Kugelschreiber oder Zeigestab; dies verursacht Ablenkung beim Teilnehmer
- dem Teilnehmer offen ins Gesicht sehen
- Vermeidung von Hand-Gesichts-Berührungen oder mimischen Entgleisungen; häufiges Mundlecken, Nasenreiben, Lippenzusammendrücken, Stirnrunzeln, Wangenreiben oder Hochziehen der Augenbrauen wirken fahrig und emotional unkontrolliert
- offene, natürliche Freundlichkeit und herzliches Lachen erzeugen eine positive Wirkung; aufgesetztes Lachen wirkt künstlich.

6.5.2 Das Unterrichtsgespräch

Das *Unterrichtsgespräch* gehört zu den Unterrichtsmethoden, die in der rettungsdienstlichen Praxis, insbesondere in Anleitungssituationen, am häufigsten verwendet werden.

Wie das Wort „Gespräch" schon signalisiert, ist ein Unterrichtsgespräch durch einen ständigen Dialog zwischen Ausbilder und Lernpartnern geprägt. Gezielte und im Vorfeld vorbereitete (offene) Fragen des Ausbilders motivieren die Lernenden zur aktiven Beteiligung am Unterrichtsgeschehen – durch Beantwortung der Fragen aus ihrem bisherigen Fach- und Erfahrungswissen sowie aufmerksame Verfolgung des gesamten Unterrichtsverlaufs.

6.5.2.1 *Einsatzgebiet*

Das Unterrichtsgespräch kann insbesondere dort zum Einsatz kommen, wo neue Erkenntnisse erarbeitet und vermittelt werden sollen, die Adressaten aber über Vorkenntnisse und/oder praktische Erfahrungen verfügen.

Somit eignet sich das Unterrichtsgespräch neben dem Einstieg in ein neues Thema auch als Lernbilanz (Themenabschluss), um die Erreichung des Lernziels durch die Lernenden unmittelbar und ohne weitere Hilfsmittel zu überprüfen.

BEISPIEL

Wiederholung von Krankheitsbildern im Rahmen eines Vorbereitungslehrgangs auf die Ergänzungsprüfung zum Notfallsanitäter:
- Der Unterrichtstag ist fest strukturiert (jede Krankheit/Verletzung wird nach dem gleichen Schema behandelt), und die Struktur ist den Teilnehmern bekannt (Ursachen, Symptome, Gefahren, Maßnahmen, Verlauf).
- Der Ausbilder erarbeitet die Inhalte mit den Teilnehmern auf Moderationskarten, um neben einer unmittelbaren Visualisierung auch deren Relevanz und Reihenfolge im Dialog zu besprechen und darzustellen.
- Alle Teilnehmer können dem Verlauf des Unterrichtsgesprächs in Ruhe gedanklich folgen und Verständnisfragen stellen.
- Am Ende einer Unterrichtseinheit können die Teilnehmer das jeweilige Krankheits-/Verletzungsbild selbst zusammenfassen.

Um einen teilnehmeraktivierenden Austausch untereinander sicherzustellen, sollte die Teilnehmerzahl 25 Lernpartner nicht überschreiten.

6.5.2.2 Durchführung

Der Ausbilder muss das Gespräch strukturieren, die Gesprächsbeiträge ordnen, reflektieren (bewerten) und zusammenfassen, den roten Faden im Blick behalten und diese Struktur einfordern sowie die Lernenden am Ende zum (Lehr-)Ziel führen.

Von einer „Schwellenvorbereitung" (Unterrichtsvorbereitung beginnt mit dem Überschreiten der Türschwelle) ist auch bei dieser Unterrichtsmethode dringend abzuraten – bereiten Sie die zu stellenden Fragen mit den erwarteten (Muster-)Antworten vor. Dies nimmt Ihnen nicht die Flexibilität in der Durchführung, sondern versetzt Sie vielmehr in die Lage, bei Ausbleiben von Teilnehmerbeiträgen selbst kurze Impulse in Vortragsform zu geben. Freie Rede und Unterrichtsgespräch wechseln sich somit in der Unterrichtspraxis regelmäßig ab.

Folgender Verlauf hat sich für ein Unterrichtsgespräch bewährt:
1. Vorgabe des Unterrichtenden (Frage, beispielsweise durch Denkanstoß oder Fallbeispiel)
2. Auswerten der Antworten
3. Fixieren der Ergebnisse (visualisiert)
4. weiterführende Fragen stellen (nach Lernzielvorgabe)
5. Zusammenfassung der Ergebnisse (Ergebnis sichern, offene Fragen klären, Lernbilanz durchführen).

Wichtig ist, immer die geeignete Frageform zu finden. Folgende Grundregeln sind hierbei zu beachten:

- Eine Frage muss klar und eindeutig formuliert sein, es darf idealerweise keinen Interpretationsspielraum geben (Teilnehmer sonst motivieren, aktiv nachzufragen).
- Jeder Teilnehmer muss die Frage verstehen können.
- Die Frage muss mit dem bisherigen Wissen/der bisherigen Erfahrung der Lernpartner zu beantworten sein.
- Fragen sollen zum Nachdenken anregen und zur Mitarbeit motivieren.
- Vermeiden Sie Fragenkaskaden (auch „Kettenfragen" genannt: mehrere Fragen werden unmittelbar nacheinander gestellt). – Stattdessen: Auf welche Frage soll der Teilnehmer jetzt antworten?
- Rhetorische Fragen: Die Antwort wird mit der Fragestellung schon vorgegeben, ohne die Teilnehmer zu Wort kommen zu lassen (im Unterrichtsgespräch vermeiden, im Rahmen eines Vortrags gezielt und sparsam einsetzen). Beispiele: „... dies haben Sie sicherlich auch schon festgestellt?"; „Sie werden sich die Frage gestellt haben, warum wir dieses Thema so ausführlich behandeln?"

Das Lenken in eine bestimmte Richtung ist nicht verwerflich, denn bei dieser Methode ist der Ausbilder für den Ablauf zuständig. Richtige Antworten müssen gut verarbeitet werden. Aber auch bei falschen Antworten sollte der Ausbilder den Beantwortenden nicht als dumm hinstellen.

Es bedarf also schon etwas Fingerspitzengefühl, mit Teilnehmerantworten richtig umzugehen. Die Kunst des Unterrichtsgesprächs liegt darin, den

Teilnehmer positiv zu bestärken, sein Selbstvertrauen zu fördern, „verborgenes" Wissen aus ihm herauszulocken und durch sinnvolles Ergänzen und Sortieren der Antworten das Wissen jedes Teilnehmers zu verstärken und auszubauen. Planen Sie ausreichend Zeit für ein Unterrichtsgespräch inklusive Zeitpuffer ein – unter Umständen kommen weitere, ungeplante Fragen aus der Lerngruppe auf, die Sie aktiv aufarbeiten müssen! Der Lehrende muss somit viel Zeit für die fachliche und didaktische Vorbereitung aufwenden und über Einfühlungsvermögen, Anpassungsfähigkeit und Flexibilität verfügen. Wenn die Teilnehmer sich bewusst verschließen, können Unterrichtsgespräche nicht gelingen (wichtig dann: aktiv ansprechen und klären, um einen nachhaltigen Konflikt präventiv zu verhindern).

Theoretisch stellen Sie im Unterrichtsgespräch die Fragen und der Teilnehmer antwortet. In der Praxis kehrt sich die Situation schnell um und die Teilnehmer stellen Verständnisfragen und nutzen die offene Atmosphäre, um tiefer in den Stoff vorzudringen.

Sie sollten solche Fragen noch einmal mit Ihren eigenen Worten (nicht wörtlich, sonst entsteht ein sogenanntes Lehrerecho) wiederholen, um sicherzustellen, dass alle Teilnehmer gedanklich mitkommen („Wenn ich Sie richtig verstanden habe, möchten Sie von mir wissen, ob ..."). So vermeiden Sie es auch, auf eine Frage langwierig zu antworten, um dann vom Teilnehmer zu erfahren, dass er das eigentlich gar nicht wissen wollte.

6.5.2.3 Anforderungen an den Ausbilder

Das Gelingen dieser Unterrichtsform hängt maßgeblich davon ab, inwieweit der Ausbilder in der Lage ist, das Gespräch zu lenken, seine Teilnehmer zu motivieren und die gesamte Lerngruppe in diese Methode miteinzubeziehen. Zu beachten ist, dass sich ein Unterrichtsgespräch nicht zum Dialog mit den („lautstarken") Klassenbesten entwickeln darf – alle Lernpartner sind aktiv in das Gespräch einzubeziehen, und eher stille oder reservierte Teilnehmer sollten gezielt angesprochen werden. Bereiten Sie die Lerngruppe im Vorfeld auf diese Vorgehensweise vor, bevorzugen Sie niemanden und schaffen Sie eine angstfreie Atmosphäre, in der auch nicht zutreffende und keine Antworten („Dazu fällt mir jetzt nichts ein.") für die Förderung des

TAB. 6 ▶ Vorteile und Gefahren des Unterrichtsgesprächs

Vorteile	Gefahren
• Teilnehmeraktivierung	• nicht alle Lernpartner beteiligen sich
• weitgehende Kontrolle der Inhalte durch den Ausbilder	• Gefahr der „Quizatmosphäre" durch zu viele Antwortversuche oder „Lehrerechos" (Wiederholung der Teilnehmerantworten)
• Orientierung an den Bedürfnissen und (offenen) Fragestellungen der Teilnehmer	• Aufkommen von Angst, etwas Falsches zu sagen

Lernerfolgs der Gesamtgruppe hilfreich sind! Nutzen Sie solche Situationen, um lernzielorientierte Hintergrundinformationen zu geben oder Wiederholungssequenzen in Ihren Unterrichtsablauf zu integrieren.

6.5.2.4 *Exkurs: Diskussion*

Im Rahmen eines Unterrichtsgesprächs kann es – gezielt von Ihnen geplant oder spontan entstanden – zu einer Diskussion eines Falls, einer Aussage oder einer Fragestellung kommen.

Nach dem Prinzip „Störungen haben Vorrang" sind die Diskussion und damit der aktive Austausch der Lerngruppe in jedem Falle zuzulassen. Den Zeitpunkt der Diskussion sollte der Ausbilder entsprechend seines didaktischen Konzepts und seiner Zeitplanung festlegen. So kann es sinnvoll sein, die Diskussion auf das Ende einer Lerneinheit zu verschieben, um zunächst die (unkritischen, feststehenden) Ergebnisse zu sichern.

Lassen Sie alle Wortmeldungen zu, nehmen Sie alle offenen Fragen oder Beiträge – u. U. stichwortartig visualisiert – auf und achten Sie auf die Einhaltung der „Diskussions-Spielregeln":
– Jeder kann sich aktiv beteiligen.
– Die Wortmeldungen werden nacheinander bearbeitet, der Ausbilder legt die Reihenfolge fest.
– Die Redezeit sollte beachtet und ggf. begrenzt werden (Vielredner stoppen!).
– Alle Lernpartner hören, sofern sie nicht an der Reihe sind, aufmerksam zu.
– Kein Wortbeitrag wird ungefragt kommentiert.
– Die Diskussion wird sachlich geführt, die Diskussionsteilnehmer nehmen keine (emotionale) Bewertung anderer Teilnehmer vor.
– Der Ausbilder strukturiert die Argumente, fasst (Zwischen-) Ergebnisse zusammen und stellt gezielte Nachfragen.

Eine geplante Diskussion können Sie bei allgemein fachlich umstrittenen (Lehr-)Aussagen einplanen oder bei einer rechtlichen Fallsituation das Verhalten zunächst mithilfe einer Abstimmung („Wie würden Sie entscheiden oder vorgehen?") allgemein festhalten, um dann mithilfe der Diskussion in Kombination mit dem Unterrichtsgespräch gemeinsam in der Lerngruppe das fachlich korrekte Vorgehen zu erarbeiten.

6.5.3 Die Gruppenarbeit

Die *Gruppenarbeit* ist eine Sozialform des Unterrichts, bei der drei oder mehr Lernende ohne unmittelbare Hilfe des Ausbilders einen Lerninhalt erarbeiten und an der Gestaltung der Arbeitsergebnisse und ihrer Präsentation aktiv mitwirken. Die Lernenden unterstützen und ergänzen sich gegenseitig, die Selbstständigkeit und Kreativität des Einzelnen wird ebenso gefördert wie die soziale Kompetenz im Zusammenwirken mit anderen Gruppenmitgliedern. Bei zwei Teilnehmern je Gruppe spricht man als Sonderform der Gruppenarbeit von einer *Partnerarbeit*. Die folgenden Hinweise sind auch auf diese Methode übertragbar.

6.5.3.1 Einsatzgebiet

Bei allen rettungsdienstlichen Themen kann zur selbstständigen Bearbeitung eines Themas oder einer Fragestellung eine Gruppenarbeit durchgeführt werden.

6.5.3.2 Durchführung

Der Arbeitsauftrag kann arbeitsgleich (gleicher Arbeitsauftrag für alle Gruppen) oder arbeitsteilig (Gruppen erarbeiten unterschiedliche Themen oder Fragestellungen) vorgegeben werden. Das inhaltliche Spektrum und damit der thematische Umfang sollte zeitlich überschaubar und inhaltlich gut schaffbar für die Zielgruppe ausgewählt werden. Die Teilnehmer müssen Vorkenntnisse oder Vorerfahrungen zum Arbeitsauftrag haben.

Medien und Literatur (Nachschlagewerke zur Ergänzung und Vertiefung) sowie anatomische Modelle unterstützen bei der Durchführung. Ausreichend große und den Dialog zwischen den Teilnehmern fördernde Räumlichkeiten sollten – je nach Dauer und Auftrag – zur Verfügung stehen. Denkbar in der Praxisanleitung ist auch die inhaltliche Einbeziehung besonderer räumlicher Gegebenheiten für die Ausarbeitung, wie beispielsweise Desinfektions- und Materiallagerraum, sowie die (Reserve-)Rettungsmittel.

Eine Gruppenarbeit sollte in drei Phasen ablaufen:

▶ **1. Phase: Vorbereitung**

Im Rahmen der Vorbereitung sollten folgende Informationen im Plenum vorgestellt und ggf. offene Fragen noch in der Gesamtgruppe geklärt werden:

- *Ziel:* Was soll in der Gruppenarbeit im Ergebnis entwickelt und bearbeitet werden? Zu welchem Lernziel gehört die Gruppenarbeit?
- *Aufteilung:* Die Gruppen finden sich selbst zusammen, oder der Ausbilder gibt die Einteilung vor; dies sollte variabel und nach Einschätzung der Lerngruppe erfolgen.
- *Auftrag:* arbeitsgleich oder arbeitsteilig
- *Zeit:* für die Ausarbeitung und die anschließende Präsentation der Arbeitsergebnisse; die Gruppe sollte auch die Person festlegen, die die Ergebnisse präsentiert
- *Visualisierung:* zwingend erforderlich zur Ergebnissicherung; die Medien können je Gruppe vorgegeben oder flexibel ausgewählt werden
- *Materialien:* Neben verwendeten Medien sollten Literatur und Anschauungsmaterialien ausreichend vorbereitet sein.
- *Fragen:* Wie soll sich die Gruppe bei Unklarheiten oder Problemen verhalten? Wie ist der Ausbilder erreichbar?

▶ **2. Phase: Durchführung**

A) BEARBEITUNG

Jetzt nimmt sich der Ausbilder zurück und lässt die Gruppen beginnen. Meist werden die Teilnehmer nach einer Phase der Diskussion vorläufige Ergebnisse festhalten, sodass Sie als Ausbilder die Möglichkeit haben, die Entwicklung zu verfolgen, um evtl. lenkend im Sinne der Aufgabenstellung einzugreifen. In dieser Phase müssen Sie immer bereit sein, Fragen zu beantworten, die

Gruppen ermunternd zum Ziel zu führen und aufkommende Probleme zu lösen – Gruppenarbeit heißt nicht Pausenzeit für den Ausbilder!

b) Präsentation

Die Präsentation erfolgt durch ein Gruppenmitglied – dieses sollte die Gruppe selbst festlegen, ggf. geben Sie es aber auch spontan vor, um alle Lernpartner zur aktiven Mitarbeit zu motivieren. Jeder Lernpartner muss dann in der Lage sein, das Ergebnis der Gruppe zu präsentieren. Die anderen Gruppenmitglieder können Ergänzungen vornehmen. In jedem Fall müssen alle Gruppen ihre Präsentationen visualisiert darstellen und offene Fragen unmittelbar nach der jeweiligen Präsentation geklärt werden.

Die unterschiedlichen Visualisierungen können im Lernraum nebeneinander positioniert werden („Vernissage") – alle Ergebnisse sind dann für alle Beteiligten erfassbar und stehen für die Zusammenfassung zur Verfügung. Mögliche Fehler oder nicht erfasste Punkte können durch die Gruppen korrigiert bzw. ergänzt werden.

c) Diskussion

Wenn alle Gruppen gehört wurden, können die Ergebnisse im Plenum diskutiert werden. Um zu vermeiden, dass sich einzelne Teilnehmer kritisiert oder negativ herausgehoben fühlen, sollte diese Diskussion unter Beachtung der Feedbackregeln (vgl. Kap. 4) erfolgen. Wenn nötig, führen Sie die Regeln kurz ein und fordern sie deren Einhaltung im Verlauf ein.

▶ **3. Phase: Auswertung und Abschluss**

Das Gesamtergebnis und Fazit sollte durch den Ausbilder zusammengefasst und mit der Lernzielvorgabe abgeglichen werden. Anschließend erfolgen eine kurze Reflexion (Feedback) zu der Methode und der Atmosphäre in den Lerngruppen sowie ein Ausblick auf die nächste Lerneinheit.

Tab. 7 ▶ Vorteile und Gefahren der Gruppenarbeit

Vorteile	Gefahren
• teilnehmeraktivierende und motivierende Methode	• ausufernde Zeit- und Pausengestaltung (auch Langeweile)
• hoher Behaltensgrad	• ineffektives Arbeiten durch heterogene Lerngruppe möglich; ungleiche Wissensstände insbesondere bei den Themen, die nicht in der eigenen Gruppe bearbeitet wurden
• durch unterschiedliche Zusammenstellung der Teilnehmer positiver Einfluss auf das Lernklima	• unterschiedliche Wahrnehmung und Umsetzung des Arbeitsauftrags, dadurch mögliche Verfehlung des Lernziels
• Stärkung personaler (Selbstbewusstsein) und sozialer Kompetenzen	• kommunikationsstarke Teilnehmer sorgen für eine geringe Beteiligung und Integration anderer Gruppenmitglieder

6.5.3.3 Anforderungen an den Ausbilder

Jede Gruppenarbeit muss durch den Ausbilder fachlich begleitet werden, jedoch ohne aufdrängend, kontrollierend oder ungefragt beeinflussend zu wirken. Vielmehr ist eine gezielte, die Teilnehmer auch atmosphärisch motivierende und bestärkende Hilfestellung für den Arbeitserfolg wichtig. Die zeitliche Vorbereitung ist von besonderer Bedeutung – planen Sie bei erstmaligem Einsatz einen größeren Zeitpuffer ein.

Bereiten Sie die Räumlichkeiten, Begleitmaterial (als Hintergrundinformation und Nachschlagewerk) und Medien (zur Visualisierung) rechtzeitig vor, und sichern Sie nach jeder Gruppenarbeit die Ergebnisse, beispielsweise durch Zusendung eines Fotoprotokolls an die Lernpartner.

> **MERKE**
> Sie als Ausbilder bleiben für die Organisation und die Ergebnissicherung der Lernsituation verantwortlich!

6.5.4 Die praktische Unterweisung

Diese Unterrichtsform dient der Schulung der Handlungskompetenz der Lernenden und wird typischerweise in der Rettungsdienstausbildung sehr oft angewendet, da die rettungsdienstliche Praxis durch eine Vielzahl praktischer Maßnahmen geprägt ist. Eine typische Möglichkeit der *praktischen Unterweisung* ist die Vier-Stufen-Methode, die auch heutzutage in allen Bildungsbereichen mit dem Auftrag einer praktischen (Erst-)Vermittlung verbreitet zum Einsatz kommt. Für diese sehr strukturierte Form der praktischen Unterweisung haben wir unten eine Arbeitshilfe für Sie hinterlegt – denn eine gründliche Vorbereitung des Ausbilders ist auch bei dieser Methode unabdingbar. Durch den Einsatz von Requisiten (z.B. leere Tablettenschachtel) und Techniken der realistischen Unfall- und Notfalldarstellung (z.B. Wunden) werden an der Einsatzrealität orientierte Rahmenbedingungen geschaffen. Die rettungsdienstlichen

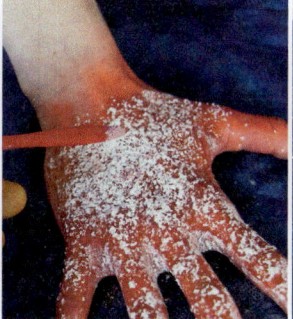

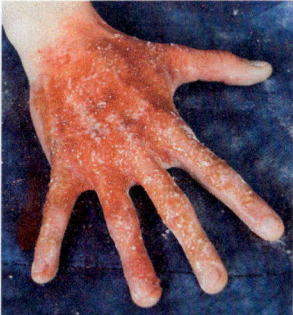

ABB. 24–26 ▶ Der Einsatz von Techniken der realistischen Unfall- und Notfalldarstellung schafft an der Einsatzrealität orientierte Rahmenbedingungen bei der praktischen Unterweisung (hier: Schminken des Verletzungsbildes „Verätzung").

Auszubildenden sollten im Vorfeld – auch aus Hygiene- und Sicherheitsgründen – über das Tragen einsatztypischer Dienstbekleidung informiert werden.

6.5.4.1 *Einsatzgebiet*
Die praktische Unterweisung kommt bei der Erstvermittlung aller praktischen Maßnahmen zum Einsatz und kann je nach Zielgruppe und Kenntnisstand in ihren Phasen modifiziert werden.

6.5.4.2 *Durchführung*
Folgende Checkliste (s. ABB. 27) – orientiert an der sehr formalisierten Form der Vier-Stufen-Methode – soll Ihnen bei der Durchführung einer praktischen Unterweisung helfen – ergänzen Sie die Spalten „Schlagworte" sowie „Hinweise und Praxistipps" bei Ihrer persönlichen Vorbereitung mit Stichworten, die Sie unterstützen.

Gehen Sie methodisch sauber vor, indem Sie in der ersten Phase die Unterweisung vorbereiten und in der zweiten Phase zunächst die gesamte Maßnahme bzw. den Gesamtablauf in Echtzeit ohne weitere Erklärung demonstrieren. Der Lernende gewinnt dadurch initial ein vollständiges Bild. Erst im Anschluss gehen Sie die Maßnahme bzw. den Gesamtablauf Schritt für Schritt durch und erläutern die Zusammenhänge.

In der dritten Phase probiert der Lernende selbst, wobei Fehler und Unsicherheiten ausdrücklich passieren sollen, um nun lernpartnerbezogen Hilfestellung und praxisorientierte Tipps zu geben. In der vierten Phase üben die Teilnehmer bis zur sicheren Beherrschung (klassisches „Training").

Folgende Aspekte sind im Rahmen der Vorbereitung unerlässlich:
– Vor Durchführung der praktischen Unterweisung ist der Ausbildungsort rechtzeitig vorzubereiten (Raum, Material, Unterlagen, Catering, Ambiente). Alle Materialien sind auf Vollständigkeit/Funktionstüchtigkeit zu überprüfen und eine Ausfallreserve ist bereitzuhalten.
– Ausbildungshelfer sind im Vorfeld einzuweisen (Lehraussagen abgleichen).
– Hygiene-Standards und UVV sind einzuhalten und die Gerätespezifika zu beachten.

6.5.4.3 *Anforderungen an den Ausbilder*
Die praktisch-fachliche Kompetenz des Ausbilders und Praxisanleiters steht im Vordergrund. Unsicherheiten bei der Durchführung einer Maßnahme führen unweigerlich dazu, dass Ihre Kompetenz in Frage gestellt wird.

> **MERKE**
>
> Neben einem leitlinienorientierten theoretischen Fachwissen wird von Ihnen eine fehlerfreie Durchführung praktischer – auch gerätebasierter – Maßnahmen erwartet. Hierzu gehört auch eine sichere Behebung praxisrelevanter Komplikationen und Störungen.

Vor diesem Hintergrund ist auch die differenzierte Abstimmung im Ausbilderteam wichtig. Eingesetzte Ausbildungshelfer sind ebenfalls vor ihrem Einsatz ausführlich in die Lehraussagen und die Durchführung einzuweisen.

MUSTER-ABLAUF
(Abweichungen sind flexibel möglich)

	Schlagworte	Hinweise und Praxistipps
1. Stufe / Phase		
Begrüßung		
Auflockerung		
Vorkenntnisse		
Erwartungen (wechselseitig)		
Thema		
Ablauf/Zeitplan („roter Faden")		
Lernziel		
Lernbilanz (Hinweis)		
Motivation/Teilnehmeraktivierung		
2. Stufe / Phase		
Vormachen (in Echtzeit)		
Erklären (Schritt für Schritt)		
Verständnisfragen klären		
Zusammenfassung/Merksätze		
Sicherheitshinweise		
Zahlen – Daten – Fakten		
3. Stufe / Phase		
Nachmachen und Beobachten		
Offene Fragen/Lernhilfen geben		
Feedback geben (Lob)		
Kontrollieren und Korrigieren		
Bewerten		
4. Stufe / Phase		
Training (sichere Beherrschung)		
Lernziel nennen		
Lernbilanz (Durchführung)		
Selbstbewerten		
Prüfen/Bewerten		
Evaluation/Feedback		
Verabschiedung/Ausblick/Dank		

ABB. 27 ▶ Checkliste „Praktische Unterweisung"

TAB. 8 ▶ Vorteile und Gefahren der praktischen Unterweisung

Vorteile	Gefahren
• sehr hoher Behaltensgrad durch das eigenständige Durchführen; stärkt die persönliche Handlungskompetenz	• bei einem Missverhältnis von Ausbilderzahl und Teilnehmerzahl können in der Übungsphase u. U. nicht alle Fehler erkannt und reflektiert werden; ggf. wird Falsches eingeübt
• hohe Motivation dank der sich durch die Methode steigernde Aktivität der Teilnehmer	• unmotivierte Teilnehmer versuchen sich, insbesondere in großen Lerngruppen, vor einzelnen Übungen zu drücken

Sollten Sie eine Maßnahme im Rahmen der jährlichen Fortbildung oder zur Auffrischung vermitteln wollen, können Sie flexibel vom oben beschriebenen Vorgehen der Vier-Stufen-Methode abweichen und damit einzelne Stufen (hier vor allem die zweite Stufe) überspringen. Die damit „abgewandelte Vier-Stufen-Methode" dient der Teilnehmerorientierung und einer stärkeren Beachtung von Vorkenntnissen und Vorerfahrungen Ihrer Lernpartner.

6.5.5 Das Rollenspiel

Das *Rollenspiel* ist geprägt durch das „Spielen" einer Rolle, die insbesondere das emotionale Einfinden in die Situation seitens der Akteure erfordert. Gerade das affektive Lernen wird bei Rollenspielen gefördert.

6.5.5.1 *Einsatzgebiet*
Typischerweise können Sie das Rollenspiel im kommunikativen Lernfeld nut-

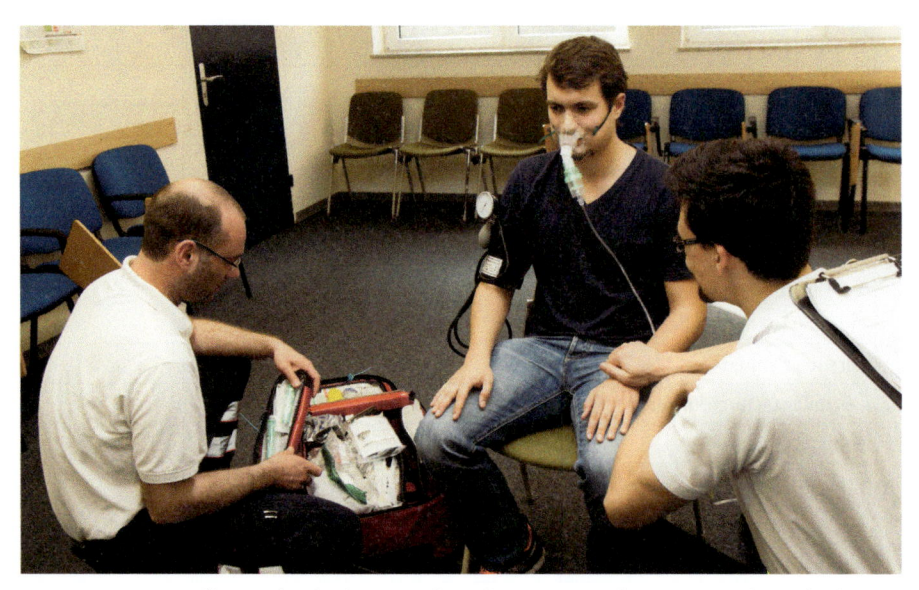

ABB. 28 ▶ Das Rollenspiel erfordert von den Akteuren u. a. das emotionale Einfinden in die Situation.

zen und somit typische Arbeitssituationen aus der rettungsdienstlichen Praxis darstellen. Dies sind z. B.:
- Herausforderungen bei der Notrufannahme und Disposition (Rolle Leitstellendisponent)
- Übergabe an Notarzt oder Klinikpersonal (Rolle des Übernehmenden)
- Kommunikationsverhalten in besonderen Situationen (Rolle eines psychisch Kranken, eines belasteten Angehörigen, eines Schaulustigen, eines traumatisierten Arbeitskollegen …).

6.5.5.2 *Durchführung*
In der Unterrichtspraxis ist das Rollenspiel als Methode bei Lernenden eher gefürchtet und wird durch die Ausbilder häufig ungern eingesetzt.

Eine gute Vorbereitung – insbesondere der Akteure – schafft auch hier Abhilfe und sorgt neben einer hohen Akzeptanz der Methode für praxisorientierte Lerneffekte. Das Rollenspiel gehört zu den dynamischsten Unterrichtsmethoden und sorgt für eine hohe Teilnehmeraktivierung – die Dynamik muss jedoch zielorientiert gelenkt werden.

Folgende Phasen des Rollenspiels sind hierbei zu beachten:

▶ **1. Phase: Vorbereitung**
Informieren Sie alle Akteure, und vergeben Sie die vorgesehenen Rollen mit eindeutigen Rollenbeschreibungen. Diese können auf individuell vorbereiteten (laminierten) Karten an die Teilnehmer zur Vorbereitung ausgegeben werden. Die Akteure benötigen in jedem Falle Zeit, sich in die Rolle einzufinden – Schnelligkeit im Vorgehen geht eindeutig zu Lasten der Qualität in der Darstellung.

Hierbei hat sich folgende Struktur bewährt:
- Rolle und Gesamtsituation (Wo spielt das Rollenspiel? Welche Rahmenbedingungen werden angenommen?)
- genauer Auftrag bei Ausführung der Rolle
- Emotionen/Hinweise zur Darstellung
- Änderungen im Verlauf oder bei bestimmten Verhaltens- oder Situationsänderungen.

Alle nicht unmittelbar agierenden Teilnehmer erhalten Beobachtungsaufträge und achten beispielsweise auf gezeigte Emotionen, non-verbales Verhalten, vorgebrachte Argumente, Stresssymptome oder den zeitlichen Verlauf.

▶ **2. Phase: Durchführung**
Die Beobachter notieren ihre Beobachtungen, hierbei können vorher vereinbarte (konkrete) Beobachtungsaufträge unterstützen. Offene Fragen sind zu notieren und werden im Anschluss an das Rollenspiel besprochen.

Bei der Durchführung kann der Einsatz von Videotechnik unterstützen. In der Praxis sollte diese jedoch nicht unmittelbar und nur nach längerem Kontakt mit der Lerngruppe (Vertrauensverhältnis, Datenschutz) eingesetzt werden. Wichtig ist hierbei, dass die Teilnehmer nicht „für die Kamera" agieren und die schauspielerischen Fähigkeiten den lernzielorientierten Zweck des Rollenspiels nicht verdrängen.

TAB. 9 ▶ Vorteile und Gefahren des Rollenspiels

Vorteile	Gefahren
• sehr unterhaltsam; fördert die Teilnehmeraktivierung	• Teilnehmer haben Angst, vor die Gruppe zu treten
• Stärkung der Handlungskompetenz, insb. der persönlichen und sozialen Kompetenz	• Misslingen des Rollenspiels durch fehlende Disziplin in der Gruppe
• aufkommende Emotionen unterstützen das affektive Lernen	• fördern integrativ unterschiedliche Kompetenzen

▶ **3. Phase: Diskussion des Geschehens**

Achten Sie auf die Einhaltung der Feedbackreihenfolge (Akteure – Beobachter – Ausbilder) und die Einhaltung der Feedbackregeln (persönliche Statements, Rolle und nicht Person werden reflektiert, konkrete Rückmeldung, Beschreibung der persönlich gewonnenen Erkenntnisse, keine „Du-Botschaften"; s. a. Kap. 4).

▶ **4. Phase: Nachbereitung, Zusammenfassung und Ergebnissicherung**

Das Rollenspiel endet mit einem zusammenfassenden und motivierenden Feedback für alle Akteure. Vergessen Sie nicht, den Akteuren zu danken! Wurden auf der Grundlage des Rollenspiels neue Inhalte erarbeitet, fassen Sie diese nun visualisiert zusammen.

6.5.5.3 Anforderungen an den Ausbilder

Insbesondere die Schaffung einer angstfreien Atmosphäre – der Lernende möchte sich nicht blamieren – unter realistischen, an der späteren Berufspraxis orientierten Bedingungen ist für den Lernerfolg von entscheidender Bedeutung. Bei der Durchführung ist auf die Ernsthaftigkeit und „Rollentreue" aller Beteiligten zu achten, nach dem Rollenspiel verlassen die Akteure ihre Rollen wieder. Aufkommende Emotionen sind genau zu beobachten, und je nach Ausprägung ist das Rollenspiel rechtzeitig zu beenden. Im Rahmen der Feedbackphase sind Rolle und die die Rolle spielende Person zu differenzieren – es gibt eine Rückmeldung zu der Person in der Rolle und somit kein Feedback zu der sie darstellenden Person.

6.5.6 Das Fallbeispiel

Das *Fallbeispiel* ist eine besondere Form des praktischen Übens, bei der nicht einzelne Fertigkeiten geübt, sondern (Gesamt-)Abläufe unter realitätsnahen Bedingungen trainiert werden sollen. Primäres Ziel ist die Umsetzung automatisierter Handlungsabläufe, wie beispielsweise bei einem Reanimationstraining.

Im Gegensatz zu einem Rollenspiel spielen die Teilnehmer sich bei einem Fallbeispiel selbst, also keine (fremde) Rolle.

I. RAHMENBEDINGUNGEN

- [ ] Welcher **Raum** steht zur Verfügung (Ausstattung, erhöhter Platzbedarf für Praxisphasen)?
- [ ] Welche **Zeit** steht zur Verfügung (Zeitpuffer, Zeitansatz des Trainings)?
- [ ] Welche organisatorischen **Rahmenbedingungen** sind gegeben (Programm, Catering)?
- [ ] Welche curricularen und rechtlichen **Vorgaben** sind einzuhalten (Notkompetenz, Standard-Algorithmen/-Lehraussagen, Vorgaben der ärztlichen Leitung → Information im Vorfeld)?
- [ ] Wer ist der **Ansprechpartner** (bei Inhouse-Trainings; Funktion und Erreichbarkeit)?
- [ ] Wie viele **Teilnehmer** sind vorgesehen (Mindest-/Maximalteilnehmerzahl, Training im Trainerteam → frühzeitige Abstimmung erforderlich)?
- [ ] **Trainingsdokumentation** vorbereiten (Teilnehmerliste, Klassenbuch, ggf. Zertifizierung)?

II. SACHANALYSE

- [ ] Was soll der **Trainingsinhalt** sein (Vorgabe des Auftraggebers)?
- [ ] Wie ist der Trainingsinhalt **strukturiert** (WAS – WANN – WOMIT – WIE – WER)?
- [ ] Was sind die wesentlichen **Kernbotschaften** („Take-Home-Messages")?
- [ ] An welchen **Problemstellungen oder Beispielen** kann der Inhalt veranschaulicht werden?
- [ ] Welche **Lernziele** (affektiven/kognitiv/psychomotorisch) sollen erreicht werden?
- [ ] Welche **Medien** lassen sich sinnvoll einsetzen, um den Trainingsinhalt zu vermitteln?
- [ ] Welche **Materialien** werden benötigt (bekannt?; Verfügbarkeit, aktuelle STK, Reserve)?
- [ ] Wie kann der **Lernerfolg** überprüft werden (z. B. praktisches Fallbeispiel, Zertifizierung)?

III. ADRESSATENANALYSE

- [ ] Welche **Erwartungen und Bedürfnisse** werden die Teilnehmer haben?
- [ ] Welche **Bedeutung** hat der Trainingsinhalt *derzeit* für die Teilnehmer?

ABB. 29 ▶ Checkliste „Trainings im Rettungsdienst"

- [ ] Welche **Bedeutung** hat der Trainingsinhalt *zukünftig* für die Teilnehmer?
- [ ] Über welches fachliche **Vorwissen** verfügen die Teilnehmer?
- [ ] Über welche methodischen Fähigkeiten und trainingsbezogenen **(Vor-)Erfahrungen** (Methoden, Feedback) verfügen die Teilnehmer (Feedbackregeln vereinbaren)?
- [ ] Welche **Motivation** der Teilnehmer ist zu erwarten (Einsatz von Verstärkern)?
- [ ] Gibt es **Besonderheiten** bei den Teilnehmern (z. B. besondere Interessen, Kenntnisse, Gewohnheiten, belastende Erfahrungen), die im Training berücksichtigt werden müssen oder die einbezogen werden können?

IV. TRAININGSPLANUNG

- [ ] **Zuordnung einzelner *Lernziele*, *Trainingsinhalte*, *Methoden*, *Medien* in Abhängigkeit von der Zeitplanung zu *Trainingsphasen*** (Erstellung eines tabellarischen Trainingsverlaufsplans und einzusetzender Trainingsmedien) **unter Beachtung folgender Überlegungen:**
    - [ ] Wie kann der **Trainingseinstieg** methodisch und inhaltlich gestaltet werden?
    - [ ] Welche **Arbeitsschritte** sind im Training notwendig („vom Leichten zum Schweren", „vom Bekannten zum Unbekannten", „Überblick vor Detail", „Erklärung vor Begriff")?
    - [ ] Welche **Leitfragen** können im theoretischen Training gestellt werden?
    - [ ] Welche **Methoden** sind wann sinnvoll einsetzbar (Erstvermittlung oder Training)?
    - [ ] Wie kann eine möglichst hohe **Aktivität der Teilnehmer** bewirkt werden? Was ist praktisch zu vermitteln (Einzelmaßnahmen, Fallbeispiele/Rollenspiele, Rahmenbedingungen)?
    - [ ] **Zu beachten sind:** regelmäßigen Methoden- und Medienwechsel einplanen, Kernbotschaften visualisieren, an die Pausen denken, physiologische Leistungskurve der Teilnehmer berücksichtigen (z. B. nach Schichtdienst/vor Schichtbeginn), möglichst viele Lerntypen ansprechen, Feedback der Teilnehmer einholen (auch während des Trainings)
    - [ ] **Teilnehmerbegleitskript** (spätere stichpunktartige Orientierungshilfe) vorbereiten

V. REFLEXION

- [ ] **Selbst- und Fremdreflexion** (Co-Trainer, Feedbackbögen), Rücksprache mit Auftraggeber
- [ ] **kollegiale Beratung** bei Vorkommnissen (schwierige Kurssituationen, auffällige Teilnehmer)
- [ ] **Überarbeitung und Aktualisierung** des Trainingsverlaufsplans und der Trainingsmedien

ABB. 29 ▶ Checkliste „Trainings im Rettungsdienst" (Forts.)

6.5.6.1 Einsatzgebiet

Bei allen fachpraktischen Themen der rettungsdienstlichen Ausbildung ist der Einsatz von Fallbeispielen zur Erreichung der Lernziele und Entwicklung der Handlungskompetenz bei den Lernpartnern unabdingbar. So werden Fallbeispiele zum methodischen Standardrepertoire der Praxisanleiter gehören.

6.5.6.2 *Durchführung*

Zur Vorbereitung eines Fallbeispieltrainings gehört auch die Sammlung typischer Notfallsituationen, angereichert mit Requisiten aus der Praxis (reale EKG-Ausdrucke oder Einsatzdepeschen, unter Wahrung des Datenschutzes).

Legen Sie bei der Vorbereitung des Szenarios fest, welche Akteure Sie zu welchem Zeitpunkt mit welcher konkreten Aufgabe („Rolle") benötigen: Patientendarsteller (einer oder mehrere), Angehörige, Arbeitskollegen, Notarzt, weitere Rettungskräfte etc.

Berücksichtigen Sie die Adressaten- und Sachanalyse, und bedenken Sie bei der Lernzielformulierung für das Fallbeispiel insbesondere Vorkenntnisse und Erfahrungen der Teilnehmer. Vermeiden Sie eine Überforderung und

ABB. 30 ▶ Rettungsdienstliches Fallbeispieltraining

Fallbeispiel-Darstellerkarte

Nr.: _____

☐ Krankentransport ☐ Notfall

Symptome:

→ initial erkennbar

_____
_____

→ auf Nachfrage zu nennen

_____
_____

Allergien (auf Nachfrage nennen)

_____
_____

Vorerkrankungen (auf Nachfrage nennen)

_____
_____

Medikamente (eingenommen/verordnet, auf Nachfrage nennen)

_____
_____

Hinweise für das Schminken

_____
_____

Requisiten (Einsatzmeldung, Eintreffsituation durch reales Bild visualisiert, Medikamentenreste etc.)

_____
_____

Wann und wie ändert sich der Zustand? (beispielsweise Vereinbarung eines Zeichens zwischen Ausbilder und Darsteller)

_____
_____

Wann und wie wird ein STOPP-Signal gegeben? (beispielsweise bei realer Übelkeit des Darstellers oder aktiver Schädigung durch die Versorgenden)

_____
_____

ABB. 31 ▶ Darstellerkarte

TAB. 10 ▶ Vorteile und Gefahren des Fallbeispiels

Vorteile	Gefahren
• sehr unterhaltsam; fördert die Teilnehmeraktivierung	• Unterschätzung des Zeitbedarfs
• Stärkung der Handlungskompetenz, insbesondere der persönlichen und sozialen Kompetenz	• Einschleichen von unsauberer Arbeitsweise, falls nicht alle Fehler erkannt und reflektiert werden
• aufkommende Emotionen unterstützen das affektive Lernen	• Unterforderung (Langeweile)
• hoher Behaltensgrad	• Überforderung (Demotivation)

starten Sie zunächst mit Fallbeispielen, in denen es um die Versorgung eines Patientendarstellers durch die Teilnehmer unter Nutzung deren persönlicher, sozialer, methodischer und fachlicher Kompetenzen geht.

Als Patientendarsteller sollte eine Person mit notfallmedizinischer Erfahrung gewählt werden – beispielsweise ein Teamkollege oder ein weiterer Praxisanleiter –, je höher der Anspruch an die Akteure, desto höher die erforderliche Qualifikation des Darstellers!

Bei rettungsdienstlichen Fallbeispieltrainings hat sich folgender Ablauf bewährt, der zielgruppen- und lernzielorientiert flexibel angepasst werden muss:

1. Vorbereitung (Festlegung Teamführer = TF/Teamhelfer = TH)
2. Alarmierung mit Einsatzstichwort
3. Eintreffen des Teams, dann beginnt der Teamführer zunächst mit der Gefahrenanalyse (auf welche denkbaren Gefahrenpunkte wird vor Beginn der eigentlichen Versorgung geachtet?)
4. Fallbeispielbearbeitung (TF/TH-Aufteilung im Team klar erkennbar)
5. Übergabe an den Notarzt/Aufnahmearzt im Krankenhaus (durch TF)
6. Schilderung der weiteren Maßnahmen des NA/des Krankenhauses (durch TH)
7. Feedbackphase
   – Selbstreflexion der Akteure („Wie ist es gelaufen?", „Wie haben Sie sich gefühlt?")
   – Rückmeldung der Beobachter (Rückmeldung gestaffelt in: Teamführer, Teamhelfer, benötigte Zeit), dabei Feedbackregeln beachten
   – Rückmeldung des Ausbilders (in Prüfungsvorbereitungskursen mit Noteneinschätzung)
8. offene Fragen aus dem Plenum sammeln, gezielte Ergänzungen und Hintergrundinformationen geben.

Hilfreich bei der Vorbereitung eines Fallbeispiels:
– Beobachtungsaufträge verteilen (Notizblätter mit Klemmbrett, einen Beobachter als „Zeitnehmer" mit Stoppuhr ausstatten)
– Materialbedarf je nach Ausbildungsstand vorsehen:

TAB. 11 ▶ Vorteile und Gefahren des Fallbeispiels

Vorteile	Gefahren
• das vorhandene Wissen der Teilnehmer wird konsequent genutzt und unmittelbar visualisiert	• erheblicher zeitlicher Aufwand
• alle Teilnehmer haben die gleiche Chance, sich zu beteiligen	• Verlauf und Teilnehmeraktivität schlecht planbar – wenn die Gruppe einen Aspekt in den Vordergrund stellt, muss der Ausbilder dort weiterarbeiten
• die Methode enthält viele Hilfsmittel – Formen, Größen, Farben – für strukturiertes Vorgehen, Visualisierung und Ergebnissicherung	• Materialkosten (Karten, Stifte, etc.)

Notfallkoffer/-rucksack, Sauerstoffeinheit, Absaugpumpe, EKG/Defibrillator, ausreichendes Verbrauchsmaterial (mit Material- und Ausfallreserve).

Während der Durchführung eines Fallbeispiels zu beachten:
– Wurde die Gefahrenanalyse vollständig und richtig durchgeführt?
– Erfolgte eine sachgerechte Dokumentation (hier sollten reale Einsatzprotokolle genutzt werden)?
– Wurde der Patient korrekt gelagert?
– Sind die Vitalparameter regelmäßig erfasst worden (beispielsweise spätestens nach fünf Minuten)?
– Wurden Prioritäten gesetzt, die Bedrohlichkeit sowie alle (geschminkten) Verletzungen erkannt und Informationen weitergegeben?
– War das Kommunikationsverhalten im Team partnerschaftlich-unterstützend?
– Erfolgte eine psychosoziale Betreuung des Patienten und der weiteren Betroffenen?
– Wurden Hygienestandards und die Unfallverhütungsvorschriften eingehalten?

Bei der Nachbereitung eines Fallbeispiels ist die oben im Ablauf genannte, wertschätzende Feedbackreihenfolge einzuhalten. Im Anschluss an das Fallbeispiel fassen die Teilnehmer ihren individuellen Erkenntnisgewinn zusammen und ziehen ein Resümee. Offene Fragen werden abschließend im Plenum geklärt.

6.5.6.3 Darstellerkarte

Für die Vorbereitung von Fallbeispielen kann – insbesondere, wenn der Einsatz der realistischen Unfall- und Notfalldarstellung genutzt wird – eine Fallbeispiel-Darstellerkarte genutzt werden, die Ausbilder und Darsteller die zügige Vorbereitung und das Einfinden in ein Fallbeispielszenario erleichtert (ABB. 31).

6.5.6.4 Anforderungen an den Ausbilder

Analog zum Rollenspiel ist insbesondere die Schaffung einer angstfreien Atmosphäre unter realistischen, an der späteren Berufspraxis orientierten Bedingungen für den Lernerfolg von entscheidender Bedeutung. Aufkommende Emotionen sind genau zu beobachten und die Teilnehmer vor Überforderung (Demotivation) oder Unterforderung (Langeweile) zu bewahren. Die Erreichung der handlungsorientierten Lernziele steht im Vordergrund. Auch die motivierende Moderation der Feedbackrunde mit abschließendem Lob an die Akteure und zusammenfassender Darstellung der gewonnenen Erkenntnisse stellt hohe Anforderungen an den Ausbilder. Hier gilt: Übung macht den Meister! Lassen Sie sich nach Fallbeispieltrainings gerade in den Anfängen als Ausbilder selbst ein Feedback geben zu Vorbereitung, Gestaltung und Ihrer Gesprächsführung.

6.5.7 Die Moderation

Die Methode der *Moderation* ist in Aufbau (strukturell-inhaltlich), Anwendungsgebieten und der Durchführung sehr komplex und daher nur im Rahmen der fachpraktischen methodischen Vermittlung mit ausführlichen Trainingsphasen zu erlernen. Grundsätzlich ist diese Methode ein anonymes, demokratisches Verfahren zur Abfrage und Bearbeitung von Problemen, Stellungnahmen, Konflikten, Algorithmen, Ideen und (Verbesserungs-)Vorschlägen. Zur Aktivierung der Teilnehmer ist die Moderationsmethode sehr geeignet – der Ausbilder hat in erster Linie die Aufgabe, den Gesprächsverlauf inhaltsneutral zu strukturieren und die (Zwischen-)Ergebnisse zu sichern. In der Praxis hat sich folgender Standardablauf etabliert:

1. Aufgabenstellung/Fragestellung vorgeben
2. Karten durch Teilnehmer beschriften und vorsortiert anheften lassen (auf Lesbarkeit und dick schreibende Stifte achten, ein Gedanke je Karte, maximal drei Zeilen je Karte)
3. Karten durch Teilnehmer clustern (ordnen) lassen, Überschriften finden
4. Auswahl und Gewichtung vornehmen (beispielsweise mit Klebepunkten)
5. Bearbeitung in Gruppen
6. Vorstellung und Abgleich, ggf. Abstimmung der Ergebnisse
7. Zusammenfassung und Ausblick.

Typisch für den Beginn einer Moderation ist die sogenannte Kartenabfrage. Der Ausbilder stellt mündlich eine (Eingangs-)Frage (Beispiel: „Welche Ursachen für Konflikte auf der Lehrrettungswache kennen Sie?") an die Lernpartner, die er zusätzlich stichwortartig visualisiert. Die Teilnehmer wiederum visualisieren ihre Antworten auf Karten und sammeln diese. Sie werden – wenn im Rahmen des Brainstormings zunächst keine weiteren Aspekte aufkommen – vom Ausbilder eingesammelt, vorsortiert und dann vorgelesen. Bei Verständnisproblemen steht es dem Verfasser der Karte frei, ob er seine Anonymität aufgeben möchte, um die Karte zu erklären. In jedem Fall verhält sich der Ausbilder sachlich und – je nach Fragestellung – inhaltlich neutral. Er fasst vielmehr zusammen, reflektiert und weckt durch offene Fragen neue Impulse an die Gruppe. Die Teilnehmer entscheiden, welche Karten inhaltlich zusammengehören und suchen Überschriften der zusammengehörenden Karten. Anschließend gibt es verschiedene Möglichkeiten, mit diesem Ergebnis weiterzuarbeiten. Meist schließt sich eine Gruppenarbeit an, um je nach Themen- und Aufgabenstellung die Zwischenergebnisse weiter zu differenzieren.

Durch die Kartenarbeit kann sich jeder Lernpartner gleichberechtigt und ohne von Redebeiträgen beeinflusst zu sein zum Thema oder zur Fragestellung äußern. Durch die relative Anonymität können auch Aspekte aufkommen, die sonst vielleicht nicht im Plenum genannt worden wären.

▶ **Fazit**

Unterrichtsmethoden sollten Sie wie die beabsichtigten Medien (s. KAP. 6.7) vielseitig, flexibel, lernziel- und lernpartnerorientiert für Ihre theoretischen und praktischen Unterweisungen und Unterrichte einplanen – vor allem jedoch gründlich vor- und (in Eigen- und Fremdreflexion) nachbereiten. Denn auch bei den „klassischen" Unterrichtsmethoden – die bei aller Lernfeldorientierung nichts an ihrer Bedeutung und Relevanz eingebüßt haben – gilt: Nach dem „Unterricht" ist vor dem „Unterricht".

> **PRAXISTIPP**
>
> **Literatur-Tipps zur persönlichen Fortbildung:**
> - Umfangreich, praxisorientiert und preiswert: die Reihe „Taschen-Guides", erschienen im Haufe-Verlag (www.taschenguide.de). Empfehlenswert sind die Titel „Präsentieren" (Nöllke C), „Moderation" (Edmüller A, Wilhelm T) und „Motivation" (Niermeyer R, Seyffert M).
> - Buchacher W, Wimmer J (2006) Das Seminar. Wirksam vortragen und lebendige Seminare gestalten. Wien: Linde.
> - Lehner M (2013) Viel Stoff – wenig Zeit. Wege aus der Vollständigkeitsfalle. 4. Aufl., Bern: Haupt.
> - Klein ZM (2013) Kreative Seminarmethoden. 100 kreative Methoden für erfolgreiche Seminare. 7. Aufl., Offenbach: GABAL.

6.6 Ergänzende Lehr- und Lernmethoden für die Praxisausbildung

RALF NICKUT, ANDREAS FROMM

„In der Praxis läuft das alles anders..." – dieses Spannungsfeld kennt jeder, der in der Praxisausbildung von Rettungsdienstpersonal tätig ist, nur zu gut. Aber worin liegen die Ursachen für diese verschobene Ausbildungsrealität, und wie kann man dieses Problem in der Aus- und Fortbildung in den Griff bekommen? Hierzu beleuchtet dieses Kapitel ergänzend verschiedene Ausbildungssituationen für die Vermittlung von Fertigkeiten, Algorithmussicherheit und Teamarbeit. Simulationstraining schafft hierfür eine scheinbare Realität, die es den Lernenden ermöglicht, ihre eigene Arbeitspraxis im Schulungsraum zu erleben und in dieser zu lernen.

6.6.1 Skill-Trainings als Grundlage für praktisches Teamtraining und Simulation

Der Begriff *Skill-Training* kann frei übersetzt als *Fertigkeitstraining* bezeichnet werden; „Skill" bedeutet Können, Fähigkeit, Geschick. Hierbei geht es für den Auszubildenden darum, einzelne Maßnahmen handlungssicher zu erlernen, die später in anderen Gesamtzusammenhängen wichtig sind. Beispiel: das Erlernen und Trainieren der Kardioversion, die später im Gesamtzusammenhang der Versorgung kardiozirkulatorisch vital bedrohter Patienten zur Anwendung kommt. Der Begriff *Skill-Training* ist zudem in der Verhaltenstherapie etabliert und bezeichnet das Aneignen neuer Verhaltens- und Reaktionsweisen in definierten Situationen. Es bestehen somit sowohl affektive als auch kognitive und psychomotorische Zielsetzungen, die lernpsychologisch genutzt werden und einen hohen Behaltensgrad beim Auszubildenden erwarten lassen.

Sinnvoll können Skill-Trainings eingesetzt werden in der schulischen Ausbildung wie auch in den rettungsdienstlichen und klinischen Praktikumsphasen, wenn Auszubildende spezielle Maßnahmen erlernen und bis zur Handlungssicherheit trainieren müssen. Aber auch für erfahrene Einsatzkräfte ist diese Lernform sinnvoll, wenn es um die Implementierung neuer Gerätschaften im Ret-

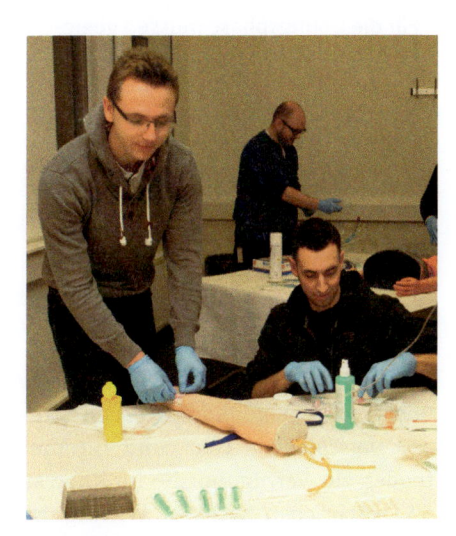

ABB. 32 ▶ Skill-Training

tungsdienstbereich geht und die Mitarbeiterschaft vor dem Realeinsatz am Patienten im sachrichtigen Umgang trainiert werden soll.

Skill-Trainings sind grundlegend in der Ausbildung und das Fundament für spätere Fallbeispieltrainings oder Fallsimulationen.

▶ **Vorbereitungs- und Durchführungsaspekte**

Vor der Vermittlung praktischer Fähigkeiten muss die Kenntnis der theoretischen Grundlagen sichergestellt sein. Diese beinhalten relevante Aspekte zur Anatomie und Pathophysiologie, zur Versorgungsstruktur (Algorithmus) des Notfallbildes, zu Indikationen und Kontraindikationen sowie zu möglichen Komplikationen der Maßnahme. Dies ermöglicht es dem Auszubildenden, die Maßnahme in ein Gesamtbild einzuordnen und somit die neuen Lerninhalte zu verknüpfen.

> **MERKE**
>
> Für die Übungsphase müssen geeignete Rahmenbedingungen geschaffen werden – hinreichend Ausbildungsgeräte für alle Teilnehmenden und eine ausreichende Anzahl von Instruktoren, damit in der zur Verfügung stehenden Trainingszeit alle Teilnehmer hinreichend üben und diese engmaschig betreut werden können, sodass sich keine Handhabungsfehler einschleichen.

Für die Vermittlung der theoretischen und praktischen Kompetenzen stehen verschiedene Lehr- und Lernmethoden zur Verfügung, die im KAPITEL 6.5 beschrieben werden. Wichtig ist hierbei, dass Fehler unmittelbar korrigiert werden und Einzelschritte sowie Gesamtabläufe der Maßnahme intensiv bis zur sicheren und fehlerfreien Beherrschung wiederholt werden.

Abschließend, wenn die Durchführung korrekt beherrscht wird, werden mögliche Komplikationen erörtert und geeignete Gegenmaßnahmen in gleicher Weise geübt. Als letzte Stufe des Skill-Trainings werden verschiedene mögliche und relevante Anwendungsweisen der Maßnahme trainiert, welche auch mögliche Komplikationen beinhalten.

Erst nach Beherrschung der Einzelmaßnahme im Skill-Training erfolgt die Einbindung in größere Gesamtzusammenhänge, wie z.B. einem Fallbeispieltraining/Praxistraining bis hin zur umfangreichen Simulation mit Schwerpunkten des Team-Resource-Managements.

6.6.2 Teamtraining

„Dream Teams are made – not born! [...] Professionelle Leistungen auf höchstem Niveau können nur von Teams erwartet werden, die regelmäßig kritische Situationen im Team trainieren. Alles andere ist Glück und Zufall" (Lackner, Moecke und Burghofer 2013: 161). Ein Teamtraining stellt die höchste Stufe in der Praxisausbildung von Rettungsdienstpersonal dar. Hierfür müssen die Auszubildenden in jedem Fall zuvor ein ausreichendes Skill-Training durchlaufen und Algorithmussicherheit erlangt haben. Ziel ist, dass der Auszubildende den Ablauf der Notfallversorgung im Team und die damit verknüpften Entscheidungen trainiert. Zudem bietet ein Fallbeispieltraining (VGL. DAZU AUCH KAP. 6.5 LERN-

und Lehrmethoden) die Möglichkeit, effektive Kommunikation und Teamarbeit auch in kritischen Situationen und bei Zwischenfällen zu erlernen. Die Nutzung von Simulationstechnik schafft hierfür eine scheinbare Realität, die es den Teilnehmern ermöglicht, eine (nahezu) echte Situation zu erleben, ohne Angst vor den Folgen eines möglichen Fehlers zu haben. Praxistrainings können in der theoretischen Ausbildung, aber auch während der Ausbildung auf der Rettungswache und im Klinikpraktikum sinnvoll durchgeführt werden. Der Einsatz aufwändiger Audio- und Videotechnik sowie hochwertiger Patientensimulatoren muss immer im Verhältnis zu den erstrebten Lernzielen gesehen werden. Auch ohne hohen technischen Aufwand lassen sich komplexe Fallszenarien problemlos simulieren. Entscheidend für den Lernerfolg der Teilnehmer ist vor allem die abschließende Nachbesprechung (Debriefing).

6.6.2.1 Der „Fehler" in der Akutmedizin

Untersuchungen zur Häufigkeit und zu den Ursachen von Fehlern bzw. Zwischenfällen in der Akutmedizin sind noch recht jung. Ein Praxisanleiter sollte jedoch berücksichtigen, dass bei ca. 70 % aller Zwischenfälle nicht mangelndes Fachwissen, sondern Probleme beim Umsetzen des Wissens unter den Bedingungen der Realität (sog. Human Errors) die Ursachen sind. Zudem zeigt sich, dass ein Zwischenfall in der Medizin meist die Folge einer komplexen Fehlerkette ist, also erst die Reihung mehrerer Fehler oder Sicherheitslücken zum tatsächlichen Zwischenfall führt. Teamtrainings können hier einen wesentlichen Beitrag zur Schaffung einer Sicherheitskultur leisten. Im Simulationstraining können und sollen Fehler passieren. In der Nachbesprechung gilt es nicht, die „Schuldfrage" zu klären, sondern gemeinsam mit den Trainierenden die komplexen Ursachen zu analysieren und Lösungsvorschläge für vergleichbare Situationen im realen Arbeitsleben zu erarbeiten. Dies bezeichnet man als *non-punitives Fehlermanagement*.

6.6.2.2 Team Resource Management

Ein etabliertes Modell für das Zusammenspiel dieser nicht-technischen Fähigkeiten ist das aus der Luftfahrt stammende *Crew Resource Management*. CRM umfasst fünf Kompetenzen, die für eine professionelle Teamarbeit und zur Vermeidung von „menschlichen Fehlern" unerlässlich sind:
– Führungsverhalten
– Kommunikation
– Teamkooperation
– Entscheidungsfindung
– Situationsbewusstsein.

Da die Bezeichnung *Team* in der Medizin deutlich gebräuchlicher als der Begriff *Crew* ist, wird dieses Konzept im medizinischen Kontext häufig unter dem Namen *Team Resource Management (TRM)* verwendet. Für die Notfallmedizin beschreibt es die Fähigkeit, das Wissen, was getan werden muss, auch unter den ungünstigen und unübersichtlichen Bedingungen der Realität eines medizinischen Notfalls in effektive Maßnahmen im Team umzusetzen. Die Prinzipien des TRM können in Teamtrainings erlernt und angewendet werden.

> **BEISPIEL**
>
> Der Zustand eines Patienten mit akutem Herzinfarkt verschlechtert sich während der Behandlung rapide. Dem Team fällt auf, dass der Blutdruck des Patienten sinkt und die Herzfrequenz steigt. Zunächst wird ein kardiogener Schock als Komplikation des Herzinfarkts vermutet. Das Team hält ein kurzes Team-Time-Out, also eine Behandlungspause und Teambesprechung, ab. Hierbei fällt auf, dass der Patient kurz zuvor Aspirin injiziert bekommen hat. Der Notarzt kann nunmehr die Entscheidung treffen, eine allergische Reaktion zu behandeln, und verteilt die einzelnen Aufgaben im Team neu. Das Team-Time-Out ist ein Werkzeug des TRM, um das Situationsbewusstsein bei Zwischenfällen wiederzuerlangen und stressbedingte Annahmen zu vermeiden.

6.6.2.3 *Methode*

Ein Simulationstraining gliedert sich in eine Gewöhnungs- (Familiarisation), eine Vorbesprechungs- (Briefing), eine Durchführungs- (Acting) und eine Nachbesprechungsphase (Debriefing).

▶ **Szenarioplanung**

Szenarien für die praktische Ausbildung müssen im Vorfeld erstellt und umfassend geplant werden. Ein gutes Fallbeispiel zeichnet sich durch eine hohe Relevanz für die Arbeitsrealität des Trainierenden aus. Hierzu sollte der Fall an zwei elementaren Grundprinzipien ausgerichtet werden:

„Train where you work." – Das Training sollte möglichst im tatsächlichen Arbeitsumfeld der Teilnehmer erfolgen. Dies kann erreicht werden, wenn das Team im (eigenen) Rettungswagen, mit bekanntem Equipment oder an einer

ABB. 33 ▶ Einsatzsimulation im Trainingszentrum

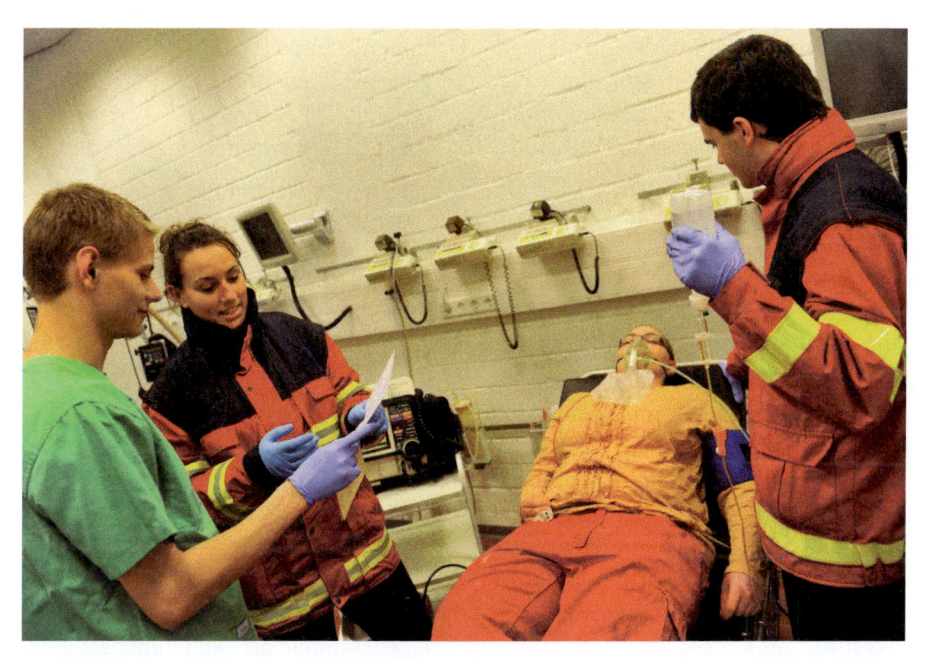

ABB. 34 ▶ Simulation einer Patientenübergabe

Einsatzstelle arbeitet, die zum simulierten Notfallbild passt. Je mehr sich der Trainierende „eindenken" muss (Beispiel: Unfall auf der Landstraße im Schulungsraum), desto weniger Relevanz bietet das Teamtraining.

„Train together who work together." – Kein Teilnehmer sollte eine fremde Rolle spielen. Erfordert das Szenario die Mitwirkung von Vertretern anderer Berufsgruppen (z. B. Notarzt), können diese durch „Statisten" gestellt werden. Wünschenswert, aber nicht immer realisierbar sind interprofessionelle Teams.

Die größte Herausforderung besteht darin, den Schwierigkeitsgrad des Fallbeispiels an die Gruppe der Trainierenden anzupassen. Sowohl eine Unterforderung als auch eine Überforderung können den Lernerfolg des Trainings mindern. Deshalb sollte ein Trainer für beide Situationen gewappnet sein. Im Falle einer Überforderung sollten Stressoren noch während der Simulation reduziert werden (Beispiel: Verschlechterung der Vitalwerte abmildern). Sollte das trainierende Team unterfordert

TAB. 12 ▶ Szenarioaufbau

- Lernziele (medizinisch, TRM)
- Fallbeschreibung
- Aufbau der Simulation (Örtlichkeit, Simulator, Requisiten ...)
- Vitalwerte (Startwerte, Dynamik)
- beteiligte Personen (Rollen der Trainierenden und Statisten)
- Lösungsweg (erwartete Wahrnehmungen, Entscheidungen und Interventionen)
- Stressoren und Zwischenfälle (Reaktion bei Unter- oder Überforderung)

sein, kann es im Einzelfall Sinn machen, einen zusätzlichen Stressor einzuspielen (z. B. Sättigungsabfall). Die Komplikationen müssen jedoch relevant bleiben und dürfen bei den Trainierenden nicht das Gefühl einer Manipulation erzeugen.

▶ Familiarisation und Briefing

Ein wichtiger Grundsatz im Szenariotraining ist, dass die Teilnehmer vor einer Trainingseinheit immer die Möglichkeit erhalten, sich an die Örtlichkeit, das Übungsmaterial und den Übungspatienten (Simulator oder Patientendarsteller) zu gewöhnen. Wird dies (z. B. zur Steigerung des Spannungsbogens) vom Praxisanleiter verwehrt, hat das meist zur Konsequenz, dass Ängste aufgebaut werden und Teilnehmer in der anschließenden Nachbesprechung nicht mehr zugänglich sind. Im Briefing erhält das Team unmittelbar vor Trainingsbeginn alle technischen und szenariorelevanten Informationen (s. TAB. 13). Auch hier gilt der Grundsatz, dass den Teilnehmern alle Informationen zustehen, die in der Übungsrealität relevant sind. Erfahrene Notfallmediziner ziehen viele Informationen aus ihrem ersten Eindruck vom Patienten. Viele dieser Eindrücke können nicht an einer Kunststoffpuppe gewonnen werden, d. h. die betreffenden Informationen müssen im Briefing explizit gegeben werden.

> **BEISPIEL**
>
> Ein Praxisanleiter führt im Hochsommer ein Szenario im Schulungsraum durch. Die Notfallsanitäter treffen auf einen alkoholisierten Patienten. In der Nachbesprechung kritisiert der Trainer, dass die begleitende schwere Hypothermie nicht erkannt worden ist. Den Trainierenden war jedoch nicht klar, dass der Übungseinsatz im Januar bei Minusgraden spielte.

▶ Acting

Während der Durchführungsphase arbeitet das Team den simulierten Fall eigenständig ab. Der Praxisanleiter beobachtet und steuert das Szenario mit ausreichender Distanz, je nach örtlichen Gegebenheiten auch aus einem benachbarten Regieraum. Die Vitalwerte des Simulationspatienten müssen gemäß der Szenarioplanung angepasst und eventuell muss die Stimme des Patienten eingesprochen werden. Zudem sollte der Praxisanleiter den Verlauf des Szenarios dokumentieren und relevante Punkte für das anschließende Debriefing identifizieren. Bei aufwändigeren Teamtrainings empfiehlt es sich, mehrere Praxisanleiter für die Steuerung und Beobachtung einzu-

---

TAB. 13 ▶ Aspekte des Briefings

- Bedienung der Geräte
- Durchführbarkeit von Maßnahmen am Übungspatienten
- Kommunikation mit dem Praxisanleiter während des Szenarios
- Einsatzmeldung
- Uhrzeit/Lichtverhältnisse/Wetter
- Einsatzstelle
- Ersteindruck (Wie sieht der Patient aus? Gerüche?)
- Ziel des Szenarios

setzen. Der Praxisanleiter beendet das Training und leitet die Teilnehmer in die anschließende Nachbesprechung über.

▶ **Debriefing**

Der Lernerfolg des Trainierenden generiert sich nicht im Training sondern im anschließenden Debriefing. Ein häufiger Fehler ist es, für diese Phase einen zu geringen Zeitansatz einzuplanen. Der Praxisanleiter sollte für die Durchführung der Nachbesprechung mindestens die Dauer der eigentlichen Simulation vorsehen.

Viele Simulationszentren erstellen Audio-/Videoaufzeichnungen von der Trainingsphase. Dies bietet zweierlei Vorteile: Zum einen können nicht aktive Teilnehmer das Geschehen außerhalb des Trainingsraums live verfolgen, und zum anderen kann im Debriefing auf ausgewählte Szenen Bezug genommen werden. Ein komplettes Abspielen des Videos sollte in jedem Fall vermieden werden. Es sollte aber auch bedacht werden, dass manche Teilnehmer sich ungern selber auf Videos hören oder sehen. Dies kann in der Nachbesprechung hemmend wirken. Wichtig ist: Kamera- und Audiotechnik sind nette Tools, aber in keinem Fall zwingende Voraussetzung für die Durchführung eines guten Simulationstrainings.

Ziel eines guten Debriefings ist es, ein sogenanntes tiefes Lernen zu ermöglichen. Tiefes Lernen zielt nicht auf die Korrektur von Fehlern ab, sondern analysiert die zugrunde liegenden Ursachen für das Handeln in der Simulation. Dies bezeichnet man als *mentales Modell*.

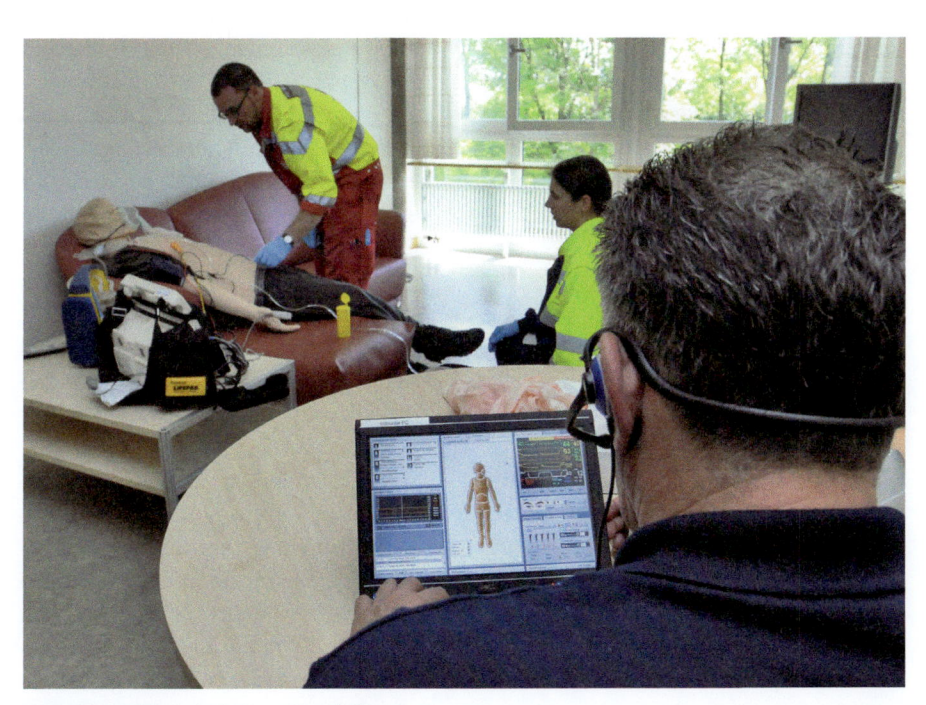

ABB. 35 ▶ Regie bei einer Simulation

> **BEISPIEL**
>
> Bei der Reanimation vergessen die Notfallsanitäter den Anschluss von Sauerstoff an den Beatmungsbeutel. In der Nachbesprechung wird deutlich, dass dies nicht aus fehlendem Fachwissen erfolgte, sondern weil der Teamführer annahm, dass sein Kollege, der für die Beatmung zuständig war, dies sicher erledigt habe. Thema der Nachbesprechung ist also nicht die Notwendigkeit von Sauerstoff bei der Reanimation, sondern die Vermeidung von Annahmen und eine sichere Teamkommunikation.

Kennt der Instruktor die tatsächlichen Ursachen für das Handeln der Trainierenden, können gemeinsam Lösungsansätze erarbeitet werden. Hiermit erhält der Trainierende Werkzeuge, mit denen er in tatsächlichen Einsatzsituationen besonnener reagieren und Fehler vermeiden kann.

Jede Nachbesprechung sollte einer festen Struktur folgen. Die folgende Struktur hat sich in der Praxis bewährt:
1. Auffangen der Teilnehmenden
2. Beschreibung des Szenarios aus Sicht der Trainierenden
3. Analyse und Problemlösung
4. ungeklärte Fragen
5. Take-Home-Message.

Der Stresspegel von Teilnehmern eines Simulationstrainings ist unmittelbar nach dem Szenario stark angehoben. In diesem Zustand ist eine konstruktive Selbstreflexion und Problemlösung oft nicht möglich. Dennoch sollte die Nachbesprechung unmittelbar nach dem Szenario erfolgen, da die Eindrücke zu diesem Zeitpunkt noch am aktuellsten sind. In den ersten Minuten der Nachbesprechung sollte der Instruktor dem Team die Möglichkeit geben, sich alles Relevante „vom Herzen" reden zu können. Diese Maßnahme dient der Herstellung der Debriefbarkeit und kann mit einfachen Fragen, wie „War das Szenario für dich realistisch?", „Wie geht es dir jetzt?" oder „Wie hat sich das Training angefühlt?", moderiert werden. Ein unglücklicher Einstieg in die Nachbesprechung, wie z.B. „Ist euch aufgefallen, was ihr vergessen habt?", kann zur Folge haben, dass sich Teilnehmer im weiteren Verlauf der Besprechung vollständig verweigern.

Im nächsten Schritt sollten die Teilnehmer aufgefordert werden, den Fall aus medizinischer Sicht zusammenzufassen. Es wird klar, ob das medizinische Hauptproblem vom Teamführer erkannt worden ist und ob alle anderen Teilnehmer dies ebenfalls so wahrgenommen haben. In der folgenden Analysephase gilt es, ausgewählte Problembereiche zu identifizieren und Lösungsansätze mit der Gruppe zu erarbeiten. Hier sollte explizit der Bezug zu vergleichbaren Notfallsituationen in der Realität hergestellt werden, um die Relevanz des Themas zu unterstreichen (Beispiele: „Habt ihr eine vergleichbare Situation im Einsatzdienst bereits erlebt?" oder „Könnt ihr euch vorstellen, dass diese Situation in der Realität ebenfalls eintreten könnte?").

Abschließend sollte der Praxisanleiter nach offenen Punkten fragen, bevor er die einzelnen Teilnehmer bittet, jeweils die für sie wichtigsten Lernaspekte aus diesem Fall selbst noch einmal zu formulieren. Der Sprachanteil des Instruktors sollte im gesamten Debriefing möglichst gering sein und mehr moderativen als belehrenden Charakter haben. Ziel ist es, die eigenständige Reflexion des Handelns der Teilnehmenden zu fördern. Dies garantiert nachhaltiges Lernen.

> **MERKE**
>
> Praxistrainings zur Vermittlung von Fertigkeiten und effektiver Teamarbeit und die Nutzung von Simulation als Methode sind gute Werkzeuge für einen Praxisanleiter zur Förderung einer nachhaltigen Handlungskompetenz. Sorgfältig vorbereitet und mit hoher Relevanz für die Arbeitsrealität der Trainierenden holt diese Form der Aus- und Fortbildung die „Praxis in den Schulungsraum". Letztlich muss Gelerntes auch tatsächlich das Handeln des Lernenden beeinflussen.

6.6.3 Lernen mit Planspielen

Planspiele in der rettungsdienstlichen Ausbildung sind üblicherweise Bestandteil des schulischen Methodenpools, wenn es um die Erarbeitung von Inhalten der Einsatzorganisation bei größeren Einsatzstellen geht. Sie ermöglichen den Teilnehmern einen modellhaften Blick auf die Gesamtsituation sowie eine konkretisierende Visualisierung einer Einsatzstellensituation, und sie bieten die Möglichkeit, unterschiedliche Perspektiven in der Erarbeitung von Entscheidungsgrundlagen sowie der Reflexion umgesetzter Entscheidungen einzunehmen.

Lernpsychologisch erlaubt die Planspielarbeit eine sehr große Interaktion mit und zwischen den Teilnehmern.

ABB. 36 ▶ Planspielplatte mit Einsatzdarstellung

Diskussionen und Entscheidungsprozesse fördern den Lernprozess und motivieren ungemein.

Planspiele sind nicht nur in der rettungsdienstlichen und feuerwehrtechnischen Ausbildung, sondern ebenso in der politischen, wirtschaftlichen oder ökologischen Bildungsarbeit etabliert. Damit wird deutlich, dass zur Umsetzung von Planspielen nicht zwingend Modellfahrzeuge, -häuser usw. benötigt werden, sondern auch mit Moderationskarten gearbeitet werden kann.

▶ **Vorbereitungs- und Durchführungsaspekte**

Um einen möglichst großen Nutzen aus der Planspielarbeit zu ziehen, sollten die Teilnehmer die für den zu besprechenden Fall erforderlichen praktischen Einsatzerfahrungen und Grundkenntnisse besitzen. Daher ist der Einsatz von Planspielarbeit erst in fortgeschrittenen Ausbildungsphasen sowie in der rettungsdienstlichen Fortbildung sinnvoll.

Der Fall muss realistisch sein, und die visuelle Darstellung auf einer Planspielplatte (dreidimensionale modellhafte Darstellung eines baulichen Ausschnittes, z.B. Innenstadt, Hafen- oder Bahnanlagen, Autobahnabschnitt usw., vergleichbar mit einer Modelleisenbahn) sollte ebenfalls möglichst realitätsnah sein. Das heißt beispielsweise, dass verschiedene Modelle von Einsatzfahrzeugen in der erforderlichen Anzahl zur Verfügung stehen oder dass Straßen, Plätze, Gewässer und Bahnschienen auch tatsächlich dargestellt sind und nicht nur von den Teilnehmern imaginiert werden müssen. Jede Irritation und jeder unrealistische Gedankensprung in der Visualisierung führen zu einer deutlichen Minderung des Lernerfolgs. Planspielarbeit darf aber nicht in Modellbauspielerei abgleiten!

Alternativ können Planspielplatte und Einsatzmittel auch durch Moderationsmaterialen dargestellt werden. Dies hat den Vorteil, dass ein Spiel dynamisch entwickelt und die Visualisierungsstruktur einheitlich beibehalten werden kann. Zudem sind die Kosten um ein Vielfaches geringer, und diese Form der Planspielarbeit ist zu jeder Zeit an jedem Ort umsetzbar. Die Anforderungen an den Moderator sind jedoch größer, da er die Einsatzstelle stärker verbal visualisieren muss, damit die Teilnehmer sich in die Lage eindenken können.

Neben dem Fall und den Darstellungsmaterialien müssen erforderliche Rollen definiert und vergeben werden. Dies sind z.B. Polizei, LNA, Einsatzleiter der Feuerwehr und Leitstelle. Auch können Ereignisse und unerwartete Verläufe vorgeplant werden, die bedarfsweise in die Lagedarstellung einfließen können. Auf jeden Fall muss der Ausbilder die Rolle des Moderators einnehmen und sowohl Interaktionen, inhaltliche Prozesse sowie das beabsichtigte Lernziel im Auge behalten.

Der Planspielverlauf lässt sich in mehrere Abschnitte gliedern, die vom Moderator zu gestalten sind:
1. In der *Eröffnungsphase* wird der Fall/die Lage dargestellt, die zur Verfügung stehenden Ressourcen werden benannt, und Fragen werden geklärt.
2. In der *Spielphase* stehen die Interaktionen der Teilnehmer, die Ent-

scheidungsfindungsprozesse, die Entscheidungsumsetzung sowie die ständige Reflexion der Lage im Vordergrund. Hier greift der Moderator nur bei Rückfragen ein, lässt dem Prozess ansonsten seinen Lauf und ermöglicht den Teilnehmern einen größtmöglichen Anteil eigener Denkarbeit.
3. In der *Abschlussphase* wird der Spielverlauf reflektiert, es werden Erkenntnisse aus dem Spielverlauf zusammenfassend formuliert. Weiter können inhaltliche Aspekte definiert werden, die in einer folgenden Unterrichtsphase vertieft werden sollen, um inhaltliche Lücken zu schließen oder ergänzende Informationen zu vermitteln.

Die Arbeit mit Planspielen ermöglicht realitätsnahe Argumentationen, vielfältige Entscheidungsdiskussionen, Einblicke in Gesamtzusammenhänge und somit eine sehr lernintensive Erarbeitung von Inhalten, die ansonsten nur schwerlich zu visualisieren sind.

LITERATUR:

Hackstein A, Hagemann V, von Kaufmann F, Regener H (Hrsg.) (2016) Handbuch Simulation. Edewecht: Stumpf + Kossendey.

Lackner CK, Moecke H, Burghofer K (2013) Team Resource Management im OP und in der Endoskopie. In: Viszeralmedizin 29: 159 – 164.

St. Pierre M, Breuer G (Hrsg.) (2013) Simulation in der Medizin. Grundlegende Konzepte – Klinische Anwendung. Berlin, Heidelberg: Springer.

St. Pierre M, Hofinger G (2014) Human Factors und Patientensicherheit in der Akutmedizin. 3. Aufl., Berlin, Heidelberg: Springer.

6.7 Moderne Medien als Lernhilfen

JÖRG A. WENDORFF

Schon seit Jahrhunderten ist bekannt, dass ein Medieneinsatz zur Veranschaulichung von Informationen sehr nützlich ist. Johann Amos Comenius schrieb bereits 1658 sein Lehrbuch „Orbis sensualium pictus", in dem er zur Wissensvermittlung viele bildliche Darstellungen nutzte. Sein Ziel war es, den Unterricht vom „Verbalismus", also den rein sprachlichen Ausführungen, hin zum „Sensualismus", zu ergänzenden visuellen Darstellungen, zu entwickeln. Heute ist allgemein bekannt, dass eine rein sprachliche Informationsdarbietung die Sinneskanäle der Lernenden nur einseitig anspricht. Dies führt schnell zum Nachlassen der Konzentration der Teilnehmer, was zumeist stark negative Auswirkungen auf deren Lernprozesse hat.

Welchen konkreten Nutzen der Medieneinsatz hat und wie Sie Medien wirkungsvoll nutzen können, veranschaulicht dieser Beitrag. Vertieft wird dabei auf die Möglichkeiten eingegangen, die die modernen elektronischen Medien bieten. Zunächst findet aber eine Begriffsklärung statt.

6.7.1 Begriffserklärung und Nutzen des Medieneinsatzes

Der Begriff *Medien* muss ja eigentlich nicht erklärt werden, denken Sie jetzt vielleicht. Was aber Medien im engeren Sinne sind, wie sie sich in zwei Bereiche unterteilen lassen und was allgemein ihr Nutzen in der Lehre ist, verdeutlicht dieses Kapitel.

6.7.1.1 *Der Medienbegriff*

Medien übernehmen im Unterricht die Aufgabe der „Ver-Mittlung" von Informationen an Lernende. Im engen Sinne werden als Medien Text, Bild (Foto und Grafik), Ton sowie Bewegtbild (Film und Animation) bezeichnet. Die Vorrichtungen, um diese im Unterricht zu präsentieren, wie z.B. die Tafel oder der Laptop, sind nach diesem Verständnis „mediale Hilfsmittel". Aus praktischen Gründen werden diese Gerätschaften in der Praxis als *Lehrmedien* oder vereinfacht als *Medien* bezeichnet. Dies wird hier auch so gehandhabt.

6.7.1.2 *Nutzen des Medieneinsatzes*

Viele Argumente sprechen dafür, dass Sie regelmäßig Medien in Ihrer Lehre einsetzen sollten. Die wichtigsten werden Ihnen nun vorgestellt:

▶ **Steigerung der Aufmerksamkeit und Motivation**

Medien ziehen, wenn sie sinnvoll eingesetzt werden, die Aufmerksamkeit der Lernenden in besonderer Weise auf sich. Ein Bild, vor allem wenn es farbig ist, spricht die Betrachter stärker an als reiner Text. Bewegungsabläufe in Filmen und Animationen ziehen das Interesse ebenfalls stark auf sich. Eine anregende Präsentation eines Sachverhalts durch Medien kann den Unterricht zusätzlich auflockern und somit motivationssteigernd wirken.

▶ **Erhöhung der Anschaulichkeit**

Medien können Anschauungen vergrößern, verkleinern, Abläufe verlangsamen oder beschleunigen, sie können einen Überblick bieten oder auf das Wesentliche fokussieren. Bedeutsame Merkmale können stärker betont werden, als dies in der Realität der Fall ist, und Unwesentliches kann ausgeblendet werden.

Vergrößerungen von Bildern – z. B. eines Blutausstrichs, bis die zellulären Bestandteile zu erkennen sind – oder der Einsatz des Zeitraffers oder der Zeitlupe bei Filmen – z. B. zum Veranschaulichen der ablaufenden Vorgänge im Herzen – erlauben es, bestimmte Vorgänge, die unter normalen Bedingungen nicht zu erkennen sind, zu verdeutlichen.

▶ **Steigerung der Behaltensleistung**

Eine weitere erwünschte Wirkung medienunterstützter Darstellungen stellt die Steigerung des Erinnerungsvermögens an präsentierte Informationen dar. Werden sprachliche Informationen durch Bilder veranschaulicht oder Abläufe mithilfe von Realgegenständen demonstriert, z. B. der Einsatz einer mitgebrachten Absaugpumpe, dann werden im Gehirn der Lernenden verschiedene Regionen aktiviert und miteinander verknüpft. Dies unterstützt das spätere Aufrufen, also Erinnern, der gelernten Informationen.

▶ **Ermöglichung der aktiven Auseinandersetzung mit Lerninhalten**

Medien ermöglichen Lernenden vielfältige Eigenaktivitäten, die weitreichende Lernerfahrungen mit sich bringen. Die Selbstständigkeit der Schüler wird gefördert, wenn sie eigenständig mit Medien arbeiten. Sie können diese auch zur eigenen Aufbereitung und Präsentation von Informationen nutzen.

Zusätzlich, und dieser Aspekt ist nicht zu unterschätzen, dienen Ihnen die Medieninhalte als Stichwortgeber bei Ihren Lehrpräsentationen.

6.7.1.3 Unterscheidung in Permanent- und Kurzfristmedien

Unterrichtsmedien können in Permanent- und Kurzfristmedien unterteilt werden. Ein kombinierter Einsatz von beiden im Unterricht ist sinnvoll.

▶ **Permanentmedien**

Das zentrale Kennzeichen von Permanentmedien ist, dass die Präsentation der dargestellten Informationen zumeist über eine längere Zeit oder wiederholt in einer Lehreinheit stattfindet. Beispiele hierfür sind ein Tafelbild, das über eine ganze Unterrichtsstunde nach und nach erstellt wird, sowie eine grafische Darstellung auf einem Flipchart, auf die im Verlauf einer Sitzung immer wieder eingegangen wird. Zu den Permanentmedien zählen u. a. die Tafel, das Whiteboard sowie das Flipchart.

Einsatzmöglichkeiten von Permanentmedien in der Lehre:
– Willkommens-Chart mit dem Titel der Seminarveranstaltung und Ihrem Namen
– Agenda einer Lehreinheit mit der Übersicht der wesentlichen Inhalte. Diese dient Ihnen als „Roter Faden" durch die Lehreinheit und verdeutlicht den Teilnehmern die Unterrichtsstruktur, was ihnen die

Aufnahme der Fachinformationen erleichtert.
- grafische Darstellung komplexer Informationen z. B. durch ein Modell, auf das Sie zum Entwickeln des Verständnisses immer wieder eingehen können
- Spontanvisualisierungen, wenn Sie einen Sachverhalt grafisch darstellen oder wesentliche Begriffe festhalten möchten
- das schrittweise Entwickeln von Sachverhalten: gut geeignet für „wachsende" Darstellungen mit vorbereiteten Karten – die nach und nach angebracht werden – zu komplexen Übersichten
- Festhalten von Diskussionsergebnissen und anderer Beiträge von Teilnehmern (in der Funktion eines großen Notizblocks)
- Darstellung der Ergebnisse aus Gruppenarbeiten durch die Teilnehmer.

▶ **Kurzfristmedien**

Das zentrale Kennzeichen von Kurzfristmedien ist, dass diese Informationen zumeist nur kurzzeitig darbieten. Ein bekanntes Beispiel hierfür sind PowerPoint- oder Keynote-Präsentationen, bei denen die einzelnen Folien mitsamt Inhalten oft nur ein bis zwei Minuten zu sehen sind.

Zu den Kurzfristmedien zählen der Overheadprojektor sowie der PC, angeschlossen an einen Datenbeamer zum Präsentieren von Computerfolien.

Einsatzmöglichkeiten von Kurzfristmedien in der Lehre:
- Darbieten schriftlicher Informationen, die sich gut in Stichworten oder Kurzsätzen strukturiert darstellen lassen
- Präsentieren von Bildern, die auf Overheadfolien kopiert oder in Computerfolien eingefügt sind
- Vorführen von Ton- und Filmdokumenten, die in digitaler Form einfach in Computerfolienpräsentationen eingebunden werden können
- schriftliche Arbeitsaufträge an Teilnehmer, die die mündlichen Arbeitsanweisungen gut ergänzen können
- Zusammenfassen der wichtigsten Aspekte einer Unterrichtsstunde.

Eine neuere Medienart, die das Ergänzen von Kurzfristmedien mit handschriftlichen Notizen ermöglicht, stellt das interaktive Whiteboard dar. Dieses wird im KAPITEL 6.7.3 ausführlich vorgestellt.

> **MERKE**
>
> Der abwechslungsreiche Medieneinsatz bereichert Ihren Unterricht und hat einen vielfachen Nutzen für die Lernenden sowie für Sie!

6.7.2 Die gebräuchlichsten Lehrmedien

Vorgestellt werden Ihnen nun zusammengefasst die am häufigsten in der Lehre eingesetzten Permanentmedien Tafel (Kreidetafel, Whiteboard) und Flipchart sowie ausführlicher das moderne Kurzfristmedium PC/Beamer zum Zeigen von Präsentationsfolien. Dabei werden jeweils spezielle Einsatz- und Gestaltungstipps gegeben.

6.7.2.1 Einsatz- und Gestaltungstipps für Kreidetafel, Whiteboard und Flipchart

- Ist die Tafelfläche sehr groß, wie dies zum Teil bei Kreidetafeln der Fall ist, ist es sinnvoll, diese durch Striche in Teilbereiche zu unterteilen, sodass die beschreibbaren Flächen im Hochkantformat sind. Dies entspricht dem Format der Schreibblöcke der Teilnehmer, die ihre Abschriften dann besser auf ihre Unterlagen übertragen können. Bei einem Flipchart ist automatisch das richtige Format vorhanden.
- Zeichnen Sie komplexere Darstellungen vorher auf einem DIN-A4-Papier vor. So gewinnen Sie ein Gefühl für die richtigen Proportionen beim Anschreiben ans Medium.
- Lassen Sie an den Rändern der Tafel oder des Posters mehrere Zentimeter freien Platz, Darstellungen wirken dadurch ordentlicher und inhaltlich weniger überfrachtet.
- Stimmen Sie die Kreide- oder Stiftfarbauswahl auf den Medienhintergrund ab. Bei grünen Kreidetafeln ist weiße Kreide zumeist am besten lesbar, andere Farben dagegen schlechter. Beim Whiteboard und dem Flipchart ist der Farbeinsatz wegen des weißen Hintergrunds unproblematischer; es empfiehlt sich eine schwarze oder blaue Anschrift.
- Wählen Sie eine Schriftgröße, die auch in der letzten Sitzreihe noch gut lesbar ist. Ermitteln Sie die geeignete Schriftgröße vor Veranstaltungsbeginn.
- Verwenden Sie wegen der besseren Lesbarkeit beim Anschreiben Druckbuchstaben sowie Groß- und Kleinschreibung.
- Sprechen Sie beim Tafelanschrieb laut mit, wenn Sie die Sicht hierauf versperren. Die Teilnehmer können dann direkt mitschreiben. Die ergänzenden mündlichen Erläuterungen sollten Sie dann mit Blick zum Publikum durchführen.
- Wischen Sie zu Beginn eines neuen Unterrichtsthemas erledigte Anschriften auf der Tafel aus, oder drehen Sie abgehandelte Posterdarstellungen um. Dadurch verringern Sie die Ablenkungsmöglichkeiten für die Teilnehmer.

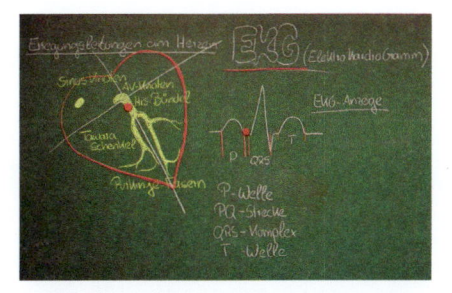

ABB. 37 ▶ Kreidetafel „Herz mit Erregungsleitbahnen, EKG und Beschreibung von P-QRS-T"

6.7.2.2 Einsatz- und Gestaltungstipps für Folienpräsentationen

- Überfrachten Sie die einzelnen Folien nicht mit Inhalten. Nehmen Sie maximal sieben Informationseinheiten auf.
- Nutzen Sie eine serifenlose Schriftart, wie z. B. Arial oder Tahoma. Diese ist an die Wand projiziert besser lesbar als eine Schrift mit Serifen, also Buchstabenschnörkeln, wie z. B. Times New Roman.

- Lassen Sie an den seitlichen sowie den unteren Folienrändern etwas freien Platz. Die Folien wirken dann weniger inhaltlich überfrachtet.
- Wählen Sie als Schriftgröße für Text mindestens 20 Punkte, Folienüberschriften sollten 2–4 Punkte größer sein.
- Verwenden Sie auf Folien wegen der besseren Lesbarkeit Druckbuchstaben sowie Groß- und Kleinschreibung.
- Folien dürfen farbig gestaltet sein, sollten aber nicht zu bunt wirken, verwenden Sie deshalb i.d.R. maximal vier Farben.
- Präsentieren Sie Ihre schriftlichen Informationen in Stichworten oder kurzen Sätzen. Ein Beispiel hierfür: „Kurzsätze anstatt kompletter Sätze". Auf das Wesentliche reduzierte Informationen können Sie besser präsentieren und werden von den Teilnehmern schneller erfasst als ausformulierter Text.
- Legen Sie erledigte Overheadfolien zur Seite oder drücken Sie bei (den meisten) Präsentationsprogrammen im Präsentationsmodus die „b"-Taste, um kurzzeitig die Folieninformationen auszublenden, z.B. wenn Sie eine Teilnehmerfrage länger beantworten. Mit „b" kommen Sie sofort wieder an die Informationen.

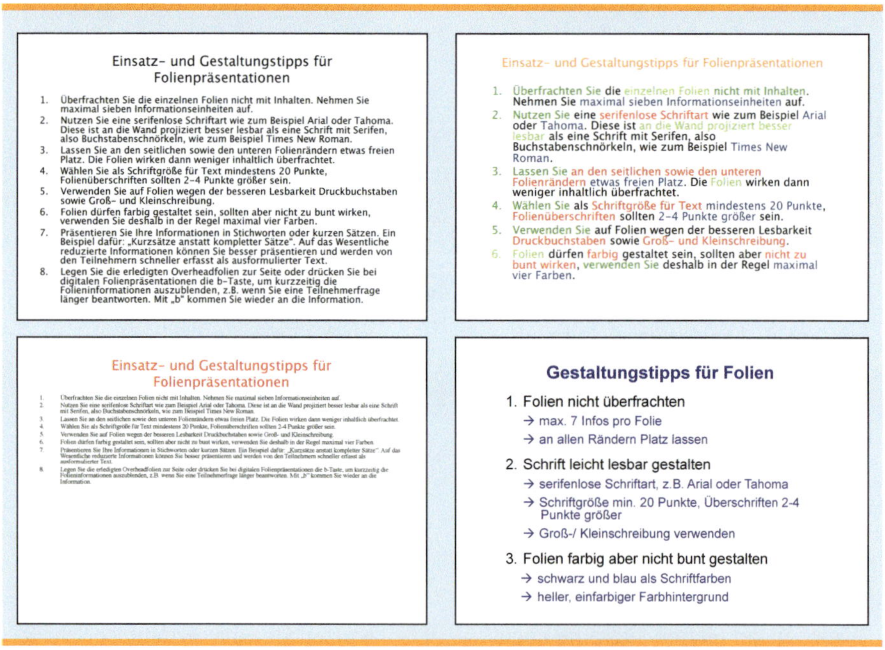

ABB. 38 ▶ Vermeiden Sie typische Fehler: Überfrachten Sie Ihre Folien nicht inhaltlich, und verzichten Sie auf ausformulierte Sätze (o.l.). Es sollten nicht zu viele unterschiedliche Farben verwendet werden (o.r.). Ebenfalls sollte die Schriftgröße ausreichend groß sein (u.l.). Besser (u.r.): genügend Seitenrand lassen, Kurzsätze und angemessene Schriftgröße verwenden, präsentierte Informationen sorgsam auswählen und Farben sparsam einsetzen.

6.7.2.3 Vertiefende Tipps zur Gestaltung von Power-Point- und Keynote-Folien

▶ **Randinformationen**

Überlegen Sie bei der Folienerstellung, was wirklich so wichtig ist, dass es auf die Präsentationsfolien gehört. Ein Logo genügt i.d.R. pro Folie. Das Datum setzen Sie am besten nur auf die Titelfolie, um zu zeigen, dass es sich um eine aktuelle Präsentation handelt. Ihr Name als Präsentierender gehört auf die Titelfolie und wenn Sie möchten auch auf die Abschlussfolie.

▶ **Geeignete Farben für Folienschrift**

Ca. 7% der Männer und 0,5% der Frauen sind rotgrünblind. Anstelle der beiden Farben sehen sie Grautöne, die sie schlecht voneinander unterscheiden können. Bei einigen Betroffenen kommt hinzu, dass sie diese beiden Farben weniger gut wahrnehmen können als andere Farben. Dies ist der Grund, warum Sie auf rote und grüne Schriftfarben verzichten sollten. Hinzu kommt, dass Rot für Aggressivität und negative Aspekte steht, z.B. „rote Zahlen schreiben", und Grün für Wachstum und positive Aspekte: „Grün ist die Farbe der Hoffnung". Nutzen Sie anstelle dieser beiden Farben Schwarz und Blau für Text. Diese Farben bilden zu einem hellen Folienhintergrund einen guten Kontrast und können so problemlos von den Zuschauern erkannt werden. So ist es z.B. möglich, für Überschriften einen dunklen Blauton zu nutzen und für Text Schwarz oder andersherum. Wenn Sie Schwarz als Textfarbe wählen, können Sie besondere Aspekte mit blauer Schriftfarbe hervorheben.

Bei Bilddarstellungen wäre es zu aufwendig, rote und grüne Farbtöne zu ersetzen, und eine Schwarz-Weiß-Darstellung ist zumeist kein guter Ersatz für ein buntes Bild, sodass Sie die Originalfarben hier belassen sollten.

▶ **Hintergrundfarben**

Grundsätzlich ist für Textfolien eine helle Hintergrundfarbe mit dunklen Schriftarten sinnvoll, da die Zuschauer bei längerer Präsentationsdurchführung dadurch weniger schnell ermüden. Eine Ausnahme bildet die Titelfolie, die zumeist nur am Anfang kurz gezeigt wird und sich durch einen dunklen Hintergrund von den übrigen Folien unterscheiden darf. Auch wenn Sie Röntgenaufnahmen zeigen möchten, können Sie, um einen zu starken Kontrast zum umgebenden Hintergrund zu vermeiden, einen schwarzen Folienhintergrund wählen.

▶ **Einsatz von Bildern (Fotos und Grafiken) auf Folien**

Wenn Ihnen für Ihre Präsentation geeignete Bildmaterialen zur Verfügung stehen, nutzen Sie diese. Dabei müssen Sie natürlich das Urheberrecht beachten. Problemlos sind selbst aufgenommene Fotos oder selbst gestaltete Grafiken. Im Internet dargestellte Bilder unterliegen dem Urheberrecht und dürfen i.d.R. nur nach Genehmigung des Urhebers von Ihnen genutzt werden. Es gibt aber käuflich zu erwerbende Bildsammlungen.

Wie bei Textaufzählungen gilt auch bei Bildern: Weniger ist oft mehr. Anstatt vier kleine Fotos nebeneinanderzustellen, sollten Sie sich auf ein bis zwei beschränken und diese dafür möglichst groß darstellen.

▶ **Sinn und Wirkung von Animationen**

Durch das schrittweise Animieren von Textaufzählungen oder grafischen Darstellungen lassen sich komplexere Informationen für die Zuschauer besser nachvollziehen. Bei Aufzählungsfolien sind Animationen immer dann sinnvoll, wenn Sie beim Präsentieren zu jedem dargestellten Satz einen längeren Kommentar abgeben. Beim reinen Ablesen der notierten Aspekte sollten Sie auf Animationen verzichten, weil das „Durchklicken" unnötige Unruhe in die Präsentation bringt.

Beschränken Sie sich auf maximal zwei Animationsarten in einer Präsentation, und diese sollten nicht zu verspielt wirken.

> **PRAXISTIPP**
>
> Setzen Sie abwechslungsreich Permanent- und Kurzfristmedien ein! Nutzen Sie gezielt und sparsam die jeweiligen Gestaltungsmöglichkeiten.

6.7.3 Die Benutzung des interaktiven Whiteboards

Interaktive Whiteboards werden seit über 20 Jahren im englischsprachigen Raum in der Lehre eingesetzt. In Deutschland ist erst seit wenigen Jahren ein steigendes Interesse an ihrer Nutzung zu verzeichnen. Es handelt sich hierbei um eine elektronische Leinwand, auf die Computerfolien projiziert werden. Mithilfe spezieller elektronischer Stifte kann die Foliendarstellung mit Text und Zeichnungen ergänzt

TAB. 14 ▶ Unterschiede Kreidetafel- und digitale Tafelnutzung (orientiert an: Gutenberg, Iser und Machate 2010: 8)

Kriterien	Herkömmliche Wandtafel	Digitale Tafel
Schriftgröße:	festgelegt durch Anschrieb	veränderbar
Schriftfarbe:	festgelegt durch Anschrieb	Farbänderung möglich
Schrift:	Handschrift	Handschrift, mit Texterkennung in Computerschrift umwandelbar
Position des Anschriebs:	festgelegt durchs Anschreiben	Anschreibposition beliebig, kann später verändert werden (für dynamische Tafelbilder)
Hilfsmittel für Zeichnungen:	Hilfsmittel wie Lineal und Geodreieck notwendig (wenn vorhanden)	Hilfsmittel sind digital verfügbar
Zusatzmaterialien:	Bilder können mit Magneten angeheftet werden	digitale Medien (Fotos, Grafiken, Ton, Film, Animation) sind ins Tafelbild integrierbar
Präsentation / Blickkontakt:	bei Anschrieb mit Blick an die Tafel	beim Schreiben am angeschlossenen PC Blick zu den Schüler möglich

ABB. 39 ▶ Interaktives Whiteboard

werden. Die Anschrift wird dabei direkt auf den Computer übertragen und kann dort abgespeichert werden. Texte und Grafiken können auf der Leinwand problemlos verschoben sowie verkleinert und vergrößert werden. So können die Möglichkeiten und Vorteile von Permanent- und Kurzfristmedien in idealer Weise kombiniert werden.

Die Begriffe *Interaktives Whiteboard*, *Elektronisches Whiteboard* und *Elektronische* bzw. *Digitale Tafel* werden in diesem Kapitel synonym genutzt.

6.7.3.1 Unterschiede zum herkömmlichen Tafeleinsatz

TABELLE 14 zeigt die zusätzlichen Möglichkeiten beim Einsatz der digitalen Tafel im Vergleich zur Wandtafel (Kreidetafel und herkömmliches Whiteboard) auf. Ergänzend zu dieser Gegenüberstellung muss festgehalten werden, dass die Nutzung der Wandtafel auch Vorteile gegenüber dem Einsatz einer elektronischen Tafel hat. Diese funktioniert unabhängig von Strom und Technik und lässt sich i. d. R. mit geringerem Vorbereitungsaufwand im Unterricht nutzen. Anstelle einer Diskussion über „Entweder-oder" ist es empfehlenswert, sich über die jeweiligen Möglichkeiten und Grenzen der beiden Tafelarten Gedanken zu machen.

6.7.3.2 Allgemeine Nutzungsmöglichkeiten des interaktiven Whiteboards

Zur digitalen Tafel gehört eine whiteboardspezifische Software, die sogenannte Boardsoftware. Entweder ist diese dem gekauften Whiteboard auf einem Speichermedium beigelegt oder sie lässt sich aus dem Internet herunterladen und auf dem eigenen sowie dem Schulrechner installieren.

Die wichtigsten Grundfunktionen einer Boardsoftware sind:
- Erstellen von Textobjekten und Grafiken
- Einbinden von Objekten, wie z.B. Bildern
- Bearbeiten und Verändern von Objekten
- Abspeichern und Weitergeben von Darstellungen.

Ausführlich wird auf diese Möglichkeiten unten eingegangen.

Mithilfe der Boardsoftware können Tafelbilder vor der Lehreinheit von Ihnen vorbereitet, in der Unterrichtsstunde vervollständigt und nach der Einheit abgespeichert werden. Haben die Schüler die Software auf ihren PCs installiert, können diese an einem im Unterricht kooperativ erarbeiteten Tafelbild zu Hause weiterarbeiten.

Sie können mithilfe der Software „interaktive Arbeitsblätter" erstellen und in Hausaufgabe von den Lernenden bearbeiten lassen. In der nächsten Unterrichtseinheit können diese ihre Arbeitsergebnisse unter Einsatz des interaktiven Whiteboards für alle sichtbar präsentieren. Zur Ergebnissicherung können an der elektronischen Tafel erstellte Arbeitsergebnisse für die Teilnehmer ausgedruckt oder ihnen digital zur Verfügung gestellt werden.

6.7.3.3 Einsatzmöglichkeiten des interaktiven Whiteboards

Nun werden Ihnen einige Nutzungsmöglichkeiten des interaktiven Whiteboards für den Unterricht aufgezeigt.

▶ **Objekte dynamisch einsetzen**

In der Regel ist es sinnvoll, während einer Lehreinheit nicht sofort die gesamte Tafeldarstellung zu präsentieren, sondern diese Schritt für Schritt vor den Augen der Schüler zu entwickeln bzw. animiert zu präsentieren. So wird die Aufmerksamkeit der Betrachter stärker auf den jeweils gerade behandelten Aspekt gelenkt. Tafelobjekte können auch auf andere Art dynamisch eingesetzt werden: Objekte können gedreht, sie können vergrößert oder verkleinert – durch Ziehen an den Rändern eines markierten Objekts – werden; sie können auf der Tafel bewegt und dadurch neu positioniert und auch verankert werden.

▶ **Zusammensetzen von Objekten zu einer Gesamtdarstellung**

Vorbereitete Einzelelemente können in einer Präsentation nacheinander zu einem Ganzen zusammengesetzt werden. Schüler können dabei die Aufgabe erhalten, unstrukturierte Elemente in eine sinnvolle Reihenfolge zu bringen. Dies wird durch die Funktion des Verschiebens von Objekten an der Tafel ermöglicht.

▶ **Hervorheben von Bildausschnitten**

Ein Bildausschnitt kann durch die Aufnahmefunktion der Boardsoftware kopiert und anschließend auf dem ursprünglichen Bild zunächst eingefügt und dann größer gezogen werden. Wenn die Boardsoftware eine Lupenfunktion integriert, kann auch auf diesem Weg ein Bildausschnitt vergrößert werden.

▶ **Bildschirmvorhang**
Ein elektronisches Tafelbild kann teilweise von links nach rechts bzw. von rechts nach links sowie von unten nach oben bzw. oben nach unten durch die Funktion „Bildschirmvorhang" verdeckt und dann wieder freigegeben werden.

▶ **Verdecken und Abdecken**
Rechtecke in der Farbe des Tafelbildhintergrunds können über Objekte gelegt werden und diese so verdecken. An passender Unterrichtsstelle können diese weggeschoben oder gelöscht werden, um die Sicht auf die darunterliegenden Informationen freizugeben. Sind mehrere dieser „Abdeckungen" im Einsatz, können Sie diese mithilfe kleiner Zahlen durchnummerieren und sie nach und nach in der richtigen Reihenfolge freigegeben.

▶ **Arbeiten mit Lösungskästchen**
Die schriftliche Lösung einer Aufgabe kann in der Farbe des Tafelhintergrunds direkt hinter der Aufgabe platziert werden. Nach dem Nennen der Lösungsvorschläge durch die Schüler kann ein andersfarbiges Kästchen unter die Lösung geschoben werden. Diese erscheint nun „wie von Geisterhand".

▶ **Funktion „Spotlight"**
Durch die Funktion „Spotlight" wird ein Tafelausschnitt erhellt. Dieser lässt sich genauso wie ein Objekt durch Ziehen nach außen vergrößern oder durch Ziehen nach innen verkleinern. Der erhellte Bildschirmabschnitt lenkt verstärkt die Aufmerksamkeit der Betrachter auf sich.

▶ **Verdeutlichen mit Linien und Pfeilen**
Mithilfe der in der Boardsoftware-Galerie bereitgestellten Linien und Pfeilen können die Verbindungen verschiedener Objekte aufgezeigt und auf wichtige Aspekte bei Grafiken hingewiesen werden.

▶ **Aufnahme von Bildern oder Ausschnitten**
Integriert die Boardsoftware die Funktion „Screenshot", kann entweder das gesamte Tafelbild, ein rechteckiger Bereich in diesem oder mithilfe der Freihandauswahl ein frei zu wählender Bereich des Tafelbildes digital abfotografiert werden. Das so erzeugte Bild kann sofort eingebunden und weiter bearbeitet werden.

▶ **Aufnahme und Bereitstellen bewegter Visualisierungen**
Hat die Boardsoftware eine Bewegtbild-Aufnahmefunktion, kann das Erstellen eines Tafelbildes „live" aufgenommen und den Schülern später als eine Art „Tafelfilm" zur Verfügung gestellt werden. Im Unterricht am Whiteboard präsentierte Abläufe können so von ihnen zu Hause wiederholt angeschaut werden.

6.7.3.4 *Einbindung audiovisueller Medien*
Verschiedene multimediale Möglichkeiten bestehen beim interaktiven Whiteboard durch die Integration von Text, Ton, Bild (Fotos und Grafiken) sowie Bewegtbild (Film und Animation).

▶ **Arbeiten mit Bildern (Fotos und Grafiken)**
Bilder können auf die Folie durch „Bilder einfügen", durch „Kopieren und Einfügen" sowie „Drag and Drop" aus anderen Dokumenten eingefügt werden. Mithilfe der Screenshot-Funktion der Boardsoftware können Bildausschnitte aus anderen Anwendungen kopiert und dann in das elektronische Tafelbild eingefügt und bearbeitet werden. Bilder können durch handschriftlichen Text sowie einfache Zeichnungen ergänzt werden. Durch die Funktion „Bildtransparenz" kann stufenweise die Gesamtdarstellung aufgehellt werden. Dadurch ist es möglich, eine weitere Abbildung im Hintergrund durchscheinen zu lassen.

▶ **Arbeiten mit Audiodateien**
Tondokumente können in eine Präsentation integriert und abgespielt werden, wenn sie in einem von der Boardsoftware unterstütztem Audioformat vorliegen, wie z. B. mp3. Überprüfen Sie am besten vor der Unterrichtsstunde, ob dies funktioniert.

▶ **Arbeiten mit Bewegtbild (Film und Animation)**
Filme können durch „Film einfügen" integriert werden. Sie können nur abgespielt werden, wenn sie in einem von der Boardsoftware unterstützten Dateiformat vorliegen. Dies sollten Sie vor dem Einsatz in der Unterrichtsstunde am elektronischen Whiteboard überprüfen. Gängige Videoformate wie MPEG und AVI sind dabei i.d.R. unproblematisch einsetzbar, DVD-Film-Formate dagegen lassen sich oft nur mit einer speziellen DVD-Software abspielen.

Es empfiehlt sich aus Gründen der begrenzten Aufmerksamkeitsspanne der Schüler i.d.R., nur kürzere Filmausschnitte von ein bis maximal fünf Minuten im Unterricht zu zeigen.

6.7.3.5 Hindernisse beim Einsatz des interaktiven Whiteboards und Lösungen

Um die zahlreichen Möglichkeiten der digitalen Tafel nutzen zu können, ist es wichtig, dass Sie sich intensiv in die Boardsoftware einarbeiten. Das Erstellen geeigneter Lernmaterialien für das elektronische Whiteboard erfordert didaktische Vorüberlegungen und ist i.d.R. zeitaufwendig. Werden diese Materialien aber über die Jahre wiederholt eingesetzt, rentiert sich der Vorbereitungsaufwand.

Viele Lehrenden scheuen den Vorbereitungsaufwand zum Einsatz der digitalen Tafel, besonders dann, wenn sie jedes Mal ihren Laptop anschließen und die Software mit dem Board synchronisieren müssen. Dieses Problem kann vermieden werden, wenn ein Schulungscomputer fest an die digitale Tafel angeschlossen ist, auf dem sich die notwendige Software befindet. So können dann ohne Aufwand alle Möglichkeiten der Tafel direkt genutzt werden. Vorbereitete digitale Unterlagen können Sie auf einem Speichermedium, z. B. einem USB-Stick, mitbringen und problemlos einsetzen.

> **MERKE**
>
> Interaktive Whiteboards bereichern den Unterricht durch das flexible Erstellen von und Arbeiten mit elektronischen Folien.

6.7.4 E-Learning zur Ergänzung des Unterrichts

Seit Mitte der 1990er Jahre gibt es Bemühungen, Computer und Internet zur Lernunterstützung sinnvoll einzusetzen, was allgemein mit dem Begriff *E-Learning* bezeichnet wird. Die einfachste Form hiervon ist das Bereitstellung von Lernmaterialien mithilfe elektronischer Medien, wie z.B. einer CD-ROM, einem Intranet oder dem Internet. Heutzutage werden zumeist neben der Informationsdarstellung Elemente der Kommunikation und Gruppenarbeit integriert. Diese „E-Communication" ermöglicht das Kommunizieren der Lernenden untereinander und mit dem Lehrenden.

Rettungsdienstschulen nutzen zum Teil Lernplattformen, mit deren Hilfe sich digitale Lernmaterialien leicht verteilen, aber auch erstellen lassen. Lernplattformen, auch *Learning Management Systems (LMS)* genannt, integrieren die Benutzerdatenverwaltung, eine Bedienoberfläche, mit der die Inhalte aufgerufen werden, sowie Tools für das Erstellen von Aufgaben oder Inhalten. Die fünf hauptsächlichen Nutzungsmöglichkeiten webbasierter Lernplattformen sind:

1. Präsentieren von Inhalten (Text, Ton, Bild, Bewegtbild ...)
2. Durchführen synchroner (z.B. Chat) oder asynchroner (z.B. Foren) Kommunikation
3. kooperiertes Arbeiten an einer Aufgabe
4. Prüfungsdurchführungen
5. Feedback geben.

TAB. 15 ▶ Funktionalität von Lernplattformen

Lernaktivitäten	Information	Kommunikation	Kooperation	Prüfung	Feedback
Abstimmung	●		●		●
Arbeitsmaterialien	●				
Aufgaben				●	
Buch	●				
Chat		●	●		●
Forum	●	●	●		●
Glossar	●		●		
Lektion	●			●	
Test				●	
Umfrage					●
Wiki(s)	●	●	●		
Workshop			●		●

Eine sinnvolle Möglichkeit des Einsatzes einer Lernplattform ist, Auszubildende eine gewisse Zeit vor Prüfungen selbstständig Übungsaufgaben durchführen zu lassen. Die Eingaben können direkt vom System ausgewertet und das Ergebnis den Lernenden zurückgemeldet werden. Hierdurch lernen diese besser einzuschätzen, wie viel sie bereits vom notwendigen Wissen beherrschen.

In TABELLE 15 werden typische Lernaktivitäten, die die meisten Lernplattformen integrieren, aufgeführt und angezeigt, für welche Funktion diese im Unterricht eingesetzt werden können.

Die Nutzung dieser Möglichkeiten allein garantiert keineswegs einen erfolgreichen E-Learning-Einsatz. Wichtig ist, dass die Lernenden den Nutzen der Möglichkeiten eindeutig erkennen. Zusätzlich sollten sie eine möglichst schnelle Rückmeldungen vom Lehrenden erhalten, wenn sie Fragen stellen oder Aufgaben erledigt haben.

Festgestellt wurde, dass das Lesen von Text am Monitor langsamer und anstrengender ist als das Lesen von Buchseiten. Informationen sollten deshalb nicht als reiner Text präsentiert, sondern möglichst mit Bildern oder anderen medialen Elementen sinnvoll ergänzt werden. Zusätzlich zu beachten ist, dass die meisten Lernenden das eigenständige Lernen mit elektronisch bereitgestellten Informationen zunächst üben müssen.

> **MERKE**
>
> E-Learning-Elemente können den Rettungsdienstunterricht im Seminarraum sinnvoll ergänzen, ersetzen können sie diesen aber nicht.

LITERATUR:

Gutenberg U, Iser T, Machate C (2010) Interaktive Whiteboards im Unterricht. Das Praxishandbuch. Braunschweig: Schroedel.

Hilgenstock R, Jirmann R (2007) Gemeinsam online lernen mit moodle. Trainerhandbuch. 3. Neuaufl., Bonn: DIALOGE Beratungsgesellschaft.

Klimsa P, Issing LJ (Hrsg.) (2011) Online-Lernen. Handbuch für Wissenschaft und Praxis. 2. Aufl., München: Oldenbourg.

Schlieszeit J (2011) Mit Whiteboards unterrichten. Das neue Medium sinnvoll nutzen. Weinheim, Basel: Beltz.

Wendorff JA (2012) Das LEHRbuch. Trainerwissen auf den Punkt gebracht. 2. Aufl., Bonn: managerSeminare.

6.8 Vernetzung von Ausbildungsschritten

JOCHEN KIRCHEIS, ALEXANDER HUWE

Durch die, im Vergleich zur Ausbildung von Rettungsassistenten, zusätzlich zur Verfügung stehende Zeit steht in der Notfallsanitäterausbildung nicht die umfangreichere Wissensvermittlung im Vordergrund. Vielmehr bedarf es einer veränderten Herangehensweise an die Methodik. Die Verlängerung der theoretischen und praktischen Ausbildungsanteile dient vor allem einer qualitativen Verbesserung der gesamten dreijährigen Ausbildung im Vergleich zu der des Rettungsassistenten. Für die Koordination und Organisation der Lernorte untereinander trägt die Schule die Gesamtverantwortung (vgl. § 5 Abs. 3 NotSanG).

Neben der Vermittlung von grundlegendem Basiswissen (Bezugswissenschaften) gilt es, kompetenz- und handlungsorientiert auszubilden.

> **MERKE**
>
> Es muss gelingen, dass sich die Auszubildenden regelmäßig und dauerhaft, selbstständig und selbst gesteuert Wissen aneignen, um dadurch die berufliche Handlungskompetenz in ihrer Gesamtheit zu entwickeln.

Eine optimale Verzahnung zwischen den unterschiedlichen Lernorten sowie die entsprechende Qualitätssicherung der Lehr- und Lerninhalte sind damit sicherzustellen.

Entsprechend der Ausbildungs- und Prüfungsverordnung für Notfallsanitäterinnen und Notfallsanitäter (NotSan-APrV) lassen sich die Lernorte klar differenzieren:

– zum einen der *Lernort Schule*, wo fachtheoretischer und fachpraktischer Unterricht zu konzipieren und umzusetzen ist: Dies erfolgt im theoretischen Teil durch die Lehrkräfte mit gefordertem Hochschulabschluss (s. KAP. 2), im fachpraktischen Teil aber vorwiegend durch die erfahrenen Praxisanleiter der Lehrrettungswachen, welche regelmäßig die Schule durch den Praxisbezug unterstützen.
– zum anderen der *Lernort Praxis:* Hier geht es um die berufspraktische Ausbildung in den Einrichtungen der präklinischen und klinischen Versorgung von Notfallpatienten. Für die Umsetzung sind Sie als Praxisanleiter in Ihrer Einrichtung zuständig und verantwortlich.

Ein weiterer – in der Ausbildung von Gesundheitsfachberufen immer öfter anzutreffender – „Lernort" ist die Schnittstelle zwischen Schule und Praxis, der *Lernort für Training und Transfer*. Diesem innerschulischen Bereich gilt es besondere Aufmerksamkeit zu schenken, da hier fachpraktischer Unterricht stattfindet – der Grundstein für die berufspraktische Ausbildung.

6.8.1 Lernortkooperation

Obwohl das Berufsbildungsgesetz (BBiG) für die Ausbildung der Notfallsanitäter keine Anwendung findet, sollte man sich hinsichtlich der Lernortkooperation dennoch daran orientieren.

Jeder Bildungsträger hat eine große Verantwortung für die zumeist jugendlichen Auszubildenden zu tragen. Dies beginnt vor allem mit einem sinnvollen und gut strukturierten Ausbildungsablauf, zu dem sich alle am Bildungsprozess Beteiligten gut miteinander abstimmen. Das effiziente Organisieren der Ausbildung ist dabei nicht nur für die Schule, die Rettungswache und das Krankenhaus, sondern vor allem für den Auszubildenden selbst von enormer Wichtigkeit. Denn nur so können in der Schule erlernte Aspekte direkt im Anschluss in der berufspraktischen Ausbildung geübt und gefestigt werden.

> **MERKE**
>
> Die Organisation der Ausbildung „ist als komplexe Situation aufzufassen, in der technische, rechtliche, organisatorische, wirtschaftliche, pädagogische sowie soziale Aspekte zu beachten und zu bedenken sind" (Bundesinstitut für Berufsbildung 2012: 4).

Bei einer gegenseitigen Loslösung aller beteiligten Lernorte wäre zu erwarten, dass sie eher differenzierte Aufgaben der Ausbildung aufgreifen würden, je nach subjektivem Empfinden. Für eine lückenlose und gut organisierte planbare Ausbildung ergeben sich kontinuierliche Abstimmungsnotwendigkeiten zwischen den einzelnen Lernorten (Bundesinsitut für Berufsbildung 2012: 4).

6.8.1.1 *Lernort Schule – Theoretisch-praktischer Unterricht*

Den Rettungsdienstschulen kommt durch das neue Notfallsanitätergesetz (NotSanG) ein übergeordneter Stellenwert zu, denn die Gesamtverantwortung für die Koordination und Organisation aller an der Ausbildung Beteiligter liegt nun bei ihnen. Wie bereits erwähnt (s. KAP. 6.4), ist die bisher übliche Methodik der Vermittlung von Fachwissen und darauf aufbauendem Erlernen von praktischen Fertigkeiten in Zukunft dem lernfeld- und handlungsorientiertem Unterrichtsmodell anzulehnen (vgl. Brokmann et al. 2013: 605).

Die Schulen benötigen dafür eine feste Zahl von „Kern- und Schwerpunktdozenten", die untereinander einer engen Abstimmung der Lehr- und Lerninhalte nachgehen. Ebenso wichtig ist auch die Einbeziehung erfahrener Lehrrettungsassistenten und Praxisanleiter, welche im fachpraktischen Unterricht realitätsnah – im Sinne von „Aus der Praxis für die Praxis" – ausbilden.

> **MERKE**
>
> Fachliches Wissen ist zwar die Grundlage und Voraussetzung für richtiges Handeln, jedoch ist der Erwerb von Fähigkeiten und Fertigkeiten für geplante Handlungsabsichten, Selbstständigkeit sowie Selbstorganisation seitens der Auszubildenden oberstes pädagogisches Ziel zur Kompetenzentwicklung. Es geht um den Erwerb fachlicher und überfachlicher Kompetenzen, um die Fähigkeit zur Anwendung in authentischen Berufs- und Lebenssituationen.

Es darf allerdings nicht erwartet werden, dass sämtliche rettungsdienstlich relevanten Maßnahmen bis zum Kompetenzniveau „Beherrschen" allein durch die Schulen vermittelt werden können. Hier sind Sie als Praxisanleiter enger in die Pflicht zu nehmen. Grundlagen rettungsdienstlicher Maßnahmen werden bereits in der Schule vermittelt, müssen allerdings in der praktischen Ausbildung aufgegriffen und gemeinsam mit Ihnen als Praxisanleiter vertieft werden. Daraus resultiert die durch das Notfallsanitätergesetz geforderte engere Zusammenarbeit aller drei Ausbildungsstätten. Eine zielgerichtete Praxisbegleitung seitens der Schulen ist zwingend vorgeschrieben. Darunter sind jedoch nicht nur Praktikumsbesuche durch die Lehrkräfte, im Sinne von Standortbestimmungen der Auszubildenden, zu verstehen, sondern auch regelmäßige Abstimmungstreffen in den Schulen, welche Ihnen als Praxisanleiter den nötigen Raum für pädagogischen und ausbildungsbezogenen Austausch bieten (SIEHE DAZU AUCH KAP. 2).

6.8.1.2 *Lernort Praxis – Praktische Ausbildung*

Die praktische Ausbildung zum Notfallsanitäter findet an zwei Lernorten statt: Dies sind zum einen die Lehrrettungswachen und zum anderen die Krankenhäuser. Erstgenannte müssen von der jeweilig zuständigen Behörde für die Durchführung von Anteilen der praktischen Ausbildung genehmigt worden sein (NÄHERES DAZU UNTER KAP. 1), die Krankenhäuser hingegen sollten als geeignet gelten (§ 5 Abs. 2 NotSanG).

Mit 2 680 Stunden haben die praktischen Ausbildungsbereiche im Vergleich zur Theorie einen deutlich höheren Anteil an der Ausbildung und zugleich auch am Erreichen des Ausbildungsziels. Daher sind klinische und rettungsdienstliche Einrichtungen – ebenso wie die Schulen – in der Pflicht, die Ausbildungsinhalte verantwortungsbewusst und zielorientiert zu vermitteln. Diese Pflicht liegt letztendlich bei Ihnen als Praxisanleiter, ob in der Klinik oder auf der Lehrrettungswache. Sie führen die Auszubildenden an die eigenständige Wahrnehmung der beruflichen Handlungen heran.

Die gesetzlich geregelten 1 960 Stunden der praktischen Ausbildung in den Lehrrettungswachen sollen von Ihnen als Praxisanleiter genutzt werden, um das theoretisch vermittelte Wissen nach Möglichkeit zu wiederholen, die erworbenen Kenntnisse zu festigen und um die praktischen Skills und Fertigkeiten weiter einzuüben und zu vertiefen. Zu nutzen sind dabei nicht nur die heterogen auftretenden Notfalleinsätze, sondern auch, sofern es das Einsatzaufkommen zulässt, die einsatzfreien Zeiten. Einen höheren pädagogischen Stellenwert erreicht jedoch die gesonderte Praxisanleitung abseits des Einsatzes im Regelrettungsdienst. Zu empfehlen sind für je vier Wochen berufspraktische Ausbildung mindestens 24 Stunden Praxisanleitung in der Rettungswache, vorzugsweise in einem geschützten Ausbildungsbereich.

> **MERKE**
>
> Eine direkte Zuweisung zu einem verantwortlichen Lehrrettungsassistenten oder Praxisanleiter sollte höchste Priorität haben und ist nicht zu unterschätzen. Der Auszubildende benötigt einen anvertrauten Ausbilder, auf den er sich verlassen kann und der ihm aufgrund seiner Kompetenzen stets mit Rat und Tat zur Seite steht.

Die 720 Stunden Krankenhauspraktikum dagegen legen innerklinische Schwerpunkte auf einzelne Funktionsbereiche, u. a. auf grund- und behandlungspflegerische Maßnahmen in der Pflegestation, die interdisziplinäre Notfallaufnahme, die intensivmedizinische Abteilung sowie die Anästhesie- und OP-Abteilung. Es geht während der Ausbildung in der Klinik insgesamt um fachspezifische Krankheitsbilder, Maßnahmen der Pflege, aber auch um detaillierte Kenntnisse bezüglich Drainagen-, Sonden- und Verbandswechsel (vgl. NotSan-APrV, Anlage 3).

Die Umsetzung der gesetzlich geforderten Inhalte (vgl. NotSan-APrV, Anlage 3) bedarf einer klaren Struktur zur berufspraktischen Anleitung der Auszubildenden. Bisher waren die angehenden Rettungsassistenten häufig nur „Mitläufer" in den Kliniken, was bei den auszubildenden Notfallsanitätern nicht mehr der Fall sein darf. Sie sind nun dem Anspruch der angehenden Gesundheits- und Krankenpfleger gleichgesetzt. Den Schulen wird diesbezüglich empfohlen, Lernzielkataloge für und mit Praxisanleitern zu entwerfen.

Dies erfordert auch eine Umstellung und Anpassung der innerklinischen Praxisanleiter, die sich mit einem entsprechenden Kompetenzkatalog für Notfallsanitäter auseinandersetzen müssen. Ihnen wird ein deutlich höherer Anspruch seitens der zukünftigen Notfallsanitäter begegnen, als sie es von den angehenden Rettungsassistenten gewohnt waren. Gleiches gilt für die Pflegedienstleitungen, welche die Verantwortung für die innerklinische Ausbildung tragen.

6.8.1.3 Lern- und Praxisaufgaben zur Transferleistung

Um eine Verknüpfung zwischen den Lernorten herzustellen, haben sich in vielen Ausbildungsgängen Lern- und Praxisaufgaben als sinnvoll erwiesen. Es handelt sich dabei um zielgerichtete, genau formulierte Aufgabenstellungen bezugnehmend auf den theoretisch-praktischen Unterricht, welche durch den Auszubildenden im Praxisalltag aufzugreifen und umzusetzen sind. Dabei werden das bereits erworbene Wissen sowie Kenntnisse mit Handlungsabläufen des Ausbildungsberufs verknüpft.

Lern- und Praxisaufgaben fördern die Selbstständigkeit des Auszubildenden, wenn sie richtig eingesetzt werden. Es ist darauf zu achten, dass Lernaufgaben mit einer Zeitschiene versehen sind. Der Auszubildende sollte selbst festlegen, wie er seine vorgegebene Zeit auf die einzelnen Abschnitte der Lern- und Praxisaufgaben verteilen möchte.

Die Arbeitszeit kann folgendermaßen eingeteilt werden in
– praktische Zeit, in der es zum direkten Kontakt mit dem Patienten

kommt (im Sinne der Versorgung, Kommunikation usw.),
- gesonderte Zeit zur Beschaffung von Informationen,
- ein separates Zeitkontingent für Besprechungen mit dem Praxisanleiter sowie
- einen zeitlichen Rahmen zur schriftlichen Fixierung der Erkenntnisse in Form einer Ausarbeitung.

Für den Notfalleinsatz sind die Lern- und Praxisaufgaben nicht immer zielgerichtet auf jedes beliebige oder komplette Erkrankungsbild zu beziehen, da diese in ihrer Häufigkeit unterschiedlich oft auftreten. Hier sind eher kleine und strukturierte Lernaufgaben sinnvoller, vor allem, wenn sie auf bestimmte Handlungen und Maßnahmen ausgelegt sind.

Der Hauptteil der Lernaufgaben ist idealerweise während der regulären Arbeitszeit durchzuführen, da diese unmittelbar mit dem Patienten im Zusammenhang stehen. Zudem können bestimmte Punkte und Fragen direkt mit dem Praxisanleiter besprochen und ausgewertet werden.

BEISPIEL

Beispielsweise können Sie als Ansatz für eine Praxisaufgabe das Legen eines periphervenösen Zugangs thematisieren. Diese Maßnahme ist Bestandteil vieler Notfalleinsätze und bedarf nicht nur fachlicher, sondern auch rechtlicher und sozialkommunikativer Kenntnisse. Das Grundverständnis für diese Thematik bringt der fachtheoretische Unterricht aus der Schule mit sich. Durch die regelmäßige Anwendung des i.v. Zugangs bei Notfallpatienten kommen die Auszubildenden auch im Rahmen der präklinischen Patientenversorgung damit in Berührung. Sie nehmen die ganzheitliche Situation der Versorgung wahr und können den i.v. Zugang in das Gesamtbild der Versorgung einordnen. Im Vordergrund steht dabei nicht nur die Fachkompetenz, sondern auch die Methoden- und Sozialkompetenz. Die Auszubildenden könnten sich nun exemplarisch darüber informieren, bei welchen Patientengruppen der i.v. Zugang höchste Priorität hat, welche rechtlichen Rahmenbedingungen zu beachten sind, wie die Patienten über den invasiven Eingriff aufzuklären sind, welche Komplikationen auftreten könnten und wie diese beherrschbar wären. Danach planen Sie als Praxisanleiter ein entsprechendes Zeitkontingent ein, um gemeinsam mit dem Auszubildenden dessen Erkenntnisse zu besprechen. Es müssen offene Fragen geklärt werden, und es sollte für den Auszubildenden immer die Möglichkeit bestehen, die gewonnenen Resultate zu reflektieren. Im Anschluss müssen die gemeinsam gewonnenen Ergebnisse durch den Auszubildenden schriftlich – in Form einer Ausarbeitung – festgehalten werden.

Um für die Vorbereitungen an die nötigen Informationen zu gelangen, kann der Auszubildende zur Informationssammlung während der einsatzfreien Zeit in der Wache durch den Praxisanleiter oder eine von ihm beauftragte Person begleitet werden. Ebenfalls kann dies für die schriftliche Ausarbeitung gelten, wenn es der zeitliche Rahmen zulässt.

Durch eine geregelte curricular- und lernortvernetzende Ausbildungs-

struktur sind die Inhalte und Zielvorgaben durch die Schule vorgegeben. Die Schule stellt sicher, dass die im Curriculum verankerten Inhalte in ihrem Umfang bereits vermittelt wurden und sich die Praxis nun darauf stützen kann. Ohne eine entsprechende Übersicht der Lernanforderungen und Lernziele tappen nicht nur die Auszubildenden, sondern auch die Praxiseinrichtungen im Dunkeln. Deshalb ist vor den Praxisphasen allen am Bildungsprozess Beteiligten eine Übersicht zuzustellen. Für eine verbesserte Lernortkooperation können folgende Ansatzpunkte hilfreich sein:
- ein zeitlich und inhaltlich abgegrenzter Umfang
- rechtliche erforderliche Rahmenbedingungen
- der Kenntnisstand der Auszubildenden durch bereits vermittelte Grundlagen
- mögliche Voraussetzungen zur Durchführungsberechtigung.

Um eine Standardisierung der Ausbildung zu erreichen, müssen die curricularen Vorgaben von allen Praxiseinrichtungen eingehalten werden. Nur so können die Auszubildenden innerhalb der Ausbildungszeit die notwendigen Fertigkeiten gleichermaßen und einheitlich erlernen. Jeder Praxisanleiter stellt dafür die Schnittstelle dar zwischen Lernort Praxis und Lernort Schule. In einem (Mentoren-)Treffen aller leitenden Praxisanleiter sollten im Vorhinein und im Beisein der Schulleitung sämtliche Inhalte der Lernaufgaben abgesprochen und einvernehmlich bestätigt werden. Denn nur so kann letztendlich eine Einigkeit und Gleichmäßigkeit des Erwerbs von Fertigkeiten erzielt werden.

Die übergeordneten Ziele der Lernaufgaben sind und bleiben der Transfer von erkenntnisgeleiteter Theorie in die Praxis, das Fördern und Trainieren von Kompetenzen sowie das Einschätzen und Analysieren von rettungs- und notfallrelevanten Situation, einschließlich des daraus resultierenden eigenen Verhaltens.

6.8.1.4 *Lernort für Training und Transfer*

Im Notfallsanitätergesetz ist nicht nur die Rede von theoretischem, sondern zugleich auch von praktischem Unterricht in der Schule. Wie bereits mehrfach erwähnt, bekommt in diesem Zusammenhang der Erwerb von Fertigkeiten einen besonderen Stellenwert zugeschrieben.

Vom Auszubildenden erworbenes Fachwissen wird in den praktischen Kontext gebracht und durch Anwendung gefestigt. Den Erwerb berufspraktischer Fertigkeiten kann also bereits der Praxisunterricht fördern. Daran anknüpfen müssen allerdings Sie als Praxisanleiter, indem Sie mit den Auszubildenden die bereits in der Schule geübten berufspraktischen Handlungen im Lernort Praxis erneut umsetzen und festigen. Am sinnvollsten scheinen hierbei, wie oben angemerkt, eine enge Verzahnung der Lernorte sowie dem Ausbildungsstand angemessene Lern- und Praxisaufgaben.

Somit wird sichergestellt, dass Schulmeinungen und praktische Ausbildungsrichtlinien den gleichen Lehrinhalt vermitteln. Bereits erwähnt wurde in diesem Zusammenhang das dafür zwingend erforderliche, lernortvernetzende Curriculum.

Für die Entwicklung von berufspraktischen Fertigkeiten gibt es verschiedene Dimensionen:

1. Es handelt sich dabei zum einen um die strukturellen Gegebenheiten, also um die innerschulischen Praxisorte, an denen praktischer Unterricht umgesetzt wird. In den meisten Rettungsdienstschulen gibt es dafür Praxisräume, sogenannte SanArenen. Hier können die Lehrkräfte der Schulen mit den Auszubildenden verschiedene Einsatzszenarien durchspielen und realitätsnah üben. Oft handelt es sich bei einer SanArena um verschieden große Ausbildungsräume, in denen mitunter ein simulierter Verkehrsunfall dargestellt ist, eine gefährliche Baustelle oder einfach eine möblierte, wohnzimmerähnliche Situation. Auf diese Weise können möglichst realitätsnahe Einsatzsimulationen durchgeführt werden, die den Auszubildenden ein hohes Maß an Handlungskompetenz abfordern. Dies ist mitunter eine der geeignetsten Methoden zum Erwerb berufspraktischer Handlungskompetenz im Rahmen des notfallmedizinischen fachpraktischen Unterrichts.

2. Eine weitere Dimension für die Entwicklung berufspraktischer Fertigkeiten stellt das Personal dar. Es muss eine enge Zusammenarbeit aller am Bildungsprozess beteiligter Personen geben. Gemeint sind in erster Linie die Fachdozenten und Sie als Praxisanleiter. Sie müssen für die Vermittlung der berufspraktischen Fertigkeiten selbst die nöti-

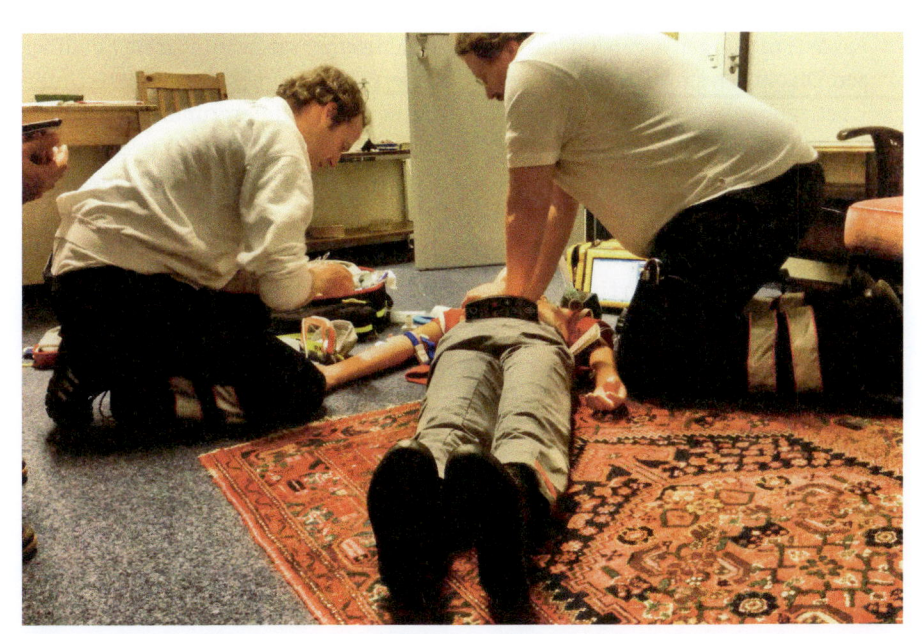

ABB. 40 ▶ Zur Entwicklung berufspraktischer Fertigkeiten sollten die Ausbildungsräume die Simulierung vielfältiger Einsatzszenarien ermöglichen.

gen Kompetenzen mitbringen, um den aktuellen und wissenschaftlichen sowie beruflichen Anforderungen gerecht zu werden. Es ist anzustreben, dass die praktischen Settings im Lernort Training und Transfer durch erfahrene Lehrrettungsassistenten oder Praxisanleiter umgesetzt werden, da jene die nötige Kenntnis und fachliche sowie persönliche Eignung für diese Tätigkeit mitbringen.

3. Die dritte Dimension ist durch inhaltliche und didaktische Überlegungen gekennzeichnet und bildet den Schwerpunkt bei der Entwicklung berufspraktischer Fertigkeiten. Inhaltlich sind durch den Maßnahmenkatalog des Bundesverbandes der Ärztlichen Leiter Rettungsdienst für Notfallsanitäter erste Vorgaben in geeigneter Form dargelegt, die sich durch weitere berufsrelevante Handlungen ergänzen lassen. Didaktisch sind die inhaltlichen Überlegungen in entsprechende Konzepte zu fassen und curricular zu verankern.

6.8.2 Handlungsketten zum Erwerb von Fertigkeiten

Über eine Grobplanung gilt es festzuhalten, welche Lerninhalte, Transferaufgaben und auch Lernfelder innerhalb der einzelnen Semester zu vermitteln sind und an den jeweiligen Lernorten vertieft werden müssen (vgl. Bundesinstitut für Berufsbildung 2012: 4).

Je nach Ausbildungs- und Kenntnisstand werden den Auszubildenden strukturierte, an der beruflichen Praxis orientierte und unterschiedlich komplexe Aufgaben zugeteilt.

Dabei wäre eine den Ausbildungsjahren zugeordnete Bedeutung ratsam. Das erste Ausbildungsjahr steht unter der Devise *Orientierung gewinnen und unter Begleitung handeln*: Der Auszubildende gewinnt erste Erkenntnisse aus der Praxis, wobei er unter ständiger Begleitung Maßnahmen ausführt, die durch den Praxisanleiter zu beobachten und in dessen Beisein selbstständig umzusetzen, zu evaluieren und zu reflektieren sind.

Im zweiten Ausbildungsjahr stehen das *Erkennen von Zusammenhängen* sowie *prozessorientiertes Handeln* im Vordergrund: Bereits erworbenes Wissen ist durch die Auszubildenden nun in einen Begründungsrahmen zu fassen, aus dem das prozessorientierte Handeln resultiert.

Im letzten Ausbildungsjahr, wo die praktische Ausbildungszeit deutlich überwiegt und der theoretische Unterricht in den Hintergrund rückt, geht es um das *Erfassen der Komplexität* und um *gezieltes situationsbezogenes Handeln*. Hierbei kann nicht mehr die Rede von planbaren Tätigkeiten sein, sondern vielmehr von situationsangepasstem und ethisch aktivem Handeln.

Um psychomotorische Fertigkeiten zu entwickeln, bedarf es einer aktiven Auseinandersetzung mit dem Sinn und Zweck vereinzelter Handlungsschritte und deren Abfolge. Dies ist einer der Gründe, warum Handlungsketten mehr und mehr an Bedeutung gewinnen. Sie besitzen einen genauen Ablauf und sind zu einem besseren Verständnis noch einmal in einzelne Handlungsschritte unterteilt.

> **MERKE**
>
> „Handlungsketten dienen dazu, berufliche Handlungen abzubilden und gleichzeitig die einzelnen Handlungsschritte zu erklären und zu begründen." (Kuckeland 2013: 4)

Zwangsläufig ergeben bestimmte Lernsituationen mehrere sinnvolle Möglichkeiten, Handlungsschritte aneinanderzureihen. Selten gibt es nur eine richtige oder gültige Abfolge. Werden Handlungsketten detailliert beschrieben – in Form von standardisierten Prozessabläufen/SOPs (z. B. Algorithmus zum Vorgehen bei erweiterter Atemwegssicherung/extraglottischer Atemwegshilfe [EGA], s. ABB. 41) –, dienen sie sogar dazu, qualitätsbezogenen Anforderungen gerecht zu werden, und unterstützen die Auszubildenden beim Erwerb einer routinierten Handlungskompetenz.

Dazu gibt es in der Praxis bereits erste Ausbildungsunterlagen, die für Rettungsfachpersonal entsprechende Standardhandlungsabläufe vorgeben (siehe DBRD 2015). An dieser Stelle sei noch einmal betont, welch hohen Stellenwert diese Standards in Zukunft einnehmen werden. Gelänge es, die Standards von Schulen und Rettungsdiensten – auf Länderebene – auf der Grundlage des aktuellen wissenschaftlichen Stands zu vereinheitlichen, wäre ein weiterer Grundstein für eine gesicherte und optimierte Patientenversorgung gelegt. Handlungsketten dienen hierbei als orientierende Leitfäden, welche eine korrekte Durchführung von bestimmten Handlungen und auch eine sinnvolle Abfolge einzelner Handlungsschritte gewährleisten.

Dennoch wird in diesen standardisierten und strukturierten Handlungsketten ein nötiger Spielraum gelassen, um individuell angepassten Handlungen und Situationen gerecht zu werden. Handlungen hinterfragen zu können, muss in jeglicher Form erlaubt sein und zum Tragen kommen. Ansonsten stünde man der Gefahr gegenüber, dass keinerlei Reflexion der Tätigkeiten erfolgt, sondern nur noch nach „Schema F" behandelt würde.

Wichtig für die Auszubildenden ist es, stets vollständige Handlungen (s. U. A. KAP. 6.3) zu erlernen und in der Praxis entsprechend einzuüben (Kuckeland 2013). Handlungsketten sind Teilziele, die zum Gesamterfolg beitragen. Auch in der Schule sollten immer vollständige, praxisrelevante Handlungen erlernt und geübt werden.

Präklinisch notfallrelevante Ereignisse sind bei Eintreffen am Einsatzort immer durch die spezifische Situation gekennzeichnet. Diese gilt es zuallererst wahrzunehmen und mithilfe von Beobachtungen – unter Hinzunahme von theoretischem Wissen – einzuschätzen. Im Anschluss daran müssen Entscheidungen getroffen werden, die den weiteren Verlauf und die zu ergreifenden Handlungsmaßnahmen bestimmen. Damit ist der Handlungsprozess jedoch noch nicht abgeschlossen. Es folgt das Bewerten der durchgeführten Maßnahmen, und nach einer Reflexion und Evaluierung der neuen Situation gilt es den Wahrnehmungsprozess erneut zu starten.

Jede Praxisaufgabe und jede Anleitungssituation muss mehrfach reflektiert und evaluiert werden.

6 Methodik und Didaktik ▶ 6.8 Vernetzung von Ausbildungsschritten

Algorithmus: A-Problem – Erweiterte Atemwegssicherung

A Manuelle / einfache Techniken: (modifizierter) Esmarch-Handgriff, Guedel-, Wendl-Tubus, Absaugen von Flüssigkeiten, Apnoe / Hypoventilation: Sauerstoffbeatmung mit hoher FiO_2 (ideal 1,0) (Beutel-Masken-Beatmung [BMV], ggf. Zwei-Hand-Technik)
Bewusstseinslage: bewusstlos, keine Schutzreflexe. Bei CPR: beachte CPR-Protokoll.

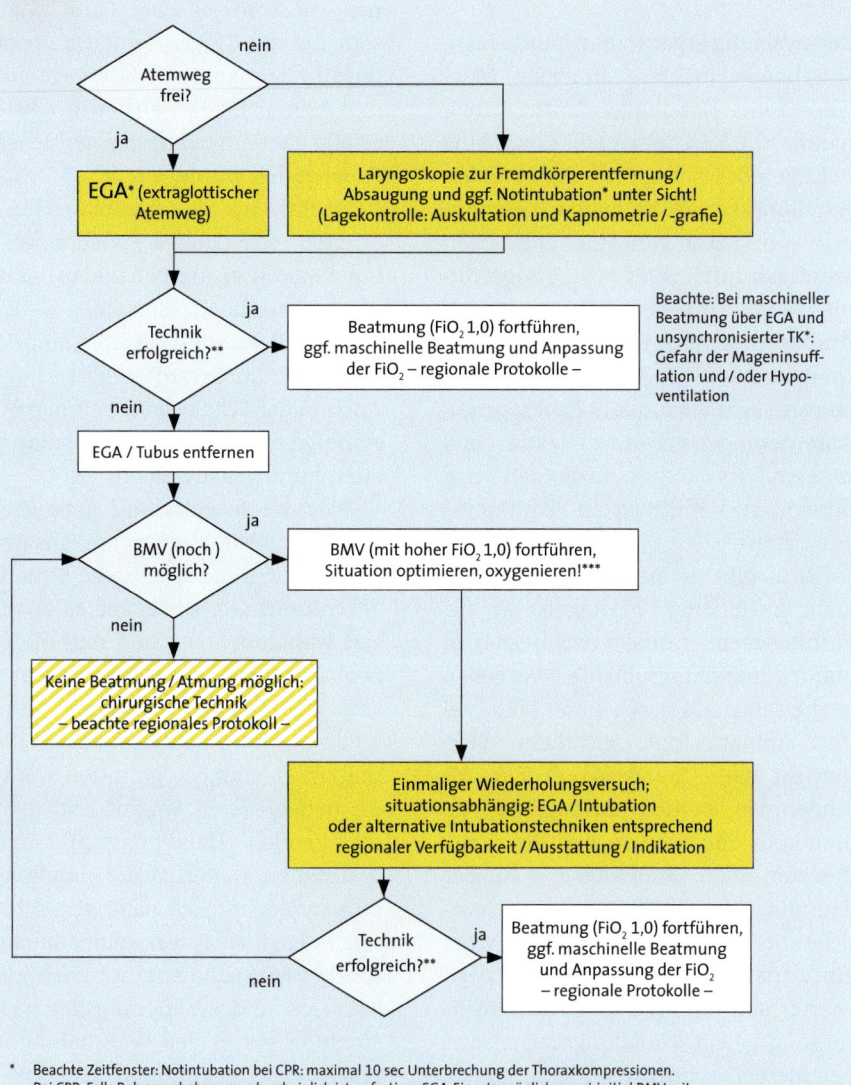

Atemweg frei?
- ja → EGA* (extraglottischer Atemweg)
- nein → Laryngoskopie zur Fremdkörperentfernung / Absaugung und ggf. Notintubation* unter Sicht! (Lagekontrolle: Auskultation und Kapnometrie / -grafie)

Technik erfolgreich?**
- ja → Beatmung (FiO_2 1,0) fortführen, ggf. maschinelle Beatmung und Anpassung der FiO_2 – regionale Protokolle –
- nein → EGA / Tubus entfernen

Beachte: Bei maschineller Beatmung über EGA und unsynchronisierter TK*: Gefahr der Mageninsufflation und / oder Hypoventilation

BMV (noch) möglich?
- ja → BMV (mit hoher FiO_2 1,0) fortführen, Situation optimieren, oxygenieren!***
- nein → Keine Beatmung / Atmung möglich: chirurgische Technik – beachte regionales Protokoll –

Einmaliger Wiederholungsversuch; situationsabhängig: EGA / Intubation oder alternative Intubationstechniken entsprechend regionaler Verfügbarkeit / Ausstattung / Indikation

Technik erfolgreich?**
- ja → Beatmung (FiO_2 1,0) fortführen, ggf. maschinelle Beatmung und Anpassung der FiO_2 – regionale Protokolle –
- nein → (zurück zu BMV)

* Beachte Zeitfenster: Notintubation bei CPR: maximal 10 sec Unterbrechung der Thoraxkompressionen. Bei CPR: Falls Bolusgeschehen unwahrscheinlich ist, sofortiger EGA-Einsatz möglich, sonst initial BMV mit manuellen einfachen Techniken.
** Lagekontrolle: Auskultation und Kapnometrie / Kapnografie bei jeder invasiven Atemwegssicherung.
*** Nach zweimaligem Versagen erweiterter Techniken zur Atemwegssicherung: BMV fortführen, bis weitere qualifizierte Hilfe (NA) verfügbar.

ABB. 41 ▶ Algorithmus: Erweiterte Atemwegssicherung (Enke et al. 2015: 647)

Literatur:

Ausbildungs- und Prüfungsverordnung für Notfallsanitäterinnen und Notfallsanitäter (NotSan-APrV). Vom 16. Dezember 2013. In: BGBl. 2013 I (74): 4280–4304.

Brokmann J et al. (2013) Notfallsanitätergesetz. Wie können die Ausbildungsinhalte sinnvoll und strukturiert umgesetzt werden? In: Notfall + Rettungsmedizin 16 (8): 604–610.

Bundesinstitut für Berufsbildung [BIBB] (2012) Qualitätsentwicklung und -sicherung in der beruflichen Bildung 2012.

Deutscher Berufsverband Rettungsdienst e.V. [DBRD] (2015) Muster-Algorithmen zur Umsetzung des Pyramidenprozesses im Rahmen des NotSanG. Unter: http://www.dbrd.de/images/algorithmen/Algorithmen_NotSan_DBRD2015V_1.4_mit_Erlauterungen.pdf.

Enke K et al. (Hrsg.) (2015) Lehrbuch für präklinische Notfallmedizin. Bd. 1: Patientenversorgung und spezielle Notfallmedizin. 5. Aufl., Edewecht: Stumpf + Kossendey.

Gesetz über den Beruf der Notfallsanitäterin und des Notfallsanitäters sowie zur Änderung weiterer Vorschriften [Notfallsanitätergesetz, NotSanG]. Vom 22. Mai 2013. In: BGBl. 2013 I (25): 1348–1357.

Kuckeland H (2013) Handlungsketten in Praxisaufgaben einbinden. In: Forum Ausbildung. Zeitschrift für die praktische Ausbildung in Gesundheitsberufen 8 (2): 1–6.

Lancet Kommission (2010) Education of Health Professionals for the 21st Century. Eine neue globale Initiative zur Reform der Ausbildung von Gesundheitsfachleuten. Zürich: Careum. Unter: http://www.careum.ch/documents/20181/75972/Lancet+Report/2707bde7-01bd-470f-b8c6-571969db5bac?version=1.0, 09.05.2016.

Müller K (2005) Lernaufgaben – Wissenstransfer & Reflexion in realen Berufssituationen. In: Pflegewissenschaft (PrInterNet) 8: 685–691. Unter: http://www.bildungsimpulse.de/resources/Lernaufgaben+2005.pdf, 28.04.2014.

7 Strukturierung der Praxisanleitung

Johannes Veith

Die Ausbildung zum Notfallsanitäter baut auf einer äußerst wünschenswerten Verzahnung der Lernorte Rettungsdienstschule, Lehrrettungswache und Klinik auf (s. a. Kap. 2). Ziel ist es, eine Berufsfähigkeit zu vermitteln, die Fachkompetenzen mit allgemeinen Fähigkeiten menschlicher und sozialer Arbeit verknüpft. Dabei liegt in besonderer Weise die Verantwortung zur Vermittlung von Fachwissen bei der Schule. Dieses Wissen soll in den Praxisbereichen mit konkretem Handeln verknüpft und auf diese Weise in berufliche Handlungskompetenzen überführt werden.

In der Rettungsassistentenausbildung standen die Lernorte Schule und Klinik recht unverbunden nebeneinander. Der Lernort Rettungswache war meist der schulischen Ausbildung nachgeschaltet. Durch die Neuordnung der Ausbildung in Lernfelder soll die Kluft zwischen den einzelnen Lernorten verringert und das Lernen stärker an die Aufgaben der Praxis angebunden werden. So soll dem Lernenden die Möglichkeit gegeben werden, Wissen unmittelbar situationsangemessen erproben zu können, problemorientierter und selbstständiger zu lernen und zu arbeiten sowie vernetzter zu denken (s. a. Kap. 6.4 u. Kap. 6.8).

Damit das Lernfeldkonzept tatsächlich für effektiveres Lernen nutzbar gemacht werden kann, ist eine stärkere Kooperation der Lernorte notwendig. Dies soll dadurch erreicht werden, dass die Schule die Praxisbegleitung in den Einrichtungen der praktischen Ausbildung durch eigene Lehrkräfte sicherzustellen hat, um zum einen die Schüler an diesen Lernorten zu betreuen und zum anderen die praxisanleitenden Personen zu beraten und bei der Erfüllung ihrer Aufgaben zu unterstützen. Entsprechend muss der Praxisbegleiter regelmäßig an den Ausbildungsstätten erscheinen, um mit dem Praxisanleiter und dem Auszubildenden Gespräche über dessen Entwicklung zu führen, die auch dokumentiert werden. Auch kann die Praxisbegleitung ggf. zur Beurteilung der Leistungsfähigkeit und des Ausbildungsstands den Auszubildenden im Einsatzgeschehen begleiten. Daneben besteht die Möglichkeit, dass sowohl Praxisanleiter als auch Praxisbegleiter an Konferenzen und Besprechungen der Schule teilnehmen und so das Ausbildungsziel sicherstellen. Dadurch ergibt sich die Chance und Möglichkeit, dass Praxisanleiter für Notfallsanitäter ihrerseits Impulse zur stärker problem- und handlungsorientierter Wissensvermittlung in den schulischen Bereich einbringen und zugleich in der Praxis selbst auf verknüpfendes Denken und daraus resultierendes situationsgerechtes Handeln hinwirken können.

Praxisanleiter sind aber auch in ihrer Persönlichkeits- und Sozialkompetenz verstärkt gefordert. Sie sind die Personen, die durch ihr gesamtes eigenes Verhalten und entsprechende Hinweise sowie Tipps die Sozialkompetenz der Lernenden formen. Des Weiteren unterstützen sie die Auszubildenden in ihrer beruflichen Identifikationsfindung und im Ausbau ihrer Teamfähigkeit. Die didaktischen und pädagogischen Anforderungen an die Anleiter sind damit höher als die an die Lehrrettungsassistenten, aber ihre Aufgabe ist auch eindeutig spannender geworden. Der Praxisanleiter begleitet den Auszubildenden bei der praktischen Umsetzung des in der Schule erworbenen Wissens, indem er ihn in einfachen wie komplexen Arbeitsgängen anleitet, Fehler korrigiert und Anregungen gibt.

Die anleitende Person ist Diskussions- und Ansprechpartner für Fragen und bei evtl. auftauchenden Problemen des Auszubildenden mit dem Team. Sie unterstützt den Schüler bei der Vorbereitung auf Praxisprüfungen, begleitet ihn darin, das im Studienbuch oder Praxisleitfaden vorgesehenen Aufgabensoll zu erarbeiten und zu üben, und beurteilt ihn am Ende der Praxisphasen (VGL. KAP. 10). Daneben steht die Anleitungsperson im Austausch mit der Ausbildungsstätte und den übergeordneten Instanzen des Betriebs. Bei der praktischen Abschlussprüfung ist der Praxisanleiter für Notfallsanitäter u. U. beteiligt und kann so eine Rückmeldung sowohl über die Qualität der Prüfungsleistungen seines Auszubildenden als auch über den Erfolg seiner stattgefundenen Anleitungsbemühungen erhalten.

Praxisanleitung bedeutet also, dass der Anleiter in vielfacher Weise zum Lotsen oder Coach wird und so auf die Entwicklung der Persönlichkeit des Auszubildenden einwirkt. Sicher ist, dass die Praxisanleitung und der Umgang zwischen Anleiter und Auszubildendem in positiver wie negativer Hinsicht mitbestimmend für die Berufsmotivation und den späteren Arbeitsstil sein werden.

7.1 Planung

Praxisanleitung lässt sich zum einen als Betreuung und Begleitung des Auszubildenden während der gesamten Ausbildung betrachten oder aber als ein sequenzieller Abschnitt in einer definierten Ausbildungssituation. Um die Planung in der konkreten Ausbildungssituation zu betrachten, ist es notwendig, zuerst seinen planerischen Blick auf die Ausbildung im Gesamten zu richten. Neben den verschiedenen Praxisphasen am Lernort Krankenhaus werden sich die Praxisphasen auf der Lehrrettungswache in den meisten Fällen auf der gleichen Wache abspielen. Um vorausschauend planen zu können, müssen nun im Vorfeld die Rahmenbedingungen geklärt werden. Dahinter verbergen sich die Fragen nach den Erwartungen des Lernenden, nach den Lerngegebenheiten, die auf der Lehrrettungswache existieren, und nach den Voraussetzungen, die am Lernort bestehen.

7.1.1 Vor dem Praxiseinsatz

Vor jedem Eintritt des Auszubildenden in den Praxiseinsatz sollte der Praxisanleiter überlegen, welches Vor- und Erfahrungswissen der Lernende mitbringt. Für eventuell vorhandene Defizite im Vorwissen sind unterschiedliche Ursachen zu nennen, wie z. B.

TAB. 1 ▶ Fragestellungen mit zugehörigen Aspekten

Welche Lerngegebenheiten bestehen?	• Spezialisten für verschiedene Themen • Funktionsträger mit definierten Aufgabenbereichen • Einsatzstruktur und -gegebenheiten
Welche Voraussetzungen bestehen auf der Lehrrettungswache?	• Struktur und Einstellung des Rettungswachenteams • Erwartungen an Praxisanleiter • Erwartungen an Auszubildenden • Dienstplangestaltung
Welche Erwartungen haben die Auszubildenden?	• Vorerfahrungen der Auszubildenden • Selbstbild • Selbstständigkeit • persönlicher Lernstand
Was sollte besprochen werden?	• Lernvoraussetzungen • Lernziele • Kompetenzen • Erwartungen

nicht gut vermittelte Grundlagen im theoretisch-praktischen Unterricht in der Schule, oder es wurden Inhalte während der Ausbildung in der Klinik oder der Rettungswache nur unvollständig nachgearbeitet oder wiederholt. Das Erfahrungswissen dagegen kann nur im direkten Kontakt erfragt oder beobachtet werden. Deshalb sollte schon im ersten Praxiseinsatz darauf geachtet werden, welche Verhaltensgewohnheiten oder Handlungsroutinen vom Auszubildenden mitgebracht werden. Sie sind abhängig von seiner Herkunft, seinem Alter und schulischen Werdegang, seinem Ausbildungsstand und seiner Lebenserfahrung. Oft resultieren sie aber auch aus unreflektierten Erfahrungen im privaten Umfeld, wobei die daraus ableitbaren Kompetenzen keinen professionellen Lernstand zeigen, weil sie nicht aus fachlichem Wissen heraus erfolgen.

Ein nicht zu unterschätzender Aspekt in der Vorbereitung auf den Auszubildenden stellt dessen eigene Selbsteinschätzung dar. Denn sie gibt Auskunft über die Selbstständigkeit, Aktivität, Eigenverantwortlichkeit und Bereitschaft zum Theorie-Praxis-Transfer, und somit kann eine Aussage darüber getroffen werden, wie er seine Ausbildung angeht.

7.1.2 Erstgespräch mit dem Auszubildenden

In diesem ersten intensiveren Kontakt vor der eigentlichen Praxisphase geht es um das gegenseitige Kennenlernen und die Planung der Tätigkeit in den praktischen Ausbildungsphasen.

Neben der Beachtung der Lehrpläne, der Ausbildungs- und Prüfungsverordnung sowie den Planungen und Absprachen am Lernort sollte sich der Praxisanleiter auch über die eigene Einstellung sowie die eigenen Erwartungen und Wünsche an den Auszubildenden Gedanken machen und diese für sich klären. Auch sollte überlegt werden, welche Erwartungen und

Wünsche vermutlich der Auszubildende an den Praxisanleiter und die Praxisanleitung hat.

Auszubildende erwarten von ihrem Praxisanleiter pädagogische und fachliche Kompetenz, Interesse und Freude an der Anleitung und der Arbeit sowie ausreichend Zeit für die Betreuung. Daneben soll er freundlich, offen und einfühlsam, geistig flexibel und humorvoll sein. Für sich selbst erwarten sie, dass sie mit all ihren Stärken und Schwächen angenommen und auf der Rettungswache oder einem anderen Lernort integriert werden und dass man ihnen sagt, was man von ihnen erwartet. Dies bedeutet aber auch, dass sie über die Rahmenbedingungen der Ausbildung am Lernort informiert werden müssen.

Weitere wichtige Aspekte stellen die Anleitung entsprechend dem Ausbildungsstand, die Förderung von Fähigkeiten und Fertigkeiten sowie Rückmeldungen zu den persönlichen Fortschritten dar. Ein weiterer wesentlicher Gesichtspunkt ist die Darlegung der Aufgaben und Pflichten. So hat der Auszubildende die Aufgabe, aktiv die Ausbildung mitzugestalten und dabei sein theoretisches Wissen einzubringen. Dies beinhaltet neben der gewissenhaften Ausführung übertragener Aufgaben, den Praxisanleiter über den Inhalt der schulischen Ausbildung, den aktuellen Ausbildungsstand und evtl. vorhandene Wissenslücken zu informieren und in der Praxis Durchgeführtes nachzubereiten. Der Auszubildende muss sich auf Gespräche und Anleitungssituationen vorbereiten und dafür auch die eigenen Wünsche im Hinblick auf die Anleitung formulieren. Die Pflichten resultieren aus den gesetzlichen Bestimmungen (z. B. Verschwiegenheitspflicht) und den arbeitsrechtlichen Grundlagen (z. B. Unfallverhütungsvorschriften, Verhalten bei Arbeitsunfähigkeit). Bei der Information über die Aufgaben und Pflichten sollte man darauf achten, kurze Sätze mit einfachem Satzbau zu verwenden, Fremdwörter zu vermeiden und Fachausdrücke zu erklären.

In diesem Gespräch müssen sich also Praxisanleiter und Auszubildender über die gegenseitigen Erwartungen und Wünsche austauschen, um so zur Transparenz der Anleitung und zu einer wechselseitigen realistischen Wahrnehmung beizutragen. Dabei sollte nicht eine freundschaftliche Beziehung, sondern eher die Arbeitsbeziehung im Vordergrund stehen. Dennoch soll eine vertrauensvolle Verbindung aufgebaut werden.

> **MERKE**
>
> Für alle Erst-, Zwischen- und Abschlussgespräche ist es sinnvoll, für sich einen individuellen Gesprächsleitfaden zu entwickeln und zu verwenden. Dadurch wird auf Dauer der Zeitaufwand für die Vorbereitung reduziert. Gleichzeitig gibt dies dem Praxisanleiter die Sicherheit, wesentliche und wichtige Punkte nicht zu vergessen. Eine Strukturierung des Gesprächs und der Inhalte ermöglicht so eine situationsgerechte Gesprächsführung. Aber dennoch sollte der Gesprächsleitfaden so kurz wie möglich gestaltet sein. Mit dem Gesprächsleitfaden signalisiert der Praxisanleiter dem Anzuleitenden, dass er sich auf das Gespräch vorbereitet hat.

Natürlich werden solche Gespräche dokumentiert, um zum einen die Lernfortschritte des Auszubildenden und zum anderen die Feststellungen des Praxisanleiters und evtl. daraus resultierende neuzugestaltende Schritte in der Ausbildung zu dokumentieren. Daher sollte zu jedem Erst-, Zwischen- und Abschlussgespräch ein Gesprächsprotokoll angefertigt werden.

TAB. 2 ▶ Wichtige Aspekte eines Gesprächsprotokolls

- Situation des Auszubildenden
- Situation des Praxisanleiters
- Lerninhalte besprechen und planen (anhand des Ausbildungsplans)
- gezielte Praxisanleitung (Themen und Termine festlegen)

7.1.3 Vorbereiten einer Anleitung(ssituation)

Die Anleitungssituationen dürfen nicht planlos neben der üblichen Tätigkeit her ablaufen, sondern müssen, um lernfördernd zu sein, geplant, strukturiert, gestaltet und verantwortet werden. Die Themen für die Anleitungssituationen sind für den Praxisanleiter aus der Ausbildungs- und Prüfungsverordnung für Notfallsanitäterinnen und Notfallsanitäter (NotSan-APrV) und den länderspezifischen Rahmenlehrplänen ableitbar oder werden von der Rettungsdienstschule festgelegt. Dennoch darf der Ausbildungsstand des Schülers nicht außer Acht gelassen werden, sondern man muss sich im Gegenteil daran orientieren. Für jede Ausbildungssituation ist es unerlässlich, die einzelnen Schritte entsprechend der logisch aufeinander aufbauenden Gliederung (Vorbereitung, Durchführung, Reflexion und Wiederholung) genau vorzudenken und detailliert zu planen. So wissen alle an der Anleitung Beteiligten, welche Tätigkeiten oder Funktionen sie übernehmen sollen bzw. nicht wahrzunehmen haben, d.h. jeder weiß, wer wann handelt, zeigt, redet, zuhört, beobachtet und/oder dokumentiert.

Die Vorbereitung der Lernsituation umfasst das Sammeln von Informationen, das Bestimmen und Formulieren von Zielen, das Festlegen der Inhalte und die Planung der eigentlichen Anleitung. Am Anfang steht also die Frage, wer von wem welche Information braucht, besonders dann, wenn die Anleitung im reellen Einsatz stattfinden soll. Denn dann muss auch der Patient vorab über die Anleitungssituation informiert und um Einverständnis gebeten werden.

Der Praxisanleiter muss verschiedene Arten von Zielen miteinander kombinieren, und zwar die, die aus der Ausbildungs- und Prüfungsverordnung sowie dem Rahmenlehrplan oder dem Ausbildungsplan der Rettungsdienstschule ableitbar sind, mit denen, die sich aus dem aktuellen Ausbildungsstand, den Kompetenzen sowie den Stärken und Schwächen des Auszubildenden ergeben. Bei der Formulierung der Ziele sind einige Aspekte zu beachten. Je nachdem, welche Lerninhalte im Vordergrund stehen, kann jedes Ziel einer bestimmten Lerndimension (kognitiv, affektiv, kommunikativ, psychomotorisch) zugeordnet werden. Die „SMART"-Formel ist eine gute Beschreibung und stellt eine Denk- und Arbeits-

TAB. 3 ▶ SMART-Formel

		Beschreibung
S	specific	spezifisch = Ziele müssen eindeutig definiert sein.
M	measureable	messbar = Ziele müssen leicht beobachtbar und gut messbar sein.
A	attainable	erzielbar, erreichbar = Ziele müssen erreichbar, aber auch herausfordernd (auch: angemessen, attraktiv, abgestimmt ausführbar oder anspruchsvoll) sein.
R	relevant	relevant = Ziele müssen für die ausgeübte Tätigkeit erfolgswirksam sein.
T	timely	rechtzeitig = Zu jedem Ziel gehört eine klare Terminvorgabe, bis wann das Ziel erreicht sein muss.

hilfe dar, die das Aufstellen und Formulieren von Zielen erleichtern kann.

Neben den Inhalten der Anleitung ist die Auswahl der Methoden entscheidend, da diese den Weg bilden, Kompetenzen, Fähigkeiten und Fertigkeiten zu vermitteln. Dadurch wird der Auszubildende angeregt, selbst methodisch zu denken und zu handeln.

7.2 Durchführung

Die konkrete Durchführung der Anleitung in der praktischen Ausbildung stellt den idealen Weg dar, ausgewählte rettungsdienstliche Tätigkeiten und Handlungsabläufe kennenzulernen, auszuprobieren und gezielt einzuüben. Hierbei ist es Aufgabe der Praxisanleitung, diese Tätigkeiten bzw. Handlungsabläufe jeweils aus dem Arbeitszusammenhang komplexer Handlungssituationen herauszulösen und als abgegrenzte Handlungseinheiten didaktisch aufzubereiten.

Häufig werden dabei die klassischen Methoden der Arbeitsunterweisung bzw. die Vier-Stufen-Methode der Unterweisung angewendet. Die Vier-Stufen-Methode, die in der rettungsdienstlichen Ausbildung noch sehr verbreitet ist, eignet sich dazu, manuelle Fertigkeiten begleitet durch sinnstiftende Theorie zu vermitteln.

TAB. 4 ▶ Schritte einer Unterweisung

- vorbereiten
- erklären und vormachen
- ausführen lassen (nachmachen)
- auswerten und abschließen (üben)

Diese Methode ist allerdings nicht handlungsorientiert, also weniger dazu geeignet, eine umfassende Handlungskompetenz zu erlangen. Bei der Vier-Stufen-Methode steht der Ausbilder im Zentrum und nicht der Auszubildende. Der Schwerpunkt liegt auf der Vermittlung psychomotorischer und affektiver Lernziele, und die Methode hat daher hauptsächlich in handwerklichen und industriellen Berufen ihre Bedeutung (FÜR NÄHERES DAZU SIEHE KAP. 6.3). Um diese Methode nun sinnvoll in der rettungsdienstlichen Ausbildung einzusetzen, muss die einzuübende Arbeit im Aufgabenkreis manueller oder schematischer Tätigkeiten liegen und aus einfach strukturierten Arbeitsfolgen bestehen. Dabei muss es sich um eine klar definierte Tätigkeiten mit festgelegten Arbeitsschritten handeln, sodass durch Wiederholungen ein automatisierter Ablauf entstehen kann. In der rettungsdienstlichen Ausbildung hat diese Methode ihre Grenzen, da lediglich Handlungsabläufe und praktische Fertigkeiten vermittelt werden. Dennoch ist diese Methode zweckmäßig und unverzichtbar, wenn eine Technik schrittweise erlernt und geübt werden soll, wie z.B. das Vorbereiten einer Spritzenpumpe oder der Umgang und die Handhabung von Ruhigstellungsmaterialien.

Um den Aspekt der Handlungsorientierung nicht zu vernachlässigen, müssen die umfassenden Aspekte des rettungsdienstlichen Arbeitens und Handelns als Problemlösungs- und Beziehungsprozess Beachtung finden. Deshalb gehören zu jeder rettungs-

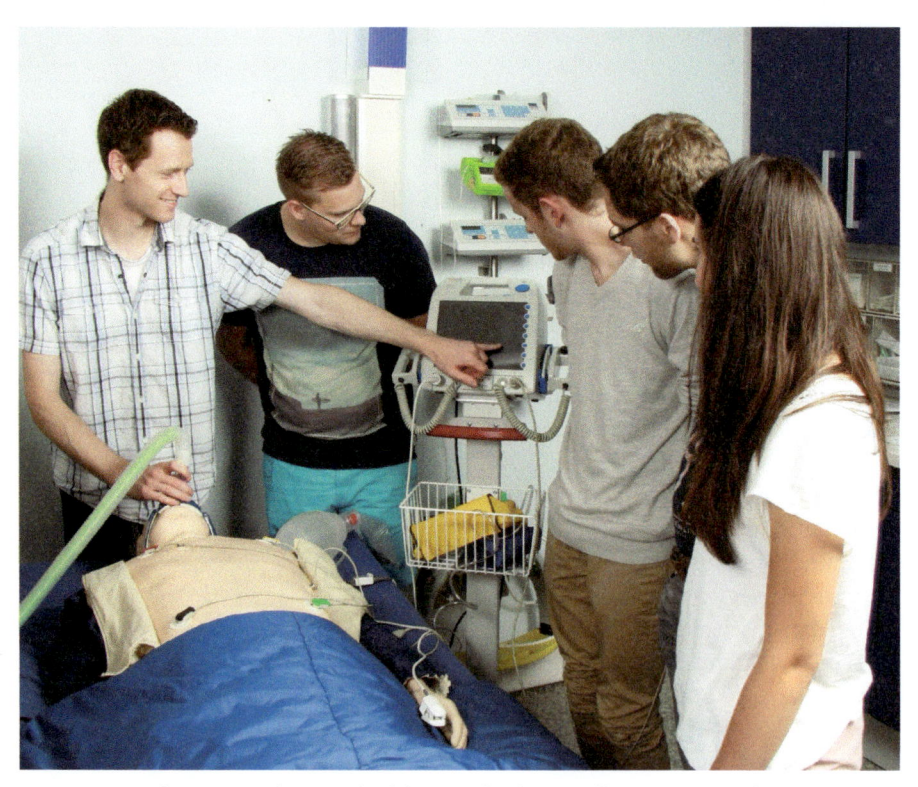

ABB. 1 ▶ Bei der Praxisanleitung darf der Aspekt der Handlungsorientiertheit nicht vernachlässigt werden.

dienstlichen Aufgabe sowohl der Problemlösungsprozess mit den fachspezifischen, den technischen und sicherheitstechnischen sowie den ökonomischen und ökologischen Aspekten als auch der Beziehungsprozess mit sozialen, emotionalen, ethischen und kommunikativen Aspekten. Aktive Methoden des Lernens stellen den Auszubildenden in das Zentrum der Anleitung, sind situations-, problem- und entscheidungsorientiert. Dabei bieten sie verstärkt Kommunikations- und Handlungsmöglichkeiten und greifen praxisrelevante Situationen auf.

Daher muss man die Unterschiede in den Begrifflichkeiten *Anleitung* und *Praxisanleitung* erkennen. Durch die schrittweise Vernetzung der Methoden wird der Wechsel zwischen Demonstration und Anleitung fließend.

Um bei der Lösung vielschichtiger und umfassender Probleme die Handlungsfähigkeit zu fördern, kann der Praxisanleiter die Anleitung als Handlungszyklus entwerfen und arrangieren. Im Sinne eines handlungsorientierten Unterrichts erscheint es sinnvoll, Lernsituationen prinzipiell so zu gestalten, dass in ihnen eine vollständige Handlung abgebildet werden kann und sie sich am Modell der vollständigen Handlung orientieren. Zur Verdeutlichung wird es meist als Kreis (s. Kap. 6.3 Abb. 17) dargestellt, da es sich nicht um einen einmaligen Prozess handelt, sondern immer wieder die sechs Stufen

1. Informieren,
2. Planen der Arbeitshandlungen,
3. Entscheiden,
4. Ausführen der geplanten Arbeitshandlungen,
5. Kontrollieren des Arbeitsergebnisses und
6. Bewerten des Arbeitsergebnisses

abzuarbeiten sind (s. a. Kap. 6.3).

Tab. 5 ▶ Schritte der Praxisanleitung

- Einführung und Einleitung
- Durchführung durch Erarbeitung, Vertiefung und Problemlösung
- Auswertung mit Ergebnissicherung, Zusammenfassung und Feedback
- Wiederholung durch Übung, Anwendung und Kontrolle

7.3 Reflexion

Unter Reflexion versteht man die Rückschau oder Rückbesinnung auf geleistete Arbeit und abgelaufene Prozesse (bzw. auf nicht geleistete Arbeit und nicht abgelaufene Prozesse); diese gilt es unter verschiedenen Gesichtspunkten zu durchdenken, um Erkenntnisse aus ihnen zu gewinnen. Die Reflexion soll dazu befähigen, eine eigene Meinung zu entwickeln und Erkenntnisse aus seiner Erfahrung zu ziehen.

Sie kann im Rahmen einer Anleitungssituation oder aber im Rahmen von Zwischen- und Abschlussgesprächen erfolgen. Bei Lern- und Bildungsprozessen, wie z.B. innerhalb einer Anleitungssituation oder Lernaufgabe, liegt der Sinn darin, das erprobte Handeln zu verbessern oder angeeignetes Wissen zu festigen Bei Zwischengesprächen erfolgt ebenfalls eine Reflexion, aber eher um die momentane Stimmungslage und die Zufriedenheit der Beteiligten zu ermitteln, damit spontane Eindrücke, Hinweise, Tipps oder konstruktive Kritik angebracht werden können sowie um aktuelle Probleme zu bearbeiten und eventuelle Kurskorrekturen vornehmen zu können. Im Abschlussgespräch erfolgt eine Schlussreflexion. Hierbei sollten alle wichtigen Phasen, Ereignisse und Prozesse noch einmal einer kritischen Betrachtung unterzogen werden. Die Form und die Ausführlichkeit dieser Feedbackphase hängen von den jeweiligen Gegebenheiten ab, sie dürfen aber keinesfalls gänzlich entfallen.

7.3.1 Bestandteile der Reflexion

Wichtig für den Erfolg jeder Reflexion, ob im Einzelgespräch oder in einer Gruppe, ist die offene Atmosphäre und die Fähigkeit des Reflektierenden, die Angelegenheit und das Feedback dazu nicht persönlich zu nehmen, sondern konstruktiv damit umzugehen. Dazu sollten von Seiten des Praxisanleiters einige Punkte berücksichtigt werden.

An erster Stelle steht das aktive Zuhören. Dies bedeutet, dass das Umfeld, also die räumliche Umgebung, die Gesprächsatmosphäre und die Haltung des Anleiters, so gestaltet sein muss, dass ein Nachdenken und eine Auseinandersetzung mit Geschehnissen und Situationen ohne Belehrung und ohne Bewertung durch den Praxisanleiter stattfindet.

Als zweites muss der Praxisanleiter auch bereit sein, verstehen zu wollen. Dahinter verbirgt sich die innere Einstellung, mit Fragen die Reflexion beim Auszubildenden zu unterstützen und zu fördern. Die Fragen müssen offen gestellt werden, und es dürfen keine voreiligen Theorien erstellt werden. Denn die Lernenden sollen sich selbst und eigenständig in ihrem Lernprozess erschließen, warum sich Situationen oder Sachverhalte auf eine bestimmte Art abgespielt haben und welchen Anteil sie daran tragen.

Als dritte Komponente ist noch das Einfühlungsvermögen (Empathie) zu nennen. Diese Eigenschaft ermöglicht es dem Praxisanleitenden einzuschätzen, welche Reaktionen seine Fragen hervorrufen, und als weiterer Schritt, den Lernenden dabei zu begleiten, das Erfahrene zu erfassen. Denn nur durch das einfühlende Miterleben können im richtigen Moment weiterführende Fragen gestellt werden. Wenn der Praxisanleiter das Gefühl hat, gemeinsam mit dem Lernenden das Geschehen aus dessen Perspektive zu betrachten und zu erleben, kann er sich erfolgreich einfühlen. Weiterführende Fragen wären dann solche, die sich die Lernenden selbst stellen würden. Diese Art der Reflexion stellt eine gute Lernstrategie für die Erweiterung von personalen und sozialen Kompetenzen dar.

7.3.2 Lerntagebuch

Es gibt unterschiedliche Formen von Lerntagebüchern, die als Werkzeug oder als Lehrmethode verwendet werden. Im Sinne einer Kooperation und guten Verzahnung von Schule und Praxiseinrichtungen fungiert das Lerntagebuch als gemeinsames Werkzeug, um den Lernprozess der Auszubildenden an den verschiedenen Lernorten zu dokumentieren und einen Theorie-Praxis-Transfer zu ermöglichen. Der Aus-

Abb. 2 ▶ Gesprächserfolg durch Empathie

zubildende führt das Tagebuch selbstständig und reflektiert dessen Inhalte regelmäßig mit dem Praxisanleiter.

Das Lerntagebuch kann aber auch in der Form eines persönlichen Tagebuchs geführt werden, indem der Lernende zunächst den Ablauf der Situation oder des Ereignisses schildert und anschließend getrennt davon, welche Gefühle er in diesem Fall empfunden hat. Anhand dieser Aufzeichnungen kann nun der Auszubildende mit dem Praxisanleiter das Ereignis oder die Situation reflektieren. Der Auszubildende steuert im Sinne des selbstständigen Lernens selbst, was er im Gespräch mitteilen möchte, sodass der Charakter eines Tagebuchs gewahrt bleibt und dieses somit auch nicht ausgehändigt wird.

7.4 Erstellen und Begleiten von Lernaufgaben

Als Lernaufgabe kann eine Aufgabe verstanden werden, die Lernprozesse auslösen und steuern soll. Dies bedeutet, dass die Aufgabe als Mittel zur Erreichung des Zwecks „Lernen" verstanden wird. Lernaufgaben müssen dabei von Leistungsaufgaben abgegrenzt werden. Sie dienen dem Erlernen eines Sachverhalts, während Leistungsaufgaben zur Überprüfung oder Kontrolle herangezogen werden, ob dieses Lernen auch tatsächlich stattgefunden hat. Daneben können noch zusätzlich Diagnoseaufgaben zur Ermittlung des Kompetenzstandes und Förderaufgaben zur individuellen Kompetenzförderung unterschieden werden.

Lernaufgaben dürfen nicht als Beschäftigungstherapie missbraucht werden. Denn durch gute Lernaufgaben sollen die Auszubildenden zum selbstständigen Lernen von Neuem aktiviert werden, wenn die Aufgaben am Vorwissen und an die Wissensstruktur anknüpfen und aufeinander abgestimmt sowie leistungsfördernd aufgebaut sind. Des Weiteren sollten sie in einen sinnstiftenden Zusammenhang eingebettet sein und eine Atmosphäre des Lernens schaffen. So kann die Lernaufgabe zu Lernprodukten führen, den Lernzuwachs zeigen sowie das Bewusstsein der eigenen Fähigkeiten fördern, das neu Gelernte zu verankern und auf andere Beispiele anzuwenden. Es werden individuelle Bearbeitungswege und Variation des Lerntempos ermöglicht.

Lernaufgaben haben aber auch Grenzen, denn sie eigen sich nicht für alle Themen und Lerngegenstände. Es kann auch schwierig sein, das Lernniveau für alle Schüler geeignet einzustellen, sodass dann verschiedene individuelle Wege angeboten werden müssen. Möglich sind auch Schwierigkeiten und Probleme, die ohne Erklärungen des Lernbegleiters unüberwindbar sind, sodass es Hilfestellungen materialer oder ggf. auch personaler Art bedarf.

Die Aufgaben des Lernbegleiters, d.h. des Praxisanleiters oder Praxis-

TAB. 6 ▶ Unterschiede zwischen Leistungs- und Lernaufgaben

Leistungsaufgaben	Lernaufgaben
• ein Niveau	• unterschiedliche Niveaus
• kein thematischer Zusammenhang	• thematischer Zusammenhang
• überprüfen immer nur eine Kompetenz	• fördern integrativ unterschiedliche Kompetenzen
• haben eine eindeutige Lösung	• vielfältig im Lösungsweg und in der Lösungsdarstellung
• diagnostizieren und stellen den individuellen Förderbedarf fest	• unterstützen den individuellen Lernprozess
• werden positiv korrigiert (d.h. das Richtige wird bewertet)	• sind handlungs- und ergebnisorientiert (aus Fehlern lernen)

begleiters, umfassen neben der Festlegung die Erläuterung der Ziele und Lösungsbedingungen der Aufgabenstellung, Hilfestellung bei der Vorbereitung der Aufgabenlösung, Rückmeldungen zum Lernerfolg sowie Unterstützung bei Reflexion und dem Transfer des neu Erlernten.

Derjenige, der die Lernaufgabe erstellt, muss im Wesentlichen das Vernetzen der Unterrichtsinhalte mit dem vorhandenen Wissen leisten. Denn Lernende können dies nicht oder nur selten von sich selbst aus leisten, was aber die reinen Lernaufgaben auch nicht zu leisten vermögen. Der Lernbegleiter kennt die Strukturen des Themas bzw. Fachs, weiß um die Begriffszusammenhänge und versteht die tragenden Ideen und Prinzipien der Thematik; er ist hier also als Lehrperson gefordert. Das Hinführen zum Detailverständnis hingegen kann durch Aufgaben geleistet werden, die entweder in Einzel-, Partner- oder Gruppenarbeit von den Lernenden selbst bearbeitet werden.

Die Lernaufgaben können vom Praxisanleiter und dem Praxisbegleiter der Schule gemeinsam beschrieben und formuliert werden, was zu einer stärkeren Verzahnung der Lernorte Schule und Rettungswache/Klinik führt.

Bei der Formulierung von Lernaufgaben ist darauf zu achten, dass Menschen sehr unterschiedlich sind in der Art und Weise, wie sie lernen. Neben den bisherigen Lernerfahrungen in Schule und evtl. Beruf ist dies abhängig von der persönlichen Begabung und den individuell ausgeprägten Lernwegen (u.a. visuell, haptisch, kognitiv, SIEHE DAZU KAP. 6.1). Um dem gerecht zu werden, ist auf die Einbeziehung der entsprechenden Lernkanälen zu achten, damit auch durch Bilder und Visualisierungen der visuelle Aspekt, durch praktisches Tun der operativ oder handelnde Aspekt und durch Abstraktionen mittels Begriffe und Wörter der verbale oder kognitive Aspekt nicht zu kurz kommen.

Bei der Konstruktion von Lernaufgaben hat sich folgendes Vorgehen bewährt:
1. Das Lernthema festlegen
2. Aufgabenteile zusammenstellen
3. das neu zu Lernende festlegen
4. klären, ob das neu zu Lernende von den Lernenden selbstständig bearbeitbar ist und ob das Lernthema als Lernaufgabe taugt
5. Informationen zur Auswertung zusammenstellen und Lernprodukte festlegen
6. eine Ablaufstruktur festlegen
7. Bearbeitungsaufträge formulieren, Materialien und Hilfen erstellen.

Es ist wichtig, in einer Lernaufgabe Aufgabenteile aller Schwierigkeitsgrade anzubieten. Denn eine Lernaufgabe von niedrigem Schwierigkeitsgrad erhöht das Erfolgsgefühl und wirkt positiv auf die Motivation, eine Lernaufgabe von höherem Schwierigkeitsgrad erhöht die Motivation, eine Herausforderung zu erfüllen.

Die Steuerung des Lernprozesses wird in einer Lernaufgabe vom Lernbegleiter an die Aufgabe selbst abgegeben. Lernaufgaben bringen Schüler und Auszubildende in Lern- und nicht in Leistungssituationen. Lernaufgaben sind Teil der Lern- und Aufgabenkultur und greifen nur, wenn Lernsituationen von Leistungssituationen getrennt sind.

7.5 Einarbeitung(sworkshops)

Workshop wird oft definiert als ein Arbeitstreffen, in dem sich Personen in einer Gruppe außerhalb der Routinearbeit und in Klausuratmosphäre einer ausgewählten Thematik widmen und über den Workshop hinausgehende Ergebnisse für z. B. ihren Betrieb erarbeiten.

Ein wichtiges Ziel von Einarbeitungsworkshops kann das Herstellen der Rechtssicherheit sowohl für den Praktikumsbetrieb als auch den Auszubildenden sein. So sollte, sofern noch nicht geschehen, eine eingehende Unterweisung in die Pflichten (z. B. MPG, Verschwiegenheitspflicht), aber auch Rechte erfolgen. Im Rahmen der Einarbeitung kann so der Betrieb die Kompetenzen und Qualifikationen der neuen Auszubildenden prüfen und Defizite erkennen, aber auch der Auszubildenden hat die Möglichkeit, das Unternehmen und dessen Ziele besser kennenzulernen. Um die Zukunftsfähigkeit hinsichtlich eines drohenden Fachkräftemangels zu sichern, ist es nötig, den Auszubildenden so schnell wie möglich für das Unternehmen zu gewinnen, seine Kernbereitschaft und sein Engagement zu fördern und zu integrieren. Denn Auszubildende, die nach der Ausbildung im Unternehmen bleiben, repräsentieren bereits heute zukünftiges qualifiziertes Fachpersonal.

Wichtig für Auszubildende und neue Mitarbeiter ist es, Wertschätzung und echtes Interesse an der eigenen Person zu erfahren, klare Regeln und Orientierung umfassend vermittelt zu bekommen und beim Streben nach Zugehörigkeit aktiv unterstützt zu werden; für den Betrieb seinerseits ist es wichtig, seine Struktur, seine Ziele und seine internen Angebote darzulegen, um sich als attraktiver Arbeitgeber darstellen zu können.

Im Einführungsworkshop besteht nun die Möglichkeit, z. B. dem Auszubildenden zu zeigen, dass er nicht nur in der Funktion als Mitarbeiter, sondern als Person in einem neuen Lebensabschnitt wahrgenommen wird. Dazu gehört es, Auszubildenden eindeutige Vorgaben und Erwartungen zu vermitteln und nicht alles stillschweigend vorauszusetzen, sondern sie auch über die „inoffiziellen" Regeln zu informieren. Ziel bei einem Einarbeitungsworkshop muss es sein, die Team- und Kommunikationsfähigkeit sowie die

ABB. 3 ▶ Die Fähigkeit zur Teambildung ist unabdingbar für eine Tätigkeit im Rettungsdienst. Die Abbildung zeigt zukünftige Notfallsanitäter am DRK-Bildungsinstitut Mainz.

Eigenverantwortung der neuen Mitarbeiter zu schulen.

Soziale Kompetenz gewinnt im Arbeitsleben immer mehr an Bedeutung. Um komplexe Aufgaben und Projekte erfolgreich bearbeiten zu können, ist es wichtig, dass die zukünftigen Kollegen sowohl Initiative ergreifen als auch im Team eng mit anderen zusammenarbeiten können. Teambildung oder Teamentwicklung bezeichnen dabei die Phasen und Strukturen der Zusammensetzung von kleinen Gruppen, deren Mitglieder unmittelbar miteinander in Kontakt treten, um in gemeinsamer Verantwortung ein Ziel zu erreichen. Deshalb muss schon bei den Auszubildenden großer Wert darauf gelegt werden, ihnen für ihre berufliche Zukunft neben einer fundierten Fachausbildung das Rüstzeug der sogenannten weichen Fähigkeiten (Soft Skills) mit auf den Weg zu geben. Daher sollten beim Workshop neben Präsentations- und Moderationsschulungen sportliche Aktivitäten und Teamübungen auf dem Programm stehen. Hierfür bieten sich In- und Outdoor-Trainings an durch Gestaltung kooperativer Lehr- und Lernarrangements, z.B. im Hochseilgarten, in der Kletterhalle oder auch am Boden.

Die Teamentwicklung hat u.a. das Ziel, ein positives Arbeitsklima zu schaffen und eine vertrauensvolle Zusammenarbeit zu gewährleisten, um dadurch die Kooperationsbereitschaft und den Teamgeist zu fördern.

Literatur:

Ausbildungs- und Prüfungsverordnung für Notfallsanitäterinnen und Notfallsanitäter (NotSan-APrV). Vom 16. Dezember 2013. In: BGBl. 2013 I (74): 4280–4304.

Becker M (2010) Personalwirtschaft. Lehrbuch für Studium und Praxis. Stuttgart: Schäffer-Poeschel.

Bongartz-Peters M, Henke DF, Richartz S (o.J.) Handbuch zur Praxisanleitung. Eine Arbeitserleichterung für den Stationsalltag.

Denzel S (2007) Praxisanleitung für Pflegeberufe. Beim Lernen begleiten. 3. Aufl., Stuttgart: Thieme.

Hündorf H-P, Lipp R (Hrsg.) (2003) Der Lehrrettungsassistent. Lehrbuch für Ausbilder im Rettungsdienst. Edewecht, Wien: Stumpf + Kossendey.

Gesetz über den Beruf der Notfallsanitäterin und des Notfallsanitäters sowie zur Änderung weiterer Vorschriften [Notfallsanitätergesetz, NotSanG]. Vom 22. Mai 2013. In: BGBl. 2013 I (25): 1348–1357.

Kiper H et al. (Hrsg.) (2010) Lernaufgaben und Lernmaterialien im kompetenzorientierten Unterricht. Stuttgart: Kohlhammer.

Mamerow R (2013) Praxisanleitung in der Pflege. 4. Aufl., Berlin, Heidelberg: Springer.

Meyer H (2013) Unterrichts-Methoden. I: Theorieband. 15. Aufl., Berlin: Cornelsen.

Richter S (2009) Gestaltung von Lernaufgaben unter entscheidungstheoretischer Perspektive. Entwicklung des Designmodells SEGLER. Dissertation. Wirtschafts- und Verhaltenswissenschaftliche Fakultät der Albert-Ludwigs-Universität Freiburg i. Br.

Schabram K (2007) Lernaufgaben im Unterricht: Instruktionspsychologische Analysen am Beispiel der Physik. Dissertation. Fachbereich Bildungswissenschaften der Universität Duisburg-Essen.

Schulze-Kruschke C, Paschko F (2011) Praxisanleitung in der Pflegeausbildung für die Aus-, Fort- und Weiterbildung. Berlin: Cornelsen.

8 Gesundheitswissenschaften

Michaela Herbertz-Flossdorf

Die Gesundheitswissenschaften stellen einen interdisziplinären Wissenschaftszweig dar, der sich mit Gesundheits- und Krankheitsprozessen in der Bevölkerung sowie dem strukturellen Aufbau der Versorgung und deren Auswirkungen beschäftigt. Ihr Ziel ist, Krankheiten in der Bevölkerung zu verhüten und die allgemeine Gesundheit zu verbessern. Somit liefern die Gesundheitswissenschaften auch für die Berufe im Rettungsdienst wichtige Ankerpunkte und Grundlagen.

Die Forschung rund um das Thema Gesundheit musste sich in Deutschland erst von dem wissenschaftlichen Kahlschlag während und nach der Zeit des Nationalsozialismus erholen. Erst in den 1980er Jahren blühten die Gesundheitswissenschaften wieder auf. Zunächst war das Forschungsfeld eher auf die Bekämpfung von Krankheiten bezogen, entwickelte sich aber zunehmend im Bereich der Prävention und Prophylaxe. Heute ist die Vorbeugung von Krankheiten und die Erhaltung von Gesundheit ein wesentlicher Kernbereich der Gesundheitswissenschaften. Ein Modell, das gerade in den letzten Jahren wieder vermehrt Aufmerksamkeit erhielt, ist das Modell der Salutogenese, das in diesem Kapitel näher erläutert wird.

Insgesamt tragen alle am Gesundheitssystem Beteiligten zur Entwicklung der Gesundheitswissenschaften bei. Insbesondere wegen seiner erweiterten Fachkompetenzen und der zunehmenden Akademisierung im Gesundheitswesen ist es für Notfallsanitäter wichtig, die Grundlagen des wissenschaftlichen Arbeitens zu kennen und anwenden zu können. Dies gilt auch für den Praxisanleiter, der den angehenden Notfallsanitäter während der praktischen Ausbildung auf der Lehrrettungswache betreut.

8.1 Grundlagen wissenschaftlichen Arbeitens

Wissenschaft braucht Forschung, und Forschung setzt voraus, dass die Grundlagen des wissenschaftlichen Arbeitens beherrscht werden. Diese Grundlagen sind ein Handwerkszeug, ohne das das gesamte Gebäude der Wissenschaft nicht bestehen kann. Als Praxisanleiter werden Sie das Vorbild für die Auszubildenden und deren Ansprechpartnerin und -partner sein, wenn es z. B. um das Schreiben von Facharbeiten geht. Deshalb ist es wichtig, dass Sie das wissenschaftliche Arbeiten beherrschen, auch um es bei Ihren Auszubildenden begleiten zu können.

8.1.1 Themen- und Literaturrecherche

Die wissenschaftliche (Fach-)Arbeit oder ein Referat/Vortrag greifen aus den Sachgebieten eines Fachbereichs (z.B. Medizin, Psychologie, Pädagogik) ein spezielles Thema heraus und bearbeiten es unter einem konkreten Aspekt. Das ist meistens eine Problemstellung, mit fachspezifischen Methoden und Arbeitstechniken. Häufig werden Themen vom Ausbilder vorgegeben, aber für die Motivation vorteilhafter ist es sicher, wenn Auszubildende eigene Fragestellungen entwickeln oder zumindest aus einem Pool an Problemstellungen eine auswählen können.

Am Ende einer wissenschaftlichen Arbeit muss ein Ergebnis stehen!

▶ Wie komme ich an Informationen zu meinem Themenfeld?

Traditionell fand und findet noch heute die Informationsbeschaffung vor allem in der nächstgelegenen Universitätsbibliothek statt. Auch die Stadtbibliotheken sollten nicht unterschätzt werden, sie verfügen auch über Fachliteratur und Filme im Themenfeld des Gesundheitswesens. Hinzu kommen seit Jahren schon die sogenannten neuen Medien: Datenbanken und Internet. In einer Bibliothek recherchieren Sie mithilfe eines Schlagwortkatalogs (oft auch in Form einer Datenbank via PC zugänglich, z.B. über den Gemeinsamen Bibliotheksverbund [GBV]), zu dessen Nutzung Sie unbesorgt die Bibliotheksangestellten befragen können. Stellen Sie sich eine Auswahl relevanter Titel zusammen, verschaffen Sie sich einen groben Überblick über die Inhalte, und machen Sie sich eine Prioritätenliste, welche Titel die wichtigsten sind.

> **PRAXISTIPP**
>
> Nehmen Sie sich für die Bibliothek mindestens ein bis zwei Nachmittage Zeit; das Recherchieren kann ausgesprochen zeitraubend sein!

Schneller und einfacher erscheint vielen die Informationsbeschaffung via Internet, nächtliches Surfen, Kopieren und Weiterverarbeiten ist allerdings mindestens genauso tückisch wie bequem. Richten Sie Ihr Augenmerk also auf Folgendes: Eine ertragreiche Internetrecherche verlangt u.U. mehr Geduld und Kompetenz als der Gang in die Bibliothek. Fangen Sie rechtzeitig an, und nehmen Sie diesbezügliche Beratungsangebote auch seitens Ihrer kooperierenden Notfallsanitäterschule in Anspruch. Seien Sie stets kritisch gegenüber den im Internet gemachten Angeboten! Auch Wikipedia wird von den meisten Fachkreisen (noch) nicht als wissenschaftliche Quelle akzeptiert! Es eignet sich aber u.U. dafür, einen ersten Einblick in eine Materie zu bekommen.

Ein wesentlicher Schritt vor dem Erstellen eines wissenschaftlichen Textes ist das Lesen wissenschaftlicher Texte zum Sachgebiet, mit dem Sie sich befassen möchten.

> **MERKE**
>
> Nehmen Sie sich Zeit, und schaffen Sie einen angemessenen Rahmen für das Lesen der Texte. Das Lesen wissenschaftlicher Texte ist Arbeit!

Wesentliche Fragen, die Sie sich stellen sollten, sind: *Was soll ich lesen? Wie soll ich lesen? Wie kann daraus ein Text entstehen?*

▶ Was soll ich lesen?

Sie sollten Texte aussuchen, die sich auf Ihre Fragestellung beziehen, von Wissenschaftlern geschrieben wurden, Forschungsarbeiten enthalten und nicht in den Bereich der Populärliteratur fallen. Reine Erfahrungsberichte fallen nicht in den Bereich wissenschaftlicher Literatur.

▶ **Wie soll ich lesen?**
Eine Methode ist die SQ3R-Methode (Werder 1994). SQ3R steht für
- *S = Survey*
  Verschaffen Sie sich einen *Überblick* über den Text und versuchen Sie, die Kernaussagen des Textes zu erfassen. Notieren Sie möglicherweise schon hier bestimmte Passagen, die Sie später für die Erstellung Ihres eigenen Textes benötigen. Achten Sie dabei von Anfang an darauf, alle wichtigen Angaben zum Titel sowie die entsprechenden Seitenzahlen korrekt festzuhalten, um diese Passagen ggf. wiederzufinden (s. u.).
- *Q = Question*
  Stellen Sie *Fragen* an den Text, um die Arbeit mit dem Text zu vertiefen. Das können Fragen sein wie: Was erfahre ich in diesem Text? Ist die Argumentation schlüssig? Gibt es Widersprüche zu meinen Hypothesen? Welche weiteren Fragen wirft der Text für mich auf?
- *3R = Read, Recite, Review*
  Lese, zitiere, bewerte: Sie sollten am besten mit der Einstellung lesen, dass die Inhalte des Textes wichtig sind und Sie weiterbringen. Konzentriertes Lesen braucht letztendlich weniger Zeit als häufiges oberflächliches Anschauen. Wichtig ist, dass Sie den Inhalt des Textes verstehen und nachvollziehen können, damit Sie in Ihrem eigenen Text damit weiterarbeiten können. Wenn Sie die Inhalte des Textes verstanden haben, ist eine kritische Haltung durchaus sinnvoll. Sind die Inhalte auch richtig? Ist die Argumentation schlüssig? Einen Text zu kritisieren, ist nur dann möglich, wenn die Inhalte vorher verstanden wurden. Wenn Ihnen unbekannte Fachbegriffe begegnen, schlagen Sie sie nach und notieren Sie sich die „Übersetzung". Eine weitere Möglichkeit, um fachwissenschaftliche Texte zu bearbeiten, ist das Markieren von besonders zentralen Begriffen oder Aussagen. Schreiben Sie sich auch kurze zusammenfassende Notizen an den Rand des Textes. Erstellen Sie ein Exzerpt, damit Sie eine persönliche Zusammenfassung des Textes und Ihrer Anmerkungen haben, auf die Sie zurückgreifen können.

8.1.2 Das Schreiben wissenschaftlicher Texte

Wie wird aus dem Gelesenen ein wissenschaftlicher Text? Wichtig ist, dass Sie eine Kurzstruktur erstellen, die Ihnen eine Übersicht über das Thema, die bereits gelesenen Texte und Ihre Gedanken dazu gibt. Aus diesem Strukturbaum können Sie später Ihren Text erstellen, und er gibt Ihnen im Verlauf der Arbeit immer wieder die Möglichkeit, sich zu orientieren und positionieren. Wenn Sie eine Kurzstruktur erstellt haben, sitzen Sie zu Beginn des Schreibens nicht vor einem leeren Blatt, sondern haben bereits eine grobe Orientierung. Das kann helfen, Schreibblockaden zu überwinden, und macht den Einstieg ins Schreiben leichter.

▶ Wie schreibe ich einen Text?

Der wesentliche Schritt ist, ein konkretes Thema zu finden. Für die wissenschaftlichen Arbeiten während pädagogischer Qualifizierungsmaßnahmen gilt meist, dass Themen von den Lehrkräften vorgegeben werden. Sollte dies nicht der Fall sein, dann können Sie sich von der bereits bestehenden Literatur und auch von Ihrer praktischen Arbeit inspirieren lassen und ein Thema finden, das noch nicht bearbeitet ist oder dessen Fragestellung Ihnen interessant erscheint. Je klarer und genauer Sie Ihr Thema formulieren, desto klarer und folgerichtiger können Sie Ihren Arbeitsprozess planen und desto klarer und befriedigender werden Ihre Ergebnisse sein!

Wenn Sie ein Thema bekommen oder gefunden haben, kann die vorbereitende Textarbeit losgehen. Überlegen Sie sich, welche Zeiträume Sie zur Verfügung haben, um zu lesen, zu denken und zu schreiben. Erstellen Sie einen groben Zeitplan, in dem Sie festhalten, wie viel Zeit Sie für die einzelnen Schritte (Literaturrecherche, Lesen etc.) aufwenden wollen. Setzen Sie sich selbst einen finalen Punkt, der etwas Puffer zum Abgabetermin bietet, damit die Arbeit auch noch von anderen gelesen werden kann und Sie die Änderungsvorschläge einarbeiten können. Planen Sie diese Termine fest ein, schreiben Sie sie in Ihren Kalender. Überlegen Sie auch, an welchem Ort Sie konzentriert arbeiten können, und richten Sie diesen auf Ihr Schreiben aus. Der Arbeitsplatz sollte Struktur bieten; Literatur sollte griffbereit liegen und der PC verfügbar sein. In Ihrem PC können Sie sich eine Ordnerstruktur schaffen, die Ihnen eine Übersicht über Ihre Texte und Literatur verschafft.

▶ Gliederung Ihres Textes

Die Gliederung ist eine wichtige Orientierung und lässt den roten Faden Ihrer Arbeit sichtbar werden. Darüber hinaus hilft die Gliederung enorm dabei, Ihre Arbeitsschritte zu planen, und Sie können abschätzen, wie Sie in Ihrem Zeitplan liegen. Eine erste Gliederung zur Planung Ihrer Arbeit wird sicherlich später noch einmal zu überarbeiten sein, wenn Sie in Ihrem Text weiter fortgeschritten sind.

> **PRAXISTIPP**
>
> Legen Sie Ihre Gliederung tabellarisch an und lassen Sie am Ende zwei Spalten frei, in denen Sie später Ihre Zeitplanung eintragen!

Grundlegend ist die grobe Einteilung in Einleitung, Hauptteil und Schlussteil. Diese sollten Sie selbstverständlich begrifflich mit Ihrem Thema füllen und erweitern.

In der Einleitung stecken Sie den Rahmen Ihres Themas ab: Sie definieren Begriffe, nennen alle notwendigen Bezüge und notwendige Methoden und schließen mit einem „Appetizer". Das kann ein Aktualitätsbezug sein, eine persönliche Begründung Ihrer Entscheidung für dieses Thema oder auch ein sinnvoller Verweis auf die Bedeutsamkeit Ihres Themas für die Lesenden. Im Hauptteil dokumentieren Sie Ihre zentralen Arbeitsschritte bzw. Ihr wissenschaftliches Vorgehen, z.B. die Evaluation Ihrer Einsatzplanung, die Reflexionsanalyse Ihres Vorgehens in einer Akutsituation oder die Auswertung

Ihres Fragebogens zur Anleiterbewertung, um im Schlussteil eine knappe Zusammenfassung Ihrer Ergebnisse vorzunehmen und diese mit einer persönlichen Wertung, einer methodischen und/oder inhaltlichen Reflexion sowie einem Ausblick o. Ä. abzurunden.

> **PRAXISTIPP**
>
> Einleitung und Schlussteil bilden den Rahmen Ihrer Arbeit, sie sollten also gedanklich aufeinander verweisen: Zum Beispiel lässt sich ein Aktualitätsbezug sehr gut mit einem Ausblick kombinieren, eine persönliche Begründung natürlich mit einer ebenso persönlichen Bewertung oder Reflexion. Gehen Sie bei kürzeren wissenschaftlichen Arbeiten nicht zu kleinschrittig vor, damit Ihr Inhaltsverzeichnis am Ende nicht drei Kapitel pro Seite enthält, berücksichtigen Sie aber mindestens die Dreiteilung.

▶ Der wissenschaftliche Text

Bedenken Sie bei der Erstellung Ihres Textes immer, wer die Rezipienten (Lesenden) sind. „Für wen schreibe ich?" ist eine zentrale Frage. Die Antwort auf diese Frage sollten Sie während des gesamten Entstehungsprozesses im Hinterkopf behalten. Ein wissenschaftlicher Text sollte Fachbegriffe enthalten und kann diese je nach Leserschaft erläutern. Der Text sollte sachlich, fachkompetent und verständlich geschrieben sein und sich damit deutlich von der Alltagssprache abheben. Ihre persönliche Meinung, wenn Sie ohne wissenschaftliche Begründung steht, gehört nicht in einen wissenschaftlichen Text. Unterlassen Sie also besser persönliche Kommentare und suggestive Fragestellungen. Jede fachliche Aussage, die Sie formulieren, sollte wissenschaftlich belegt sein. Sie stellen selbstverständlich zunächst Ihre Annahmen (Hypothesen) dar, um diese dann durch Untersuchungsergebnisse oder Argumentationen zu verifizieren (bestätigen) oder zu falsifizieren (widerlegen).

Um Ihren Text möglichst verständlich zu gestalten, sollten Sie auch die Vorbildung Ihrer Leserschaft beachten. Wenn Sie für ein Fachpublikum schreiben, können Sie bestimmte Sachverhalte voraussetzen und müssen diese nicht detailliert erläutern. Insgesamt sollten jedoch die geschilderten Sachverhalte kurz und prägnant beschrieben werden, sodass keine Missverständnisse aufkommen können und Zusammenhänge sich leicht erschließen lassen. Auf Wiederholungen sollten Sie verzichten, wenn sie nicht unbedingt notwendig sind. Bringen Sie Vergleiche oder Beispiele aus der Praxis ein, das lässt den Text anschaulicher wirken! Wenn Sie die Auswertung einer Fragestellung aus Ihrer Berufspraxis wissenschaftlich bearbeiten, dann schreiben Sie ruhig von sich in der ersten Person statt in der dritten, also lieber „Ich teilte der Schülerin mit, dass ..." statt „Der Versuchsleiter teilte der Schülerin mit, dass ...". Bemühen Sie sich um möglichst deutliche Formulierungen in kurzen Sätzen, vermeiden Sie allerdings eine Aneinanderreihung von Hauptsätzen. Ein fließendes Lesen Ihres Textes sollte gut möglich sein.

> **PRAXISTIPP**
>
> Vor der Abgabe sollte mindestens eine weitere Person Ihren Text lesen und Ihnen eine Rückmeldung geben, ob die Inhalte verständlich dargestellt sind. Haben Sie keine Scheu davor, den Text anderen zu zeigen, selbst renommierte Autoren lassen Ihre Texte vorab lesen, um eine Rückmeldung zu bekommen.

▶ Literatur und Zitieren

Für das weitere Arbeiten mit den Texten, die Sie vorbereitend gelesen haben, ist wesentlich, dass Sie die Texte nicht leicht verändert oder gänzlich übernehmen, ohne dies auch zu kennzeichnen. Insgesamt sollten Sie so wenig wörtliche Zitate wie möglich übernehmen und diese nur gezielt einsetzen. Durch die Verfügbarkeit von Texten im Internet hat sich eine „Copy, Shake & Paste-Kultur" entwickelt, die keinesfalls dem Gedanken des wissenschaftlichen Arbeitens entspricht (vgl. Weber-Wulff 2007). Wenn Sie Theorien, Zitate, Meinungen, Tabellen etc. in Ihrem Text wiedergeben, die nicht von Ihnen selbst verfasst wurden, dann müssen Sie im Text auf die Quelle verweisen. Tun Sie dies nicht, dann plagiieren Sie! Die Textteile, die nicht von Ihnen stammen, werden in Ihrem Text mit dem Namen des Autors und dem Erscheinungsjahr versehen. Dies kann im laufenden Text geschehen, z.B. „Antonovsky veröffentliche 1997 folgende These...", oder in Klammern hinter die zitierte Textpassage gesetzt werden, z.B. „(Antonovsky, 1997)". Die Details zu der Veröffentlichung werden dann im Literaturverzeichnis aufgeführt. Wenn mehrere Autoren für einen Text verantwortlich sind, werden alle genannt und vor der letzten Namensnennung ein „&" eingefügt. Sind es mehr als drei Autoren, wird der erste Name genannt und dann durch ein „et al." (für lat. *et alii*, dt. *und andere*) ergänzt. Die genauen Vorgaben fürs Zitieren können je nach Fachbereich oder Gepflogenheit unterschiedlich ausfallen. Häufig werden Quellen auch in Fuß- oder Endnoten genannt, oder es wird durchnummeriert und dann mit der entsprechenden Ziffer auf sie verwiesen. Hier sollten die Erwartungen oder Empfehlungen Ihrer Schule, des Verlags usw. erfragt werden.

> **PRAXISTIPP**
>
> Unterhaltsam und informativ – lesen Sie zum Thema Plagiat von Debora Weber-Wulff: „Fremde Federn Finden", zu finden unter: http://plagiat.htw-berlin.de/ff/startseite/fremde_federn.

▶ Das Literaturverzeichnis erstellen

Das Literaturverzeichnis gilt dem Nachweis der Quellen, denen Sie Informationen für Ihren Text entnommen haben. Sämtliche Quellen müssen im Literaturverzeichnis angegeben sein, aber mehr sollte es auch nicht enthalten. Die Reihenfolge der Angaben im Literaturverzeichnis erfolgt alphabetisch nach dem Familiennamen des erstgenannten Autors. Haben Sie mehrere Quellen eines Autors genutzt, dann werden diese nach dem Erscheinungsjahr (beginnend mit der ältesten) geordnet.

Bei Büchern wird als Erstes der Autor aufgeführt, dann das Erscheinungsjahr und der Buchtitel, es folgen die Auflage (wenn es sich nicht um die Erstauflage handelt), der Publikationsort und der Verlag.

Bei Artikeln in Fachzeitschriften wird zunächst der Autor, dann das Erscheinungsjahr und der Titel des Artikels genannt. Anschließend werden der Name der Zeitschrift (ggf. kursiv), der Band bzw. Jahrgang und die Ausgabe und zuletzt die Seitenzahlen genannt. Wenn Sie aus wissenschaftlichen Artikeln zitieren, die im Internet veröffentlicht wurden, geben Sie den DOI® an. DOI® steht für *Digital Object Identifier* und ist ähnlich einer ISBN für Fachartikel im Internet. Der DOI® des Fachartikels ist meist auf der Website des Verlags zu finden. Bei der Literaturangabe ist anzuraten, dass Sie in der URL den DOI®-Proxyserver mit angeben, weil der entsprechende Artikel auch dann noch abgerufen werden kann, wenn die URL sich ändert. Weitere Informationen unter: http://www.doi.org/index.html.

Bei Internetquellen ist es wichtig, dass die Lesenden auf diese auch zugreifen können. Hier empfiehlt es sich, die URL direkt zu kopieren und möglichst kurz vor Abgabe noch einmal auszuprobieren, ob die entsprechende Seite auch aufzurufen ist. Die URL sollte aber nicht die einzige Angabe sein. Sie wird ergänzt durch die Angaben zum Autor, zum Erscheinungsjahr und zum Zugriffsdatum.

> **PRAXISTIPP**
>
> Erstellen Sie das Verzeichnis bereits, während Sie Ihren Text schreiben, dann laufen Sie nicht Gefahr, dass Sie Angaben vergessen oder später einen längeren Zeitraum nur am Literaturverzeichnis arbeiten.
>
> Sollten Sie sich länger mit einem Fachbereich befassen oder wiederholt wissenschaftliche Texte schreiben, empfiehlt sich die Verwendung einer Literaturverwaltungssoftware. Programme wie EndNote™, Bibliographix oder Citavi gibt es auch als kostenlose Freeware.

In diesem Abschnitt wurden Ihnen die strukturellen Grundlagen des wissenschaftlichen Arbeitens vermittelt. Um in Themenfeldern der Gesundheitswissenschaft in Deutschland zu arbeiten, sollten Sie auch die Grundstruktur des Gesundheitswesens und die entsprechenden Fachbegriffe kennen. Der folgende Abschnitt gibt Ihnen einen Überblick über Aufbau, Akteure und wesentliche Begriffe des Gesundheitswesens in Deutschland.

8.2 Das Gesundheitswesen in Deutschland

Das Gesundheitswesen ist ein wichtiges Teilsystem unserer Gesellschaft und mittlerweile ein beachtlicher Wirtschaftssektor. Die Strukturen des Gesundheitswesens in Deutschland wurden über Jahrhunderte hinweg professionalisiert und unterscheiden sich von denen anderer europäischer Länder erheblich. Es sind Gesetze entstanden, Institutionen gegründet und Verantwortlichkeiten festgelegt worden, die spezifisch für das deutsche System sind. Ein Meilenstein in der Geschichte des deutschen Gesundheitswesens ist sicherlich die Einführung *der gesetzlichen Krankenversicherung (GKV)* durch die Sozialgesetzgebung Otto von Bismarcks im Jahr 1883.

Zum System des Gesundheitswesens gehören alle Personen und Einrichtungen, die sich im Rahmen ihrer beruflichen Tätigkeiten mit der Erhaltung der Gesundheit der Bevölkerung sowie der Behandlung von Krankheiten beschäftigen. Dementsprechend ist z.B. der Rettungsdienst ein wichtiger Teil des Gesundheitswesens.

Zunehmend rückt der Aspekt der Erhaltung von Gesundheit in den Fokus des Gesundheitssystems (s. Kap. 8.3 zur Salutogenese). Ein aktuelles und wichtiges Thema ist der demografische Wandel und damit einhergehend die Versorgungsstruktur für alte und hochaltrige Menschen. So wird es zunehmend mehr alte Menschen geben, die der Versorgung bedürfen, und gleichzeitig weniger junge Menschen, die diese Versorgung tragen können – sei es personell oder monetär. Ein Ansatz,

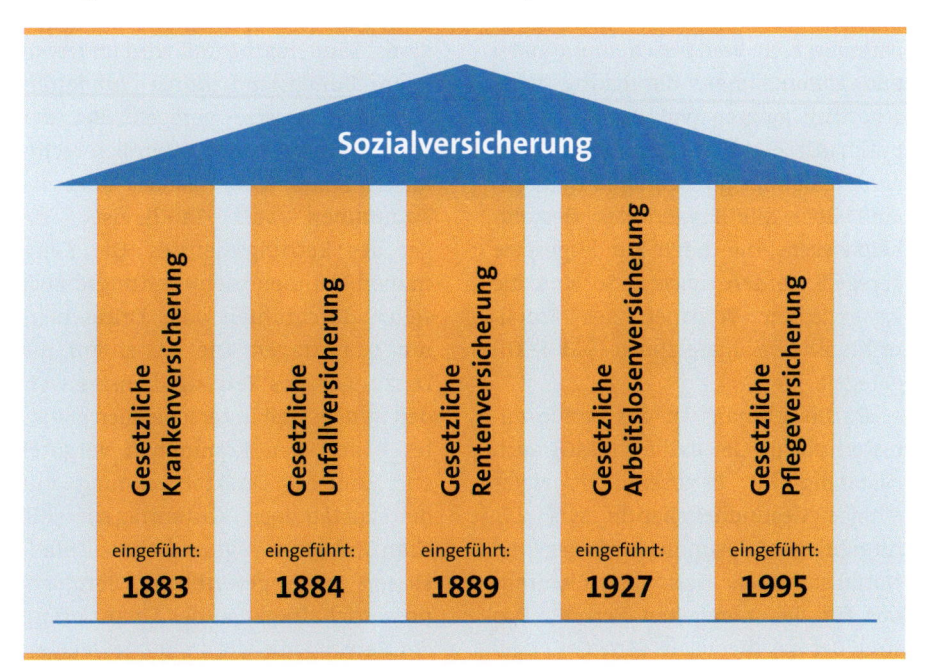

Abb. 1 ▶ Die fünf Säulen der Sozialversicherung

dieser Herausforderung zu begegnen, war die Einführung der Pflegeversicherung im Jahr 1995 als fünfte Säule der Sozialversicherung (neben Krankenversicherung, Unfallversicherung, Rentenversicherung und Arbeitslosenversicherung).

8.2.1 Struktur des Gesundheitssystems

Insgesamt lässt sich die Struktur des Gesundheitswesens in Deutschland grob in drei Ebenen unterteilen. Die erste Ebene umfasst die *staatlichen Strukturen,* die im Bund sowie in den Ländern und Kommunen vertreten sind. Auf der zweiten Ebene sind *Körperschaften und Verbände* (sog. korporatistische Akteure) angesiedelt, die im Auftrag der Krankenkassen die gesundheitliche Versorgung der Bevölkerung gewährleisten. Auf der dritten Ebene befinden sich weitere *Organisationen und Unternehmen,* die häufig wirtschaftlich agieren (vgl. Gerlinger und Burkhardt 2012). Auf der ersten Ebene entscheidet der Bundestag in Deutschland über alle Fragen des Gesundheitswesens, die durch Bundesgesetze geregelt werden müssen. So sind die wesentlichen Vorgaben des Sozialrechts im Sozialgesetzbuch (SGB I–XII) geregelt.

Darüber hinaus ist das Bundesministerium für Gesundheit (BMG) auch zuständig für *Berufserlaubnisgesetze* einiger Gesundheitsberufe wie z.B. Altenpfleger, Gesundheitspfleger und Notfallsanitäter. Dies gilt allerdings nur für die „geregelten Berufe". Das sind Berufe, die nach dem Grundgesetz durch die Zulassung des Bundes als *ärztliche und andere Heilberufe* geregelt werden. Zu den Heilberufen zählen diejenigen Berufe, deren Tätigkeit durch die Arbeit am und mit dem Patienten geprägt ist. Durch das Notfallsanitätergesetz (NotSanG) wird seit Januar 2014 beispielsweise geregelt, wer die Berufsbezeichnung „Notfallsanitäter" führen darf und wie die Ausbildung gestaltet sein muss. Die Umsetzung der Ausbildung wird über die Ausbildungs- und Prüfungsverordnung (NotSan-APrV) geregelt, hängt aber auch von den Ausführungsbestimmungen im jeweiligen Bundesland ab. Dafür sind die Gesundheitsministerien der Länder zuständig. Der Bund darf auch nur die sogenannten Erstzulassungen zum Beruf regeln. Die Fort- oder Weiterbildungsregelungen sind ebenfalls Aufgabe der Länder.

Da in Deutschland ein föderales Prinzip herrscht, ist der Rettungsdienst Ländersache und wird im jeweiligen Bundesland durch *Landesrettungsdienstgesetze* geregelt. Bei der Durchführung im öffentlich-rechtlichen Rahmen des Landes sind die Kommunen oder Landkreise Träger des Rettungsdienstes: Die Kommunen können den Rettungsdienst selbst durchführen oder Dritte hiermit beauftragen. Die Kosten für die Leistungen des Rettungsdienstes werden bundesweit unterschiedlich erstattet – von den Kommunen vergütet oder mittels Direktabrechnung mit den zuständigen Kostenträgern (z.B. Krankenkassen, gesetzliche Unfallkassen oder gewerbliche Berufsgenossenschaften). Bei der Finanzierung der Rettungsdienste in den jeweiligen Bundesländern besteht über die öffentlich-rechtliche Variante hinaus die privatrechtliche Durchführung, bei der die Träger des Rettungsdienstes mit der Krankenkasse direkt abrechnen. Wenn ein öffentlich-rechtlicher Auftrag ausgeschrieben und privatwirtschaftlich erfüllt wird, nennt man das eine *öffentlich-private Partnerschaft (ÖPP)* oder *Public-Private-Partnership (PPP)* (vgl. Lechleuthner 2006).

Die sogenannten korporatistischen Akteure befinden sich auf der zweiten Ebene des Gesundheitswesens; das sind die Krankenkassen und deren Vereinigungen, die gesetzlichen Unfallkassen sowie die *Kassenärztlichen Vereinigungen (KVs)* und die Krankenhausgesellschaften beziehungsweise deren bundesweite Spitzenorganisationen. Die *gesetzlichen Krankenkassen (GKV)* verfügen über eine historisch gewachsene Struktur, in der es jeweils eine Landesvertretung und die Landesverbände einer Kassenart – die *Ortskrankenkassen (AOK), Betriebskrankenkassen (BKK), Innungskrankenkassen (IKK)* – gibt. Diese Landesverbände sind wiederum in einem Bundesverband organisiert. Einige Kassen, beispielsweise die Bundesknappschaft, sind ausschließlich als Bundesverband organisiert. Diese Bundesverbände der gesetzlichen Krankenkassen werden auch als *Spitzenverbände der gesetzlichen Krankenversicherung (GKV-Spitzenverband)* bezeichnet. Parallel dazu besteht der Verband der *Privaten Krankenversicherung (PKV-Verband)*, der wesentlich kleiner ist, weil nur ca. acht Millionen Bürger eine private Vollver-

ABB. 2 ▶ Das Notfallsanitätergesetz regelt, wer die Berufsbezeichnung „Notfallsanitäter" führen darf. Die Umsetzung der Ausbildung wird über die Ausbildungs- und Prüfungsverordnung für Notfallsanitäterinnen und Notfallsanitäter geregelt.

sicherung haben (vgl. Gerlinger und Burkhardt 2012).

> **RECHTSGRUNDLAGE**
>
> Das Sozialversicherungssystem der GKV sichert über seine Versicherungsbeiträge die Finanzierung der medizinischen Versorgung der Bevölkerung. Das betrifft in Deutschland ca. 90 % der Bevölkerung. Alle Grundlagen der gesetzlichen Krankenversicherung (GKV) werden über das fünfte Sozialgesetzbuch (SGB V) geregelt, so auch die Leistungen des Rettungsdienstes. Die Notfallrettung als Aufgabe des Rettungsdienstes wird als Teil der Daseinsvorsorge durch die Bundesländer jeweils unterschiedlich umgesetzt. Unter anderem ist im § 133 des SGB V die Versorgung mit Krankentransportleistungen geregelt (Link: http://www.gesetze-im-internet.de/sgb_5/__133.html).

Die Krankenversicherungen werden insgesamt staatlich kontrolliert und reguliert. Seit 1996 besteht in Deutschland eine *Kassenwahlfreiheit*, vorher war die Mitgliedschaft in einer spezifischen Krankenversicherung obligatorisch nach Berufsgruppen geregelt. Seit 2009 müssen sich alle Personen, die in Deutschland ihren Wohnsitz haben, bei einer deutschen Krankenversicherung pflichtversichern.

Ein weiterer Kostenträger im Gesundheitssystem ist die *gesetzliche Unfallkasse*. Sie ist ein Zweig der Sozialversicherung und erfüllt die Aufgabe, Arbeitsunfälle und Berufskrankheiten sowie arbeitsbedingte Gesundheitsgefahren zu verhüten. Wenn eine Schädigung der Gesundheit durch den Beruf eingetreten ist, übernimmt sie die Kosten, um die Leistungsfähigkeit des Versicherten wiederherzustellen (Rehabilitation) oder ihn bzw. seine Hinterbliebenen finanziell zu entschädigen. Die rechtliche Grundlage ist das bereits genannte Sozialgesetzbuch (SGB VII). Träger der gesetzlichen Unfallversicherung sind die *Berufsgenossenschaften*. Die Berufsgenossenschaften sind ebenfalls Teil des Sozialversicherungssystems und finanzieren sich hauptsächlich über Pflichtbeiträge der ihnen zugewiesenen Unternehmen. Im Gegensatz zur gesetzlichen Krankenversicherung ist bei der Unfallversicherung nur ein Arbeitgeberanteil zu zahlen. Einige Berufsgenossenschaften bekommen einen Zuschuss aus Steuermitteln. Arbeitnehmer zahlen lediglich einen Beitrag, wenn sie eine private Unfallversicherung abschließen. Private Unternehmen bzw. deren Mitarbeiter sind über die gewerblichen Berufsgenossenschaften versichert. Die Bereiche des öffentlichen Dienstes, zu denen auch der Rettungsdienst zählt, sind über die Unfallkassen und Gemeindeunfallversicherungsverbände versichert. Spitzenverband der neun gewerblichen Berufsgenossenschaften und der 26 Unfallversicherungsträger der öffentlichen Hand ist die *Deutsche Gesetzliche Unfallversicherung (DGUV)* (vgl. Bundeszentrale für politische Bildung 2013). Eine Besonderheit ist, dass es spezielle Unfallkliniken gibt, die durch die Berufsgenossenschaften betrieben werden. Die *Berufsgenossenschaftliche Unfallklinik* ist ein Krankenhaus der Spezialversorgung nach Arbeitsunfällen. Die Kliniken sind häufig auf Intensivmedizin sowie Unfall- und Wiederherstellungschirurgie spezialisiert. Sie müssen neben dem Akutbedarf auch immer Erweiterungskapazitäten für größere Unfälle oder Katastrophen mit intensivmedizinischer Versorgung bereithalten. In Deutschland bestehen neun Kliniken dieser Art.

8.2.2 Die Finanzierung der medizinischen Versorgung

Eine grundlegende Struktur im deutschen Gesundheitswesen ist die „Dreiecksbeziehung" zwischen *Kostenträgern* (also Krankenkassen, Unfallkassen, Pflegeversicherung, Rentenversicherungen etc.) und *Leistungserbringern* (öffentliche, freigemeinnützige und private Träger) und *Leistungsempfängern* (Patienten, Klienten). Die Finanzierung der Kostenträger ist weltweit unterschiedlich geregelt. Eine Finanzierungsvariante in einigen europäischen Ländern ist die Verwendung von Steuern, während in den USA ein privatwirtschaftliches System der Finanzierung der medizinischen Versorgung vorliegt. In Deutschland werden immer wieder Reformen diskutiert, wie die Finanzierung des Gesundheitssystems zu verbessern wäre. Bisher gilt für die GKV das *Solidarprinzip*, nach dem jeder entsprechend seiner Leistungsfähigkeit

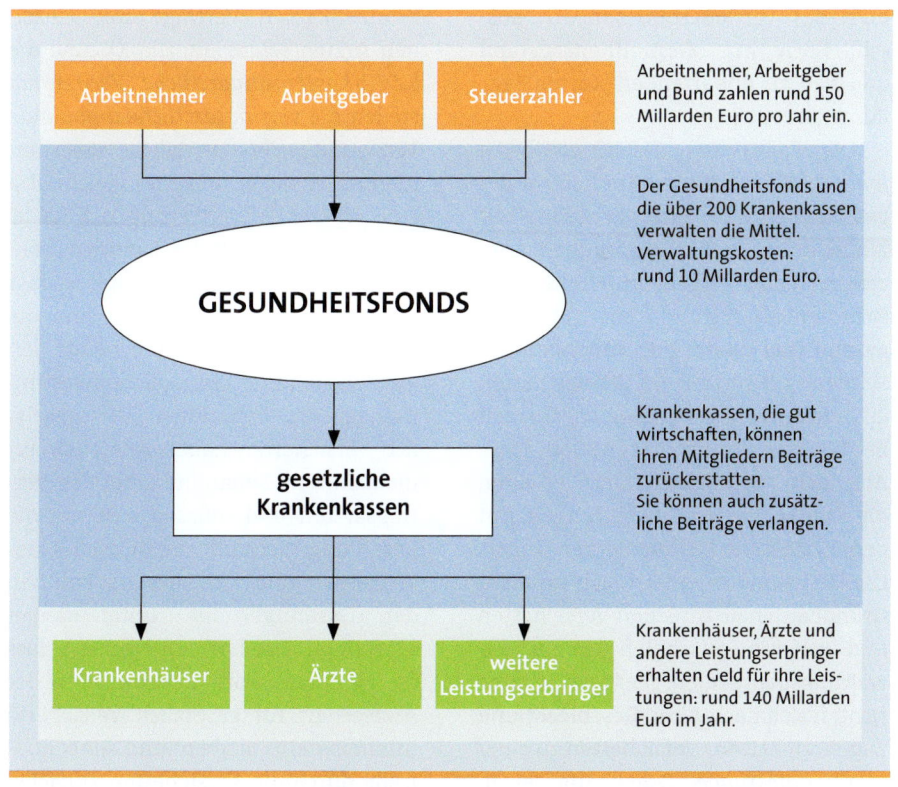

ABB. 3 ▶ Prinzip des Gesundheitsfonds (Quelle: www.der-gesundheitsfonds.de)

zahlt, aber entsprechend seiner Bedürftigkeit erhält. So ergibt sich eine Solidarität der Gesunden mit den Kranken. Dieses Prinzip gilt *nicht* für die *private Krankenversicherung (PKV)*. Hier wird das sogenannte *Äquivalenzprinzip* vertreten, indem die Risiken abgeschätzt werden, die die Versicherung mit den Versicherten eingeht. Die Prämie, die von den Versicherten zu zahlen ist, ist also äquivalent zum errechneten Risiko ihrer Versicherung. Alter und chronische Erkrankung stellen z. B. aus Sicht der PKV ein hohes Versicherungsrisiko dar, entsprechend hoch sind die Versicherungsprämien für diese Bevölkerungsgruppen. Im Unterschied zur GKV gibt es keine Orientierung am Einkommen der Versicherten, sondern ausschließlich am Gesundheitszustand und den zu erwartenden Kosten (vgl. Burckhardt 2013).

Die *Einführung des Gesundheitsfonds* 2009 war die größte Reform der gesetzlichen Krankenversicherung seit Jahrzehnten. In den Gesundheitsfond werden die Arbeitgeberanteile, die Versichertenbeiträge und Steuermittel eingezahlt und damit zusammengeführt. Seitdem gilt für alle GKV-Versicherten ein einheitlicher Beitrag, der derzeit bei 14,6 % des Bruttoeinkommens liegt. Aus dem Gesundheitsfond erhalten die Krankenkassen Zuwendungen, mit denen sie ihre Kosten decken sollen. Die Verteilung orientiert sich an einer Grundpauschale für jeden Versicherten und weiteren Pauschalen wie z. B. Verwaltungspauschalen. Diese Pauschalen richten sich nach Alter, Geschlecht und Zugehörigkeit der Versicherten zu einer *Morbiditätsgruppe*. Durch die jeweilige Zuteilung erhöhen oder vermindern sich die Zuschläge zur Pauschale, die die Krankenkasse aus dem Gesundheitsfond erhält.

8.2.3 Weitere Akteure im Gesundheitswesen

Ebenfalls auf der zweiten Ebene des Gesundheitswesens als Körperschaft öffentlichen Rechts steht die *Kassenärztliche Vereinigung (KV)*, in der alle Vertragsärzte und Vertragspsychotherapeuten verpflichtend Mitglied sind. Die KV ist das historische Ergebnis der Auseinandersetzungen zwischen Ärzten und den Krankenkassen. Sie entstand in der Zeit der Weimarer Republik und verhinderte, dass die Krankenkassen Verträge mit einzelnen Ärzten schlossen. Die KV und die KZV *(Kassenzahnärztliche Vertretung)* stellen die *vertragsärztliche ambulante Versorgung* der gesetzlich versicherten Bürger sicher und sind gleichzeitig eine Interessensvertretung der Ärzte. Die KV schließt mit den Landesverbänden der GKV Gesamtverträge, sodass die Vertragsärzte verpflichtet sind, die GKV-Versicherten entsprechend den gesetzlichen und vertraglichen Bestimmungen zu behandeln. Die gesetzlich Versicherten haben Anspruch auf medizinische Behandlung bei den Vertragsärzten und müssen sich um die Bezahlung nicht kümmern, weil Krankenkassen und KVs dies im Rahmen der Gesamtverträge untereinander abrechnen. Das hat den Nachteil, dass die Honorare und Abrechnungen der Ärzteschaft für gesetzlich Versicherte intransparent bleiben und eine Kontrolle durch die Versicherten zunächst verhindert ist.

Auf der Bundesebene besteht eine zentrale Vertretung der KV, die *Kassenärztliche Bundesvereinigung* (KBV), sowie die *Zahnärztliche Vertretung* (KZBV). Insgesamt bestehen 17 KVs in 16 Bundesländern. Eine Besonderheit bildet Nordrhein-Westfalen mit zwei KVs, die KV Nordrhein und die KV Westfalen-Lippe.

Der Dritte im Bunde der korporatistischen Akteure sind für den stationären Bereich des Gesundheitswesens die *Krankenhäuser* bzw. *Krankenhausgesellschaften*. Sie sind im Unterschied zu den Krankenkassen und der Kassenärztlichen Vereinigung keine Körperschaften öffentlichen Rechts. Die Krankenhäuser lassen sich einteilen nach ihrer Trägerschaft: Es gibt öffentliche (Kommune, Land), gemeinnützige (Kirchen, Wohlfahrtsverbände) und private Träger. Die jeweiligen Krankenhausträger schließen sich auf Landesebene freiwillig zusammen zu Landeskrankenhausgesellschaften, die eine Interessensvertretung gegenüber Kostenträgern und Staat bilden. Die Landesvertretung ist auch auf Bundesebene vertreten, und zwar in der *Deutschen Krankenhausgesellschaft e.V.* (DKG). Sie ist ein Zusammenschluss der 16 Landeskrankenhausgesellschaften mit zwölf Spitzenverbänden der Krankenhausträger (Deutscher Caritasverband e.V., Diakonisches Werk der EKD e.V., Deutsches Rotes Kreuz e.V., Bundesverband Deutscher Privatkrankenanstalten e.V. usw.).

Ein Zusammenschluss auf höchster Ebene ist der *Gemeinsame Bundesausschuss* (G-BA). Im G-BA sind Vertreter der Kassenärztlichen und Kassenzahnärztlichen Bundesvereinigungen, der Deutschen Krankenhausgesellschaft, des GKV-Spitzenverbandes der Krankenkassen sowie drei Unparteiische organisiert. Darüber hinaus nehmen an den Sitzungen des G-BA bis zu fünf Vertreter von Patientenorganisationen mit beratender Stimme teil. Der G-BA hat die Aufgabe zu konkretisieren, welche ambulanten oder stationären Leistungen ausreichend, zweckmäßig und wirtschaftlich sind. Das bedeutet, dass neue und alte Untersuchungs- und Behandlungsmethoden nur dann als GKV-Leistung anerkannt werden, wenn der G-BA diese als sinnvoll einschätzt. Damit verfügt der G-BA über großen Einfluss im deutschen Gesundheitswesen.

8.2.4 Weitere Vertreter des Gesundheitswesens

Die dritte Ebene des Gesundheitswesens bilden Verbände, Kammern und Interessensvertretungen. Eine dieser Vertretungen ist beispielsweise die *Ärztekammer*. Die Ärztekammern sind die Berufsvertretungen aller approbierten Ärzte und unterliegen der jeweiligen Landesgesetzgebung. Es bestehen 17 Landesärztekammern in 16 Bundesländern, analog zur kassenärztlichen Vereinigung verfügt Nordrhein-Westfalen über zwei Landeskammern. Diese sind ebenfalls in der *Bundesärztekammer* (BÄK) zentral organisiert, die aber im Unterschied zu den Landesärztekammern keine Körperschaft öffentlichen Rechts ist. Die Mitgliedschaft in der Landesärztekammer ist für Ärzte verpflichtend. Die Ärztekammern sind neben der Interessensvertretung der Ärzte u. a. auch für die Abnahme von Prüfungen, die Fortbildungsförderung, Qualitätssicherungsmaßnahmen und deren Entwicklung, die Organisation der Ausbildung der medizinischen Fachangestellten und das Einrichten einer Ethikkommission zuständig. Über die Ärztekammer hinaus bestehen zahlreiche verschiedene Berufsverbände und Verbände zur Interessensvertretung der Ärzte, z. B. der *Hartmannbund – Verbund der Ärzte Deutschlands e. V.* (vgl. Gerlinger und Burkhardt 2012).

Des Weiteren gibt es auf Seiten der Krankenkassen eine Gemeinschaftseinrichtung der Landesverbände: den *Medizinischen Dienst der Krankenkassen (MDK)*. Der MDK unterstützt die Kassen bei Einzelfallentscheidungen, begutachtet die Feststellung zur Pflegebedürftigkeit, erarbeitet zahlreiche Stellungnahmen und überprüft auch die Leistungserbringer im Auftrag der Krankenkassen. Da der Anteil der Pflegebegutachtung viel Zeit und Geld beansprucht, tragen die Pflegekassen die Hälfte der Kosten des MDK. Der MDK unterliegt der Aufsicht der zuständigen Landesbehörde. Für den MDK arbeiten Ärzte, Pflegekräfte und Angehörige anderer Heilberufe (vgl. Simon 2013).

Um die Qualität im Gesundheitssystem aufrechtzuerhalten und zu verbessern, wurde im Rahmen der Gesundheitsreform 2004 das *Institut für Qualität und Wirtschaftlichkeit im Gesundheitswesen (IQWiG)* in Form einer Stiftung gegründet. Das Institut ist ein fachlich unabhängiges, wissenschaftliches Institut. Es hat u. a. die Aufgabe, Qualität und Effizienz des medizinischen Leistungsbereichs wissenschaftlich zu unterstützen, Bürger verständlich über Qualität und Effizienz zu informieren und auch den Nutzen von Arzneimitteln zu bewerten. Die weiteren Aufgaben des IQWiG sind im Sozialgesetzbuch (SGB V) unter § 139a Abs. 3 nachzulesen.

Des Weiteren besteht das *Deutsche Institut für Medizinische Dokumentation und Information (DIMDI)*. Es bietet online fundiertes Medizinwissen, betreut für die *Gesundheitstelematik* (Verbindung von Medizin, Informatik und Telekommunikation) bedeutsame medizinische Klassifikationen und Terminologien und verantwortet ein Programm zur Bewertung gesundheitsrelevanter Verfahren (Health Technology Assessment). Das DIMDI besteht bereits seit 1969 und war zunächst als Datenbank konzipiert, was in Zeiten von unausgereiften digitalen Speichermedien und mangelnder Internetverfügbarkeit eine große Herausforderung darstellte. In den 1990er Jahren wurden die Aufgaben des Instituts deutlich erweitert und sind heute sehr vielfältig. In allen Aufgabenbereichen arbeitet das Institut eng mit nationalen und internationalen Einrichtungen zusammen, u. a. mit der *Weltgesundheitsorganisation (World Health Organization, WHO)* und EU-Behörden. Das DIMDI ist dem Bundesministerium für Gesundheit nachgeordnet und führt Aufträge des Ministeriums aus. Zu den Aufgaben gehört die Herausgabe von Klassifikationen für den deutschsprachigen Raum wie z. B. *ICD 10 (Internationale statistische Klassifikation der Krankheiten und verwandter Gesundheitsprobleme – International Statistical Classi-*

fication of Diseases and Related Health Problems), das das wichtigste, weltweit anerkannte Diagnoseklassifikationssystem der Medizin darstellt. Zu den weiteren Aufgaben gehört auch die Pflege von medizinischen Terminologien wie z.B. *MeSH (Medical Subject Headings)*, die zum Datenaustausch und zur Kommunikation in der medizinischen Versorgung nötig sind. Ebenso gehören der Aufbau und die Pflege von Informationssystemen zu Arzneimitteln, Medizinprodukten und Versorgungsdaten zu den Aufgaben des DIMDI. Weitere Informationen sind zu finden unter: https://www.dimdi.de/static/de/index.html.

Darüber hinaus existieren zahlreiche *Berufsverbände* für Apotheker, Arzneimittelhersteller und auch für den Rettungsdienst.

8.2.5 Die Versorgungsstruktur des deutschen Gesundheitswesens – ambulant, stationär und präklinisch

Parallel zu den drei Ebenen des Gesundheitswesens lassen sich die Strukturen auch nach Art der Versorgung einteilen. So gibt es im deutschen Gesundheitswesen die *ambulante Versorgung*, die *stationäre*, deren Mischvarianten und die *präklinische Notfallmedizin*. Die klassische ambulante Versorgung umfasst die ärztliche Versorgung durch niedergelassene Ärzte und im Bereich der Pflege die ambulanten Pflegedienste. Zum stationären Bereich gehören die Krankenhäuser, aber auch die Einrichtungen der Vorsorge und Rehabilitationskliniken. Mischvarianten sind z.B. sogenannte Tageskliniken, die zwischen dem ambulanten und stationären Bereich anzusiedeln sind. Die präklinische Notfallmedizin ist in Deutschland ein arztgestütztes System, das i.d.R. außerhalb einer klinischen Einrichtung durch Fachpersonal wie Notfallsanitäter, Rettungsassistenten und Rettungssanitäter ausgeführt wird. Im Fokus steht die primäre Versorgung der Patienten, dazu gehören auch die fachgerechte Rettung und Lagerung der Patienten, das Herstellen und Aufrechterhalten der Transportfähigkeit sowie die Betreuung und Behandlung von Notfallpatienten unter den Transportbedingungen in ein zumindest zur Primärtherapie geeignetes Krankenhaus. Ebenfalls gehört die Verlegung intensivtherapiepflichtiger Patienten in das Aufgabenfeld des Rettungsdienstes.

Zwischen den einzelnen Versorgungsbereichen des Gesundheitssystems gibt es Schnittstellen, beispielsweise die *Notaufnahme* eines Krankenhauses, die den zu Versorgenden vom Rettungsdienst übernimmt und der stationären Versorgung zuführt. Ein für Laien verwirrender Begriff ist die *Notfallpraxis*. Die Notfallpraxis ist kein Bereich der präklinischen Notfallmedizin, sondern gehört zur ambulanten ärztlichen Versorgung. Aufgabe der Notfallpraxen ist es, die ambulante ärztliche Versorgung an den Wochenenden und Feiertagen, abends und nachts sowie mittwochs und freitags nachmittags sicherzustellen, wenn die Arztpraxen als Teil der ambulanten Versorgung geschlossen sind. Sie sollen akut aufgetretene Erkrankungen und Verletzungen sowie Verschlimmerungen chronischer Erkrankungen versorgen. In Abgrenzung zur präklinischen Notfallmedizin geht es hier aber nicht um eine akute vitale Bedrohung. Entwickelt sich allerdings aus der Situation ein lebensbedrohlicher Zustand, ist der Rettungsdienst zuständig. In der Praxis sind die Grenzen oft fließend, weil letztendlich die Patienten vor Ort entscheiden, für wie bedrohlich sie ihre Erkrankung halten und welche Stelle sie kontaktieren. Weil die Notfallpraxen häufig in einem Krankenhaus oder nah bei einem Krankenhaus angesiedelt sind, denken viele Menschen, dass sie Teil der stationären Versorgung sind, dies ist aber nicht der Fall. *Notfallpraxen* sind definitiv *Teil der ambulanten Versorgungsstruktur.*

Die Behandlung im *stationären Bereich* ist i.d.R. nur durch eine ärztliche Verordnung oder durch die Aufnahme als Notfallpatient möglich, obwohl alle gesetzlich Versicherten ihr Krankenhaus eigentlich frei wählen können. Allerdings kann es zu Komplikationen bei der Abrechnung mit der Kasse kommen, wenn ein anderes Haus ohne zwingenden Grund zur Behandlung ausgewählt wird als das verordnete.

Zur Verordnung stehen grundsätzlich alle Krankenhäuser, die in den *Krankenhausplan* aufgenommen sind, zur Auswahl. Die Kliniken übernehmen einen *Versorgungsvertrag* für eine bestimmte Region und bestimmte medizinische Fachgebiete und sind damit zur Behandlung der Versicherten verpflichtet. Art und Umfang der Leistungen, die das Krankenhaus für die Erfüllung dieses Auftrags erhält, werden jährlich mit den Landesverbänden der Krankenkassen verhandelt. Das Entgeltsystem orientiert sich aktuell an dem *DRG-Fallpauschalensystem.*

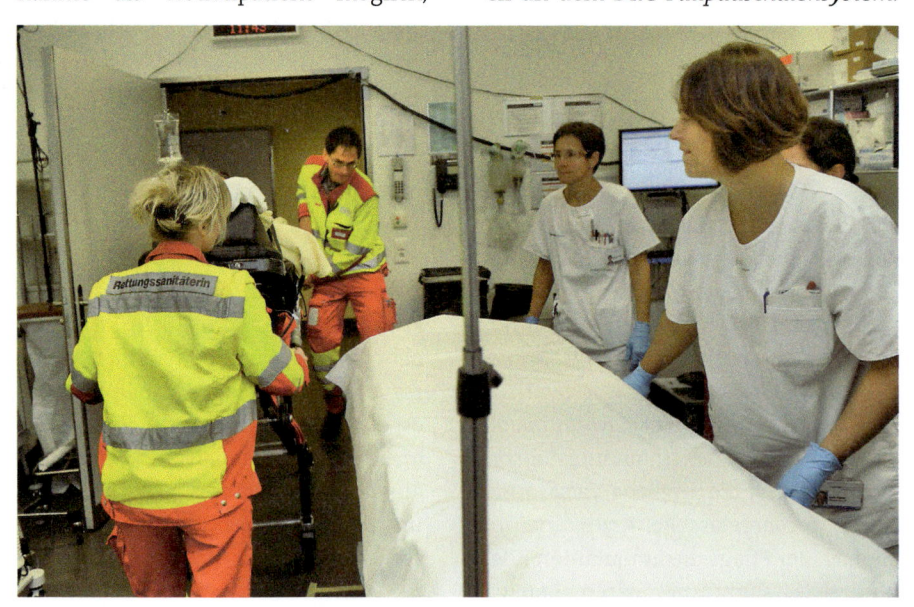

Abb. 4 ▶ Schnittstelle Patientenübergabe

DRG steht für *Diagnosis Related Groups* (diagnosebezogene Fallgruppen) und orientiert sich an medizinischen Daten, Haupt- und Nebendiagnosen, Prozedurencodes und demografischen Variablen. Für welche Leistungen welche DRG-Pauschalen zu zahlen sind, ist in einem bundesweit festgelegten *Fallpauschalenkatalog* verbindlich geregelt. Innerhalb des stationären Versorgungssystems übernimmt der Rettungsdienst den Teil des Kranken- und Intensivtransports zur Aufnahme, konsiliarischen Abklärung oder Verlegung. Damit sichert der Rettungsdienst die Mobilität von schwer erkrankten und Intensivpatienten zwischen ambulantem und stationärem Bereich. Eine Problematik des Rettungsdienstes besteht darin, dass bisher zwar die Transportleistungen mit den Krankenkassen abgerechnet werden können, nicht aber die medizinische Versorgung der Patienten. Deshalb gibt es Überlegungen, die DRG-Fallpauschalen in Form von R-DRG auf den Rettungsdienst zu erweitern.

Neben der konkreten Struktur, der Zuständigkeit und Finanzierung im Gesundheitswesen geht es in der Gesundheitswissenschaft auch um Forschung zur Gesunderhaltung. Ein in den letzten Jahren viel beachtetes Modell ist das der Salutogenese.

8.3 SALUTOGENESE UND PATHOGENESE

Salutogenese setzt sich zusammen aus dem lateinischen *salus* („Gesundheit") und dem griechischen *genese* („Entstehung"). Die Salutogenese beschäftigt sich also mit der *Entstehung von Gesundheit* und setzt eine andere Perspektive als die traditionelle „westliche" Medizin. Denn diese richtet ihren Blick mehr auf die *Entstehung von Krankheit (Pathogenese)*. Die Wissenschaft rund um das Modell der Salutogenese wurde durch den Medizinsoziologen Aaron Antonovsky (1923–1994) begründet. Seine zentrale Frage war: Wie entsteht Gesundheit? Er entdeckte 1970 im Rahmen einer Forschungsarbeit zur Menopause bei Frauen der Kriegsgeneration, dass Menschen selbst unter lebensbedrohlichen Bedingungen wie einem nationalsozialistischen Konzentrationslager gesund bleiben können. Er ging der Frage nach, welche Faktoren dazu beigetragen hatten, dass diese Menschen gesund geblieben waren, während andere unter gleichen Bedingungen erkrankten. Wieso erholen sich einige Menschen von schweren Krankheiten und andere nicht (Sack und Lamprecht 1998: 326)? In den 1970er und 1980er Jahren entstanden mehrere Ansätze und Strömungen, die die Gesunderhaltung des Menschen in den Mittelpunkt stellen, so z.B. der Ansatz des Empowerments und einige sozial-ökologische Ansätze. Diese Strömungen fanden 1986 in der Ottawa-Charta der WHO ihren Ausdruck, und die Gesundheitsförderung bekam einen höheren Stellenwert.

Antonovsky entwickelte das Modell der Salutogenese, indem er davon ausging, dass es bestimmte Faktoren sind, die Menschen gesund erhalten. Diese Faktoren bezeichnete er als *Sense of Coherence (SOC)*, als sogenanntes *Kohärenzgefühl*. „Kohärenz" kommt aus dem Lateinischen und bedeutet so viel wie Zusammenhalt oder Zusammenhang. „Das SOC (Kohärenzgefühl) ist eine globale Orientierung, die ausdrückt, in welchem Ausmaß man ein durchdringendes, andauerndes und dennoch dynamisches Gefühl des Vertrauens hat, dass

1. die Stimuli, die sich im Verlauf des Lebens aus der inneren und äußeren Umgebung ergeben, strukturiert, vorhersehbar und erklärbar sind;
Gefühl von Verstehbarkeit (sense of comprehensibility)
2. einem die Ressourcen zur Verfügung stehen, um den Anforderungen, die diese Stimuli stellen, zu begegnen;
Gefühl von Handhabbarkeit bzw. Bewältigbarkeit (sense of manageability)
3. diese Anforderungen Herausforderungen sind, die Anstrengung und Engagement lohnen.
Gefühl von Sinnhaftigkeit bzw. Bedeutsamkeit (sense of meaningfulness)." (Antonovsky 1997: 36)

Insgesamt werden die Begriffe *Gesundheit* und *Krankheit* weltweit nicht einheitlich definiert, denn Definitionen sind abhängig von den Sichtweisen verschiedener Kulturen und deren Wertvorstellungen. Was aus Sicht der einen krank ist, kann aus Sicht der anderen gesund sein. Aus der Perspektive der Salutogenese ist Gesundheit nicht als Zustand zu sehen, sondern als Prozess. Es ist ein Kontinuum mit den Polen Gesundheit und Krankheit, auf dem Menschen sich in ihrem Leben bewegen. Gesundheit muss immer wieder hergestellt werden und ist kein bleibender, statischer Zustand. Ein wesentlicher Punkt ist, dass es um die Anpassung an die Lebensumstände geht. Dem Modell der Salutogenese liegt keine Idealvorstellung eines krisenfreien Lebens zugrunde, sondern die Vorstellung, dass Krisen im Leben eines Menschen nicht ungewöhnlich und durch die Aktivierung von Ressourcen und die Einbindung in soziale Kontexte zu bewältigen sind. Ein gesunder Mensch wäre demnach einer, der sich an die Herausforderungen des Lebens anpassen kann und zugleich seine wesentlichen Bedürfnisse und seine Identität wahrt. Antonovsky wählt das Beispiel des Schwimmers im Fluss. Aus der Sicht traditioneller westlicher Medizin stellt sich die Frage, wie man den Schwimmer aus dem reißenden Fluss retten und ihn an das trockene Ufer bringen kann, während die Salutogenese überlegt, wie der Mensch ein guter Schwimmer wird, damit er in dem reißenden Fluss überleben kann (Antonovsky 1997).

Der Arzt Eckhard Schiffer bezeichnet die Salutogenese als „Schatzsuche", während die Pathogenese für ihn eher eine „Fehlerfahndung" darstellt (Schiffer 2013: 45ff.). Damit meint er, dass in der Salutogenese der Fokus auf der Erhaltung von Gesundheit, in der Pathogenese aber auf der Vermeidung von Krankheit liegt.

Der Bereich der Prävention und Prophylaxe hat die Erhaltung von Gesundheit zum Ziel, dort werden Faktoren, die der Gesundheit dienen, gestärkt. Auch die Erweiterung der Berufsbezeichnung von der „Krankenpflege" zur „Gesundheitspflege" zeigt, dass sich in den grundlegenden Sichtweisen eine Veränderung vollzieht. Ein möglicher Paradigmenwechsel in der traditionellen westlichen Medizin hin zu einer auf Gesunderhaltung ausgerichteten Perspektive könnte sich abzeichnen. Nicht zuletzt ist in der Berufsbezeichnung „Notfallsanitäter" der Wortteil „sanitas" („Gesundheit") seit 2014 enthalten. Ein gemeinsames Wirken von Saluto- und Pathogenese, eine sogenannte Synergie, finden wir im aktuellen Gesundheitssystem, indem auf der einen Seite Ressourcen gefördert werden (Prävention), während gleichzeitig versucht wird, Krankheit zu vermeiden. Am Beispiel eines Patienten mit Herzinfarkt wäre aus der Sicht der Gesunderhaltung zu fragen, welche Aspekte im Leben dieses Menschen ausgebaut werden können, damit sie seine Gesundheit erhalten. Das könnten beispielsweise Aspekte des sozialen Umfelds, aber auch Freude an Bewegung sein, die bereits vor der Erkrankung bestand. Und weiterführend: Wie kann er nach dem Herzinfarkt ins Leben zurückfinden und ein erfülltes Leben führen? Aus Sicht der Salutogenese muss er aber nicht wieder physisch „einwandfrei funktionieren", um gesund zu sein. Er könnte auch mit eingeschränkter Herzleistung als gesunder Mensch gelten. Aus pathogenetischer Sicht wird gefragt, welche Aspekte zur Krankheit geführt haben und wie diese vermieden werden können, damit es nicht zu einem zweiten Infarkt kommt. Der Fokus liegt hier also auf den Risikofaktoren. Der Mensch würde mit eingeschränkter Herzleistung nach Infarkt aus Sicht der Pathogenese nicht mehr als gesunder Mensch gelten.

Der Gedanke der Salutogenese, den Menschen ganzheitlich zu betrachten, spielt auch im Rahmen des betrieblichen Gesundheitsmanagements eine wichtige Rolle. Dabei steht eine konsequente Prävention gesundheitlicher Schäden im Mittelpunkt. Der aktuell stark frequentierte Begriff der *Work-Life-Balance* lässt dies deutlich werden.

8.4 Betriebliches Gesundheitsmanagement

Im Zentrum des Gesundheitsmanagements stehen die betriebliche Gesundheitsförderung und eine gesunde Gestaltung von Arbeits- und Lebensbedingungen. Gesetzlich ist die betriebliche Gesundheitsförderung im Sozialgesetzbuch (§ 20 SGB V) verankert. Der Gedanke, dass Menschen sich nicht nur an Arbeitsbedingungen anpassen, sondern die Arbeitsbedingungen an die jeweiligen Mitarbeitenden angepasst werden müssen, fand in einem Forschungsprogramm des Bundesarbeitsministeriums in den 1980er Jahren mit dem Titel „Forschung zur Humanisierung der Arbeitsbedingungen" Ausdruck. In der *Ottawa Charta zur Gesundheitsförderung* wird dies wie folgt formuliert:

„Die sich verändernden Lebens-, Arbeits- und Freizeitbedingungen haben entscheidenden Einfluss auf die Gesundheit. Die Art und Weise, wie eine Gesellschaft die Arbeit, die Arbeitsbedingungen und die Freizeit organisiert, sollte eine Quelle der Gesundheit und nicht der Krankheit sein. Gesundheitsförderung schafft sichere, anregende, befriedigende und angenehme Arbeits- und Lebensbedingungen" (WHO 1986).

Dies bedeutet, dass Arbeit und ihre Bedingungen zur Gesundheit des Menschen und keinesfalls zur Entstehung von Krankheit beitragen sollten. Dabei spielt die Selbstbestimmung des Menschen eine große Rolle: Je mehr Entscheidungs- und Mitsprachemöglichkeiten (Partizipation) ein Mensch hat, desto eher kann er Herausforderungen bewältigen, Gesundheit fördern und Krankheit vermeiden. Hier treten die Thesen der Salutogenese noch einmal deutlich hervor. Ziel der Gesundheitsförderung als Prävention ist es deshalb, „allen Menschen ein höheres Maß an Selbstbestimmung über ihre Gesundheit zu ermöglichen und sie damit zur Stärkung ihrer Gesundheit zu befähigen" (WHO 1986). Dennoch ist auch klar, dass nicht nur der Mensch selbst, sondern auch das Umfeld, in dem er arbeitet und lebt, von großer Bedeutung ist. Die betriebliche Gesundheitsförderung ist also ein wichtiger Prozess, um Gesundheit zu erhalten, die Motivation der Mitarbeitenden zu erhöhen und langfristig Kosten zu sparen. Wenn der Prozess gelingen soll, müssen sowohl Arbeitgeber als auch Arbeitnehmer ihren Anteil dazu beitragen.

Im Rettungsdienst sind die Mitarbeitenden vielen physischen und psychischen Herausforderungen ausgesetzt. Strukturell gesehen spielen verschiedene Belastungsfaktoren eine Rolle: Zum einen sind das fortgeschrittene Lebensalter und der mangelnde Nachwuchs bzw. Fachkräftemangel Faktoren, zum anderen sind Dienstzeiten und Dienstplangestaltung zu nennen. Wesentlich ist die eigene Einschätzung, ob die jeweilige Situation als Stress empfunden wird und ob die eigenen Bewältigungsmöglichkeiten ausreichen, um diese Herausforderung zu überwinden. Stressempfinden ist sehr individuell und hängt ab von Faktoren, die in der Person liegen (z.B. Biografie, Bewältigungsstrategien), und externalen Faktoren (Einsatzzeiten, Unfallgeschehen, XXL-Patienten etc.).

Wenn ein Gefühl der Überforderung entsteht, kann dies zu großem Stressempfinden führen und langfristig die Gesundheit beeinträchtigen. Das können im Rettungsdienst z.B. psychisch belastende Einsätze sein, die immer wieder zu einer Überforderung und zu Ohnmachtsgefühlen führen und dadurch negativen Stress auslösen. Das Tragen schwerer Patienten belastet den Rücken und gefährdet die Gesundheit. Dienstzeiten und die daraus folgenden sozialen Probleme sind ein spezifisches Problem des Rettungsdienstes bzw. der Heilberufe, ebenso wie der schnelle Wechsel zwischen Aktivitäts- und Ruhephasen. Eine Folge daraus sind unregelmäßige Ernährung und häufig Übergewicht.

Um diesen typischen Belastungsfaktoren im Rettungsdienst zu begegnen, sind Maßnahmen der betrieblichen Gesundheitsförderung nötig. Viele Angebote werden durch die Kostenträger wie Berufsgenossenschaft und Krankenkassen gemacht, teilweise ist auch eine finanzielle Unterstützung privater Angebote möglich.

Seit 2002 gibt es eine bundesweite Initiative, die sich mit dem Thema „gesunde Arbeit" beschäftigt: Die *Initiative Neue Qualität der Arbeit (INQA)* kooperiert mit Vertretern von Bund, Ländern, Verbänden und Institutionen der Wirtschaft, Gewerkschaften, der Bundesagentur für Arbeit, Unternehmen, Sozialversicherungsträgern und Stiftungen. Es sind zahlreiche Veröffentlichungen erschienen, die kostenlos zu bestellen sind, so auch ein ganzes Themenheft zur gesunden Gestaltung des Schichtdienstes: http://www.inqa.de/DE/Startseite/start.html.

ABB. 5 ▶ Physische und psychische Belastungen im Rettungsdienstalltag können langfristig die Gesundheit beeinträchtigen. Zur Vermeidung sind Maßnahmen der betrieblichen Gesundheitsförderung nötig.

> **MERKE**
>
> Praxisanleitende im Rettungsdienst sind ein Vorbild für die Auszubildenden und tragen damit eine besondere Verantwortung, gesunderhaltendes Arbeiten zu vermitteln.

Maßnahmen der Gesundheitsförderung können ganz konkret z.B. Sportangebote sein, die v.a. auf die Stärkung des Rückens abzielen, dem Stressabbau dienen und gleichzeitig einen sozialen Aspekt verfolgen. Die Sportangebote können auch in Kooperation mit einem Fitnessstudio stattfinden, dann sind die Trainingszeiten flexibler. Seminare und Übungen zum rückenschonenden Arbeiten, zur gesunden Ernährung und zu Entspannungstechniken können, wenn sie konsequent umgesetzt werden, langfristigen Schädigungen vorbeugen. Des Weiteren sind Impfungen und Aufklärungsarbeit zum Infektionsschutz eine wichtige Maßnahme für Mitarbeitende im Rettungsdienst.

Um der psychischen Belastung zu begegnen, sind Angebote der Supervision oder Intervision (kollegiale Fallberatung) nützlich. Kriseninterventionsgespräche, z.B. mit Polizeipsychologen, können eine gute Möglichkeit sein, das Erlebte zu verarbeiten.

Intakte soziale Beziehungen sind ein wichtiger Schutzfaktor und wirken gesundheitsfördernd. Deshalb sollten die Angestellten bei ihrem Dienstplan ein Mitspracherecht haben, damit sie ihr soziales Leben außerhalb der Arbeit verlässlich erhalten können. Darüber hinaus wirkt ihre Einbindung in das Betriebsgeschehen gesundheitserhaltend. Folgerichtig sollte ein autoritärer Führungsstil mit entsprechender Kommunikationsstruktur durch gezielte Führungstrainings hin zu einem demokratisch-partizipativen Stil verändert werden.

Langfristig ist die Vermittlung gesundheitsfördernder Maßnahmen bereits in der Ausbildung ein wesentlicher Schritt zu gesunder Arbeit. Insgesamt aber bedarf es mehr Aufmerksamkeit und Forschung, um zu tragfähigen Lösungen in diesem herausfordernden Arbeitsfeld zu gelangen.

LITERATUR:

Antonovsky A (1997) Salutogenese. Zur Entmystifizierung der Gesundheit. Tübingen: dgvt.

Bundeszentrale für politische Bildung [BPB] (Hrsg.) (2013) Duden Wirtschaft von A bis Z: Grundlagenwissen für Schule und Studium, Beruf und Alltag. 5. Aufl., Mannheim: Bibliographisches Institut (Lizenzausgabe Bonn).

Burkhardt W (2013) Einer für alle, alle für einen – Das Solidarprinzip in der gesetzlichen Krankenversicherung. Unter: http://www.bpb.de/politik/innenpolitik/gesundheitspolitik/72358/solidarprinzip, 20.10.2014.

Gerlinger T, Burkhardt W (2014) Die wichtigsten Akteure im deutschen Gesundheitswesen. Unter: http://www.bpb.de/politik/innenpolitik/gesundheitspolitik/72575/verbaende-und-koerperschaften, 21.10.2014.

Lechleuthner A (2006) Ausschreibungen im Rettungsdienst: Wo geht die Reise hin? In: Rettungsdienst 29 (9): 934–939.

Sack M, Lamprecht F (1998) Forschungsaspekte zum „Sense of Coherence". In: Schüffel W et al. (Hrsg.) Handbuch der Salutogenese. Konzept und Praxis. Wiesbaden: Ullstein Medical, S. 325–336.

Schiffer E (2013) Wie Gesundheit entsteht. Salutogenese – Schatzsuche statt Fehlerfahndung. 8. Aufl., Weinheim, Basel: Beltz.

Simon M (2013) Das Gesundheitssystem in Deutschland. Eine Einführung in Struktur und Funktionsweise. 4. Aufl., Bern: Hans Huber.

Weber-Wulff D (2007) Fremde Federn Finden. Kurs über Plagiat. Unter: http://plagiat.htw-berlin.de/ff/startseite/fremde_federn_finden, 17.10.2014.

Werder L von (1994) Wissenschaftliche Texte kreativ lesen. Kreative Methoden für das Lernen an Hochschulen und Universitäten. Berlin, Milow: Schibri.

Weltgesundheitsorganisation [WHO] (1986) Ottawa-Charta zur Gesundheitsförderung. Kopenhagen. Unter: http://www.euro.who.int/__data/assets/pdf_file/0006/129534/Ottawa_Charter_G.pdf, 10.10.2014.

9 Die Rolle des Praxisanleiters im Qualitätsmanagementsystem

9 Die Rolle des Praxisanleiters im Qualitätsmanagementsystem

Hans-Peter Hündorf

Qualitätsmanagement als diffuser Begriff, geprägt von den unterschiedlichsten Normen, Vorschriften und offensichtlichem Bürokratismus, ist in der heutigen Zeit überstrapaziert, wenig akzeptiert und mehr oder weniger verbraucht. Es ist daher Zeit, sich wieder auf das Wesentliche zu besinnen und dem Qualitätsmanagement neues Leben einzuhauchen. Ich werde daher den Begriff *Qualitätsmanagement* sowie die Verwendung von Normklausulierungen in den weiteren Ausführungen völlig ausblenden und erst am Ende des Kapitels erneut darauf zurückkommen.

Nehmen wir den Begriff einmal wörtlich und versuchen herauszufinden, welche Rolle der Praxisanleiter im wirklichen Leben tatsächlich spielt und welche Aufgaben und Verantwortlichkeiten sich hinter dieser Position verbergen.

Der Praxisanleiter ist eine Funktion innerhalb des Rettungsdienstes, welche im Stellenplan vorgesehen und verantwortlich ist u. a. für
- die Einarbeitung neuer Mitarbeiter,
- die Anleitung und Betreuung von Praktikanten und Auszubildenden sowie
- die kontinuierlich Fortbildung und „Pflichtweiterbildung" aller Mitarbeiter.

Auf den ersten Blick erscheint das als nicht viel, jedoch verbirgt sich hinter den wenigen Stichpunkten eine Vielzahl von Dingen, die geplant, organisiert und letztendlich auch erledigt werden müssen. Je nach Größe des Rettungsdienstes und Anzahl der Mitarbeiter, Auszubildenden sowie Praktikanten ist hier nicht nur ein Praxisanleiter gefragt, sondern gleich mehrere. In der Regel wird das Verhältnis zwischen Auszubildenden und Praxisanleitern von den zuständigen Behörden festgelegt. In vielen Bundesländern geht man derzeit von einem Schlüssel von einem Praxisanleiter auf drei Auszubildende zum Notfallsanitäter pro Jahr aus. Ist dies der Fall, so verteilt man i. d. R. die unterschiedlichen Verantwortlichkeiten und To-dos im Ausbilder- bzw. Praxisanleiterteam. Das entspannt die Situation ein wenig. Dennoch bleiben auch mit den Einzelaufgaben viele Dinge, die strukturiert und zuverlässig bearbeitet werden müssen.

Versuchen wir nun, dies am Beispiel der Anleitung und Betreuung eines Praktikanten systematisch zu entwickeln. Am Anfang steht eine Checkliste, mit deren Hilfe alle Schritte, To-dos und Meilensteine erfasst werden sollen. Diese Checkliste stellen wir nun Schritt für Schritt zusammen. Dies beginnt mit den Fragestellungen „Was brauchen wir vom Praktikanten?" und „Was braucht der Praktikant von uns?".

▶ Unterlagen und Informationen

Zunächst einmal benötigen wir vom Praktikanten eine Reihe von Unterlagen und Informationen, die zwingend notwendig sind, um das Praktikum beginnen zu können. Hierzu zählen u. a.:
- Personalstammdaten
- Bescheinigungen der (Amts-)Ärztlichen Untersuchungen
- Führungszeugnis
- Fahrerlaubnis

- Funkberechtigung
- Nachweise der bisherigen Ausbildungsabschnitte
- Praktikumsauftrag (Ziel, Dauer und Inhalt des Praktikums).

Hierbei ist es hilfreich, wenn zu den einzelnen Punkten bereits Formblätter, Formulare oder inhaltliche Beschreibungen vorliegen. So gibt es beispielsweise in fast allen Einrichtungen sogenannte Personalstammdatenblätter als Vordruck oder Formular, in denen alle benötigten Angaben wie Familienname, Vorname, Geburtsdatum, Adresse, Telefonnummer, E-Mail-Adresse, Krankenversicherung, Sozialversicherungsnummer usw. gelistet sind und die der Praktikant nur noch ausfüllen muss. Ebenso gibt es vorgefertigte Formulare für die Anmeldung des Praktikanten zur Amtsärztlichen Untersuchung sowie Beschreibungen zu den Anforderungen hinsichtlich der benötigten Fahrerlaubnisklassen und den Inhalten des Praktikumsnachweisheftes.

All diese Formulare und Informationen sollen elektronisch hinterlegt sein, sodass jeder, der damit arbeiten muss, Zugriff darauf hat. Dies wird heute in fast allen Rettungsdiensten über ein zentrales EDV-System, dem sogenannten Intranet, sichergestellt. Inzwischen gibt es eine große Vielfalt solcher Systeme, die über verschieden Tools verfügen, mit deren Hilfe sich Workflows elektronisch abbilden lassen, und in denen benötigte Dokumente, wie z. B. Checklisten, Formulare usw., in einem Dokumentenmanagementsystem oder dem QM-Handbuch hinterlegt sind.

▶ **Einarbeitung**

Sind alle Informationen und Unterlagen zusammengetragen, benötigt der Praktikant nun Informationen von uns. Diese sollen ihm vor Antritt des Praktikums und möglichst zusammenhängend vermittelt werden. Dies geschieht am sinnvollsten in vorgeschalteten Einarbeitungsmeetings oder Einarbeitungsworkshops. Die strukturierte und möglichst umfassende Einarbeitung von Praktikanten ist heute aus mehreren Gründen unabdingbar. Zum einen versorgt sie den Praktikanten mit allen notwendigen Informationen, die er benötigt, um einen schnellen und guten Einstieg in das Praktikum zu finden. Zum anderen sichert sie den Praktikumsbetrieb und letztlich auch den

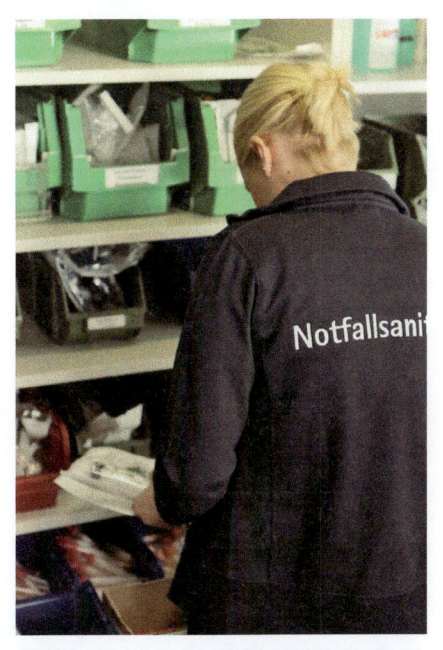

Abb. 1 ▶ Teil der strukturierten Einarbeitung des Auszubildenden: die Unterweisung in die bestimmungsgemäße Lagerung von Sanitätsmaterial

Praktikanten dahingehend ab, als im Rahmen der Einarbeitung alle gesetzlich vorgeschriebenen Unterweisungen durchgeführt werden, die notwendig sind, um ein Praktikum überhaupt antreten zu können.

Inhalte einer strukturierten Einarbeitung sind u. a.:
- Vorstellung der Struktur des Rettungsdienstes/Anzahl und Standorte der Rettungswachen (ggf. mit Rundfahrt zu den Standorten)
- Vorstellung der Ansprechpartner und Erreichbarkeiten (Führungskräfte, Funktionsträger usw.)
- Unterweisungen in Arbeitssicherheit, Hygiene, MPG
- Unterweisung in den Datenschutz und die Schweigepflicht
- Einweisung in die Fahrzeuge und Fahrzeugtechnik einschließlich Fahrsicherheitstraining
- Unterweisung in den Umgang mit Material und sonstigen Geräten auf den Fahrzeugen
- Unterweisung in die Dokumentation von Einsätzen, von Schäden (z. B. an Fahrzeugen), Unfällen usw.

Selbstredend ist auch für jeden dieser Teilschritte wieder eine sorgfältige Dokumentation erforderlich, die teilweise sogar besonderen Formvorschriften unterliegt, wie dies z. B. für die im Medizinproduktegesetz (MPG) vorgeschriebene Einweisung in Medizinprodukte sowie die Hygiene- und Arbeitssicherheitsunterweisung der Fall ist. Dementsprechend müssen auch hierfür Formulare und Formblätter vorgehalten werden, die idealerweise wiederum in einem elektronischen System hinterlegt sind, auf das alle Zugriff haben, die damit arbeiten müssen.

▶ Dienstplanung

Nachdem alle Formalien abgearbeitet wurden und alle erforderlichen Dokumente vorliegen, kann es nun an die Planung des eigentlichen Praktikums gehen. Grundlage hierfür ist zunächst die Dienstplanung. Dabei sind u. a. zu berücksichtigen:
- die Zeiten, die der Praktikant als dritter Mann eingesetzt werden muss
- die Frage, mit welchem Personal der Praktikant eingeteilt werden kann (z. B. Rettungsassistent mit mindestens zwei Jahren Berufserfahrung und/oder bestimmten Qualifikationen wie Lehrrettungsassistent/Praxisanleiter)
- Anzahl der Stunden, die auf bestimmten Rettungsmitteln absolviert werden müssen (KTW, RTW, MZF, NEF).

Nachdem auch dieser Planungsschritt vollzogen ist, muss der Praktikant mit dem notwendigen persönlichen „Zubehör" ausgestattet werden. Hierzu zählen u. a.:
- Ausgabe der Dienstkleidung und Persönlichen Schutzausrüstung (PSA)
- Ausgabe von Schlüsseln/Transpondern
- Veranlassung eines Zugangs zum EDV-System.

Sicher haben Sie es sich bereits gedacht: Auch für die Ausgabe und Rückgabe des „Zubehörs" sollten Formulare (Checklisten) vorhanden sein, auf denen dies dokumentiert wird und die in einem elektronischen System jederzeit verfügbar sind.

▸ Vorstellung

Bevor nun der erste Praktikumstag beginnen kann, ist es sinnvoll, gerade in großen Rettungsdiensten, dass der Praktikant im Betrieb vorgestellt wird. Dies kann z.B. durch eine Veröffentlichung im Intranet (mit oder ohne Bild) geschehen. Hier sollten die Mitarbeiter zumindest über den Namen des Praktikanten sowie die Zeitdauer und Art des Praktikums informiert werden.

▸ Inhalte des Praktikums

Für die meisten Praktika im Rettungsdienst gibt es sogenannte Praktikumskataloge oder Praktikumshefte, die, je nach Art des Praktikums (RS, RA, NotSan), mehr oder weniger umfangreich sind. Meist werden die Inhalte der Praktika von den Ausbildungs- und Prüfungsverordnungen der jeweiligen Ausbildung vorgegeben (ZU DEN INHALTEN DER NOTFALLSANITÄTERAUSBILDUNG SIEHE KAP. 1). In aller Regel werden die Praktikumsnachweise, -kataloge oder -hefte von den Ausbildungseinrichtungen oder den zuständigen Institutionen (Regierungspräsidium) bereitgestellt.

Die vollständige Abarbeitung der vorgegebenen Inhalte ist nicht allein Aufgabe des Praktikanten, sondern auch der Praktikumsstelle respektive des verantwortlichen Funktionsträgers der Praktikumsstelle.

Um dies zu gewährleisten, ist ein engmaschiges Monitoring des Praktikumsverlaufs notwendig, welches wiederum von den Funktionsträgern zu realisieren ist. Einerseits geschieht dies durch eine bestimmte Anzahl vorgegebener Zwischengespräche, andererseits kann dies u. U. nicht ausreichen, sodass zusätzliche Zwischengespräche oder zusätzliche Schulungen und Unterweisungen notwendig sind, um den Erfolg des Praktikums zu sichern und die vorgegebenen Mindestinhalte des Praktikumsauftrags zu erfüllen.

Sowohl vorgegebene als auch zusätzliche Termine müssen vom verantwortlichen Praxisanleiter geplant, terminiert, durchgeführt und natürlich auch dokumentiert werden.

▸ Bewerten / Beurteilen und Zeugnisse

Sowohl in den Zwischengesprächen als auch in Anleitungssituationen werden Bewertungen und Beurteilungen durchgeführt. Meist geschieht dies anhand von Formblättern, die Bestandteil der Berichts- bzw. Praktikumsunterlagen sind. Diese enthalten sowohl quantitative (Zeit, Inhalte) als auch qualitative (fachliche, soziale Kompetenz usw.) Vorgaben/Bewertungskriterien.

Der Praxisanleiter ist aufgrund seiner Qualifikation und Berufserfahrung in der Lage, Beurteilungen und Bewertungen vorzunehmen (VGL. KAP. 10). Die vorgefertigten Formulare mit den enthaltenen Bewertungskriterien helfen dabei, in angemessener Zeit eine umfassende Beurteilung und Bewertung der Leistungen des Praktikanten zu erstellen.

Wird darüber hinaus ein qualifiziertes Praktikumszeugnis verlangt, so muss dies meist separat angefertigt werden. Leider werden hier oft Fehler gemacht, denn ein qualifiziertes Praktikumszeugnis sollte sowohl inhaltlichen als auch rechtlichen Ansprüchen genügen. Hierzu kann man sich sogenannter Zeugnisassistenz-Programme bedienen, die dem Ersteller systematische Fragestellungen und daraus resultierende Textvorschläge/Textbausteine liefern. Solche Programme gibt es im Internet als kostenlose Onlineversionen oder als kostenlose Freeware-Versionen zum Download. Bei diesen Programmen ist jedoch Vorsicht geboten, da sie häufig nicht den aktuellen und rechtssicheren Formulierungen entsprechen. Zu empfehlen sind Programme von professionellen Verlagen bzw. Softwareherstellern wie z.B. HAUFE. Diese sind zwar meist vergleichsweise teuer, müssen aber i.d.R. nur einmal für das Unternehmen erworben werden. Zudem werden sie vom Hersteller laufend aktualisiert.

Mehr zum Thema „Beurteilen und Bewerten" erfahren Sie im KAPITEL 10 dieses Buches.

▶ **Feedback**

Am Ende des Praktikums sollte auch dem Praktikanten die Möglichkeit gegeben werden, zu der Einrichtung, dem Praktikumsverlauf und dem Personal (in den unterschiedlichen Funktionen) ein Feedback zu geben. Hierzu können vorgefertigte Fragebögen ausgegeben und wieder eingesammelt werden, es können aber auch strukturierte „Abgangsinterviews" geführt

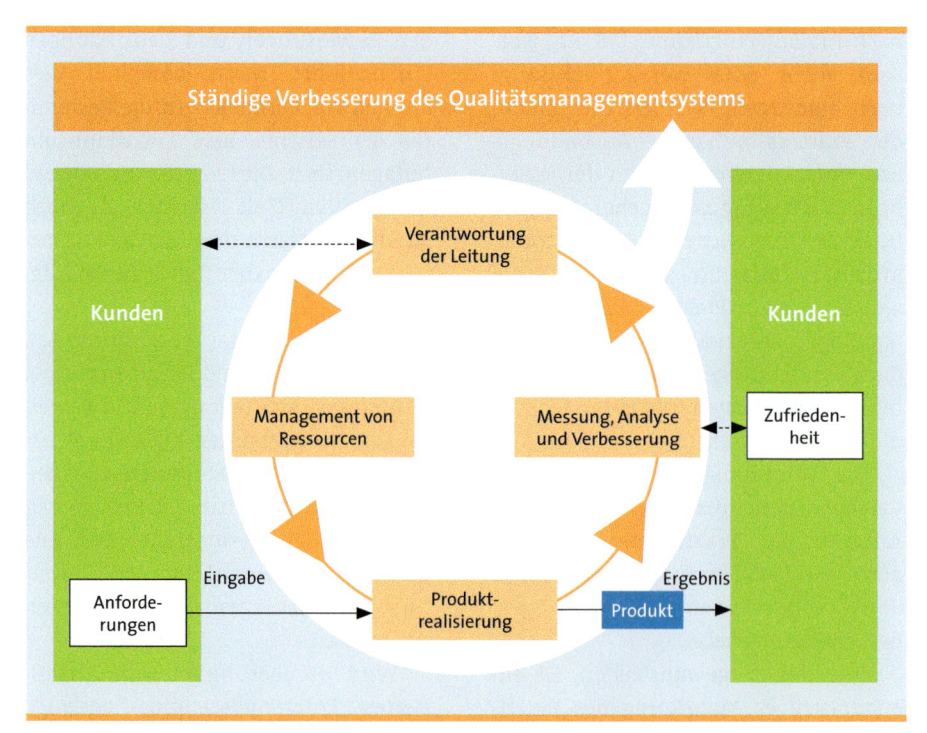

ABB. 2 ▶ Eine ständige Verbesserung des Qualitätsmanagementsystems sollte auch Ihr Anliegen als Praxisanleiter sein.

werden, in denen man gezielt Rückmeldungen vom Praktikanten einholt über Dinge, die gut oder aber auch schlecht gelaufen sind.

Sowohl Fragebögen als auch die Dokumentation des Abgangsinterviews sollen wiederum strukturiert und systematisch ausgewertet werden, um daraus Rückschlüsse für notwendige Verbesserungen in der Organisation und der Durchführung kommender Praktika ziehen zu können.

Werden die richtigen Schlüsse gezogen und die richtigen Maßnahmen zur Verbesserung eingeleitet, so schließt sich an dieser Stelle der Kreis zum Qualitätsmanagement (im Sinne des kontinuierlichen Verbesserungsprozesses, KVP).

▶ **Grundlagen des Qualitätsmanagements**

Fassen wir zusammen: Wir haben eine Checkliste erstellt, mit deren Hilfe wir alle notwenigen Schritte und Teilschritte eines Praktikums aufgelistet haben. Wir ergänzen und aktualisieren diese Checkliste ständig auf der Grundlage der Erkenntnisse, die wir im Laufe des Praktikums gewonnen haben.

Wir haben alle Teilschritte des Praktikums geplant, vorbereitet und durchgeführt. Wir haben uns in den Zwischengesprächen und am Ende des Praktikums ein Feedback geholt, dessen Erkenntnisse wir wiederum in Checklisten, Ablaufbeschreibungen oder Workflows dokumentieren und einfließen lassen. Diese sind Grundlage für die Vorbereitung und Durchführung zukünftiger Praktika. Damit haben wir schlussendlich alle Elemente des *Qualitätsmanagements* bedient, ohne auch nur einmal diesen Begriff zu verwenden. Die Elemente des Qualitätsmanagements, die wir damit sehr systematisch bearbeitet/bedient haben, sind:

STRUKTURQUALITÄT

Wir haben mit Checklisten, Formularen und nicht zu vergessen der Bereitstellung personeller Ressourcen (Praxisanleiter) sowie der vorgenommenen Arbeits- und Aufgabenverteilung im Ausbilderteam eine Struktur geschaffen, die überhaupt erst die systematische Vorbereitung und Durchführung eines Praktikums möglich macht. Darüber hinaus haben wir ein EDV-System bereitgestellt, in welchem alle benötigten Dokumente gespeichert und für all die, die damit arbeiten müssen, zugänglich gemacht wurden.

Zusätzlich haben wir natürlich alle Vorgaben beachtet, die uns per Gesetzen und Verordnungen in Bezug auf die Ausbildung von Notfallsanitätern auferlegt sind (z.B. NotSanG, NotSan-APrV, Rettungsdienstgesetze der Länder usw.), berücksichtigt und in der Ausbildungsplanung integriert.

PROZESSQUALITÄT

Wir haben unsere Abläufe (Prozesse) so gestaltet und terminiert, dass ein strukturierter und reibungsloser Ablauf des Praktikums ermöglicht wurde.

ERGEBNISQUALITÄT

Durch die Schaffung von guten Strukturen und Abläufen/Prozessen haben wir den Grundstein für eine messbare Qualität am Ende des Praktikums gelegt. Gemessen haben wir die Qualität im Rahmen von Meilensteinen während des Praktikums (Zwischengespräche, zusätzliche Termine) und am Ende des Praktikums. Zusätzlich haben wir uns ein strukturiertes Feedback vom Praktikanten eingeholt, haben dieses aus- und bewertet und haben die Erkenntnisse daraus wiederum in die Verbesserung unserer Abläufe, Formulare und Checklisten einfließen lassen. Damit haben wir nun auch die Forderung des QM nach dem sogenannten KVP, dem *kontinuierlichen Verbesserungsprozess*, erfüllt.

▶ **Lenkung von Dokumenten**

Dies ist einer der wenigen Punkte, die wir bisher außer Acht gelassen haben, der aber eine wesentliche Forderung des QM ist.

Wir haben z. B. ein Formular zur Erfassung der Personalstammdaten entwickelt. Im Laufe der Zeit haben wir bemerkt, dass auf diesem Formular ein paar Dinge ergänzt werden müssen. Dies haben wir getan und haben das nun neue und ergänzte Formular unter gleichem Name und an derselben Stelle im EDV-System (Dokumentenmanagementsystem oder QM-Handbuch) gespeichert. Damit ist das alte Formular überschrieben und faktisch nicht mehr existent.

Die Norm (DIN ISO EN 9001) sagt nun, dass dies so nicht richtig ist und auch nicht sein darf. Abhilfe kann hier allerdings schnell geschaffen werden. Zunächst müssen wir in jedem Dokument eine Fuß- oder Kopfzeile erstellen, die mindestens folgende Informationen enthalten soll:

– Zugehörigkeit und Pfad des Dokuments (z. B. „Rettungsdienst XY/QM-Handbuch/Ausbildung/Personal")
– Name des Dokuments (z. B. „Personalstammdatenblatt")
– Art des Dokuments (z. B. Formblatt, Arbeitsanweisung, Verfahrensanweisung o. Ä.)
– erstellt von ...
– freigegeben von ...
– Datum des Inkrafttretens.

Wichtig dabei ist, dass es durch diese Angaben ermöglicht wird herauszufinden/nachzuvollziehen, welches Dokument heute Gültigkeit besitzt und welches Dokument z. B. vor 14 Tagen gütig war und wer es in Kraft gesetzt hat. Wenn es sich bei dem Dokument z. B. um eine Checkliste für den Rettungswagen handelt, wird diese Notwendigkeit vielleicht eher deutlich als beim Personalstammdatenblatt. Kommt beispielsweise ein Medikament zur Ausstattungscheckliste hinzu, so ist es zwingend notwendig, im Falle etwa einer Klage nachzuweisen, dass das Medikament XY zu einem definierten Zeitpunkt noch gar nicht auf dem Rettungswagen vorhanden war und somit auch nicht verabreicht werden konnte.

Somit ist es bei jeder Änderung des Dokuments notwendig,

– die o. g. Angaben zu aktualisieren,
– das alte (vorhergehende) Dokument zu sichern/archivieren,
– das neue Dokument unter der neuen Versionsnummer von einer dazu befugten Person (z. B. Leiter Rettungsdienst) freigeben zu lassen und
– es unter der neuen Versionsnummer zu speichern.

Zugegebenermaßen wird es an dieser Stelle etwas bürokratisch, aber dennoch ist die Lenkung von Dokumenten sinnvoll und auch notwendig. Trotz alledem kann man auch zur Lenkung von Dokumenten Regeln aufstellen, die einfach zu handhaben sind und somit den Bürokratismus etwas entschärfen. Hier ist z.B. eine Checkliste „Änderung von Dokumenten" hilfreich, anhand der man die Arbeitsschritte dokumentiert, die dabei zu beachten sind. Mithilfe dieser Checkliste kann man dann überprüfen ob bei einer Änderung von Dokumenten alle notwendigen Schritte berücksichtigt wurden. Heute ersetzen jedoch zunehmend elektronische Workflows solche Checklisten. Alte Versionen werden automatisch gespeichert, und bevor die neue Version für alle Mitarbeiter im QM-Handbuch sichtbar wird, muss eine Freigaberoutine erfolgen.

▶ **Fazit**

Abschließend bleibt anzumerken, dass der hier beispielhaft dargestellte Ablauf, die Inhalte und die Struktur eines fiktiven Praktikums selbstverständlich keinen Anspruch auf Vollständigkeit erheben können. Vielmehr müssen Strukturen und Prozesse in jedem Rettungsdienst passgenau entwickelt und weiterentwickelt werden.

Qualitätsmanagement bedeutet nicht die Arbeit *im* System, sondern *am* System. Die Arbeit im System ist das, was wir tagtäglich tun. Nur wenn wir von unserer täglichen Arbeit ein Stück weit Abstand nehmen, uns die Zeit dafür nehmen, auf die Dinge (Abläufe und Prozesse) zu schauen, die wir tun, diese analysieren, nach Fehlerquellen und Schwachstellen Ausschau halten und dann versuchen, Prozesse zu verbessern, Abläufe „flüssiger" und effizienter zu gestalten, die ermittelten Fehler zu minimieren und Schwachstellen auszumerzen, dann arbeiten wir am System. Ob man dies nun *Qualitätsmanagement* nennt oder sagt „Wir wollen es, mit gesundem Menschenverstand, gut und richtig machen!", bleibt dahingestellt.

Qualitätsmanagement ist nicht das Streben nach einem Zertifikat. Qualitätsmanagement basiert auch nicht allein auf dem Erfüllen bestimmter Normen, daher wurden in diesem Beitrag auch ganz bewusst nicht die unzähligen Tools und Formvorschriften zitiert, die vermeintlich durch Normvorgaben einzuhalten wären. Es sind schon viele Unternehmen gescheitert, die mehrfach zertifiziert waren und sich akribisch an Normvorschriften gehalten haben. Es hat ihnen nichts genützt, weil sie den Blick für das Wesentliche und den gesunden Menschenverstand verloren hatten. Das Zertifikat hat ihnen also nicht geholfen.

Der Praxisanleiter ist sein eigener Qualitätsmanager, dies zumindest im Hinblick auf die Prozess- und Ergebnisqualität. Auf die Strukturqualität kann er meist nur eingeschränkt Einfluss nehmen, da diese von vielen Faktoren abhängig ist, wie z.B. die Bereitstellung von finanziellen, materiellen und personellen Ressourcen durch die Geschäftsführung oder die vorgegebene Struktur der Ausbildung durch Gesetze und Rechtsverordnungen. Mit der neuen Norm (DIN EN ISO 9001:2015) wird das Risikomanagement zunehmend an Bedeutung gewinnen. Hierbei geht es vor allem darum, potenzielle Risiken in der Ausbildung zu identifizieren und geeignete Pläne zu entwickeln, diesen Risiken zu begegnen und sie zu beherrschen.

Qualität ist das, was am Ende dabei herauskommt. Es kann gut gemeint, aber auch schlecht gemacht sein ...

Literatur:

Ausbildungs- und Prüfungsverordnung für Notfallsanitäterinnen und Notfallsanitäter (NotSan-APrV). Vom 16. Dezember 2013. In: BGBl. 2013 I (74): 4280–4304.

DIN EN ISO 9001:2008 – Qualitätsmanagementsysteme - Anforderungen.

DIN EN ISO 9001:2015 – Qualitätsmanagementsysteme - Anforderungen.

Gesetz über den Beruf der Notfallsanitäterin und des Notfallsanitäters sowie zur Änderung weiterer Vorschriften [Notfallsanitätergesetz, NotSanG]. Vom 22. Mai 2013. In: BGBl. 2013 I (25): 1348–1357.

10 Beurteilen und Bewerten

Ralf Nickut

Beurteilung ist keine Verurteilung, sondern ein Mittel der Mitarbeiterförderung (hier des Auszubildenden). Eine Beurteilung ist kein einmaliges Ereignis, sondern sollte Bestandteil eines Gesamtsystems sein. Als solche verdeutlichen Beurteilungen auch den Prozess eines Leistungsverlaufs über einen längeren Zeitraum, der stets sachlich nachvollziehbar und transparent sein soll.

In der beruflichen Ausbildung von Notfallsanitätern kommt der Beurteilung durch den Praxisanleiter eine wichtige Bedeutung zu: In Abstimmung mit der Rettungsdienstleitung sowie der Notfallsanitäterschule werden Ausbildungs- und Einsatzabschnitte definiert, deren Erfolg überprüft und daraus resultierende Folgeschritte vereinbart. Handelte es sich bislang bei der Praktikumsbeurteilung von Rettungshelfern, -sanitätern oder -assistenten zumeist um eine Momentaufnahme zum Praktikumsende, so wird beim Notfallsanitäter die Beurteilung zu einem kontinuierlichen Prozess, der in der Mitgliedschaft des Praxisanleiters in der Prüfungskommission mündet.

Auszubildende zum Notfallsanitäter werden in der ersten Hälfte ihrer Ausbildung noch wenig Möglichkeiten haben, ihre eigenen Leistungen mit den tatsächlichen Anforderungen zu vergleichen. Hier ist es wichtig, dass ihnen durch die ausbildenden Unternehmen, die Schulen und die Praktikumsstellen eine objektive Einschätzung ihres Wissensstandes und ihrer praktischen Leistungen gegeben wird.

Ein weiterer Aspekt ist die Beachtung des Betriebsverfassungsgesetzes. Auszubildende zum Notfallsanitäter werden wie Arbeitnehmer behandelt und haben die gleichen Rechte. In Streitfällen wären sie berechtigt, eine Gegendarstellung zur Beurteilung zu formulieren, die in die Personalakte aufgenommen werden müsste. Schulisch genutzte Strukturen sind hiervon ausgenommen, wenn es sich um einen anderen Träger der Schule handelt, der nicht auch Arbeitgeber des Auszubildenden ist. Auch die Beurteilungspraxis der klinischen Praktikumsgeber wird i. d. R. nicht in das Mitbestimmungsrecht des zuständigen Betriebsrates eines Auszubildenden fallen. Insgesamt empfiehlt es sich aber, den Betriebsrat über die Beurteilungskriterien und -systematik für die Auszubildenden im Vorfeld zu informieren.

Wie bereits beschrieben, ist die Beurteilung von Auszubildenden Aufgabe unterschiedlicher Stellen: Die Schule sowie die klinischen und rettungsdienstlichen Praxisanleiter beurteilen den Auszubildenden. Über einen Gesamtzeitraum von drei Ausbildungsjahren werden viele Beurteilungen von unterschiedlichen Beurteilern erstellt und zusammengeführt. Laut NotSanG liegt die Gesamtverantwortung der Ausbildung bei der Schule für Notfallsanitäter. Insofern ist zu fordern, dass die Schulen geeignete Ausbildungsnachweise und Lernziele verschriftlichen wie auch eine zugehörige Beurteilungsstruktur. Die hier genutzten Verfahren sind mit den klinischen und rettungsdienstlichen Praxisanleitern abzustimmen. Zudem fordert die NotSan-APrV regelmäßige Praxis- und Beratungsbesuche der Schule in den Praktikumsstellen. Somit formuliert der Gesetzgeber sehr deutlich die dauerhafte kooperative Zusammenarbeit aller Ausbildungsbeteiligten.

Eine Besonderheit stellt die Notfallsanitäterausbildung im Vergleich zu anderen Berufsausbildungen dar: Die im gesamten Ausbildungsverlauf erbrachten Leistungen, Beurteilungen und Noten fließen nicht in die Abschlussprüfung ein! Insoweit handelt es sich bei der staatlichen Prüfung von Notfallsanitätern ausschließlich um eine Momentaufnahme der zur Prüfung erbrachten Leistungen. Dies impliziert einerseits, dass die Lehr- und Lernmotivation über die gesamte Ausbildungszeit kontinuierlich aufrechterhalten werden muss. Andererseits ist es umso wichtiger, den Auszubildenden durch eine geplante Beurteilungsstruktur regelmäßige Leistungsrückmeldungen zu geben.

Die Anforderungen an Praxisanleiter sind somit in erheblichem Maße gewachsen.

10.1 Allgemeine Anforderungen an Beurteilungsverfahren

Um sich mit Beurteilungen und den hiermit verbundenen Ansprüchen an die Objektivität auseinandersetzen zu können, ist es hilfreich, das Verständnis sowie die Rahmenbedingungen zum Einsatz von Beurteilungsverfahren zu kennen.

10.1.1 Verständnis und Ziele von Beurteilungsverfahren

Die Ziele eines Beurteilungssystems sind u. a. personenorientiert im Sinne der Bewertung von persönlichen Ausbildungsleistungen des Auszubildenden. Beurteilungen dienen der Standortbestimmung (Lernbilanz) des Auszubildenden und der Entwicklung nachfolgender Ausbildungsschritte.

Beurteilung wird aber auch systemorientiert eingesetzt, um beispielsweise im Rahmen der Qualitätssicherung oder auch der Personalentwicklung Informationen zu sammeln und zu strukturieren. So soll der Auszubildende seinen Kenntnissen und Leistungen entsprechend im Ausbildungsverlauf Schritt für Schritt an die Anforderungen als Notfallsanitäter herangeführt werden.

Im Rahmen der staatlichen Prüfung dient die Bewertung erbrachter Prüfungsleistungen der Definition von Leistungsnoten, die auf dem Prüfungszeugnis abschließend dokumentiert werden. Der Vollständigkeit wegen soll noch auf das Arbeitsrecht verwiesen werden; hier erfolgen Mitarbeiterbeurteilungen als Grundlage zur Erstellung von Arbeitszeugnissen.

TAB. 1 ▶ Ziele von Beurteilungssystemen

- Leistungskontrolle: Lernerfolgskontrolle der einzelnen Ausbildungsabschnitte
- Erkennen spezieller Fähigkeiten, Interessen und Schwächen
- gezielte Förderung von Interessen und Stärken
- gezielter Abbau von Schwächen
- Anerkennung und Kritik der Leistungen und des Engagements
- Anerkennung der persönlichen Wertigkeit des Auszubildenden im Betrieb und im Mitarbeiterteam
- Mittel zur Motivation
- Entdecken und Fördern personeller Ressourcen
- Instrument der Personalentwicklung
- Instrument der Qualitätskontrolle

Mit diesen Zielen hat sich auch der Charakter der Beurteilung gewandelt. Viele kennen sie ausschließlich personenorientiert, auf der Suche nach Schwächen und Fehlern, oft willkürlich und nicht nachvollziehbar, als Instrument der Macht. Beurteilungen weckten durchaus Ängste und Misstrauen.

Das heute notwendige Verständnis ist sowohl personenbezogen als auch sachorientiert und nachvollziehbar. Schwächen und Fehler sind durchaus erlaubt und definieren neue Ziele. Beurteilung ist miteinander vereinbart und geplant, sie ermöglicht somit auch gegenseitiges Vertrauen. Die konsequente Umsetzung dieses neuen Verständnisses als systemorientierte Führungsaufgabe ist eine elementare Anforderung an Rettungsdienste in der Notfallsanitäterausbildung. Im NotSanG, in der NotSan-APrV sowie in begleitenden landesrechtlichen Durchführungsbestimmungen ist dieser hohe Stellenwert formuliert.

Es ist jedoch festzustellen, dass insbesondere für die Beurteilung praktischer Tätigkeiten im Rettungsdienst keinerlei einheitliche Vorgaben vorhanden sind. Gleiches gilt für die Gestaltung, den Inhalt sowie die Führung von Berichtsheften. Entsprechend werden hier Anregungen zur inhaltlichen Gestaltung von Beurteilungsbögen vorgestellt.

10.1.2 Differenzierung Arbeits- / Dienstzeugnis und Beurteilung

Jeder Arbeitnehmer muss im Rahmen der Arbeitsplatzsuche eine Bestätigung seiner bisherigen Arbeitsstelle über Art und Dauer der bisherigen Tätigkeit (einfaches Zeugnis) und der erbrachten Leistungen sowie der persönlichen Führung (qualifiziertes Zeugnis) vorlegen, ein sogenanntes Arbeits- oder Dienstzeugnis. Die Formulierung derartiger Zeugnisse ist Aufgabe des Arbeitgebers, und sie bewegt sich in einem durch

Rechtslehre und Rechtsprechung eng abgesteckten Rahmen. Zudem haben sich arbeitgeberseitig Formulierungen entwickelt, welche einem Geheimcode gleichkommen. Die Formulierung eines derartigen Zeugnisses ist in der Ausbildungspraxis für Notfallsanitäter, Rettungssanitäter sowie Rettungshelfer nicht vorgesehen.

Somit ist es wichtig, streng zwischen einem Arbeits-/Dienstzeugnis und einer Praktikumsbeurteilung im Rahmen der Ausbildung zu unterscheiden. In einem Arbeits-/Dienstzeugnis dürfen keine für den Beschäftigten nachteiligen Formulierungen enthalten sein. Hingegen fordern die Ausbildungsregularien in einer Praktikumsbeurteilung deutliche Aussagen zum Erfolg bzw. Nichterfolg eines Ausbildungsabschnittes. Diese sind Grundlage zur Planung der nachfolgenden Ausbildungsabschnitte.

10.2 Der Beurteilungsprozess

Die Grundlagen einer Beurteilung sind das Beobachten und das Bewerten. Zunächst werden Verhalten, Vorgänge und Zustände wahrgenommen, welche möglichst sachlich zu dokumentieren sind. Nachfolgend werden die gewonnenen Informationen mittels eines festgelegten Beurteilungsmaßstabs bewertet. Anhand des Beurteilungsprozesses werden modellhaft nachfolgend die einzelnen Schritte (ABB. 1) erläutert sowie hiermit verbundene Gefahrenpunkte dargestellt.

▶ **Schritt 1: Festlegung von Leistungsmaßstäben**

Zunächst werden die verschiedenen Kriterien oder Merkmale festgelegt, die beurteilt werden sollen. Zu diesen Kriterien sind ergänzend sinnvolle und beobachtbare Abstufungsbegriffe zu definieren, die den jeweiligen Ausprägungsgrad der Leistungen beschreiben. Beide Teilaspekte fließen in einer einheitlichen und für alle Beteiligten ver-

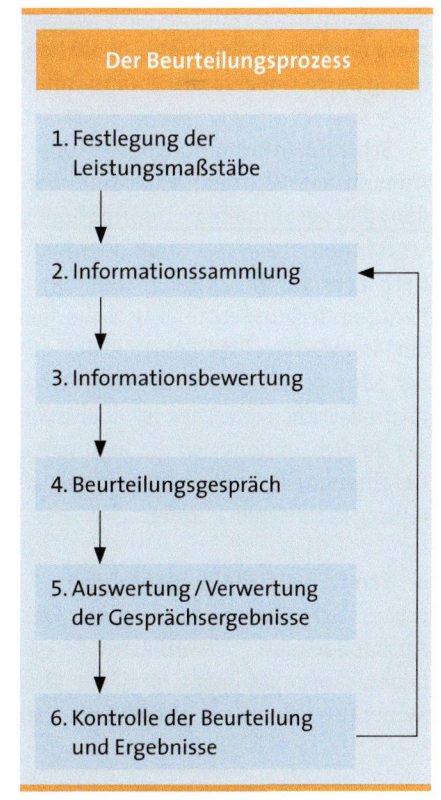

Der Beurteilungsprozess

1. Festlegung der Leistungsmaßstäbe
2. Informationssammlung
3. Informationsbewertung
4. Beurteilungsgespräch
5. Auswertung / Verwertung der Gesprächsergebnisse
6. Kontrolle der Beurteilung und Ergebnisse

ABB. 1 ▶ Beurteilungsprozess

bindlichen schriftlichen Form zusammen. Dieser Arbeitsschritt erfolgt einmalig für die Ausbildungsgänge Rettungshelfer, -sanitäter und Notfallsanitäter.

▶ **Schritt 2: Informationssammlung**
Grundlage der Beurteilung ist das Beobachten. Beobachten bedeutet, Zustände, Verhaltensweisen und Vorgänge wahrzunehmen. Diese Informationen sollen möglichst sachlich dokumentiert werden. An diesem Punkt ist es gerade bei Einführung eines neuen Systems hilfreich, sich die Beurteilungskriterien immer wieder vor Augen zu führen, um alle wichtigen Aspekte zu erfassen. Ansonsten besteht die Gefahr des Informationsverlustes oder der eingeschränkten (selektiven) Wahrnehmung durch unbewusste Vorauswahl.

▶ **Schritt 3: Informationsbewertung**
Anhand des Beurteilungslayouts werden die gesammelten Informationen strukturiert, bewertet und dokumentiert. Dies ist im Rahmen der personenorientierten Beurteilung sicherlich der anspruchsvollste Schritt. Hier gilt der Grundsatz maximaler Objektivität und Ehrlichkeit. Dies ist aber auch der Bereich, in dem sich die häufigsten Gefahrenquellen finden, die eine Beurteilung verfälschen können.

▶ **Schritt 4: Beurteilungsgespräch**
Das *Beurteilungsgespräch* ist für den Auszubildenden zweifelsfrei der bedeutsamste Moment, und bei aller Sympathie oder auch Abneigung: Hier gilt es für den Praxisanleiter, sachlich, fair und offen zu bleiben. Im Vordergrund des Gesprächs steht nicht der Auszubildende als Mensch insgesamt, sondern ausschließlich seine Ausbildungsleistungen und sein Verhalten im Kontext der Ausbildung. Ein Beurteilungsgespräch könnte auch als *Zielvereinbarungs-* oder *Fördergespräch* bezeichnet werden und macht den Lern- und Entwicklungsbedarf des Auszubildenden deutlich.

▶ **Schritt 5: Auswertung und Verwertung der Ergebnisse**
Im Beurteilungsgespräch erhält der Auszubildende Gelegenheit zur persönlichen Stellungnahme und Einschätzung des beurteilten Zeitraums. Hier setzt jetzt Schritt fünf des Beurteilungsprozesses ein: die Suche nach Erklärungen, sofern sie nicht offensichtlich sind, und die gemeinsame Festsetzung neuer Zielvereinbarungen für den nächsten Ausbildungsabschnitt.

▶ **Schritt 6: Kontrolle der Beurteilung und Ergebnisse**
Dieser letzte Schritt leitet wieder über zu Schritt zwei des Prozesses, der Informationssammlung, diesmal jedoch unter den zusätzlichen Aspekten der neuen Zielvereinbarungen sowie der persönlichen Einschätzung des Auszubildenden. Sollten wider Erwarten im Rahmen der Beurteilungsphase doch Unsicherheiten oder Fehler offensichtlich geworden sein, so besteht in dieser Phase auch die Möglichkeit zur konkreten Überprüfung und Korrektur.

10.3 Beurteilungskriterien

Während seiner Ausbildung wird der Auszubildende Schritt für Schritt an neue Aufgaben herangeführt. Er generiert einen Wissenszuwachs, seine Handlungskompetenz verändert sich, er erlebt eine zunehmende Vielfalt an Einsatzszenarien, und er erweitert seine Entscheidungsfähigkeit. Daher stehen unterschiedliche Lernziele in den einzelnen Ausbildungsabschnitten im Vordergrund, weshalb es sinnvoll ist, hier angepasste Beurteilungskriterien zu formulieren. Ebenfalls ist es nachvollziehbar, dass Fähigkeiten zu Beginn einer Ausbildungsphase anders ausgeprägt sind als im späteren Verlauf. Aber auch die Anforderungen zu Ausbildungsbeginn sind niedriger als zum Ausbildungsende, sodass eine differenzierte Gewichtung sinnvoll erscheint.

Die Vielfalt bewertbarer Kriterien zeigt Tabelle 2. Zu diesen Einzelkri-

Tab. 2 ▶ Mögliche Beurteilungskriterien

Äußere Erscheinung:	– sauber gekleidet, gepflegtes Erscheinungsbild – Auftreten, Selbstsicherheit (Freundlichkeit, Umgangston) – seelischer/psychischer Entwicklungsstand (Ausgeglichenheit)
Kognitive Fähigkeiten:	– Lernfähigkeit: Kenntnisse, Fähigkeiten und Fertigkeiten erwerben können – Fachwissen – geistige Beweglichkeit: wechselnde Anforderungen begreifen und bewältigen können – Konzentrations- und Denkfähigkeit, Wissen und Informationen abrufbereit haben – Überblick: Unwichtiges von Wichtigem trennen können – Kreativität: eigene Ideen entwickeln und umsetzen können – Reflexionsfähigkeit des eigenen Entscheidens und Handelns
Affektive Fähigkeiten:	– Entschlusskraft, Zielorientierung – Engagement, Interesse und Aufmerksamkeit – Lernwilligkeit und Motivation – Belastbarkeit, Fleiß, Ausdauer – Ordnung, Sauberkeit, Sorgfalt – Selbstsicherheit, Selbstständigkeit
Arbeitsverhalten:	– schriftliche und mündliche Ausdrucksfähigkeit – Arbeitsmenge, Arbeitsgeschwindigkeit, Arbeitsqualität – organisiertes, systematisches Arbeiten – Pünktlichkeit, Zeiteinteilung – Handlungssicherheit
Sozialverhalten:	– Beziehungsfähigkeit: mit Menschen gut in Kontakt treten können – Teamfähigkeit: Kooperationsfähigkeit und -willigkeit – Hilfsbereitschaft – sich einfühlen können, Anteil nehmen – konstruktive Kritik und Selbstkritik üben können – teamfähig sein: sich in eine Gruppe einordnen können – Kommunikationsfähigkeit: zuhören können, klare Informationsweitergabe beherrschen

terien sind ergänzend sinnvolle und beobachtbare Abstufungsbegriffe zu definieren, die den jeweiligen Ausprägungsgrad der Leistungen beschreiben. Da diese Kriterien jedoch noch keine konkreten fachlichen Aspekte beinhalten, müssen letztere ergänzend einfließen.

Es wird also deutlich, dass herkömmliche Checklisten und Kurzbeur-

	+++	++	+	–	– –	– – –	Bemerkungen:
Ansprechen des Betroffenen							
Atemkontrolle → Überstrecken des Kopfes → Atemkontrolle (sehen, hören, fühlen)							
Anamneseerhebung/ strukturierte körperliche Untersuchung → zusammenhängend durchgeführt → korrekte/sinnvolle Reihenfolge → vollständig durchgeführt							
Entscheidungskriterien/Nachforderung → Leitsymptom Atmung erkannt → Leitsymptom Bewusstsein erkannt → Leitsymptom Kreislauf erkannt → Verdachtsdiagnose benannt → Nachforderung Notarzt sinnvoll → Nachforderung Feuerwehr sinnvoll → Nachforderung Polizei sinnvoll							
venöser Zugang (Vorbereitung) → Tropfkammer zur Hälfte gefüllt und System entlüftet → Venenverweilkanüle bereitgelegt → ... → steriles Arbeiten							
Versorgungsverlauf → laufende Betreuung → kontinuierliche Information des Patienten → fortlaufende Vitalzeichenüberwachung → Reevaluationen							
Zusammenarbeit/Arbeitssicherheit → Eigensicherung beachtet → Ausstattung sorgfältig vorbereitet → Führung und Kommunikation im Team → klarer Ansprechpartner für Betroffene → Absprache im Team → Hygiene und Arbeitssicherheit beachtet							

ABB. 2 ▶ Beispiel einer Bewertung notfallmedizinischer Handlungskompetenz

teilungen den neuen Anforderungen nicht gerecht werden, und es gilt, alle unterschiedlichen Beurteilungsaspekte lernfeldorientiert zusammenzuführen. Sinnvoll erscheinen viele unterschiedliche Beurteilungsbögen, die sich in Merkmalen und Gewichtung an den konkreten Tätigkeitsabschnitten im Ausbildungsverlauf orientieren und welche die erwarteten fachlichen Aspekte beinhalten. So könnten kognitive und affektive Fähigkeiten sowie Sozial- und Arbeitsverhalten unabhängig von notfallmedizinischer Handlungs- und Entscheidungskompetenz bewertet und dokumentiert werden.

Die Praxis aus der Kranken- und Altenpflegeausbildung zeigt, dass verwendete Systeme oftmals einen Kompromiss zwischen dem theoretisch Möglichen und dem praktisch Umsetzbaren darstellen. Allzu differenzierte und aufwändige Beurteilungsstrukturen führen oft dazu, dass sie vom Beurteiler nicht mehr ernst genommen und daher oberflächlich ausgefüllt werden, ohne den tatsächlichen Ausbildungsleistungen wirklich gerecht zu werden. Hier erscheint es sinnvoll, dass Notfallsanitäterschulen mit den Praxisanleitern gemeinsame Strukturen entwickeln und diese in Praxisbesuchen in den Einsatzstellen kontinuierlich anwenden, aber auch auf Plausibilität und Umsetzbarkeit hinterfragen.

10.4 Beurteilungslayout

Nachfolgend werden grundlegende Aspekte zur Formulierung und Gestaltung von Beurteilungen vorgestellt. Neben konkreten Anforderungen werden unterschiedliche Vorschläge und deren Vor- und Nachteile dargestellt.

10.4.1 Anforderungen an das Beurteilungslayout

Die Vorgabe eines einheitlichen Beurteilungskonzepts erscheint schwierig, aber zwingend erforderlich. Zumindest muss in jedem Rettungsdienstbereich ein einheitliches Modell erarbeitet werden, welches unter den spezifischen Bedingungen sinnvoll und praktikabel ist und die nachfolgenden Anforderungen erfüllt.

▶ **Objektivierte Aussagen**
Ein vollkommen objektives Verfahren ist nicht zu realisieren, aber stets anzustreben. Das Beurteilungssystem soll jeder Willkür und Subjektivität entgegenwirken. Die gewählten Merkmale müssen die Beobachtung des Verhaltens ermöglichen, welches durch sie erfasst wird. Persönlichkeitsmerkmale sind beispielsweise nicht beobachtbar, sondern nur subjektiv interpretierbar. Sie müssen in relevante Verhaltensmerkmale transferiert werden.

▶ **Vollständigkeit / Relevanz**
Es sollen sämtliche Tätigkeits-, Verhaltens- und Leistungsmerkmale erfasst werden, welche für das Ausbildungs- und Berufsprofil erforderlich sind. Es

wird eine Begrenzung der Zahl der Merkmale auf fünf bis zehn empfohlen, um Nachteile (z. B. Unübersichtlichkeit oder Bedeutungsverlust einzelner Merkmale) einzuschränken. Verhaltensmerkmale ohne berufliche Relevanz sind hier irrelevant.

▶ **Differenzierung**

Die Abstufung der einzelnen Merkmale muss eindeutig abgegrenzt sein und soll das gesamte mögliche Leistungs- und Verhaltensfeld von Auszubildenden umfassen.

▶ **Vergleichbarkeit**

Um Beurteilungen verschiedener Beurteiler und verschiedener Auszubildender vergleichbar und im Einzelfall reproduzierbar machen zu können, muss jedes Kriterium inhaltlich und in seinen Ausprägungen eindeutig definiert sein.

TAB. 3 ▶ Notensystem mit Adaption an die Notfallmedizin (durch Ralf Nickut)

Note	Punkte	Beschreibung
1 / sehr gut	92–100	Wenn die Leistung in besonderem Maße den Anforderungen entspricht. D.h., die Maßnahmen werden vollumfänglich, ohne jegliche Fehler, ohne jegliche Unsicherheit und in der notfallmedizinisch notwendigen Zeit abgeschlossen.
2 / gut	81–91	Wenn die Leistung den Anforderungen voll entspricht. D.h., die Maßnahmen werden vollumfänglich, mit geringfügigen, für den Patienten nicht relevanten Fehlern, ohne wesentliche Unsicherheit und in der notfallmedizinisch notwendigen Zeit abgeschlossen.
3 / befriedigend	67–80	Wenn die Leistung im Allgemeinen den Anforderungen entspricht. D.h., die Maßnahmen werden im Wesentlichen vollständig, mit geringfügigen, für den Patienten nicht relevanten Fehlern, ohne wesentliche Unsicherheiten und in einer notfallmedizinisch noch vertretbaren Zeit abgeschlossen.
4 / ausreichend	50–66	Wenn die Leistung zwar Mängel aufweist, aber im Ganzen den Anforderungen noch entspricht. D.h., die Maßnahmen werden nahezu vollständig, mit für den Patienten kompensierbaren Fehlern, mit einigen Unsicherheiten und in einer notfallmedizinisch noch vertretbaren Zeit abgeschlossen.
5 / mangelhaft	30–49	Wenn die Leistung den Anforderungen nicht entspricht, jedoch erkennen lässt, dass die notwendigen Grundkenntnisse vorhanden sind. D.h., die Maßnahmen werden unvollständig, mit für den Patienten erheblichen Fehlern, mit vielen Unsicherheiten oder in einer notfallmedizinisch nicht mehr vertretbaren Zeit abgeschlossen.
6 / ungenügend	0–29	Wenn die Leistung den Anforderungen nicht entspricht und selbst die notwendigen Grundkenntnisse so lückenhaft sind, dass die Mängel auch in absehbarer Zeit nicht behoben werden können. D.h., die Maßnahmen werden unvollständig, mit erheblichen Fehlern, mit massiven Unsicherheiten und in einer notfallmedizinisch nicht vertretbaren Zeit abgeschlossen. Zudem kann die Note „ungenügend" bei erheblicher Patientengefährdung oder -schädigung vergeben werden.

▶ **Transparenz**

Das gesamte Beurteilungssystem muss für Beurteiler, Vorgesetzte und Auszubildende nachvollziehbar und transparent sein, um die notwendige Akzeptanz zu erreichen. Begriffsdefinitionen und Leistungsabstufungen müssen für alle verständlich sein.

▶ **Praktikabilität**

Das Beurteilungssystem muss für alle Beurteiler praktikabel sein. Es muss in der Anwendung übersichtlich, sicher und wenig zeitaufwendig genutzt werden können.

10.4.2 Gestalterische Formen der Beurteilung

Eine objektivierte Beurteilung soll immer schriftlich erfolgen. Abgesehen von inhaltlichen Aspekten werden nachfolgend äußere Formen vorgestellt, welche für den Arbeitsbereich Rettungsdienst sinnvoll sein können.

10.4.2.1 *Notensystem / Einstufungsmethode*

Heutzutage gebräuchlich ist ein 100-Punkte-System, welches eine Notenzuordnung erlaubt.

Die Beobachtungskriterien können über ein Punktesystem bewertet und ergänzend mit Gewichtungen versehen werden. Hiernach kann aus der erreichten Punktzahl eine Note ermittelt werden. Zwingend erforderlich ist auch hier die Formulierung der eigentlichen Leistungskriterien und Erfüllungsgrade, die zu erbringen sind (s. Tab. 3).

Im Rettungsdienst werden häufig alternative Einstufungsgrade gewählt wie beispielsweise Zahlen oder Buchstaben als Leistungsausdrücke (1–5 oder a–e) oder Prädikate (sehr gut, gut, ausreichend, ungenügend usw.).

Vorteile:
– Eindeutigkeit und klare Zuordnung im Sprachgebrauch
– Transparenz, Übersichtlichkeit, leichte Anwendbarkeit.

Nachteile:
– Besonderheiten können nicht erfasst werden
– verleitet dazu, positiv einzustufen
– verleitet zu oberflächlicher Beurteilung
– Widerstand beim Auszubildenden aufgrund typischer schulischer Erinnerungen
– intensive Schulung zur Vermeidung von Fehlern notwendig.

10.4.2.2 *Textvorgaben*

Die Beurteilungskriterien finden sich in Formulierungsvorgaben wieder. Der Beurteiler braucht lediglich die zutreffenden Aussagen anzukreuzen.

> **BEISPIEL**
>
> – lernt sehr leicht, begreift sofort, denkt richtig und selbstständig
> – lernt leicht, denkt mit
> – lernt und denkt durchschnittlich
> – lernt langsam, denkt unselbstständig
> – lernt sehr langsam und ungenügend.

Vorteile:
– Ausbildungsanforderungen sind formuliert
– Eindeutigkeit der Aussagen
– Transparenz, leicht anzuwenden

- vorformulierter Text und Merkmale
- gute Differenzierung zwischen verschiedenen Beurteilten möglich
- wenig inhaltliche Verzerrung.

Nachteile:
- Besonderheiten können nicht erfasst werden
- der Leser muss sich aufgrund der Einzelaussagen selbst ein Gesamtbild machen.

10.4.2.3 *Freie Formulierung*

Der Beurteiler hat freie Formulierungsvielfalt in der Auswahl der Bewertungskriterien, deren Gewichtung sowie ergänzender Anmerkungen. Er entscheidet auch über die Begriffswahl zur Beschreibung von Leistungsausprägungen.

BEISPIEL

„Herr Gerhard Mustermann, geb. am ..., war im Rahmen seiner Ausbildung zum Notfallsanitäter von ... bis ... in der Anästhesie-Abteilung des Krankenhauses Musterstadt beschäftigt.

Herr Mustermann wurde im Operationsbereich und im Aufwachraum eingesetzt.

In den ersten Wochen der Einarbeitung zeigte Herr Mustermann einige Lücken in seinem theoretischen Grundlagenwissen sowie hieraus resultierende geringfügige praktische Unsicherheiten. Diese wurden jedoch durch erhebliche Eigeninitiative von Herrn Mustermann ausgeräumt. Herr Mustermann besitzt gutes theoretisches Grundlagenwissen und kann dieses den jeweiligen Erfordernissen entsprechend in die Praxis umzusetzen. Seine praktische Arbeit ist weiterhin gekennzeichnet durch eine gute Geschicklichkeit sowie eine außerordentlich gute Arbeitsgüte. Herr Mustermann zeigte sich in allen Belangen sehr flexibel und in positiver Weise selbstständig, ohne jedoch seine eigenen Grenzen zu ignorieren.

In Notfallsituationen blieb er ruhig und handelte überlegt. Positiv auffallend war sein ausgeprägtes patientenorientiertes Denken und Handeln."

Vorteile:
- Der Beurteiler kann der Persönlichkeit des Beurteilten in allen Einzelheiten gerecht werden und ein umfassendes Bild zeichnen (sehr differenziert).

Nachteile:
- Ausbildungsanforderungen sind nicht formuliert
- Formulierungssicherheit muss von allen Beurteilern vorausgesetzt werden (hohe Anforderung an Beurteiler)
- individuelle Beurteilung mit der Gefahr von Über- und Untergewichtung oder Vergessen von Aspekten (Subjektivität)
- Beurteilungen sind weitgehend nicht vergleichbar, die Formulierungen nicht unbedingt reproduzierbar
- Es ist nicht zwingend sichergestellt, dass der Leser die Formulierung so versteht, wie sie der Beurteiler gemeint hat.

10.4.2.4 *Fragebogen*

Der Beurteilungsfragebogen ist ein Zusammenschluss von Textvorgaben und freier Formulierung. Der Beurteiler beantwortet frei formuliert systematisch aufgebaute Fragen zu den Beurteilungskriterien, z. B.:

BEISPIEL

Frage 1:
Wodurch zeichnet sich die Teamfähigkeit des Auszubildenden aus?
Antwort:

Frage 2:
Wie beurteilen Sie die Selbstständigkeit des Auszubildenden?
Antwort:

Frage 3:
Wie ist die Arbeitsgüte zu beurteilen?
Antwort:

Vorteile:
- Die Vorteile von Textvorgaben und freier Formulierung werden zusammengefasst.
- keine Gefahr der Über- und Untergewichtung oder des Vergessens von Aspekten.

Nachteile:
- Ausbildungsanforderungen sind nicht deutlich formuliert
- Formulierungssicherheit muss von allen Beurteilern vorausgesetzt werden (hohe Anforderung an Beurteiler)
- individuelle Beurteilung mit der Gefahr von Über- und Untergewichtung (Subjektivität)
- Beurteilungen sind weitgehend nicht vergleichbar, die Formulierungen nicht unbedingt reproduzierbar
- Es ist nicht zwingend sichergestellt, dass der Leser die Formulierung so versteht, wie der Beurteiler sie gemeint hat.

	++	+	+–	–	– –
Lernfähigkeit: Kenntnisse, Fähigkeiten und Fertigkeiten erwerben können					
geistige Beweglichkeit: wechselnde Anforderungen begreifen und bewältigen können					
Konzentrations- und Denkfähigkeit, Wissen und Informationen abrufbereit haben					
Überblick: Unwichtiges von Wichtigem trennen können					
Lernwilligkeit und Motivation					
Pünktlichkeit, Zeiteinteilung					
Beziehungsfähigkeit: mit Menschen gut in Kontakt treten können					
...					

ABB. 3 ▶ Beispiel einer Checkliste

10.4.2.5 Checklisten

Beurteilungskriterien werden sinnvoll aufgebaut gelistet. Hiermit kann ergänzend der Ausprägungs- oder Leistungsgrad kombiniert werden.

Vorteile:
- Ausbildungsanforderungen sind formuliert
- übersichtlich, transparent
- einfaches und schnelles Verfahren
- keine Gefahr der Über- und Untergewichtung oder des Vergessens von Aspekten
- Beurteiler ist eher „Berichterstatter", weniger Beurteiler.

Nachteile:
- Beschönigungstendenz beim Beurteiler zugunsten erforderlicher, guter Verhaltensweisen (vgl. Noteneinstufung).

10.5 Fehlerquellen und Gefahren in der Beurteilung

Nachdem bislang der Beurteilungsprozess sowie äußere Formen der Beurteilung vorgestellt wurden, geht es nachfolgend um mögliche Fehlerquellen und Gefahren, welche den Prozess beeinflussen und somit die Erarbeitung einer fairen Beurteilung beeinträchtigen können. Abschließend werden Empfehlungen gegeben, wie man diesen Einflüssen entgegenwirken kann.

Häufige Gefahren- und Fehlerquellen können entsprechend dem Beurteilungsprozess unterteilt werden:
- *Beobachtungsfehler* entstehen bereits während der Beobachtungsphase, also bei der Informationssammlung. Durch verschiedene Einflüsse wird hier die Wahrnehmung beeinträchtigt.
- *Beurteilungsfehler* schleichen sich bei der konkreten Informationsbewertung ein und beeinträchtigen die Objektivität.

10.5.1 Beobachtungsfehler

▶ **Halo-Effekt / Überstrahlungseffekt**
Eine besonders auffallende positive oder negative Eigenschaft oder ein erster Eindruck wird verallgemeinert oder auf ähnliche Kriterien projiziert. Somit besteht die Gefahr einer insgesamt falsch positiven oder falsch negativen und somit undifferenzierten Beurteilung. Zudem fällt es typischerweise schwer, von einer Erstbeurtei-

TAB. 4 ▶ Einflüsse auf die Beurteilung

- erster Eindruck
- Sympathie oder Antipathie
- Leistungsdurchschnitt aller Mitarbeiter/Auszubildenden
- hervorstechende Einzelleistungen
- Meinungsspiegel im Mitarbeiterkreis
- Tagesstimmungen
- persönliche Interessensschwerpunkte des Beurteilenden

lung bei einer weiteren Beurteilung deutlich (vor allem negativ) abzuweichen.

▶ **Andorra-Phänomen**

Ein beobachteter Mensch wird durch die Erwartung, die an ihn gestellt wird, unbewusst beeinflusst. Wenn er sich beobachtet fühlt, wird er sich nicht authentisch verhalten. Wird einem Auszubildenden mitgeteilt, dass er besser sei, als er tatsächlich ist, so werden seine Leistungen steigen (Motivation). Allerdings geschieht dies auch im umgekehrten Fall, der in der praktischen Ausbildung durch ungeschickte Vermittlung negativer Kritik häufiger auftreten dürfte: Die Leistungen des Auszubildenden verschlechtern sich. Ein ähnliches Phänomen ist unter dem Begriff *sich selbsterfüllende Prophezeiung* (Self-fulfilling Prophecy) bekannt.

▶ **Selektive Wahrnehmung**

Der Ausbilder sieht nur das, was ihm persönlich wichtig ist (sachlich, emotional). Hier besteht die Gefahr, dass kein umfassendes Bild der Leistungen des Auszubildenden erstellt wird.

▶ **Momentaufnahme**

Die Erstellung einer zeitlich zufälligen Beurteilung birgt die Gefahr, dass nur positive oder negative Momentaufnahmen beim Ausbilder in Erinnerung sind, welche beurteilt werden. Diese Gefahr wird minimiert, indem sich der Beurteiler über einen längeren Beobachtungszeitraum die Beurteilung des Auszubildenden vornimmt, sich dieser Aufgabe also stets bewusst ist. Er wird konkreter und umfassender beobachten.

▶ **Verhalten und Persönlichkeit**

Gesundheitliche und psychische Belastungen beeinflussen das Verhalten von Menschen. Im Rahmen der Beobachtung und anschließenden Beurteilung kann dies beim Auszubildenden zu Verhaltensänderungen und beim Beurteiler zu Fehlinterpretationen führen.

10.5.2 Beurteilungsfehler

▶ **Vorinformation**

Ähnlich wie der Überstrahlungseffekt: Je mehr positive oder negative Vorinformationen bekannt sind, desto positiver oder negativer wird weiter beurteilt.

▶ **Persönlicher Vergleich**

Der Ausbilder sieht den Auszubildenden unbewusst als persönlichen Konkurrenten: Er beurteilt besser, wenn wenig Gemeinsamkeiten (Eigenschaften, Fähigkeiten) vorhanden sind. Er beurteilt schlechter, wenn viele Gemeinsamkeiten vorhanden sind.

▶ **Persönliches Verhältnis**

Das persönliche Verhältnis (Sympathie, Antipathie) zwischen Beurteiler und Beurteiltem sowie dem Beurteiltem und der kollegialen Gruppe beeinflusst die Beurteilung. Hier geht Objektivität verloren. Bei Sympathie wird tendenziell positiver, bei Antipathie negativer bewertet.

▶ **Übertragung von Vorerfahrungen**

Positive oder negative Vorerfahrungen fließen in eine Beurteilung ein und werden unbewusst zum Maßstab für den neuen Auszubildenden gemacht. Insbesondere durch überdurchschnittlich gute Vorgänger des Auszubildenden wird die Messlatte unfairerweise höher gehängt.

▶ **Kollegiale Beurteilung**

Die Neigung des Menschen zu vereinheitlichen und zu vereinfachen, kann dazu führen, dass Beurteilungen von Kollegen einfach übernommen werden, ohne zu reflektieren. Es handelt sich um das gleiche Prinzip wie bei der „Gerüchteküche", bei der Informationen unkritisch übernommen und weitergegeben werden.

▶ **Zeitabstände / Momentaufnahme**

Jede Beurteilung sollte individuell neu erarbeitet werden. Bei längeren Beurteilungszeiträumen sollten Zwischenbeurteilungen erstellt werden. Ansonsten besteht die Gefahr, dass lediglich die letzten bekannten Leistungen und Fähigkeiten einfließen, welche dem Beurteiler positiv oder negativ erinnerlich sind. Entsprechend sollten Zwischenbeurteilungen schriftlich festgehalten werden.

Die Erstellung einer zeitlich zufälligen Beurteilung birgt die Gefahr, dass nur positive oder negative Momentaufnahmen beim Ausbilder in Erinnerung sind, welche beurteilt werden. Dies gilt auch für nur eine Beurteilung zum Ausbildungsende: Es bleiben oft nur die letzten, d.h. aktuellsten Eindrücke haften.

▶ **Mitarbeiterdurchschnitt**

Oftmals orientiert sich der Beurteiler am Leistungsdurchschnitt aller Mitarbeiter/Auszubildenden. Ist dieser recht hoch, so muss der Auszubildende überdurchschnittlich gute Leistungen erbringen, um gut beurteilt zu werden. Selbst wenn dem Ausbildungsstand entsprechend gute Leistungen erbracht werden, besteht die Gefahr, dass diese schlechter bewertet werden. Ist der Leistungsdurchschnitt hingegen eher niedrig, werden eher durchschnittliche Leistungen des Auszubildenden tendenziell besser bewertet.

Eine Gefahr besteht auch bei der zeitgleichen Beurteilung mehrerer Auszubildender. Hier beeinflussen zeitlich eng hintereinanderliegende negative oder positive Beurteilungen jede nachfolgende Beurteilung, und es werden eher die Beurteilten verglichen als dass eine strenge Orientierung an den dokumentierten Beobachtungen erfolgt.

▶ **Konfliktangst**

Schlechte oder kritikhaltige Beurteilungen führen oftmals zu Auseinandersetzungen mit dem Auszubildenden oder zumindest zu „schlechter Stimmung" untereinander. Konfliktangst beim Ausbilder kann zu falsch positiven Bewertungen führen. Dem Auszubildenden wird hiermit jedoch ein falsch positives Bild vermittelt, welches bei einer späteren Beurteilung gravierend revidiert werden muss. Zudem wird ihm die Chance zur persönlichen Verbesserung genommen.

10.5.3 Schutz vor Beurteilungsfehlern

Allein das korrigierende Bewusstmachen möglicher Fehlerquellen bietet großen Schutz vor Falschbeurteilungen und führt zu mehr Objektivität. Nachfolgend sind die wichtigsten Ansatzpunkte zusammengefasst.

▶ **Einstieg gestalten**
Dem Auszubildenden sollte eine Eingewöhnungszeit gewährt werden. Im Einführungsgespräch sollen der Ausbildungsverlauf und die Beurteilungskriterien vorgestellt werden, an denen er sich orientieren kann. Gleichfalls können an dieser Stelle die gegenseitigen Erwartungen an die Ausbildungszeit untereinander ausgetauscht werden.

▶ **Lernziele gestalten**
Für die einzelnen Ausbildungsabschnitte sind operationalisierte Lernziele zu erarbeiten, welche auch als Beurteilungskriterien dienen. Lernziele sind objektiv kontrollierbar und reproduzierbar. Sie ermöglichen zudem mit anderen Aspekten einen einheitlichen Bewertungsmaßstab.

▶ **Zwischenbeurteilungen**
Zeit- oder lernzielorientierte Zwischenbeurteilungen ermöglichen dem Auszubildenden, seine Entwicklung selbst zu verfolgen und sein Leistungsniveau einzuschätzen. Zusätzliches Zwischenfeedback (z. B. Lob, Tagesfeedback, einsatzbezogenes Feedback) fördert gleichermaßen.

▶ **Beziehung klären**
Bereits im Praktikumseinstieg sollte die Beziehung zueinander verdeutlicht und objektivierbare Grenzen gesetzt werden. Gleichermaßen werden das Beurteilungsverfahren und die diesbezügliche Position des Ausbilders erläutert. Im täglichen Umgang miteinander sollten die Grenzen kontrolliert und ggf. auch korrigiert werden. Dies erleichtert spätere negative Kritik und wertet positive Kritik auf.

▶ **Beobachtung des Gruppenprozesses**
Die Gruppendynamik im Mitarbeiterkreis, Meinungsbilder und auch Gerüchte beeinflussen die Mitarbeiterbeurteilung. Entsprechende Aussagen oder Gesprächsinhalte sollten hinterfragt werden, denn ausschließlich objektivierbare Informationen dürfen in die Beurteilung einfließen.

▶ **Beurteilungsgespräche**
Alle Beurteilungen sollen mit dem Auszubildenden besprochen werden, um ihm eine unmissverständliche persönliche Standortbestimmung zu ermöglichen. Alle Kriterien und Beobachtungen sollten in Zusammenhang mit den gesetzten Lern- und Verhaltenszielen transparent dargestellt werden.

▶ **Einheitliche Beurteilungsstandards**
Beurteilungskriterien müssen einheitlich formuliert und stets mit gleichem Maßstab gewertet werden. Insbesondere wenn verschiedene Beurteiler verschiedene Auszubildende beurteilen, dient die Vereinheitlichung der Objektivierung.

10.6 Das Beurteilungsgespräch

Beurteilungsgespräche sind für Auszubildende wichtige Meilensteine. Hier erfahren sie, wo sie im Gesamtkontext ihrer Ausbildung stehen, welche Zwischenziele sie bereits erreicht haben, in welchen Bereichen Schwächen gesehen werden und wo sie nacharbeiten müssen. Aber sie erfahren auch, an welche neuen Aufgaben sie im nächsten Ausbildungsabschnitt herangeführt werden. Zwischenbeurteilungen markieren Ausbildungsabschnitte. Beurteilungsgespräche können also auch als *Zielvereinbarungs-* oder *Fördergespräch* bezeichnet werden; sie machen den Lern- und Entwicklungsbedarf des Auszubildenden deutlich.

Ein Beurteilungsgespräch soll im Vorfeld mit dem Auszubildenden vereinbart werden; hierzu gehören Zeit und Ort sowie beteiligte Gesprächsteilnehmer. Ein ruhiges sowie störungsfreies Umfeld ist selbstverständlich. Zur persönlichen Vorbereitung ist es hilfreich, sich kurz vor dem Gespräch in die Situation des Auszubildenden zu versetzen und aus dessen Perspektive den Beurteilungszeitraum zu reflektieren. Das Meinungsbild aus Beurteilerperspektive, also die Beurteilung, muss vor dem Gespräch abschließend sein.

Die einzelnen Phasen des Beurteilungsgesprächs gehen aus TABELLE 5 hervor.

Um ein Beurteilungsgespräch konstruktiv und förderlich zu gestalten, sollten Sie einige Grundsätze zur Gesprächsführung berücksichtigen. Statt herabsetzender Du-Botschaften sollten sachbezogene Ich-Botschaften sowie nachvollziehbare Beobachtungen – und nicht deren Interpretationen – mitgeteilt werden. Ziel des Gesprächs ist nicht, den Auszubildenden zu kränken oder in seine Schranken zu weisen, sondern Stärken und Schwächen aufzuzeigen und neue Zielvereinbarungen und Lernemp-

TAB. 5 ▶ Phasen des Beurteilungsgesprächs

Phasen	Inhalte
Eröffnungsphase:	– für entspannte Atmosphäre sorgen und Beurteilungsverfahren erklären
Kritikphase:	– Erinnerung an gesetzte Lernziele – Mitteilung und ggf. Austausch über Zielerreichungsgrad – Stärken und Schwächen des Auszubildenden ansprechen
Beratungsphase:	– Leistungsabweichungen transparent machen – Ursachen der Abweichungen suchen – Verbesserungsmöglichkeiten miteinander entwickeln
Planungsphase:	– neue Ziele vereinbaren – Unterstützungsmöglichkeiten zur Entwicklung des Auszubildenden besprechen
Abschlussphase:	– Gespräch zusammenfassen – positiven Ausklang schaffen

fehlungen zu erarbeiten. Vertrauensbildung und Ermutigung stärken das Engagement und die Leistungsbereitschaft des Auszubildenden. Selbst wenn die Ausbildungsleistungen letztendlich unzureichend sind, so sind trotz allem sicherlich auch positive Aspekte anzuerkennen. Aber auch hier gilt es, sachlich und ehrlich zu bleiben sowie offen, aber schonend die Gründe, die zu einer negativen Beurteilung geführt haben, zu erläutern.

> **MERKE**
>
> Beurteilung ist keine Verurteilung und vor allem eine rein persönliche Angelegenheit!

ABB. 4 ▶ Beurteilungsgespräche vermitteln den angehenden Notfallsanitätern, wo sie im Gesamtkontext ihrer Ausbildung stehen.

10.7 Selbstreflexion als Kompetenz

Eine der wesentlichen Anforderungen an den Notfallsanitäter ist dessen Fähigkeit zur ständigen Reflexion seines Handelns und Entscheidens im Kontext der Einsatzsituation, aller am Einsatz Beteiligten sowie des rechtlichen Rahmens. Er soll zudem sein Entscheiden und Handeln kommunikativ vertreten können.

Diese Fähigkeiten muss der Auszubildende kontinuierlich trainieren. Hierzu bieten sich in den rettungsdienstlichen Ausbildungsabschnitten Fallbesprechungen, einfache Fallsimulationen sowie vor allem situative Einsatznachbesprechungen an. Einige Leitfragen hierzu finden Sie in der Tabelle 6.

Auch die Zwischenbeurteilungen können hier methodisch genutzt werden. Anhand der genutzten Beurteilungsdokumentation kann der Auszubildende sich selbst einschätzen und sein Verhalten, Handeln, Entscheiden und sein Fachwissen bewerten. Im Beurteilungsgespräch kann er seine Sichtweise vertreten, und im Gesprächsverlauf können sämtliche Aspekte aus beiden Perspektiven erörtert werden. Deutlich voneinander abweichende Einschätzungen sind vielfach im unterschiedlichen Verständnis von Leistungsmerkmalen und Leistungsanforderungen begründet. Im Rahmen des Gesprächs können die Ursachen durchaus thematisiert werden; schließlich kann für den Auszubildenden auch diese Situation als Lerngelegenheit genutzt werden.

Die Selbstreflexion kann als Methode – auf allen Seiten – nicht oft genug eingesetzt und trainiert werden. Die Wichtigkeit und Wertigkeit wird auch dadurch deutlich, dass sowohl in den Ergänzungsprüfungen als auch in den staatlichen Vollprüfungen zum Notfallsanitäter diese Fähigkeit benötigt, sogar geprüft wird.

Tab. 6 ▶ Leitfragen zur situativen Selbstreflexion

- Wie war mein Kommunikationsverhalten gegenüber Patient, Angehörigen, Passanten usw.?
- Habe ich den Patientenzustand umfassend erfasst, und welche geeignete Strukturen habe ich genutzt?
- Wodurch habe ich die Kommunikation im Team sowie die einsatzbezogene Kommunikation im Sinne eines strukturierten und sicheren Einsatzablaufs unterstützt?
- Habe ich alle Maßnahmen handlungssicher umsetzen können, und kann ich deren Indikation begründen?
- Fühlte ich mich situativ überfordert? Wenn ja, wie hat sich das ausgewirkt?
- Kann ich alle Einsatzaspekte in den zugehörigen rechtlichen Kontext setzen und die erfolgten Entscheidungen rechtssicher begründen?
- Wie hat sich bei mir einsatzbedingter Stress bemerkbar gemacht? Wie habe ich diesen kompensiert?

10.8 Der Praxisanleiter in der Prüfung

Rettungsdienstliche Praxisanleiter sind Mitglieder in den staatlichen Prüfungskommissionen der Notfallsanitäterschulen und bei der praktischen Prüfung gleichberechtigt bewertend beteiligt. Hierdurch soll auch in der Prüfung ein unmittelbarer rettungsdienstlicher Alltagsbezug sichergestellt sein. Dies ist jedoch nicht so zu verstehen, dass jeweils der für den jeweiligen Prüfling in der Ausbildung zuständige Praxisanleiter prüft, sondern es handelt sich um eine unabhängig von den konkreten Prüflingen wahrzunehmende Funktion.

Leider fließen in das Ergebnis der staatlichen Prüfung von Notfallsanitätern keinerlei Vornoten aus der Ausbildung mit ein. Somit sind vor der Prüfung bekannte Kompetenzen des Auszubildenden vollkommen irrelevant, und für die Bewertung kommt es allein auf die Leistung des Prüflings zum Prüfungszeitpunkt an. Dies ist zu bedauern, da somit die erbrachten Prüfungsergebnisse nicht zwingend auch die tatsächlichen Fähigkeiten und Kenntnisse des Auszubildenden widerspiegeln.

In den praktischen Prüfungsteilen hat der Prüfling eigenverantwortlich Patientenversorgungen durchzuführen und hier seine Kenntnisse und Fähigkeiten situationsgerecht unter Beweis zu stellen. Zudem soll er sein Entscheiden und Handeln reflektieren und begründen können. Diese Reflexion erfolgt im zugehörigen Fachgespräch,

ABB. 5 ▶ Der Praxisanleiter ist als Mitglied der staatlichen Prüfungskommission an der Abschlussprüfung des Notfallsanitäters beteiligt. Das Bild zeigt eine Prüfungskommission am DRK-Bildungsinstitut Mainz, bestehend u.a. aus Ärztlichem Fachprüfer und Praxisanleiter.

TAB. 7 ▶ Positives Prüferverhalten

- Begrüßen Sie den Prüfling mit Namen, freundlich und offen.
- Unterlassen Sie irritierende Späße, Ironie und Sarkasmus.
- Zeigen Sie eine zugewandte, aufmerksame Körperhaltung und positive Mimik und Gestik.
- Greifen Sie nicht aktiv in die Prüfung ein (außer bei realer Menschengefährdung).
- Bringen Sie keine negativen Kommentierungen ein.
- Bestätigen Sie korrektes Handeln durch positive Mimik und Gestik.
- Führen Sie während der Prüfung keine Zwischengespräche.
- Bieten Sie bei Blackout Unterstützung an: Gestalten Sie kleine Denkschritte, oder führen Sie den Prüfling auf Grundsätzliches zurück, um ihm einen neuen Denkansatz zu ermöglichen.

und der Prüfling soll vertiefende Fragen zur Aufgabenstellung beantworten und Handlungsalternativen bei veränderten Rahmenbedingungen erläutern. Im gesamten Prüfungsverlauf stellt er somit mehrfach seine Fach-, Methoden- und Sozialkompetenz zur Bewertung.

Somit wird sehr deutlich, dass die Prüfungen von Notfallsanitätern erheblich höhere Anforderungen an alle Beteiligten stellen, als dies noch bei Rettungsassistenten oder -sanitätern der Fall war.

Zur Beobachtung, Dokumentation und Bewertung erbrachter Prüfungsleistungen müssen die Notfallsanitäterschulen in Zusammenarbeit mit den für sie zuständigen Prüfungsbehörden sehr dezidierte Fallbeschreibungen sowie Prüfungsprotokolle erarbeiten. Diese müssen alle Elemente einer handlungsorientierten Prüfung berücksichtigen und gleichermaßen eine maximal objektive Bewertung erlauben.

Da es sich, wie erwähnt, um eine Momentaufnahme handelt, ist es umso wichtiger, den Prüfling bestmöglich zu unterstützen und einen Rahmen zu bieten, der dem Prüfling Unsicherheiten nimmt und Vertrauen entstehen lässt. Mit Ihrem Verhalten nehmen Sie Einfluss auf die Leistungen des Prüflings in der Prüfungssituation. Sie sollten diesen Einfluss nutzen und dazu beitragen, dass der Prüfling seine bestmögliche Leistung zeigt (s. TAB. 7) und eine Bewertung dieser Leistung so objektiv wie möglich erfolgt.

LITERATUR:

Huber G, Müller W (2016) Das Arbeitszeugnis in Recht und Praxis. Rechtliche Grundlagen, Textbausteine, Musterzeugnisse, Zeugnisanalyse. 16. Aufl., Freiburg: Haufe-Lexware.

Watzlawick P (Hrsg.) (2010) Die erfundene Wirklichkeit. Wie wissen wir, was wir zu wissen glauben? Beiträge zum Konstruktivismus. 5. Aufl., München: Piper.

Watzlawick P (2011) Wie wirklich ist die Wirklichkeit? Wahn, Täuschung, Verstehen. 10. Aufl., München: Piper.

11 Hinweise zum Umgang mit Prüfungsangst

Harald Karutz

20–40 % der Auszubildenden geben in wissenschaftlichen Untersuchungen an, vor Klausuren, bewerteten Praxistrainings oder ihrem (Zwischen-)Examen starke Prüfungsangst zu empfinden. Bei etwa 1–3 % ist dieses Empfinden derart ausgeprägt, dass eine Prüfungsteilnahme schlichtweg nicht möglich ist und es Auszubildenden schon von daher nicht gelingt, einen angestrebten Abschluss zu erreichen. Zu der Frage, inwiefern Examensergebnisse generell von Prüfungsangst beeinflusst werden, liegen zwar keine verlässlichen Angaben vor. Es liegt aber auf der Hand, dass es Absolventen, die in Prüfungen extrem aufgeregt sind, schwerer fällt, optimale Leistungen abzurufen und zu präsentieren. Unabhängig vom tatsächlichen Wissen und Können eines Auszubildenden kann Prüfungsangst zu einer deutlichen Leistungsminderung führen.

Dennoch wird diese Problematik an vielen Rettungsdienstschulen überhaupt nicht oder nur unzureichend thematisiert. Teilweise geschieht dies sogar absichtlich. So wird beispielsweise argumentiert, dass Rettungsdienstmitarbeiter auch bei ihren Einsätzen mit Stress umgehen müssen. Übersehen wird dabei allerdings, dass die psychische Situation in einer Prüfung eben nicht mit einem Einsatzgeschehen vergleichbar ist. Während Prüfungsangst meist eindeutig als etwas Unangenehmes und sehr Belastendes erlebt wird, kann hoher Handlungsdruck in einer Notfallsituation beispielsweise auch als eine spannende Herausforderung bewertet werden. Parallelen zwischen Einsatzstress und Prüfungsangst zu ziehen, ist daher unangebracht.

Einführend soll auch angemerkt werden, dass der Begriff *Prüfungsangst* umstritten und streng genommen nicht immer zutreffend ist: Bei vielen Prüflingen steht nicht etwa Angst, sondern ein starkes Scham- oder Hilflosigkeitsgefühl im Vordergrund. Mitunter wird daher vorgeschlagen, anstelle von Prüfungsangst besser von *Leistungs-* oder *Bewertungsstress* zu sprechen. Da der Terminus *Prüfungsangst* aber sehr verbreitet ist, wird aus Gründen der Verständlichkeit auch in diesem Beitrag daran festgehalten.

11.1 Ursachen von Prüfungsangst

Zunächst einmal müssen Prüfungen keineswegs zwingend als etwas Negatives betrachtet werden. Einigen Menschen gelingt es auch in einer Prüfung ohne Schwierigkeiten, ruhig und gelassen zu bleiben. Sie gehen mehr oder weniger entspannt in eine Prüfung und sind auch nicht besonders aufgeregt. Dass Prüfungen für viele Menschen mit sehr unangenehmen Emotionen verknüpft sind, resultiert häufig aus früheren negativen Erfahrungen und der damit verbundenen Ausbildung ungünstiger Glaubenssätze. Verschiedene mögliche Ursachen von Prüfungsangst werden nachfolgend dargestellt.

▶ **Frühere Prüfungserfahrungen**

Ein Kind, dass in der Grundschule nach vorn gerufen wird und an der Tafel etwas anschreiben oder ausrechnen soll, wird – wenn es die Aufgabe nicht erfüllen kann – möglicherweise von seiner Schulklasse ausgelacht. Vielleicht kommt sogar noch eine herabsetzende Äußerung des Lehrers hinzu. Aufgrund dessen können Prüfungssituationen von vornherein mit einem Beschämungseffekt verbunden sein. Auch alltägliche Situationen, in denen Kindern etwas nicht gelingt und darauf eine unangemessene Reaktion erfolgt, sind oftmals mit Schamgefühlen verbunden und werden als eine starke Verminderung des Selbstwertgefühls erlebt.

Gleichzeitig sind solche Erfahrungen mit bestimmten Worten, Gerüchen oder auch räumlichen Konstellationen wie z.B. der Anordnung der Tische und Stühle verknüpft. Auf diese Weise wird man konditioniert: Erneute Prüfungen, die aufgrund irgendeines Merkmals an die früher erlebte Situation erinnern, rufen augenblicklich die seinerzeit verspürten Emotionen hervor. So ist u.U. jede weitere Prüfung, die man zu absolvieren hat, auch wieder negativ belegt.

Manchmal wird Prüfungsangst schon allein dadurch hervorgerufen, dass ein Prüfer die gleiche Haarfarbe oder eine ähnliche Stimme hat wie jemand, mit dem man schon einmal in einer besonders unangenehmen Weise konfrontiert worden ist, oder ein bestimmter Geruch erinnert an den Klassenraum in der Grundschule, in dem man früher einmal auf schlimme Weise vorgeführt worden ist, usw.

▶ **Erziehung**

Auch die allgemeine Erziehung kann dazu beitragen, dass Menschen fürchten, eine Prüfung nicht zu bestehen: Wer als Kind von seinen Eltern häufig „Das schaffst du sowieso nicht!" oder „Das ist nichts für dich!" zu hören bekommen hat, entwickelt in seine eigenen Fähigkeiten vermutlich nur ein geringes Vertrauen. Unbewusst fürchtet man zu scheitern, wie es die Eltern über Jahre hinweg auch immer vorausgesehen haben, und man traut es sich einfach nicht zu, eine Prüfung erfolgreich zu absolvieren. Möglicherweise hat man sich den Glaubenssatz gebildet: „Ich kann so etwas nicht!" In Prüfungen kann dies als eine *selbsterfüllende Prophezeiung* wirken.

▶ **Gefährdung von Grundbedürfnissen**

Unabhängig von früheren Prüfungserfahrungen oder Erziehungseinflüssen kann Prüfungsangst anthropologisch, also aus dem Wesen des Menschen und seinen Grundbedürfnissen heraus, begründet sein. So ist der Mensch als soziales Lebewesen auf die Zugehörigkeit zu einer Gruppe angewiesen. Man möchte, in welchem Umfeld auch immer, „dazugehören" und Teil einer Gemeinschaft sein.

Dadurch dass man eine Prüfung nicht besteht, wird diese Zugehörigkeit jedoch gefährdet. Das Nichtbestehen ist immer auch eine Ablehnung und Zurückweisung: Wer das Notfallsanitäterexamen nicht bestanden hat, wird beispielsweise nicht in den Kreis der Notfallsanitäter aufgenommen. So könnte man Prüfungen in gewisser Weise auch als Aufnahmeritual bzw. Initiationsritus betrachten – und nur wer besteht, ist in der Gemeinschaft akzeptiert und angekommen.

Neben dem Wunsch nach Zugehörigkeit gefährden Prüfungssituationen auch noch weitere menschliche Grundbedürfnisse. So strebt jeder Mensch danach, sich und sein Handeln weitgehend selbst bestimmen und kontrollieren zu können. Auf den Ablauf einer Prüfung können Auszubildende i. d. R. jedoch nur wenig Einfluss nehmen, und hier sind sie gezwungen, sich nach strikten Vorgaben zu richten. Fragen müssen beantwortet, Klausurbögen ausgefüllt, Fallbeispiele bearbeitet werden usw. Der individuelle Gestaltungsspielraum ist in einer Prüfungssituation äußerst gering. Daraus resultieren mitunter Ohnmachts- und Hilflosigkeitsgefühle.

▶ **Perfektionismus**

In einigen Fällen ist Prüfungsangst mit einem überhöhten, unrealistischen Anspruch an sich selbst verbunden. Wer schlecht akzeptieren kann, dass manche Fehler unvermeidbar sind, gestattet sich auch kein Scheitern in einer Prüfung: Man *muss* einfach bestehen! Gelingt dies dann nicht, *hat* man nicht nur „versagt", sondern – schlimmer noch – man „*ist* ein Versager".

Perfektionisten neigen auch zu sogenannten Akzentuierungen: Im Vorfeld einer Prüfung wird dann z. B. nicht etwa befürchtet, dass *einzelne* Fragen gestellt werden könnten, auf die man nicht gut vorbereitet ist. Stattdessen wird gleich davon ausgegangen, ein Thema „überhaupt nicht" zu beherrschen oder „mit Pauken und Trompeten" durchzufallen.

▶ **Katastrophenfantasien**

Über die bereits genannten Akzentuierungen hinaus ist Prüfungsangst häufig auch mit einigen anderen Katastrophenfantasien verbunden. Typische Befürchtungen vor einer Prüfung sind beispielsweise:
– „Wie stehe ich denn da, wenn ich durchfalle? Alle werden mich auslachen!"
– „Auf der Rettungswache kann ich mich nie wieder sehen lassen!"
– „Wenn ich durchfalle, bin ich erledigt!"
– „Wenn ich das nicht schaffe, kann ich mir auch gleich einen Strick nehmen!"

Mitunter entstehen regelrechte Gedankenkaskaden, die sich unaufhörlich kreisend verselbstständigen und ohne eine gezielte Intervention kaum zu unterbrechen sind. Dann wird darüber nachgedacht, was die Folge einer Folge sein könnte – und man gerät in eine gedankliche Abwärtsspirale:

– „Wenn ich durchfalle, verliere ich meinen Job!"
– „Wenn ich meinen Job verliere, kann ich meine Familie nicht mehr ernähren!"
– „Wenn ich meine Familie nicht mehr ernähren kann, sucht meine Frau sich einen anderen!"
– „Wenn meine Frau sich von mir trennt, bin ich ganz allein!"
– „Wenn ich ganz allein bin, weiß ich überhaupt nicht mehr weiter!"

Nicht zuletzt dürfte manchmal auch der Gedanke an vergeudete Ressourcen eine Rolle spielen: „Die ganze Zeit, das viele Geld – alles war umsonst!" Auf jeden Fall gibt es nicht den einen Auslöser von Prüfungsangst, sondern es gibt mehrere mögliche Ursachen, die individuell ganz unterschiedlich ausgeprägt sein können.

11.2 Auswirkungen von Prüfungsangst

Wenn etwas als eine Bedrohung betrachtet wird, reagieren Menschen zunächst mit der bekannten *Fight-or-Flight-Reaktion* des sympathischen Nervensystems. Die massive Ausschüttung von Stresshormonen wird durch einen Gefahrenschutzinstinkt ausgelöst und ist zunächst auch kaum beeinflussbar. Blutdruck, Schweißproduktion, Atem- und Herzfrequenz steigen an, während der Mund gleichzeitig trocken wird. War diese „Alarmreaktion" des Organismus vor Jahrtausenden als eine sinnvolle Anpassung an die Umwelt anzusehen, da es darum ging, mit einem Gegner entweder körperlich zu kämpfen oder vor diesem zu flüchten, so ist sie heute ein Relikt vergangener Zeiten: Weder ist es sinnvoll, mit den Prüfern eine körperliche Auseinandersetzung zu beginnen, noch empfiehlt es sich, vor ihnen davonzulaufen.

Darüber hinaus kann die Fight-or-Flight-Reaktion zahlreiche weitere Auswirkungen nach sich ziehen: Ein hoher Angst- und Erregungslevel (Hyperarousal) sorgt beispielsweise für die Entstehung einer affektiven Hemmung, d.h. man ist nicht mehr in der Lage, Inhalte aus dem Gedächtnis störungsfrei abzurufen. Man hat keinen Zugriff mehr auf die jeweiligen „Datenträger" oder „Gedächtnisschubladen". Angst bindet Denk- bzw. Informationsverarbeitungskapazitäten des Gehirns, sodass selbst sehr konkrete Aufgabenstellungen in der Prüfungssituation nicht oder nur mit deutlicher Verzögerung gelöst werden können. Eine völlige Denkblockade wird im Allgemeinen als *Blackout* bezeichnet.

Auch kann es zu Verständnisschwierigkeiten, zu Störungen der Sprachfähigkeit sowie zu einer reduzierten Wahrnehmungsfähigkeit kommen. Unter Umständen ist ein Prüfling plötzlich nicht mehr in der Lage, eine Antwort inhaltlich korrekt und angemessen strukturiert zu verbalisieren: Der Prüfling stammelt und stottert. Mitunter „übersieht" ein Prüfling auch wichtige nonverbale Signale der Prüfer, die ihm Zustimmung oder auch Ablehnung auf eine gegebene Antwort vermitteln sollen.

Im Extremfall können noch weitere körperliche Symptome hinzukommen, etwa Übelkeit, Durchfall und Erbrechen. Auch dass ein Prüfling in Tränen ausbricht, ständig mit einem Gegenstand wie z.B. einem Kugelschreiber herumhantiert, unruhig herumläuft oder sehr gereizt, womöglich sogar aggressiv reagiert, kann eine Folge der anhaltenden Übererregung sein. Eine zusammenfassende Übersicht möglicher Auswirkungen von Prüfungsangst ist in TABELLE 1 dargestellt.

TAB. 1 ▶ Auswirkungen von Prüfungsangst

Körperlich	Kognitiv	Emotional	Verhaltensbezogen
• Hypertonie • Tachykardie • Tachypnoe, Hyperventilation • Steigerung der Schweißproduktion • Mundtrockenheit • Zittern • Übelkeit • Durchfall • Erbrechen • Schwindelgefühl • Hitzegefühl, Frieren	• affektive Hemmung • Konzentrations- und Verständnisschwierigkeiten • reduzierte Fähigkeit zur Informationsverarbeitung • Reduzierung der verbalen Ausdrucksfähigkeit • reduzierte Wahrnehmungsfähigkeit (z.B. „Tunnelblick")	• Ohnmachts- und Hilflosigkeitsgefühl • Gereiztheit • Wut, Aggression	• starker Bewegungsdrang, z.B. ständiges Umherlaufen, Kippeln auf einem Stuhl oder Wippen mit den Füßen • ständiges Herumhantieren mit einem Gegenstand • Stottern, Stammeln • Weinen

11.3 Was man als Prüfling gegen Prüfungsangst tun kann

Je stärker Prüfungsangst ausgeprägt ist, umso mehr sollte jeder Auszubildende selbst daran arbeiten, eben dieser Prüfungsangst entgegenzuwirken. Wer unter Prüfungsangst leidet, ist keinem unabänderlichen Schicksal ausgesetzt, sondern kann durchaus etwas dagegen unternehmen. Wer dies nicht tut, muss sich u. U. mit dem Vorwurf konfrontieren lassen, seine Prüfungsangst womöglich auch als eine Art Alibi für schwache Leistungen vorzuschieben. Dies ist jedoch inakzeptabel. Prüfungsangst kann man niemandem vorwerfen – dass jemand nichts dagegen tut schon.

11.3.1 Handlungsmöglichkeiten im Vorfeld einer Prüfung

Wer tatsächlich nicht ausreichend gelernt bzw. trainiert hat, muss sich nicht wundern, wenn er sich auf eine Prüfung unzureichend vorbereitet fühlt! Umgekehrt wirkt es beruhigend, so gut wie möglich gelernt zu haben. Deshalb sind sorgfältig geplante Lernstrategien der erste Schritt, um Prüfungsangst entgegenzuwirken.

▶ **Effektiv lernen**
Wichtig ist, mit Lernaktivitäten möglichst frühzeitig zu beginnen und sich dabei nach einem feststehenden Stunden- bzw. Zeitplan zu richten, den man z. B. auch in den eigenen Kalender eintragen kann. Anhand von „Meilensteinen" sollte festgelegt werden, bis wann welche Themen bearbeitet oder eingeübt worden sein müssen. Sobald man ein Zwischenziel erreicht hat, sollte man sich dafür in einer angemessenen Weise belohnen, etwa mit einem besonderen Abendessen, einem Kinobesuch o. Ä.

Bei der Planung konkreter Lernzeiten sollte auch der persönliche Biorhythmus berücksichtigt werden. Während die Lernfähigkeit im Durchschnitt zwischen zehn und vierzehn Uhr besonders hoch ist, können sich gerade bei Menschen, die in wechselnden Schichten arbeiten, individuelle Abweichungen ergeben. Mehr als vier Stunden effektive Lernzeit pro Tag sind i. d. R. nicht zu empfehlen, und nach 45 Minuten sollten jeweils fünf bis zehn Minuten Pause eingelegt werden. Mehrere kurze, aber intensive Lernphasen sind zudem effektiver als ein kompletter Lerntag, an dem die Konzentrationsfähigkeit dann doch relativ rasch nachlässt.

▶ **Sich nicht verunsichern lassen**
Häufig kursieren in Schulen furchterregende Schilderungen, die sich auf den Ablauf früherer Prüfungen beziehen. In mehr oder weniger glaubwürdigen Geschichten wird dann berichtet, wie gemein welcher Prüfer schon einmal war, warum wer schon einmal durchgefallen ist usw. („Was? Der X prüft dich? Da kannst du gleich schon mal den Antrag für die Wiederholungsprüfung stellen. Der sägt jeden eiskalt ab!"). Solchen „Horrorgeschichten" sollte man

ABB. 1 ▶ Lernaktivitäten sollten frühzeitig begonnen werden und sich nach einem feststehenden Zeitplan richten.

mit großer Skepsis begegnen. Meist handelt es sich um groteske Übertreibungen oder völlig verzerrte und aus dem Zusammenhang gerissene Darstellungen, die so nicht zutreffend sind. Keinesfalls sollte man sich auf diese Weise verunsichern lassen. Klüger und zielführender ist es, derartige „Storys" als Gerücht und Spekulation, vielleicht auch als Revancheversuch eines frustrierten, früher gescheiterten Prüflings abzutun.

▶ **Entspannungstechniken nutzen**

Wer von sich weiß, dass Prüfungsangst für ihn ein größeres Problem darstellt, sollte gezielt Entspannungstechniken wie z. B. Yoga, Autogenes Training oder progressive Muskelrelaxation lernen und regelmäßig trainieren. Die Teilnahmegebühren für entsprechende Kurse werden von vielen Krankenkassen sogar als präventive Leistung übernommen.

> **PRAXISTIPP**
>
> Schon eine spezielle Atemtechnik kann dabei helfen, sich zu beruhigen, beispielsweise ein bewusst langsames Ein- und Ausatmen durch die Nase in den Bauch. Während der Atemzüge kann man seine Hände auf den Bauch legen, um die Atembewegungen deutlich zu spüren. Auch kann man beim Ein- und Ausatmen jeweils langsam bis 5 zählen.

▶ **Professionelle Unterstützung suchen**

Bei einer besonders starken Symptomatik empfiehlt es sich, professionelle Hilfe zu suchen. In vielen Fällen reicht schon ein einmaliges Coaching aus, um eine deutliche Verminderung der Prüfungsangst zu erzielen. Manchmal ist auch eine längerfristige Psychotherapie angebracht, um Ursachen der Prüfungsangst zu analysieren und eine Änderung ungünstiger Überzeugungen und Glaubenssätze zu bewirken. Betroffene sollten keine Scheu davor haben, derartige Unterstützungsangebote in Anspruch zu nehmen. Wer anhaltend bestimmte körperliche Symptome verspürt, sucht damit eine Fachperson auf (i. d. R. einen Arzt) – ebenso selbstverständlich sollte es sein, bei psychischen Beschwerden Rat und Hilfe zu suchen.

▶ **Rationalisieren und distanzieren**
Um kreisende Gedanken zu unterbrechen, kann der sogenannte Gedankenstopp eingesetzt werden: Setzen die furchterregenden Gedanken ein, stellt man sich ein großes Stoppschild vor und malt sich dieses Schild vor dem „inneren Auge" detailliert aus. Gleichzeitig kann man sich sagen: „Jetzt nicht!"

Damit Katastrophenfantasien aber auch dauerhaft ihren Schrecken verlieren, sollte – ggf. mit einem kompetenten Gesprächspartner – eine realistische Überprüfung und ggf. eine Neubewertung *(Reframing)* vorgenommen werden. Würde man, wenn man eine Prüfung nicht besteht, *tatsächlich* von allen ausgelacht? Würde man von seinem Arbeitgeber *wirklich* entlassen? Würde man sich *wirklich*, wie befürchtet, bis auf die Knochen blamieren? Würden sich *wirklich* alle Kollegen von einem abwenden? usw. Meist entpuppen sich derartige Schreckensszenarien rasch als pure Fiktion, und die mit ihnen verbundenen Sorgen sind – objektiv betrachtet – schlichtweg unzutreffend.

▶ **Gespräch mit Prüfern führen**
Im Vorfeld einer Prüfung sollte man sich bei den Prüfern so genau wie möglich über den Prüfungsablauf, Bewertungskriterien und Bewertungsmaßstäbe informieren, um zu wissen, was konkret erwartet und worauf besonderer Wert gelegt wird. Im Gespräch mit den Prüfern sollte man ggf. auch die eigene Prüfungsangst offen thematisieren. Häufig ist es auch hilfreich, einen Notfallplan für den Fall abzusprechen, dass ein völliger Blackout eintritt. So könnte man verabreden, dass man ggf. erst einmal ein Glas Wasser trinken wird, das Fenster öffnet oder zu einem anderen Punkt der Prüfung übergeht, um später noch einmal auf den Aspekt zurückzukommen, bei dem die Denkblockade eingesetzt hat. Paradoxerweise werden solche Notfallpläne umso seltener in Kraft treten müssen, je besser man sie abgesprochen hat.

▶ **Generalproben absolvieren**
Gemeinsam mit Kollegen, Dozenten und idealerweise auch den späteren Prüfern sollten mehrere Prüfungssimulationen durchgeführt werden. Sie sollten so weit wie möglich dem bevorstehenden Prüfungsablauf entsprechen und auch das Anforderungsprofil realistisch widerspiegeln. Auf diese Weise erscheint eine Prüfung nicht mehr wie eine unkontrollierbare Blackbox, sondern ist den Prüflingen zunehmend vertraut. Das Verhalten in der Prüfung kann dabei ganz konkret eingeübt werden, sodass man eine gewisse Prüfungsroutine entwickelt.

Einen weiteren, wesentlichen Beitrag zur Prüfungsvorbereitung, v. a. auf mündliche Prüfungen, leisten Referate, die man während der Ausbildung übernehmen kann: Auch hierbei wird, ähnlich wie bei einer Prüfungssimulation, das Sprechen und Präsentieren vor anderen Menschen trainiert. Ein Referat zu halten, ist zwar nicht mit einer mündlichen Prüfung identisch, weist zu einer Prüfungssituation jedoch zahlreiche Parallelen auf.

▶ **Sich selbst instruieren**
Mit positiv formulierten Selbstinstruktionen wie „Ich kann das!", „Das werde ich schaffen!" usw. kann vor Prüfungen eine günstige innere Einstellung erreicht werden. Eine günstige Selbstinstruktion könnte auch lauten: „Ich habe eine Chance, und die werde ich nutzen!" Wem es gelingt, Prüfungen eher als eine Herausforderung oder eine Chance zu betrachten, kann sich allein dadurch bereits deutlich entspannen.

▶ **Hilfsmittel anwenden**
In bestimmten Fällen kann es erlaubt sein, in Prüfungen mit bestimmten Hilfsmitteln zu arbeiten, etwa einer Dosierungstabelle für Kindernotfälle, einer Checkliste oder einem Datenblatt. Mit solchen Hilfsmitteln sollten Auszubildende sich daher intensiv vertraut machen, um sie bei Bedarf auch wirklich nutzen zu können.

Einen Spickzettel zu verfassen, kann Auszubildenden vor einer Prüfung ebenfalls Sicherheit vermitteln. Um einen grundsätzlich hilfreichen Spickzettel erstellen zu können, muss man sich erst einmal gründlich mit dem jeweiligen Lernstoff beschäftigt haben. Ihn kurz und knapp auf einem kleinen Stück Papier zusammenzufassen, ist an sich daher eine sehr gute Lernstrategie.

Davon, Spickzettel zu verwenden, muss allerdings strikt abgeraten werden. Wer bei einem Täuschungsversuch ertappt wird, zahlt dafür einen hohen Preis: In der Regel gilt die Prüfung dann automatisch als nicht bestanden. Das bloße Schreiben eines Spickzettels ist daher absolut empfehlenswert, seine Nutzung im Ernstfall jedoch keinesfalls.

▶ **Absprachen für das Prozedere nach der Prüfung treffen**
Schon im Vorfeld sollten verbindliche Vereinbarungen darüber getroffen werden, was nach einer Prüfung unternommen wird – und an diese Absprachen sollte man sich unabhängig vom Prüfungsergebnis halten. Beispielsweise kann man sich mit dem Partner oder einem guten Freund zum Abendessen verabreden, oder man plant für den Tag nach der Prüfung einen Ausflug mit der Familie usw. So wird einem jedenfalls die Sicherheit vermittelt, dass der Alltag auf jeden Fall weitergeht, egal ob man bestanden hat oder nicht.

11.3.2 Handlungsmöglichkeiten direkt vor und in einer Prüfung

Je früher man Abwehrstrategien einsetzt, umso zuverlässiger und nachhaltiger werden sich unerwünschte Effekte von Prüfungsangst reduzieren lassen. Aber auch unmittelbar vor und sogar während einer Prüfungssituation gibt es durchaus noch einige Handlungsoptionen, die hilfreiche Wirkung zeigen können.

▶ Prüfungsvorabend gestalten

Spätestens am Vorabend einer Prüfung sollten Lernaktivitäten eingestellt werden: Was man bisher nicht gelernt hat, wird man jetzt auch nicht mehr verinnerlichen können. Zudem kann durch das Lernen bis zum Prüfungsbeginn eine ekphorische Hemmung verursacht werden: In der Prüfung verhindern dann die kurz zuvor aufgenommenen Informationen den Zugriff auf alles früher Gelernte. Hilfreicher ist es daher, in den Stunden vor einer Prüfung für Entspannung und Ablenkung zu sorgen. Ein Kinobesuch, sportliche Betätigung oder auch ein längerer Spaziergang sind hier zu empfehlen. Ebenfalls wichtig ist ausreichender Schlaf.

▶ Stress bewerten

Vor einer Prüfung aufgeregt zu sein, ist nicht generell problematisch. Das Yerkes-Dodson-Gesetz (ABB. 2) besagt vielmehr, dass sich ein bestimmter Erregungslevel sogar günstig auswirkt, weil die Konzentrationsfähigkeit dadurch steigt. Erst eine besonders starke Erregung führt zu einer deutlichen Leistungsminderung. Auszubildende können Prüfungsangst – in gewissem Maße – also auch positiv bewerten: Wer keinerlei Anspannung verspürt, wird vermutlich auch keine optimale Leistung zeigen können.

▶ Medikamente und Alkohol meiden

Eine medikamentöse Sedierung dürfte bei Prüfungsangst nur in wenigen Einzelfällen indiziert sein und muss wegen der zentralnervös dämpfenden Wirkung auch äußerst kritisch betrachtet werden. Beruhigungsmittel führen zwar zu einer deutlichen Reduktion des Erregungszustandes, schränken gleichzeitig aber auch die kognitive und körperliche Leistungsfähigkeit ein. Vor einer Prüfung ist gerade dies nicht zielführend. Gleiches gilt für Alkoholkonsum vor einer Prüfung: Auch von derartigen Beruhigungs- und „Auflockerungsversuchen" ist dringend abzuraten!

▶ Selbstkontrolle stärken

Da Prüfungssituationen an sich, wie oben erläutert, nur recht wenig kontrollierbar sind, sollte man versu-

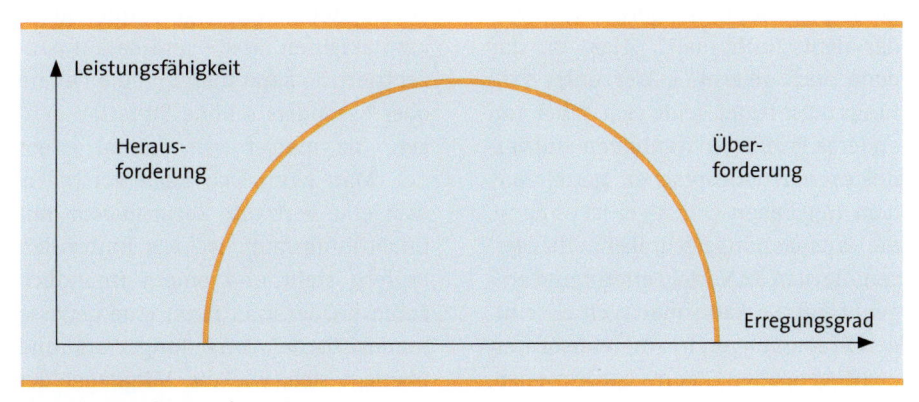

ABB. 2 ▶ Yerkes-Dodson-Gesetz

chen, zumindest einige Rahmenbedingungen bzw. äußere Umstände zu beeinflussen. Dazu gehört, Kleidung auszuwählen, die einerseits dem Anlass entspricht, in der man sich vor allem aber auch wohl und „gut gerüstet" fühlt. Man kann im Vorfeld genau überlegen, wie die Begrüßung am Prüfungstag ablaufen wird, in welcher Körperhaltung man sich in den Prüfungsraum begibt, wie man – je nachdem, um was für eine Prüfung es sich handelt – steht, sich bewegt oder sitzt usw. Die Füße fest auf den Boden aufzustellen und die Handflächen auf einem Tisch abzulegen, vermittelt z. B. auch innerlichen Halt. Selbst einfache Abläufe genau festzulegen, kann das Gefühl subjektiver Kontrolle deutlich erhöhen. Dazu gehört auch die Überlegung, wo man am Prüfungstag parken kann, wann man den Weg zum Prüfungsort antritt, um auf jeden Fall pünktlich zu sein (Stau, Straßensperrung und Unfälle einplanen!), usw.

▶ **Sich vor der Prüfung von anderen Prüflingen fernhalten**

Vor Prüfungen ist regelmäßig zu beobachten, wie Prüflinge ihre Aufregung gegenseitig steigern („Wie war das denn noch mal?", „Hast du das denn auch gelernt?"). Wer unter Prüfungsangst leidet, sollte sich daher von anderen Prüflingen fernhalten und verunsichernden Gesprächen gezielt aus dem Weg gehen. Günstiger ist es dann, die Entspannungstechniken einzusetzen, die man im Vorfeld erlernt und eingeübt hat. So kann man sich zu einigen Atemübungen in einen ansonsten nicht genutzten Raum zurückziehen, noch einmal um das Schulgebäude laufen o. Ä.

▶ **Talisman mitnehmen**

Wer von der „magischen" Wirkung eines Talismans überzeugt ist, kann selbstverständlich auch derartige Glücksbringer nutzen. Besonders hilfreich ist es natürlich, wenn man über einen Talisman verfügt, der tatsächlich mit positiven Erfahrungen oder generell etwas Angenehmen in Verbindung gebracht wird. Für den einen Auszubildenden ist das womöglich ein kleines Kuscheltier, für den anderen ein Ring oder eine Kette, vielleicht auch ein besonderes Kleidungsstück oder ein Foto des Lebenspartners usw. Viele Auszubildende nutzen Gegenstände als Talisman, ohne dass dies von außen erkennbar wäre. Dagegen ist überhaupt nichts einzuwenden – wenn eine solche Strategie dazu beiträgt, sich gut vorbereitet zu fühlen, so ist dies nur zu begrüßen.

▶ **Imaginationen**

Unmittelbar vor oder in einer Prüfung kann Aufregung dadurch gemindert werden, dass man sich bestimmte Bilder vorstellt – ein sogenanntes Kopfkino ablaufen lässt – und darauf konzentriert. So kann man an eine heitere oder besonders schöne Situation denken, die man früher einmal erlebt hat. Man kann sich auch vorstellen, dass eine vertraute Bezugsperson mit im Prüfungsraum ist, z. B. hinter den Prüfern steht und einem freundlich zunickt. Oder man nutzt eine gewisse humoristische Vorstellungskraft und überlegt sich, wie die Mitglieder der

Prüfungskommission wohl aussehen würden, wenn sie in Badekleidung vor einem sitzen würden usw.

▶ **Rhetorische Taktik nutzen**

Zur speziellen rhetorischen Taktik in Prüfungen gehört insbesondere das Herstellen von Verknüpfungen bzw. Bezügen zwischen unterschiedlichen Themengebieten, das Ansprechen von Signalwörtern („Ködern", auf die ein Prüfer „anbeißen" kann) sowie die Gesprächslenkung auf eigene Stärken. Auch die Reaktion auf Fragen, die man nicht beantworten kann (z. B. geschicktes Nachfragen, das den Prüfer zur genaueren Frageformulierung veranlasst), und die nonverbale Kommunikation mit seinen Prüfern (bspw. genaue Beobachtung nonverbaler Signale durch Mimik und Gestik) sollte man trainieren, um Prüfungsangst entgegenwirken zu können.

11.3.3 Handlungsmöglichkeiten nach einer Prüfung

Auch nach einer Prüfung sollten bestimmte Strategien eingesetzt werden, um Prüfungsangst zu reduzieren. Einerseits zielen diese Strategien auf den angemessenen Umgang mit einer nicht bestandenen Prüfung ab, andererseits wirken sie präventiv hinsichtlich noch bevorstehender Prüfungen.

▶ **Sich belohnen**

Unabhängig von einem Prüfungsergebnis sollte man sich für eine Prüfung belohnen, z. B. indem man etwas unternimmt, was man sich schon längere Zeit vorgenommen hat. Allein der Versuch, eine Prüfung zu bestehen, verdient Beachtung, Lob und Respekt. Vor diesem Hintergrund sollten auch Prüflinge, die eine Prüfung *nicht* bestanden haben, an einer etwaigen Examensfeier teilnehmen. Sie können sich zwar nicht über den erfolgreichen Ausbildungsabschluss freuen, aber doch zumindest darüber, das Examen erreicht zu haben – und dies ist keineswegs ironisch gemeint! Der Besuch der Examensfeier wirkt auch dem Eindruck entgegen, durch ein Nichtbestehen plötzlich aus der früheren Kursgemeinschaft ausgeschlossen zu sein.

▶ **Sich neu orientieren**

Wichtig ist, auch mit einer nicht bestandenen Prüfung gedanklich und emotional *abzuschließen*. Ständiges Hadern und Grübeln hilft nicht weiter. Einerseits sollten etwaige Fehler konstruktiv analysiert und ggf. auch noch einmal mit den Prüfern nachbesprochen werden. Andererseits sollte man möglichst rasch innerlichen Abstand gewinnen, sich vor Augen führen, dass auch ein Scheitern nun einmal zum Leben gehört, und sich möglichst optimistisch auf die Zukunft fokussieren. Tatsächlich kann man „nicht immer gewinnen", und niemand ist perfekt. Diese Hinweise spenden allerdings nur dann Trost und sind nur dann hilfreich, wenn man sich schon im Vorfeld mit ihnen beschäftigt hat und man sie aus voller Überzeugung akzeptieren kann. Ist dies nicht der Fall, werden sie als bloße Floskeln empfunden und vielleicht sogar Aggressionen hervorrufen.

11.4 Was man als Prüfer gegen Prüfungsangst tun kann

Prüfungsangst ist nicht nur ein Problem der Prüflinge, sondern selbstverständlich betrifft es auch die Prüfer. Sämtliche Mitglieder einer Prüfungskommission sind dazu verpflichtet, Prüfungsangst entgegenzuwirken. Im Grunde gehört dies ebenso zu ihren Aufgaben wie das Einhalten sämtlicher formeller Vorgaben, die Leistungsmessung sowie die Leistungsbeurteilung. Folgende Aspekte sollten daher von Prüfern beachtet werden:

▶ **Für Transparenz sorgen**
Eine Prüfungssituation wird i. d. R. umso weniger belastend bzw. angstauslösend erlebt, je intensiver die Prüflinge auf sie vorbereitet sind. Empfehlenswert ist die Durchführung von realitätsnah simulierten Prüfungen bzw. Prüfungsgesprächen, in denen Auszubildende den Prüfungsablauf, die Art der zu erwartenden Fragestellungen sowie das Verhalten des Prüfers kennenlernen können. Eine Auswertung, in der alle Beteiligten auch ihre Gedanken und Emotionen während der Simulation äußern, ist unverzichtbar und trägt dazu bei, dass Auszubildende sich auf den „Ernstfall" und die hier geltenden Spielregeln einstellen können.

Sowohl die formellen Bewertungskriterien und Bewertungsmaßstäbe als auch die individuellen Vorlieben eines Prüfers sollten den Auszubildenden transparent dargestellt und erläutert werden. Sind in einer mündlichen Prüfung z. B. kurze und knappe Antworten gewünscht, die sich ausschließlich auf die Frage beziehen, oder ist eine umfassende Antwort in Form eines Referats empfehlenswerter? Soll ein Prüfling in seinen Antworten Fachbegriffe verwenden, oder ist das in den Augen des jeweiligen Prüfers unnötig bzw. klingt es sogar anmaßend? Worauf wird bei einer praktischen Prüfung besonders geachtet? Usw.

▶ **Atmosphäre schaffen**
Eine große Bedeutung hat auch die Schaffung einer angenehmen Prüfungsatmosphäre. Ein bereitgestelltes Getränk für die Prüflinge (Fruchtsäfte oder Mineralwasser), Blumenschmuck auf den Tischen, eine ermutigende Tafelanschrift („Viel Erfolg!") im Hintergrund, eine ausreichende Belüftung und eine angenehme Raumtemperatur tragen hierzu bei.

Abb. 3 ▶ Der Prüfling kann durch das Schaffen einer angenehmen Prüfungsatmosphäre unterstützt werden.

▶ **Sich verbal und nonverbal angemessen verhalten**

Prüflingen rhetorische Fallen zu stellen, ist grundsätzlich abzulehnen. Suggestive, polemisierende und provozierende Fragen sind auch nicht sinnvoll, um Prüfungsgespräche zu lenken, sondern sie verunsichern zusätzlich. Die Fairness gebietet es, bei eindeutig falschen Antworten möglichst rasch zu intervenieren und nicht erst minutenlang kopfnickend „gute Miene zum bösen Spiel" zu machen. Während hierdurch einerseits eine falsche Antwort unangemessen „belohnt" wird, raubt dies dem Prüfling andererseits wertvolle Zeit, die er sinnvoller für eine andere, korrigierte Antwort auf erneutes Nachfragen hätte nutzen können. Richtige Antworten sollten demgegenüber positiv verstärkt werden: Prüflinge beruhigt es zu wissen, dass sie schon einige korrekte Antworten geben konnten, die ganz offensichtlich zur Zufriedenheit der Prüfer beigetragen haben.

Nicht zuletzt sollten Prüfer sich darüber im Klaren sein, dass Prüflinge auch durch ihre Gestik und Mimik massiv beeinflusst werden können. Während der Prüfung aus dem Fenster zu schauen, signalisiert beispielsweise Ablehnung, Langeweile und Desinteresse. Durch gezieltes Anstarren oder ein mehrdeutiges Angrinsen können Prüflinge bewusst verunsichert werden. Daher sind solche Verhaltensweisen strikt zu unterlassen. Positiv kann demgegenüber ein wohlwollendes oder aufmunterndes Kopfnicken, ein freundliches Augenzwinkern o. Ä. wirken.

▶ **Fazit**

Jeder Prüfer ist dazu aufgefordert, sich ernsthaft und intensiv darum zu bemühen, vorhandenen Prüfungsängsten schon im Vorfeld und auch während einer Prüfungssituation nach Kräften entgegenzuwirken. Hier geht es nicht darum, Prüfungen womöglich „weichzuspülen", sondern sie so zu gestalten, dass Prüflinge ihr Wissen und Können unter optimalen Rahmenbedingungen präsentieren können. Die Auseinandersetzung mit den Ursachen und Folgen von Prüfungsangst ist insofern Ausdruck einer pädagogischen Professionalität, die von jedem Prüfer erwartet werden muss.

LITERATUR:

Abromeit J (2014) Lampenfieber und Prüfungsangst besiegen. Freiburg: Haufe.

Fehm L, Fydrich T (2011) Prüfungsangst. Göttingen u. a.: Hogrefe.

Fehm L, Fydrich T (2013) Ratgeber Prüfungsangst. Informationen für Betroffene und Angehörige. Göttingen u. a.: Hogrefe.

Hausmann C, Koller MM (2013) Psychologie, Soziologie und Pädagogik. Ein Lehrbuch für Pflege- und Gesundheitsberufe. 2. Aufl., Wien: Facultas.

Knigge-Illner H (2010) Prüfungsangst besiegen. Wie Sie Herausforderungen souverän meistern. Frankfurt am Main, New York: Campus.

Metzig W, Schuster M (2009) Prüfungsangst und Lampenfieber. Bewertungssituationen vorbereiten und meistern. 4. Aufl., Heidelberg: Springer.

Mietzel G (2007) Pädagogische Psychologie des Lernens und Lehrens. 8. Aufl., Göttingen u.a.: Hogrefe.

Wolf D, Merkle R (2001) So überwinden Sie Prüfungsängste. Psychologische Strategien zur optimalen Vorbereitung und Bewältigung von Prüfungen. 12. Aufl., Mannheim: PAL.

12 Prüfung zum Praxisanleiter für den Rettungsdienst gemäß NotSanG

Kersten Enke

Praxisanleitung im Rettungsdienst hat nicht mehr primär die Vermittlung von Wissen und Techniken zum Ziel. In erster Linie soll es Praxisanleitern darum gehen, Einstellungen, Haltungen und Verhaltensweisen zu fördern. Mit der erfolgreichen Prüfung zum Praxisanleiter wird der Nachweis der für die Erfüllung der Ausbildungsfunktion an der Lehrrettungswache zugrunde liegenden berufs- und arbeitspädagogischen Kenntnisse erbracht und somit eine wichtige Anforderung des Notfallsanitätergesetzes erfüllt.

Im *DQR (Deutscher Qualifikationsrahmen für lebenslanges Lernen)* sollen alle Qualifikationen – vom Pflichtschulabschluss über Zeugnisse der beruflichen Aus- und Weiterbildung bis hin zu den höchsten akademischen Abschlüssen sowie non-formal und informell erworbene Kompetenzen – berücksichtigt und innerhalb von acht Niveaustufen mit entsprechenden Kompetenzbeschreibungen eingeordnet werden. Bisher wurden formale Bildungsgänge exemplarisch auf der Basis der zugehörigen Ordnungsmittel zugeordnet. Der Praxisanleiter ist bisher noch nicht eingeordnet worden, ist aber nach Einschätzung des Autors der Niveaustufe 5 zuzuordnen. Die Prüfung zum Praxisanleiter soll als Nachweis dienen, dass der Weiterbildungsteilnehmer über die erforderlichen Kompetenzen verfügt, „die zur selbständigen Planung und Bearbeitung umfassender fachlicher Aufgabenstellungen in einem komplexen, spezialisierten, sich verändernden [...] beruflichen Tätigkeitsfeld benötigt werden" (BMBF und KMK 2016).

Die im Notfallsanitätergesetz vorgeschriebene berufspädagogische Qualifikation als Praxisanleiter wird bei vielen Bildungsträgern erst nach dem erfolgreichen Bestehen einer Abschlussprüfung anerkannt. Bundeseinheitliche Vorgaben für die Prüfung zum Praxisanleiter im Rettungsdienst existieren nicht, zumal die Weiterbildungsregelungen für die Gesundheitsfachberufe Angelegenheit der Bundesländer sind. Leider wurde seitens der Länder die durchaus mögliche gemeinsame Abstimmung einer Musterprüfungsverordnung für Praxisanleiter im Rettungsdienst versäumt.

Ob eine Prüfung absolviert werden muss und wie diese strukturiert ist, hängt daher maßgeblich vom Bundesland und dem jeweiligen Bildungsträger ab, bei dem die Weiterbildung absolviert werden soll. Von Bedeutung ist außerdem, ob das Seminar in Kompaktform (mindestens 200 Stunden) oder als Ergänzungslehrgang für Lehrrettungsassistenten (mindestens 80 Stunden) angeboten wird. Hier gelten oftmals unterschiedliche Prüfungsregularien.

In jedem Fall sollte sich der Interessent vorab genau über die Prüfungsrichtlinien beim jeweiligen Bildungsträger informieren. Obwohl zumeist eine formelle Überprüfung des rettungsmedizinischen Fachwissens nicht vorgesehen ist, sollte der angehende Praxisanleiter dieses vor Weiterbildungsbeginn auf den aktuellen Stand bringen, um später den Anforderungen seines Berufs und der Auszubildenden zu genügen.

Nachfolgend wird ein möglicher Prüfungsablauf mit der Vorbereitung und Durchführung einer Anleitungssituation beschrieben.

12.1 Prüfungsstruktur

Die Prüfung zum Praxisanleiter wird meist die folgenden Prüfungsformen beinhalten, die i.d.R. an die Prüfungsverordnungen zur Praxisanleitung in der Kranken- und Altenpflege angelehnt sind (s. a. Kap. 2):
1. Praktische Prüfung mit Planung, Durchführung und Evaluation einer spezifischen Anleitungssituation aus dem beruflichen Alltag
2. Theoretische, schriftliche Prüfung (Hausarbeit), in der die praktische Prüfungssituation hinsichtlich ihrer Planung, Durchführung und der sich anschließenden Überprüfung reflektiert wird. In manchen Bundesländern (z. B. in Rheinland-Pfalz) ist außerdem eine Aufsichtsarbeit zu schreiben, die sich auf die im Rahmen der Weiterbildung vermittelten Fächer aus Sozial- und Gesundheitswissenschaften sowie Recht bezieht.
3. Mündliches Kolloquium als mündliche Prüfung zu einer ausgewählten Problematik aus dem beruflichen Handlungsfeld der Praxisanleiter.

Eine klassische „Lehrprobe" aus dem Bereich der schulischen Rettungsdienstausbildung, die beim Lehrrettungsassistenten noch wesentlicher Prüfungsschwerpunkt war, wird der angehende Praxisanleiter – je nach Bundesland – nicht mehr ablegen müssen, da sie nicht mehr dem primären Tätigkeitsprofil des Praxisanleiters entspricht.

12.1.1 Prüfung von Praxisanleitern für die praktische Ausbildung an Lehrrettungswachen am Beispiel von Nordrhein-Westfalen

Die Prüfung für die praktische Ausbildung an Lehrrettungswachen wird in NRW von einem Prüfungsausschuss abgenommen, der jeweils für drei Jahre durch die Kreise und kreisfreien Städte im Sinne der Zuständigkeitsverordnung für Heilberufe (ZuStVO HB) berufen wird. Der Ausschuss besteht jeweils aus einem Vorsitzenden und zwei Fachprüfern. Die Mitglieder des Prüfungsausschusses sind durch die nach dem Notfallsanitätergesetz staatlich anerkannten Schulen vorzuschlagen. Als Vorsitzende des Prüfungsausschusses

Abb. 1 ▶ Die Prüfung zum Praxisanleiter beinhaltet u. a. ein Kolloquium als mündliche Prüfung.

bestimmen die Kreise und kreisfreien Städte geeignete Personen. Sofern Einvernehmen zwischen der Schule und der Aufsichtsbehörde darüber besteht, die Prüfungskommission allein mit Lehrkräften der Schule zu besetzen, ist eine Orientierung an der Prüfungsdurchführung für Praxisanleitungen in der Krankenpflege möglich.

Im Rahmen der Prüfung sind ein schriftlicher und ein praktischer Teil zu absolvieren. Die praktische Prüfung wird durch mündliche Fragen ergänzt. Die *praktische Prüfung* umfasst insgesamt fünf Unterrichtseinheiten, an denen alle Prüflinge teilnehmen. Die Prüfungsteilnehmer planen einzeln und selbstständig eine Ausbildungssituation, die insgesamt einen Zeitansatz von 15 bis 20 Minuten umfasst. Die Planung der Ausbildungssituation wird nicht bei der Prüfungszeit berücksichtigt. Der Prüfling ist für die notwendigen Sachmittel verantwortlich und muss diese selbstständig organisieren, was teilweise eine besondere Herausforderung für ihn darstellen kann. Die Einrichtung/der Aufbau der Ausbildungssituation soll einen Zeitansatz von fünf Minuten nicht übersteigen. Die vorbereitete Ausbildungssituation muss dabei vor dem Prüfungsausschuss realistisch präsentiert werden. Die jeweils nicht zu prüfenden Teilnehmer stellen dabei die vorher definierte Lerngruppe dar. Im Anschluss an die praktische Prüfung hat der Prüfungsausschuss noch die Möglichkeit, ergänzende Fragen an den Prüfling zu richten, die allerdings einen direkten Bezug zur Planung oder Durchführung der Lehrprobe oder zu deren Inhalten haben müssen.

Die *schriftliche Prüfung* (in Form einer Aufsichtsarbeit) umfasst einen Zeitansatz von zwei Unterrichtseinheiten. Der Prüfungsentwurf wird dabei durch die ausbildende Schule erstellt. Hierzu gehört auch ein Lösungsbogen, der dem Prüfungsausschuss zur Verfügung gestellt wird. Der Entwurf der schriftlichen Prüfung sowie der Lösungsbogen sind rechtzeitig vor Prüfungsbeginn der zuständigen Behörde zur Genehmigung vorzulegen.

Inhalt und Gewichtung der Prüfung orientieren sich an den während der Weiterbildung vermittelten Inhalten. Dabei wird deren zeitliche Gewichtung in der Ausbildung berücksichtigt. Ein Auswahl-Antwort-Verfahren (Multiple Choice) kann verwendet werden, sofern die ausgebildeten Themenschwerpunkte sich hierfür eignen. Die Klausur muss mindestens zu einem Drittel aus offenen Fragen bestehen.

Die Prüfung ist bestanden, sofern jeder Prüfungsteil mit mindestens der Note „ausreichend" benotet worden ist und ein Prüfungsteil nicht als „ungenügend" bewertet wurde.

Ein Täuschungsversuch führt zur ungenügenden Bewertung des Prüfungsteils, in welchem der Täuschungsversuch begangen worden ist. Nicht bestandene Prüfungsteile können einmalig innerhalb von 12 Monaten wiederholt werden. Eine erneute Lehrgangsteilnahme ist nicht erforderlich.

Wird der wiederholte Prüfungsanteil nicht mit mindestens „ausreichend" bewertet, ist die gesamte Prüfung als nicht bestanden zu bewerten.

12.1.2 Prüfung von Praxisanleitern für die praktische Ausbildung an Lehrrettungswachen am Beispiel von Hessen

Im Bundesland Hessen sind ein Grund- sowie ein Fachmodul zu absolvieren, die beide mit einer Prüfungsleistung abschließen. Die jeweilige Weiterbildungseinrichtung kann die Prüfungsform aus folgenden Optionen festlegen:
- Schriftliche Prüfung als Aufsichtsarbeit von 90 Minuten Dauer
- Schriftliche Hausarbeit von mindestens 10 Seiten und maximal 20 Seiten
- Praktische Prüfung in Form einer Praxissituation mit einem anschließenden Reflexionsgespräch von mindestens 60 Minuten Dauer.

Die Prüfungsarten werden von der weiterbildenden Stelle aus den aufgeführten Möglichkeiten ausgewählt. Es kann also sein, dass an der einen Schule nur fachpraktisch, an der anderen Schule nur schriftlich geprüft wird.

Die Weiterbildung zum Praxisanleiter nach dem NotSanG schließt insgesamt mit einer mündlichen Abschlussprüfung ab. Es können bis zu drei Personen zusammen geprüft werden. Die Prüfungsdauer für einen Prüfling soll maximal 30 Minuten betragen. Zuvor hat der Prüfling eine Stunde Zeit, sich auf die Prüfungsaufgaben vorzubereiten. Die Weiterbildungseinrichtung erarbeitet die Prüfungsaufgaben aus den Themenbereichen der unterrichteten Module und bestimmt die zu benutzenden Hilfsmittel. Die Gesamtnote berechnet sich aus den Modulnoten und der Note der Abschlussprüfung. Die Prüfung eines nicht bestandenen Moduls oder die Abschlussprüfung kann einmal wiederholt werden.

12.2 In der Prüfung nachzuweisende Kompetenzen

Handlungskompetenz, Fachkompetenz, Sozialkompetenz und Methodenkompetenz spielen eine entscheidende Rolle in der Berufsausbildung (KMK 2011). Die Schüler sollen durch den Praxisanleiter dazu befähigt werden, fachbezogenes Wissen und fachübergreifendes Wissen zu verknüpfen, zu vertiefen, kritisch zu prüfen und in Handlungszusammenhängen anzuwenden. Alle anfallenden Aufgaben des Berufsbildes des Notfallsanitäters sollen dementsprechend zielorientiert, sachgerecht, methodengeleitet und selbstständig gelöst und das Ergebnis reflektiert werden. In der Prüfung muss der Praxisanleiter daher seine hierfür notwendige spezifische Handlungskompetenz (fach- und personale Kompetenz) nachweisen.

Es kann, wie bereits angemerkt, davon ausgegangen werden, dass die anspruchsvolle Tätigkeit als Praxisanleiter Rettungsdienst der Niveaustufe 5 des Deutschen Qualifikationsrahmens zuzuordnen ist. Die dort beschriebenen „Lernergebnisse" (Learning Outcomes) bezeichnen das, was Lernende wissen, verstehen und in der Lage sind zu tun, nachdem sie einen Lernprozess abgeschlossen haben.

Laut DQR-Niveaustufe 5 soll über ein integriertes berufliches Wissen im jeweiligen Tätigkeitsfeld verfügt werden. Das schließt auch vertieftes fachtheoretisches Wissen ein. Umfang und Grenzen des beruflichen Tätigkeitsfelds sind bekannt. Darüber hinaus wird über ein sehr breites Spektrum spezialisierter kognitiver und praktischer Fertigkeiten verfügt. Arbeitsprozesse werden übergreifend geplant und unter umfassender Einbeziehung von Handlungsalternativen und Wechselwirkungen mit benachbarten Bereichen beurteilt. Umfassende Transferleistungen werden erbracht. Arbeitsprozesse werden kooperativ, auch in heterogenen Gruppen, geplant und gestaltet, andere Personen werden angeleitet und mit fundierter Lernberatung unterstützt. Auch fachübergreifend werden komplexe Sachverhalte strukturiert, zielgerichtet und adressatenbezogen dargestellt. Die Interessen und der Bedarf von Adressaten werden vorausschauend berücksichtigt. Eigene und fremd gesetzte Lern- und Arbeitsziele werden reflektiert, bewertet, selbstgesteuert verfolgt und verantwortet. Konsequenzen für die Arbeitsprozesse im Team werden gezogen (BMBF und KMK 2016).

Das kompetenzbasierte „Curriculum für die Weiterbildung zum Praxisanleiter Lehrrettungswache", das vom MGEPA Nordrhein Westfalen verfasst worden ist, führt jene umfassenden Kompetenzen auf, die der Weiterbildungsteilnehmer im Rahmen des Lehrgangs erwerben soll. Im Rahmen der Prüfung kann allerdings nur ein Querschnitt der vermittelten Kompetenzen überprüft werden. Hierbei wird es sich eher um die stark anwendungsbezogenen Kompetenzen zur Planung, Durchführung und Evaluation der spezifischen rettungsdienstlichen Ausbildungssituation handeln.

TAB. 1 ▶ Auszug aus dem „Curriculum für die Weiterbildung zum Praxisanleiter Lehrrettungswache" des MGEPA NRW (2014)

Weiterbildungsinhalte und Verteilung der Unterrichtseinheiten (UE)			
Thema	Umfang [UE]	davon absolviert durch LRA-Ausbildung	Ergänzungslehrgang
1 Lernprozesse in der NotSan-Ausbildung initiieren, planen, durchführen und evaluieren	82	60	30
2 Reflexion der eigenen Berufssituation und Rolle als Praxisanleiter	40	32	10
3 Rahmenbedingungen von Lernprozessen in der NotSan-Ausbildung	30	16	20
4 Praktische Weiterbildung	40	12	20
5 Prüfung	8	8*	–
GESAMT	**200**	**120**	**80**

*(im Gesamtumfang enthalten)

Zu den Kompetenzzielen führt das „Curriculum für die Weiterbildung zum Praxisanleiter Lehrrettungswache" aus:

KOMPETENZZIELE ZU 1:
Der/die Teilnehmende ...
- ist über die Rahmenbedingungen und Prozessphasen von Lernsituationen informiert.
- ordnet das rettungsdienstliche Handeln als Lernsituation in den Ausbildungsprozess ein.
- gestaltet auf reflektierter Basis Beziehungen.
- beherrscht Methoden der Anleitung und Instruktionsverfahren.
- erhebt individuelle Lernvoraussetzungen und orientiert das eigene Handeln an Ergebnissen.
- gestaltet Lernprozesse im Kontext curricularer Lernaufgaben.
- fördert die soziale Kompetenz.
- kennt Grundregeln der verbalen, nonverbalen und paraverbalen Kommunikation und setzt diese u. a. auch zur Konfliktbewältigung ein.
- wendet Reflexionsmethoden im Ausbildungsalltag an.
- kennt Beurteilungs- und Bewertungsprozesse/-verfahren und wendet diese in Ausbildungssituationen an.
- ist als Prüfer an praktischen Prüfungen beteiligt.

[...]

KOMPETENZZIELE ZU 2:
Der/die Teilnehmende ...
- reflektiert das eigene berufliche Selbstverständnis, strebt auf die-

ser Grundlage zukunftsorientierte Entwicklungen des Berufsbildes Notfallsanitäter an und ist sich der Bedeutung der regelmäßigen Aktualisierung eigener Kenntnisse und Fähigkeiten bewusst.
- ist sich des Rollenkonflikts als Kollege/-in im Team, Praxisanleiter und Fachprüfer bewusst.
- analysiert Belastungssituationen und wendet Strategien zu deren Bewältigung an.
- ist sich der Verantwortung für die Ausbildung bewusst und trägt zu deren Qualitätssicherung bei.
- nimmt die unterschiedlichen Aufgaben als Praxisanleiter (primärer Ansprechpartner und Mentor, Ausbildungsverantwortlicher für die praktische Ausbildung, Fachprüfer) bewusst wahr und kennt deren Bedeutung.

[...]

KOMPETENZZIELE ZU 3:
Der/die Teilnehmende ...
- versteht die rechtlichen Grundlagen zu Aus- und Fortbildungen und kennt die für den Rettungsdienst relevanten Gesetze, Verordnungen etc. und deren Inhalt.
- versteht haftungsrechtliche Rahmenbedingungen und ist sich des Sinns der Dokumentationspflicht bewusst.
- kennt leistungsrechtliche Rahmenbedingungen.
- ist über institutionelle Rahmenbedingungen informiert.
- ist über Inhalte und Ziele der klinisch-praktischen Ausbildung zum Notfallsanitäter informiert.
- kennt die Grundzüge der finanziellen Rahmenbedingungen bei der Umsetzung des NotSanG und der NotSan-APrV.

[...]

KOMPETENZZIELE ZU 4:
Der/die Teilnehmende ...
- wird sich zunehmend der eigenen Rolle als Praxisanleiter bewusst.
- erbringt Leistungsnachweise
  1. durch Planung, Durchführung und Evaluation einer spezifischen Ausbildungssituation und
  2. in Form eines Reflexionsgesprächs.

[...]

KOMPETENZZIEL ZU 5:
Der/die Teilnehmende ist in der Lage, die praktische, schriftliche und mündliche Prüfung mit den jeweiligen Prüfungsinhalten erfolgreich zu absolvieren.

12.3 Planung und Durchführung einer Anleitungssituation als Pflichtaufgabe zur Abschlussprüfung

Mit dem Grundsatz der Handlungsorientierung erlangt das Modell der vollständigen Handlung mit dem selbstständigen Planen, Durchführen und Kontrollieren von Lernhandlungen auch für die Praxisanleitung im Rettungsdienst eine Leitbildfunktion (SIEHE DAZU U.A. KAP. 6.3). Der angehende Praxisanleiter plant selbstständig von der Vorbereitung über die Durchführung bis hin zur Evaluation eine Anleitungssituation, die eine typische Handlungssituation aus dem Berufsfeld „Notfallsanitäter" aufgreift. Dabei werden die bereits vorhandenen und während der Weiterbildung entwickelten Handlungskompetenzen (s.o.) angewendet. Der Weiterbildungsteilnehmer führt die Schüler auf der Basis des bisherigen Ausbildungsverlaufsplans schrittweise an die eigenständige Wahrnehmung der beruflichen Aufgaben eines Notfallsanitäters heran. Er kennt bzw. hinterfragt den jeweiligen fachtheoretischen Wissensstand und geht im Rahmen seiner Anleitungskompetenz didaktisch-methodisch sachgerecht auf die Schüler ein mit dem Ziel eines ausbildungsbezogenen Ergebnisses, in dem das theoretische (schulische) Wissen mit den in der Praxis (Lehrrettungswache) erworbenen Fertigkeiten verzahnt wird.

Diese umfangreichen Kompetenzen werden durch die Planung, Durchführung und Evaluation der spezifischen Anleitungssituation nachgewiesen. Diese praktische Prüfungssituation wird in der schriftlichen Hausarbeit, die nach einem vorgegebenen Muster gegliedert sein sollte, reflektiert.

In einem mündlichen Kolloquium (mündliche Prüfung) wird die Anleitungssituation durch den Teilnehmer vorgestellt und gemeinsam diskutiert. Darüber hinaus können sich hieraus ergebene Aspekte aus dem Handlungsfeld des Praxisanleiters erörtert werden.

12.3.1 Formale Kriterien für die schriftliche Hausarbeit

Der Umfang der Projektarbeit soll 10 bis 20 Textseiten betragen. Abweichungen bedürfen der Zustimmung des Betreuers. Hausarbeiten sollen gut lesbar ausgedruckt sein (12-Punkt-Schriftgröße, 1,5-zeilig). Es muss unbedingt auf einen ausreichenden Heft- und Korrekturrand geachtet werden; folgende Seitenränder in cm sind üblich: oben 2,5, unten 2, links 3–4, rechts 2,5. Es ist die Schriftart „Arial" zu verwenden.

Auf dem Deckblatt sollen folgende Angaben stehen:
– Thema der Lehrveranstaltung
– Bezeichnung der Bildungseinrichtung des Lehrenden
– Thema der Arbeit
– Name, Adresse und Email-Adresse des Verfassers.

An den Anfang jeder Arbeit gehört ein Inhaltsverzeichnis (Überschrift: „Inhalt"), das sämtliche Kapitel und

Unterkapitel mit den entsprechenden Seitenzahlen aufführt. Die Angaben im Inhaltsverzeichnis müssen den Kapitelüberschriften entsprechen.

Hervorhebungen im Text sollen kursiv gesetzt werden. Versalien, Kapitälchen und Sperrungen sollen nicht verwendet werden.

12.3.2 Muster für eine schriftliche Projektarbeit (Praxisanleitung)

Ihre schriftliche Hausarbeit sollte folgende Fragenstellungen und Themen beinhalten:

1. *Beschreibung der Rahmenbedingungen der praktischen Ausbildung an der Lehrrettungswache*
   - Einrichtung (Lehrrettungswache):
     - Welche Ansprechpartner sind an der LRW zuständig?
     - Welche Kooperationspartner können kennengelernt werden?
     - Was ist das Spezifische, das an dieser Einrichtung gelernt werden kann?
     - Welche praktischen Tätigkeiten können begleitet und erlernt werden?
     - Welche administrativen Aufgaben können erlernt werden?
     - Welche Instrumente zur Qualitätssicherung stehen zur Verfügung?
     - Welche Lernangebote zu fachlichen Themen gibt es an der LRW?
     - Welche Lernangebote gibt es im Bereich Kommunikation, Beratung und Dokumentation?
     - Welche Lernmaterialien, Arbeitsanleitungen und zusätzliche Informationsquellen stehen zur Verfügung?
   - Eigenanalyse des Praxisanleiters:
     - Welche Voraussetzungen bringe ich als Praxisanleiter mit?
     - Wie informiere ich mich, und wie bereite ich mich vor?
   - Schüleranalyse:
     - Welches Vorwissen (schulisches Wissen und Erfahrungswissen) steht zur Verfügung?
     - Welche Kompetenzen bringt der Schüler mit?
     - Über welche Lernstrategien verfügt der Schüler?
     - Wie selbstständig kann der Schüler seinen Lernprozess gestalten?
     - Wie aktiv und selbstständig geht der Schüler seine Ausbildung an?
     - Wie ist die Motivationslage des Schülers?

2. *Thema der Anleitungssituation*
   - Thema:
     - Welches Thema liegt der Anleitungssituation zugrunde?
   - Verknüpfung des Themas:
     - Wo findet sich das Thema im Lernfeld/dem schulischen Curriculum/der NotSan-APrV wieder?
     - Welche Lernziele/Kompetenzen sehen die Richtlinien zur praktischen Ausbildung (z. B. Ausbildungsplan) vor?
     - Welche Lernziele/Kompetenzen sieht die Notfallsanitäterschule für diesen Praxiseinsatz vor?
   - Theoretische Begründung der Wahl des Themas:

- Welche besondere Bedeutung hat das Thema für den Erwerb der beruflichen Handlungskompetenz?
- Welche Erwartungen, welchen Bezug zum Thema hat der Schüler?
– Handlungskette und erforderliche Handlungsschritte (im Sinne einer vollständigen Handlung):
  - Einführung, Einleitung (Vorgespräch)
  - Durchführung (Erarbeitung, Vertiefung, Problemlösung)
  - Auswertung (Ergebnissicherung, Zusammenfassung, Feedback)
  - ggf. Wiederholung mit Übung, Anwendung und Kontrolle.

3. *Pädagogisches und didaktisches Konzept der Anleitungssituation*
– Welches pädagogische und didaktische Konzept (z. B. Lernfeldansatz, handlungsorientierte Didaktik) liegt der Planung zugrunde? Kurze Begründung und Beschreibung des wissenschaftlichen Ansatzes.

4. *Umsetzung des Anleitungsthemas*
– Planung:
  - Welche Lernfelder werden innerhalb der Anleitungssituation thematisiert?
  - Welche fachtheoretischen Aspekte sollen einbezogen werden?
  - Welche Kompetenzen (Fach-, Personal-, Sozial-, und Methodenkompetenz) sollen in der Anleitungssituation vermittelt werden?
  - Welche (Fein)Lernziele werden formuliert? Welche Beurteilungskriterien sind möglich?
  - Welche Lernbedarfe liegen seitens des/der Schüler vor, und welche Lernaufgaben können vorab gestellt werden?
  - Welche Aufgaben und Tätigkeiten ergeben sich?
  - Wird der Schüler in die Planung einbezogen, und wird diese mit ihm abgestimmt?
  - Welcher Zeitplan wird zugrunde gelegt?
  - Welche Sozialform (z. B. Einzel- oder Gruppenanleitung) ist besonders geeignet?
  - Welche Arbeitsschritte bzw. Methoden sollen in der Anleitungssituation angewendet werden (z. B. Leittextmethode, Anleiter-/Schülerdemonstration, Simulation, Vier-Stufen-Methode, Rollentraining)?
– Durchführung:
  - Wer übernimmt welche Einzelaufgaben?
  - Welche organisatorischen Absprachen mit dem Team/der Einrichtungsleitung sind erforderlich?
  - Welche fachlichen Kriterien muss der Schüler berücksichtigen?
  - Wie wird die Durchführung reflektiert (ausgewertet) und dokumentiert?
– Nachgespräch/Reflexion:
  - Wie schätzt der Schüler die Anleitungssituation, sein eigenes Handeln ein?
  - Was bewegt mich? Was ist mir gut gelungen? Was würde ich zukünftig anders machen?
  - Wie schätze ich als Praxisanleiter die Anleitungssituation und das Handeln des Schülers ein?
  - Vergleich der Selbsteinschätzung mit der Fremdeinschätzung.

5. *Beurteilung der Durchführung (Durchführungsprotokoll)*
   - Wurden die geplanten Ziele erreicht?
   - Hat der Schüler seine Ziele erreicht?
   - Wurde, sofern möglich, die Zeitplanung eingehalten?
   - Was ist lobenswert?
   - Was muss verändert werden?

6. *Beurteilung durch den Praxisanleiter*
   - Ist die Anleitung planmäßig und zufriedenstellend verlaufen?
   - Was muss ich als Anleiter zukünftig beachten und ggf. ändern?

7. *Planung nächster Schritte*
   - Worauf muss in Zukunft geachtet werden?
   - Wo muss nachgebessert werden?
   - Welche neuen Lernaufgaben ergeben sich aus dieser Anleitungssituation?
   - Welche Anleitungssituation wird als nächstes geplant?

8. *Literaturverzeichnis*
Das Literaturverzeichnis steht am Ende der Hausarbeit. Es enthält sämtliche im Text angeführten Werke – alphabetisch geordnet nach den Nachnamen der Autoren – unabhängig davon, um welche Art von Literatur (Monographie, Aufsatz, Internetquelle etc.) es sich handelt.

Werke, auf die man in der Arbeit nicht verwiesen hat, werden nicht aufgeführt (auch wenn man sie gelesen hat). Die bibliographischen Angaben sollen in der nachstehenden Reihenfolge erfolgen: Autor (Name, Vorname), Erscheinungsjahr, Titel, Auflage, Erscheinungsort, Verlag (S. DAZU AUCH KAP. 8).

12.3.3 Hinweise zur Durchführung der Anleitungssituation (praktische Prüfung)

Wichtig ist eine realistische Einschätzung aller ausbildungsrelevanten Kriterien. Leitfrage sollte sein, was für die Praxisausbildung erforderlich, wesentlich und auch tatsächlich machbar ist. Hierbei ist auch zu prüfen, was leistbar ist, ohne dass ein unnötiger Zeitdruck entsteht. Um angemessene Bedingungen zu schaffen, sollte der Zeitrahmen für die Anleitungssituation definiert und berücksichtigt werden. Die individuelle physische und psychische Belastbarkeit des Schülers ist zu beachten, damit dieser nicht überfordert wird.

ABB. 2 ▶ Anleitungssituation

Bei der Festlegung der Inhalte sollte berücksichtigt werden, dass oftmals weniger *Lernangebot* gleich mehr *Lerneffekt* ist. Kleinere Lernziele machen den erreichten Lernerfolg deutlicher und können die Motivation der Schüler besser erhöhen als komplexe Aufgaben, die nur schwer zu bewältigen sind. Der Lernstoff sollte möglichst einfach aufbereitet und in kleinere miteinander verbundene Einheiten aufbereitet sein. Leitfragen können sein:

Werden bei der Lernsituation auch personale Kompetenzen gefördert, oder steht ausschließlich die Fachkompetenz im Vordergrund? Überprüfbarer Lernzuwachs besteht immer zuerst im Transfer des Gelernten in unterschiedlichste Handlungssituationen und ist daher nicht immer sofort sichtbar. Um zu beschreiben, was die Schüler tun sollen, sollen in der Zielbeschreibung möglichst Verben, die wahrnehmbare Tätigkeiten und Verhaltensweisen beschreiben, verwendet werden.

Hat der Schüler die Möglichkeit und Chance bekommen, Lösungen unter Anleitung zu entwickeln und die Realisierung in der Anleitungssituation zu üben? Besonders wichtige Inhalte oder Verhaltensweisen sollten am Beginn der Anleitungssituation stehen und am Ende wiederholt werden.

Der Anleitungsprozess wird in der nachfolgenden TABELLE 2 nochmals zusammengefasst.

12.3.4 Mögliche Fragestellungen für das Kolloquium (mündliche Prüfung)

In dem mündlichen Kolloquium wird auf die Anleitungssituation eingegangen, und die gewonnenen Erkenntnisse werden reflektiert. Darüber hinaus bietet es sich an, weitere Problemstellungen und Aspekte aus dem Handlungsfeld des Praxisanleiters zu erörtern.

TAB. 2 ▶ Der Anleitungsprozess (Quelle: Mamerow 2013)

1. Vorbereitung mit den nachfolgenden Handlungsschritten	2. Durchführung mit den nachfolgenden Handlungsschritten	3. Reflexion und Auswertung mit den nachfolgenden Handlungsschritten
Informationsbeschaffung (Situationsanalyse und Ermittlung des Kenntnisstandes, der Lernvoraussetzungen und Lernbedarfe)	Einführung in die Situation (Kontaktgespräch im Team, unmittelbares Vorgespräch mit dem Lernenden)	Nachgespräch – Feedback (in Form einer Erstauswertung, Selbstreflexion und Möglichkeit zu Fragen des Schülers, Feedback durch Praxisanleiter)
Schaffung einer günstigen Lernatmosphäre sowie günstiger Lernbeziehungen	Realisierung der Praxisanleitung (Vorbereitende Maßnahmen, Handeln, Demonstrieren, Beobachten, Dokumentieren)	Eigentliche (spätere) Auswertung der erreichten Lernziele und erworbenen Kompetenzen
Entscheiden	Abschluss (Nachsorge, Übergabe, Dokumentation)	Planung weiterer Maßnahmen
Planen		

Nachfolgend finden sich einige beispielhafte Fragestellungen für das Kolloquium:

> **BEISPIEL**
>
> - Machen Sie sich die arbeits-, straf- und haftungsrechtlichen Rahmenbedingungen bewusst, mit denen Sie als Praxisanleiter Rettungsdienst konfrontiert sind, und überlegen Sie sich typische Anleitungssituationen, in denen Ihr Rechtskundewissen von Bedeutung ist.
> - Wie können Sie Praxisanleitung im Spannungsfeld zwischen Lernen und Arbeiten ausüben?
> - Nennen Sie Strategien, um Ihren unterschiedlichen Rollen als Moderator, Kollege, Coach, Motivator und Beurteiler gerecht zu werden.
> - Der Schüler Ronny Forsch kann auf eine Ausbildung als Rettungssanitäter zurückblicken und fühlt sich in fast sämtlichen Belangen des Rettungsdienstes sicher. „In der Wache kann man mir nichts Neues mehr beibringen, das kenne ich schon alles", merkt er Ihnen gegenüber im Vorgespräch an. Beschreiben Sie Ihr weiteres Vorgehen.
> - Was verstehen Sie unter einer professionellen „Nähe-Distanz Haltung", und wie können Sie diese fördern?
> - Was versteht man unter einem *konstruktiven Feedback*, und wie können Sie *Wahrnehmungs-* und *Beurteilungsfehler* isolieren?
> - Wie können Sie als Praxisanleiter zur Theorie-Praxis-Verzahnung beitragen?
> - Welche Funktion haben Anleitungsstandards, und wie können diese entwickelt werden?

▶ **Ausblick**

Mit dem Abschluss der Weiterbildung zum Praxisanleiter Rettungsdienst weist der Teilnehmer umfangreiche fachliche und personale Kompetenzen zur praktischen Ausbildung von Notfallsanitätern nach. So verfügt er über die nötige Sicherheit in der Planung, Durchführung und Evaluation der praktischen Ausbildung an der Lehrrettungswache. Die Methoden der vollständigen Handlung werden im Ausbildungsprozess angewendet. Der Lernprozess wird positiv gestaltet, indem geeignete teilnehmerorientierte didaktische Techniken ausgewählt und angewendet werden sowie eine individuelle positive Lernatmosphäre aufgebaut wird. Der Teilnehmer ist sich seiner Verantwortung als Praxisanleiter gegenüber den Schülern und den Patienten bewusst und entwickelt geeignete Methoden sowie persönliche Professionalität für die Durchführung der praktischen Ausbildung im Rettungsdienst. Er in der Lage, das eigene fachliche Wissen zu reflektieren und zu erweitern, und strebt auf dieser Grundlage die zukunftsorientierte Entwicklung des Berufsbildes „Notfallsanitäter" an.

Literatur:

Arbeitsgemeinschaft NotSan, Rettungsdienstschulen der Hilfsorganisationen in Rheinland-Pfalz (ASB, DRK, Malteser) (Hrsg.) (2013) Gemeinsame Grundsätze für die Weiterbildung zur Praxisanleiterin/zum Praxisanleiter nach dem NotSanG in Rheinland-Pfalz.

Bundesministerium für Bildung und Forschung [BMBF], Kultusministerkonferenz [KMK] (2016) Der Deutsche Qualifikationsrahmen für lebenslanges Lernen (DQR). Unter: www.deutscherqualifikationsrahmen.de, 07.06.2016.

Enke K (2013) Lernfeldansatz versus traditionelle Fächerorientierung. In: Enke K, Kuhnke R (Hrsg.) Lernfeld Rettungsdienst. Wege zum handlungsorientierten Unterricht. Edewecht: Stumpf + Kossendey, S. 125–150.

Land Hessen – Hessisches Ministerium für Soziales und Integration, Regierungspräsidium Darmstadt (Hrsg.) (2014) Rahmenlehrplan des Landes Hessen: Notfallsanitäterin / Notfallsanitäter. Anlage 1: Praxisanleiter. Darmstadt.

Sekretariat der Kultusministerkonferenz – Referat Berufliche Bildung, Weiterbildung und Sport [KMK] (Hrsg.) (2011) Handreichung für die Erarbeitung von Rahmenlehrplänen der Kultusministerkonferenz für den berufsbezogenen Unterricht in der Berufsschule und ihre Abstimmung mit Ausbildungsordnungen des Bundes für anerkannte Ausbildungsberufe. Unter: http://www.kmk.org/fileadmin/Dateien/veroeffentlichungen_beschluesse/2011/2011_09_23_GEP-Handreichung.pdf, 03.01.2015.

Mamerow R (2013) Praxisanleitung in der Pflege. 4. Aufl., Berlin, Heidelberg: Springer.

Ministerium für Arbeit, Gesundheit und Soziales des Landes Nordrhein-Westfalen [MGEPA NRW] (Hrsg.) (2006) Ausbildung in der Altenpflege - Standard zur berufspädagogischen Weiterbildung zur Praxisanleitung in der Altenpflege in Nordrhein-Westfalen. Unter: http://www.mgepa.nrw.de/mediapool/pdf/pflege/pflege_und_gesundheitsberufe/altenpflegeausbildung/NRW-Standard_Praxisanleitung-02-2007.pdf, 02.05.2016.

Ministerium für Gesundheit, Emanzipation, Pflege und Alter des Landes Nordrhein-Westfalen [MPEGA NRW] Referat Rettungswesen (Hrsg.) (2014) Ausführungsbestimmungen zur Ausbildung zur Notfallsanitäterin/zum Notfallsanitäter in Nordrhein-Westfalen Teil I. Anlage 6: Curriculum für die Weiterbildung zur Praxisanleitung (Lehrrettungswache). Düsseldorf.

Münk D, Schelten A (Hrsg.) (2010) Kompetenzermittlung für die Berufsbildung. Verfahren, Probleme und Perspektiven im nationalen, europäischen und internationalen Raum. Bielefeld: wbv.

Anhang

Abbildungsnachweis

Sämtliche hier nicht aufgeführten Fotos wurden vom Verlag gestellt. Alle hier nicht aufgeführten Grafiken wurden vom Verlag nach Vorlagen der Autoren erstellt. Weitere Quellenangaben finden sich direkt bei den Abbildungen und im Literaturverzeichnis.

BILDUNGSINSTITUT DES DRK-LANDESVERBANDES RHEINLAND-PFALZ E.V.
im Brühl 1, D-55299 Nackenheim
KAP. 1 ABB. 3
Johannes Becker: KAP. 7 ABB. 1, 3; KAP. 10 ABB. 5; KAP. 11 ABB. 3; KAP. 12 ABB. 1–2
Steffen Lipp: KAP. 2 ABB. 3
Ulrich Mayer: KAP. 5 ABB. 1–2

MATTHIAS BLOCK
DRK-Kreisverband Stade e.V.
Am Hofacker 14, D-21682 Stade
KAP. 6 ABB. 40

PHILIPP BÖHMER
D-53111 Bonn
KAP. 6 ABB. 28

O. BRUHNS
KAP. 3 ABB. 4

MALTE DANIELS
DRK-Kreisverband Bonn e.V.
Endenicher Straße 131, D-53115 Bonn
KAP. 6 ABB. 24–26

JAN DOMMEL
Johanniter-Akademie Bildungsinstitut Hannover
Büttnerstraße 19, D-30165 Hannover
KAP. 3 ABB. 2; KAP. 6 ABB. 15; KAP. 8 ABB. 2; KAP. 9 ABB. 1

WALTER EGGENBERGER
Schweizer Paraplegiker-Stiftung
Guido A. Zäch Straße 1, CH-6207 Nottwil
KAP. 6 ABB. 35

FOTO UND BILDERWERK OLDENBURG
Donnerschweer Str. 45, D-26123 Oldenburg
KAP. 4 ABB. 4

KLAUS VON FRIELING
Stumpf + Kossendey Verlagsgesellschaft mbH
Rathausstraße 1, D-26188 Edewecht
KAP. 3 ABB. 1

ISTOCK.COM/NASOWAS
KAP. 11 ABB. 1

KANTVER/FOTOLIA
KAP. 4 ABB. 5

PROF. DR. PHIL. HARALD KARUTZ
Parsevalstraße 4, D-45470 Mülheim a.d.R.
KAP. 6 ABB. 14; KAP. 8 ABB. 5

DR. MED. PEER G. KNACKE
Fachabteilung Anästhesie der Sana Kliniken Ostholstein Gmbh – Klinik Eutin
Hospitalstraße 22, D-23701 Eutin
KAP. 6 ABB. 21 (UNTEN)

RICO KUHNKE
DRK-Landesschule Baden-Württemberg
Karl-Berner-Straße 6, D-72285 Pfalzgrafenweiler
KAP. 6 ABB. 37

RALF NICKUT
DRK-Bildungszentrum Düsseldorf/Studienzentrum der Steinbeis-Hochschule Berlin
Erkrather Straße 208, D-40233 Düsseldorf
KAP. 6 ABB. 32–34, 36; KAP. 7 ABB. 2; KAP. 10 ABB. 4

HELGE REGENER
SIRMED Schweizer Institut für Rettungsmedizin AG
Guido A. Zäch Straße 2b, CH-6207 Nottwil
KAP. 8 ABB. 4

Rettungsdienst-Kooperation in
Schleswig-Holstein (RKiSH) gGmbH
Esmarchstraße 50, D-25746 Heide
Kap. 6 Abb. 18, 30

Mathias Wosczyna
Grafik-Designer/Illustrator
Hauptstraße 84, D-53557 Bad Hönningen
Kap. 6 Abb. 1−4

Herausgeber und Autoren

Herausgeber

HANS-PETER HÜNDORF
Notfallsanitäter und Praxisanleiter
Geschäftsführer
DRK-Kreisverband Dessau e.V.
Amalienstraße 138
D-06844 Dessau-Roßlau

ROLAND LIPP
Notfallsanitäter
Abteilungsleiter Nationale Hilfsgesellschaft
DRK-Landesverband Rheinland-Pfalz e.V.
Mitternachtsgasse 4
D-55116 Mainz

Autoren

KERSTEN ENKE
Diplom-Gesundheitslehrer und Notfallsanitäter
Leiter Johanniter-Akademie Bildungsinstitut Hannover
Johanniter-Unfall-Hilfe e.V.
Büttnerstraße 19
D-30165 Hannover
KAP. 12

ANDREAS FROMM
Notfallsanitäter, Praxisanleiter Rettungsdienst und Lehrkraft an der Notfallsanitäterschule der Berufsfeuerwehr Duisburg
Berufsfeuerwehr Duisburg
Sachgebiet Rettungsdienst
Wintgensstraße 111
D-47058 Duisburg
KAP. 6.6

MICHAEL GRÖNHEIM
Notfallsanitäter, Berufspädagoge und Praxisanleiter, B.A. Betriebliche Bildung
Geschäftsführer intellexi – Institut für Kommunikation, Psychotraumatologie & Notfallmanagement
Fürstenberger Straße 8
D-47608 Geldern
KAP. 6.5

MARTINA VERENA HADASCH
Rechtsanwältin
Schwerpunkt Vergabe- und Arbeitsrecht
Council bei Arnecke, Sibeth, Dabelstein
Rechtsanwälte Steuerberater Partnerschaftsgesellschaft mbB
Oberanger 34 – 36
D-80331 München
KAP. 3

MICHAELA HERBERTZ-FLOSSDORF
Pädagogin und exam. Krankenschwester
MundWerk
Flurstraße 75
D-40235 Düsseldorf
KAP. 8

HANS-PETER HÜNDORF
Notfallsanitäter und Praxisanleiter
Geschäftsführer
DRK-Kreisverband Dessau e.V.
Amalienstraße 138
D-06844 Dessau-Roßlau
KAP. 2, 9

DIPL.-MED.-PÄD. ALEXANDER HUWE
Dipl.-Medizinpädagoge, Notfallsanitäter
Schulleitung Notfallsanitäter
Gesundheitscampus Potsdam gGmbH
Hermannswerder 2b
D-14473 Potsdam
KAP. 6.2, 6.4, 6.8

PROF. DR. PHIL. HARALD KARUTZ
Professur für Psychosoziales Krisen-
management
Diplom-Pädagoge, Notfallsanitäter und
Praxisanleiter Rettungsdienst
Medical School Hamburg
Am Kaiserkai 1
D-20457 Hamburg
KAP. 11

DIPL.-MED.-PÄD. JOCHEN KIRCHEIS
Fachbereichsleiter Landesrettungsschule
Sachsen
DRK Bildungswerk Sachsen gGmbH
Bremer Straße 10d
D-01067 Dresden
KAP. 6.2, 6.4, 6.8

KAI-KRISTIAN KUPFERNAGEL
Notfallsanitäter und Assistenzarzt
Asklepios Kliniken Hamburg GmbH –
Asklepios Klinik Wandsbek
Alphonsstraße 14
D-22043 Hamburg
KAP. 6.1

AXEL LADNER
Facharzt für Kinder- und Jugendpsychiatrie
und -psychotherapie
Ärztehaus am Pflanzberg
Poststraße 20
CH-8274 Trägerwilen
KAP. 6.5

SASCHA LANGEWAND
Berufspädagoge und Notfallsanitäter
Leiter Innovative Trainingskonzepte
InPASS – Institut für Patientensicherheit &
Teamtraining GmbH
Friedrich-Naumann-Str. 10
D-72762 Reutlingen
KAP. 5, 6.3

ROLAND LIPP
Notfallsanitäter
Abteilungsleiter Nationale Hilfsgesellschaft
DRK-Landesverband Rheinland-Pfalz e.V.
Mitternachtsgasse 4
D-55116 Mainz
KAP. 1

INKA NEUMANN
Diplom-Pädagogin und Rettungssanitäterin
Landesreferentin Jugendrotkreuz
DRK-Landesverband Rheinland-Pfalz e.V.
Mitternachtsgasse 4
D-55116 Mainz
KAP. 4

RALF NICKUT
Pädagogischer Leiter DRK-Bildungszentrum
Düsseldorf/Studienzentrum der Steinbeis-
Hochschule Berlin
Erkrather Straße 208
D-40233 Düsseldorf
KAP. 6.6, 10

JOHANNES VEITH
Notfallsanitäter
Stv. Schulleiter Aus- und Weiterbildungszen-
trum ASB-Kreisverband Mainz-Bingen
Hattenbergstraße 5
D-55122 Mainz
KAP. 7

PROF. DR. JÖRG A. WENDORFF
Rettungsassistent, Ausbilder im Rettungs-
dienst und Professor für Berufspädagogik
Hochschule Ravensburg-Weingarten
Doggenriedstraße
D-88250 Weingarten
KAP. 6.7

Index

A

Abstimmung zwischen Ausbildungsbetrieb und Rettungsdienstschule 29–30, 144, 159, 163, 214, 218–219, 237, 276–277
Acting 194–195
Akteur 178–180, 183, 185
Algorithmus 138, 190, 221–222
    -sicherheit 189–190
Andorra-Phänomen 289
Andragogik 34, 164
Animation 200–201, 206, 209–210
Anschaulichkeit 201
Antipathie 289
Arzt 257–258
Ärztekammer 255–256
Ärztlicher Leiter Rettungsdienst (ÄLRD) 138, 163
Aufmerksamkeit 81, 86, 122–123, 132, 168, 200, 208, 210
Ausbildung(s)
    praktische – 189, 213
    - und Prüfungsverordnung für Notfallsanitäterinnen und Notfallsanitäter (NotSan-APrV) 16–26, 29, 37, 44, 49–50, 61–63, 96–97, 147, 158, 216, 230, 250
    -vertrag 52–53
    zum Notfallsanitäter 16–25, 50–51, 55, 138–141, 156, 191 213
    zum Praxisanleiter 29, 38–42, 314–327
Auszubildender 54, 162, 227, 229, 238, 276

B

Beamer 202
Belastung(s)
    -faktoren 262–263
    psychische – 263–264
Belohnung. *Siehe:* Verstärker
Berufsbildungsgesetz (BBiG) 50, 146, 213
Betriebsrat 53–55, 276
Betriebsverfassungsgesetz (BetrVG) 53–54, 276
Beurteilung(s) 227, 269
    -bogen 282–283
    -gespräch 280, 292–294
    -kriterien 281–283
    -layout 283–288
    -prozess 279–280
    -ziele 277–278
    Zwischen- 290–291, 294
Bewegtbild. *Siehe:* Film
Bild/Bilder 200–201, 209–210
Bildung(s)
    -bedarf, betrieblicher 96–97
    -maßnahmen, betriebliche
        Evaluation 101
        Planung 98–100
Blackout 167, 296, 301
Blickkontakt 80–81, 86, 166
Boardsoftware. *Siehe:* Whiteboardsoftware
Briefing 194
Bundesärztekammer (BÄK). *Siehe:* Ärztekammer

C

Checkliste 98–100, 177, 266, 271, 282, 288, 306
Chunks/Chunking 114–116, 120
Coach. *Siehe:* Instruktor
Crew Resource Management (CRM) 191

D

Darsteller. *Siehe:* Akteur
Datenbank 243
Debriefing 191, 195–197
Deutscher Qualifikationsrahmen für lebenslanges Lernen (DQR) 314, 318
Deutsches Institut für Medizinische Dokumentation und Information (DIMDI) 256
Diagnosis Related Groups (DRG) 259
Dienstplanung 268
Diskussion 172
DOI® 248–249
Dokumentation 268
    Szenarioverlauf 194
    Ausbildungsinhalte 26, 30, 42–43
    Gespräche 82–83, 86, 226, 230
Dozent im Rettungsdienst 39

E

Einarbeitung 238–239, 267–268
Einsatzorganisation 197
E-Learning 211–212
Empathie 234–235
Entspannungstechniken 263, 304, 308
Erinnerungsvermögen 201
Erziehung 34–35

F

Facharbeit, wissenschaftliche 242–248
Fachkompetenz 135, 140, 152, 226, 318
Fallbeispiel 180–187
    -Darstellerkarte 184, 186
    -training 190
Familiarisation 194
Feedback 87–88, 155, 180, 234, 270–271, 291
    -regeln 88
Fehler 191
    Beobachtungs- 90, 288–289
    Beurteilungs- 90, 289–291
    -management, non punitives 191
Fight-or-Flight-Reaktion 301
Film 200–201, 209
Flipchart 201, 203
Formulierung, freie 286
Fortbildung 61, 143, 161, 178, 188, 198, 266
Frage(n)
    -bogen 286–287
    Ketten- 170
    rhetorische – 170
    Verständnis- 171
Frustration 129

G

Garantenstellung 17
Gedächtnis 110–111
    Arbeits- 113
    Kurzzeit- (KZG) 113–114
    Langzeit- (LZG) 116–118
    sensorisches –/Ultrakurzzeit- (UKZG) 111–112
Gedankenstopp 305
Gemeinsamer Bundesausschuss (G-BA) 255
Gespräch(s) 234
    Erst- 228–230
    formelles – 81–83
    -führung 292–293
    informelles – 83
    -lenkung 171
    -protokoll 230
    Unterrichts- 169–172
Gestik 81, 296, 311
Gesundheit(s) 260–261
    Entstehung von –. *Siehe:* Salutogenese
    -fonds 253–254
    -management, betriebliches 262–264
    -wesen 249–259
    -wissenschaften 242–264
Grundsätze des innerbetrieblichen Schadensausgleiches 66–71
Gruppen 91, 143, 291
    -arbeit 172–175
    -phasen 91–92
    Verhalten in – 92–93

H

Haftung
    arbeitsrechtliche – 69–71
    bei öffentlich-rechtlicher Tätigkeit 64–66
    bei privatrechtlicher Tätigkeit 66–69
    bei vertragsähnlichen Ansprüchen 67
    deliktische – 67–69
    vertragliche – 66–67
Halo-Effekt 288–289
Handlung(s)
    -felder 157
    -formen 137–138
    -ketten 220–221
    -kompetenz 62, 135, 137, 139, 148, 157, 160, 175, 197, 213, 219, 221, 282, 318
    -situationen 157–159, 231
    vollständige – 158–159, 221, 233
Hausarbeit, schriftliche 242–248, 315, 317, 321–324
Hemmung
    affektive – 301
    ekphorische – 307

I

Instruktor 158, 161, 196
Interaktion 165, 197–198
    themenzentrierte – 92
Irritation 154, 198

J

Jugend- und Auszubildendenvertretung 53–54

K

Kartenabfrage 187–188
Kassenärztliche Vereinigung (KV) 254–255
Katastrophenfantasien 300–301, 305
Kohärenzgefühl 260
Kolloquium. *Siehe:* Prüfung, mündliche
Kommunikation(s) 78, 145
    Meta- 79–80
    -modelle 78–81
        Sender/Empfänger 78
        vier Seiten einer Nachricht 78–79
    nonverbale – 81, 309
Kompetenz
    -arten 135–136
    -erwerb 135
    Fach- 135, 140, 152, 226, 318
    Handlungs- 62, 135, 137, 139, 148, 157, 160, 175, 197, 213, 219, 221, 282, 318
    kommunikative – 135
    Methoden- 51, 135, 152, 318
    Personal- 51, 135, 235, 318
    Persönlichkeits-. *Siehe:* Personalkompetenz
    Sozial- 51, 135, 143, 152, 226, 318, 239
Konditionierung
    klassische – 122–123
    operante – 123–124
Konflikt 83–86, 102–103, 159, 171
    -angst 290
    -eskelation 83–85
    -lösungs- und Kritikgespräch 85–86
Konzentration 166, 200, 307
Kooperation(s) *Siehe:* Zusammenarbeit
    -fähigkeit 145
Körpersprache 80–81, 168–169
Kranken
    -häuser 257–258
        geeignete – 21–22, 25–26, 62, 215–216
    -kassen 251, 254, 258–259
    -versicherung 249, 251–254
        private – 254
    -transport 49
Krankheit 260

Kultusministerkonferenz (KMK) 156
Kündigung(s) 53
    -frist 53

L

Learning Management System (LMS). *Siehe:* Lernplattform
Lehr
    -kräfte 24, 35–37, 44, 160–161, 316
    -rettungsassistent (LRA) 38–39, 43, 214, 220, 314
    -rettungswache 21, 26–30, 142, 144, 160, 191, 215
Lehre 34
Leiter Rettungsdienst, Ärztlicher. *Siehe:* Ärztlicher Leiter Rettungsdienst (ÄLRD)
Lenkung von Dokumenten 272–273
Lern
    -arten 119–125, 138
    -aufgaben 150, 216–218, 236–237
    -felder 156–163, 220, 226
    -materialien, digitale 211
    -organisation 131
    -ort 163, 213, 226
        -kooperation 213–214, 218, 226
    -plattform 211–212
    -prozess 109–110, 129–130, 148–149, 154–155, 158
        Einflüsse 130–134
    -situationen 150–152, 156–163, 221
    -tagebuch 235
    -typen 125–126
    -umfeld 131
    -voraussetzungen 107–109
    -zeiten 303
    -ziele 152, 156, 164
Lernen
    am Modell 121–122
    aufbauendes – 156
    bei Erwachsenen 154–155
    erfahrungsorientiertes – 159
    explizites – 119–121
    handlungsorientiertes –. *Siehe:* Unterricht, handlungsorientierter
    implizites – 121–125
    kognitives –/durch Einsicht 124–125
    prozedurales – 124
    tiefes – 195
    unter Anspannung 120–121

Lesen von wissenschaftlichen Texten 243–244
Literatur 173
    -recherche 242–244
    -verwaltungssoftware 248
    -verzeichnis 247–248, 324
Lob 122–123, 291

M

Maßnahmenkatalog des Bundesverbandes der Ärztlichen Leiter Rettungsdienst Deutschland 220
Medien 167, 173, 200
    Kurzfrist- 202, 206
    Lehr- 200
    Permanent- 201–202, 206
Medizinproduktegesetz (MPG) 97
Methodenkompetenz 51, 135, 152, 318
Methodik 164
Mimik 81, 296, 311
Modell(e)
    anatomische – 173
    der vollständigen Handlung 147, 149–154, 233, 321
    mentales – 195
    Pflegedidaktik, kompetenzorientiertes – 136–141
    Vier-Ebenen- 101
    WAH- 129–130
Moderation 187–189
Momentaufnahme 289–290
Motivation(s) 77, 122, 126–130, 167, 200, 237, 289, 325
    De- 129, 143
    -kurve 128
Motive, menschliche 127

N

Notensystem 284–285
Notfall
    -medizin, präklinische 257–259
    -praxis 257–258
Notfallsanitäter
    -ausbildung(s) 16–25, 50–51, 55, 138–141, 156, 191 213
        -abschlussprüfung 63, 227, 277, 295
        in geeigneten Krankenhäusern 21–22, 25–26, 62, 215–216
        in genehmigten Lehrrettungswachen 21, 26–30, 62, 142, 144, 160, 191, 215
        Ländervorgaben 55–58
        Voraussetzungen 51
    -gesetz (NotSanG) 16, 23–26, 35–37, 48–53, 57–58, 61, 63, 147, 213, 215, 250
    Identität 140
    Kompetenzen 51, 135–136, 152, 213
NotSan-APrV. *Siehe:* Ausbildungs- und Prüfungsverordnung für Notfallsanitäterinnen und Notfallsanitäter

O

Overheadprojektor 202

P

Pädagoge 34
Pädagogik 34, 143, 159, 164
Pathogenese 259–261
Personal
    -entwicklung 96–97
    -kompetenz 51, 135, 235, 318
Persönlichkeit(s)
    -kompetenz. *Siehe:* Personalkompetenz.
    -theorie, implizite 90–91
Plagiat 247
Planspiel 197–199
    -platte 197–198
    -verlauf 198–199
PowerPoint 202–206, 205–209
Praktikum(s)
    -inhalte 269
    -zeugnis 269–270
Präsentation 174, 201
    Folien- 202–206
Prävention 261–264
Praxisanleiter 71, 76–77, 83, 102, 122, 145, 158, 163, 229
    Anforderungen 61–62, 161, 216, 229, 242
    Aufgaben 29–30, 42–44, 62–63, 98, 145, 154, 215, 231, 236–237, 266, 276
    -ausbildung/-weiterbildung 29, 38–42, 319–320
    Abschlussprüfung(en) 314–327

Ergänzungslehrgang 39, 314
Voraussetzungen 37
Kompetenzen 136, 146, 161, 219, 226, 318–320
Praxisanleitung(s) 37, 61–63, 215, 227
-situation 230–233, 321, 324–325
Praxisausbildung 189, 213. *Siehe auch:* Notfallsanitäterausbildung
Praxisbegleitung 37, 44, 61, 226, 236–237
Praxistraining 190–191, 197
Primacy-Effekt 89
Priming 89
Prinzip
Äquivalenz- 254
Solidar- 253–254
Projektmanagement 98
Prophezeiung, (sich) selbsterfüllende 289, 299
Prophylaxe. *Siehe:* Prävention
Prüfer. *Siehe:* Prüfungsausschuss
-verhalten 296, 311
Prüfung(s)
-angst 298–311
-atmosphäre 310
-ausschuss 63, 310, 310–311, 315–316
Bewertung 316–317
-kommission. *Siehe:* Prüfungsausschuss
mündliche – 315, 317, 325–326
praktische – 315–317, 321, 324–325
schriftliche – 315–317
-simulation 305, 310
theoretische – 315
Punktesystem 284–285
Pyramidenprozess 138, 160

Q

Qualität(s)
Ergebnis- 271–272
-management (QM) 266–274
Prozess- 271
Struktur- 271

R

Rahmenlehrpläne 230
Räumlichkeiten 142, 160, 173, 219
Realismus 198
Recherche 145

Rede, freie 165–167
Referat 164–165, 242
Reflexion 147, 155, 159, 196–197, 221, 234–235
Selbst- 293
Requisiten 175, 183
Respekt(s) 81, 83, 86
-bezeugung 124
Rettung(s)
-assistent 29, 56, 226
-assistentengesetz (RettSanG) 48
-dienst 249–252, 257–259, 262
Haftung im – 64–71
Organisationsformen 64
-schule 17–20, 24–25, 35–37, 142, 144, 156, 160, 161, 213–215, 219, 276
-sanitäter 59–61
Rhetorik 168, 309
Rollen
-beschreibung 179
-spiel 178–180

S

Salutogenese 259–262
Schreiben von wissenschaftlichen Texten 244–246
Themenfindung 245
Schrift
-art 203, 321
-farbe 203–205
-größe 204, 321
Schüler. *Siehe:* Auszubildender
Selbstinstruktion 306
Simulation(s) 144, 219
-training(s) 189, 192
-phasen 192–197
-technik. *Siehe:* Simulator
Simulator 141, 144, 191
Skill-Training 189–190
SMART-Formel 230–231
Sozial
-kompetenz 51, 135, 143, 152, 226, 318, 239
-versicherung 249–250, 252
-wissenschaften 34, 76–93
Spickzettel 306
SQ3R-Methode 244
Standard Operating Procedure (SOP) 221

Stichwortzettel 165–167
Stress 196, 262–263, 301
Stressor 193–194
Sympathie 289
System, limbisches 113, 116, 118, 126
Szenario
    -aufbau 193
    -planung 192–194
    -regie 194

T

Tafel 201, 203, 206–207
    elektronische/digitale –. *Siehe:* Whiteboard, interaktives/elektronisches
Take-Home-Messages 167
Tarifvertrag 52
Täuschungsversuch 306, 316
Team
    -bildung/-entwicklung 239
    -fähigkeit 238
    -training 190–197
Team Resource Management (TRM) 191–192
Technik
    Audio- 191, 195
    Video- 179, 191, 195
Testatheft 26, 29–30
Text 200, 203–204, 209
    -gliederung 245, 322–324
    -vorgaben 285–286
Theorie-Praxis-Transfer 25–26, 29, 40–41, 216–220, 235, 325
Ton 200, 209–210

U

Unfall- und Notfalldarstellung, realistische 175
Unfallversicherung 252
Unterlagen, benötigte 266–267
Unterricht
    fächerorientierter – 162
    fachpraktischer – 213, 218–219
    handlungsorientierter – 141–144, 158–160, 213–214, 233
    theoretisch-praktischer – 17–20, 24, 51, 214–215
Unterweisung, praktische 175–178
Urheberrecht 205

V

Verbesserungsprozess, kontinuierlicher (KVP) 97, 271
Vergleich, persönlicher 289
Verhältnis, persönliches 289
Verstärker 123–124, 182
Verstärkung
    negative – 123
    positive – 123
Vertrauen 83, 85, 102, 179, 293, 296
Vier-Stufen-Methode 147–148, 175–177, 231–232
Visualisierung 166–167, 198–200
Vortrag 164–169, 242

W

Wahrnehmung, selektive 289
Whiteboard 201, 203, 206–207
    interaktives/elektronisches – 206–210
    -software 207–210
Wissen(s) 318
    Anwendungsbezug 162
    Basis-, inhaltliches 135
    Begründungs- und Anwendungs- 161
    -defizit 227–228
    Fach- 161, 314
    Grundlagen- und Orientierungs- 163
Workshop 238, 267

Y

Yerkes-Dodson-Gesetz 307

Z

Zeitplanung 131, 245
Zertifikatslehrgang 36
Zeugnis
    Arbeits-/Dienst- 278–279
    Praktikums- 269–270
Zitieren 247
Zuhören, aktives 86–87, 167, 234
Zusammenarbeit 143, 239
    zwischen Praxisanleiter und Lehrkraft. *Siehe:* Abstimmung zwischen Ausbildungsbetrieb und Rettungsdienstschule